Die sozialstaatliche und freiheitsschonende Dimension des Leistungsfähigkeitsgrundsatzes im Umsatzsteuerrecht

Europäische Hochschulschriften

European University Studies
Publications Universitaires Européennes

Reihe II **Rechtswissenschaft**

Series II Law

Série II Droit

Band/Volume **5593**

Gustavo Schneider Fossati

Die sozialstaatliche und freiheitsschonende Dimension des Leistungsfähigkeitsgrundsatzes im Umsatzsteuerrecht

Eine rechtsvergleichende Untersuchung zwischen Deutschland und Brasilien

PL ACADEMIC RESEARCH

Bibliografische Information der Deutschen Nationalbibliothek
Die Deutsche Nationalbibliothek verzeichnet diese Publikation in der Deutschen Nationalbibliografie; detaillierte bibliografische Daten sind im Internet über http://dnb.d-nb.de abrufbar.

Zugl.: Münster (Wesfalen), Univ., Diss., 2013
Rechtswissenschaftliche Fakultät

D 6
ISSN 0531-7312
ISBN 978-3-631-65051-6 (Print)
E-ISBN 978-3-653-04106-4 (E-Book)
DOI 10.3726/978-3-653-04106-4

PL Academic Research ist ein Imprint der Peter Lang GmbH.
Peter Lang – Frankfurt am Main · Bern · Bruxelles · New York · Oxford · Warszawa · Wien

Dieses Buch wurde vor Erscheinen peer reviewed.

www.peterlang.com

Meiner lieben Frau
Letícia Furini Fossati

Vorwort

Die vorliegende Arbeit befasst sich mit Grundfragen des Leistungsfähigkeitsgrundsatzes im deutschen und brasilianischen Umsatzsteuerrecht. Das Leistungsfähigkeitsprinzip ist seit Jahrzehnten Gegenstand intensiver steuerwissenschaftlicher Forschung und als Fundamentalprinzip der Besteuerung jedenfalls unter Steuerjuristen weltweit anerkannt. Traditionell wird es allerdings im Bereich der Steuern auf den Vermögenszuwachs und auf das Vermögen zur Entfaltung gebracht. Erhebliche Erkenntnisdefizite bestehen hingegen noch bei den Steuern auf die Vermögensverwendung, d.h. bei Steuern, die auf die Belastung von Konsumaufwendungen abzielen. Vor diesem Hintergrund entsteht diese rechtsvergleichende Grundlagenarbeit zur Geltung und verfassungsrechtlichen Fundierung des Leistungsfähigkeitsprinzips im Umsatzsteuerrecht.

Die Arbeit ist im Wintersemester 2012/2013 von der Rechtswissenschaftlichen Fakultät der Westfälischen Wilhelms-Universität Münster als Dissertation angenommen worden. Für die Drucklegung wurden alle bis Juni 2013 in Deutschland und Brasilien in Kraft getretenen Gesetzesänderungen berücksichtigt. Neuere Entwicklungen in Rechtsprechung und Literatur konnten bis Juni 2013 berücksichtigt werden.

Ohne vielfältige Hilfe und Unterstützung wäre diese Arbeit nicht zustande gekommen. Mein Dank gilt zunächst dem Herrn Jesus Christus, der mir die ganze Zeit beistand und den Weg immer zeigte.

Seitdem ich meinen akademischen Lehrer Joachim Englisch 2007 in Brasilien kennengelernt habe, widmete ich mich noch intensiver der Steuerrechtswissenschaft. Seine Werke und insbesondere seine Denkweise auf der Basis des Steuerverfassungsrechts haben mich seit 2007 stark beeinflusst. Ihm bin ich zu großem Dank für die Annahmeerklärung für die Promotion zunächst an der Universität Augsburg und danach an der Westfälischen Wilhelms-Universität Münster verpflichtet. Herzlich danke ich ihm darüber hinaus für die wissenschaftliche und freundliche Unterstützung während der ganzen Promotionszeit in Deutschland und für die angenehme Gesellschaft bei zahlreichen Gelegenheiten. Er hat mir nicht nur durch optimale Arbeitsbedingungen für die Erstellung der Dissertation unterstützt, sondern mich auch in persönlich schwierigen Zeiten mit seinem Verständnis begleitet. Einen besseren Doktorvater kann man sich nicht wünschen.

Bedanken möchte ich mich außerdem beim Herrn Prof. Dr. Heinrich Weber-Grellet, Vorsitzender Richter am Bundesfinanzhof a.D., für die Erstellung des Zweitgutachtens und bei den Professoren der Päpstlichen Katholischen Universität von Rio Grande do Sul, insbesondere bei Prof. Dr. Ingo Wolfgang Sarlet, Prof. Dr. Paulo Antônio Caliendo Velloso da Silveira und Prof. Dr. Carlos Alberto Molinaro, die mich bei der Promotion in Deutschland unterstützt haben. Herzlich danke ich daneben meinem Freund Prof. Dr. Draiton Gonzaga de Souza insbesondere für die angenehmen Treffen in Münster und Bonn sowie für den freundlichen Austausch per Email während der Promotionszeit. Bei dem Deutschen Akademischen Austausch Dienst (DAAD) möchte ich mich für das Stipendium für den Sprachkurs am Goethe Institut in Dresden bedanken. Mein Dank gilt auch der Coordenação de Aperfeiçoamento de Pessoal de Nível Superior (CAPES), die mir für die Promotion in Deutschland ein vierjähriges Stipendium verliehen hat, sowie Prof. Dr. Marcelo Neves und Prof. Dr. Itiberê Rodrigues, die mich 2008 anlässlich der Verleihung der Stipendien in Brasília unterstützt haben.

Ferner danke ich meinem besten Freund Prof. Dr. Daniel Mitidiero, der mich mein ganzes Leben unterstützt und seit Anfang meines Studiums wissenschaftlich stark angeregt hat. Meinen Freunden Padre Luís Francisco Ledur, Caio und Giana Meirelles danke ich für die freundliche Unterstützung. Auch bei meinen Freunden in Augsburg und Münster muss ich mich für die ganze Unterstützung und die angenehme Gesellschaft während der Promotionszeit herzlich bedanken, namentlich bei Dr. Christian Schöllhorn, Dr. Jörg Kurzenberger, Dr. Stefanie Becker, Christine Spitko, Dr. Pedro Aleixo, Muhammed Erez, Augin Dozla, Samir Aktan, Philipp Jakobus, Peter Prünte, Max Kerscher, Dr. Rolf Thomas, Steffen Liermann, Alexandre Couto de Andrade, Manuela Milheiro, Raffaela Fabris, Krisztina Toth, Dr. Indalecio Garcia, Chen Chiu, Yen-Tso Chiang, Herbert Strohmann, Shouzheng Zhao, Mechtild Rövekamp, Alexander Zitzl, Marius Langenhövel, Stefan Pichler und Dr. Ludger Winner. Besonderer Dank schulde ich meinem Freund Victor Espinoza, der meiner Frau und mir anlässlich eines abenteuerlichen Umzugs nach Münster rückhaltlos geholfen hat, und dem Freund und Kollegen Jens Stenmans für die sprachliche Korrektur des Manuskripts. Schließlich danke ich ganz herzlich Frau PD Dr. Bettina Spilker für das Durchlesen der Dissertation und für wertvolle Verbesserungsvorschläge.

Meinen Eltern Eduardo und Marina Fossati schulde ich herzlichen Dank für die ganze Liebe, die Erziehung und die Bildung, die mir niemals fehlten. Ich danke meinen Schwestern Marcela und Rafaela Fossati für die brüderliche Liebe und die liebevollen Gespräche per Skype.

Meine Frau Letícia Furini Fossati hat alles in Brasilien aufgegeben, um mich nach Deutschland zu begleiten. Sie hat mich die vier Jahre der Promotion rückhaltlos unterstützt. Es gab nicht wenige berufliche und familiäre Belastungen in dieser Zeit, aber sie war immer stark und mit vollem Herzen an meiner Seite. Es gibt keine größere Liebe als diese. Sie hat mir immer gezeigt, was im Leben wesentlich ist. Ohne meine liebe Frau hätte ich überhaupt nichts geschafft. Es ist mir eine große Ehre und Freude, ihr diese Schrift mit meiner ganzen Liebe zu widmen.

Porto Alegre, Brasilien, im Dezember 2013

Gustavo Schneider Fossati

schneiderfossati@gmail.com

Inhaltsverzeichnis

Einleitung und Gang der Untersuchung

I. Einführung

Der Ursprung des herkömmlichen Verständnisses des steuerlichen Leistungsfähigkeitsprinzips lässt sich auf drei verschiedene historische Gründe zurückführen. 1776 hat *A. Smith* darauf hingewiesen, dass *die Bürger jedes Staates zur Finanzierung der Regierung so weitgehend wie möglich im Verhältnis zu ihren jeweiligen Fähigkeiten beitragen müssen, das heißt, im Verhältnis zum Einkommen, das sie unter dem Schutz des Staates genießen*[1]. Art. 13 der französischen Erklärung der Menschen- und Bürgerrechte von 1789[2] sah vor, dass zur Finanzierung der staatlichen Aufwendungen ein allgemeiner Beitrag unentbehrlich sei, der zwischen den Bürgern nach Maßgabe ihrer Fähigkeiten gleichmäßig verteilt werden sollte. Schließlich sah auch Art. 134 der Weimarer Reichsverfassung für das Deutsche Reich vor, dass *alle Bürger ohne Unterschied im Verhältnis ihrer Mittel zu allen öffentlichen Lasten nach Maßgabe der Gesetze beizutragen haben.*

Das steuerliche Leistungsfähigkeitsprinzip stellt sowohl im deutschen als auch im brasilianischen Steuerrecht einen Fundamentalgrundsatz und zugleich einen rechtsethischen Lastenverteilungsmaßstab der *fiskalzweck*orientierten *direkten Personen*steuern dar. Insbesondere im Einkommensteuerrecht ist die Steuerlast nach Maßgabe der individuellen steuerlichen Leistungsfähigkeit des Steuerpflichtigen gleichmäßig zu verteilen. Dabei sollen auf der horizontalen Ebene diejenigen, die gleiches Einkommen beziehen, gleich hoch besteuert werden (horizontale Steuergerechtigkeit); auf der vertikalen Ebene sollen diejenigen, die höheres Einkommen beziehen, entsprechend höher belastet werden. Aus dem systemtragenden rechtsethischen Grundsatz der steuerlichen Leistungsfähigkeit ergeben sich das objektive Nettoprinzip und das subjektive Nettoprinzip. Das erste gebietet, dass leistungsfähigkeitsmindernde Aufwendungen, die der Sicherung der Erwerbstätigkeit dienen, von der Einkommensteuerbemessungsgrundlage abzuziehen sind. Nach dem subjektiven Nettoprinzip sind existenzsichernde Ausgaben kein Indikator steuerlicher Leistungsfähigkeit und können dementsprechend von der Einkommensteuerbemessungsgrundlage abgezogen werden.

---

1 A. Smith, Wealth of Nations, Bk. V, Ch. II, Pt. II, S. 350.

2 Article 13 – Pour l'entretien de la force publique, et pour les dépenses d'administration, une contribution commune est indispensable; elle doit être également répartie entre les citoyens, en raison de leurs facultés.

Bei der Konsumbesteuerung ist jedoch auffallend, dass im deutschen und im brasilianischen Steuerrecht über den Inhalt und die Anwendbarkeit des Leistungsfähigkeitsgrundsatzes und seiner Unterprinzipien keine Klarheit herrscht. Vielmehr vertreten die meisten Autoren die Ansicht, wonach bei genauer Betrachtung in der Umsatzbesteuerung der Grundsatz der Wettbewerbsneutralität durch den Mechanismus des Vorsteuerabzugs betreffend die Eingangsleistungen herrschen soll. Zudem wird diese Steuerlast auf den Endverbraucher übergewälzt, der unabhängig von seinen persönlichen Verhältnissen bzw. Besonderheiten diese Steuerlast tragen muss. In diesem Zusammenhang ist bislang noch nicht eingehend untersucht worden, ob und inwieweit die Umsatzsteuerlast nach der in der Einkommensverwendung zum Ausdruck kommenden steuerlichen Leistungsfähigkeit verteilt werden kann. Die Frage der Verteilungsgerechtigkeit bei der eigenständigen Teilrechtsordnung der Verbrauchsbesteuerung soll anhand der Zusammenwirkung der Grundrechte im Steuerstaat kritisch gewürdigt werden. Darüber hinaus ist aus der Sicht der Belastungswirkungen auf den Endverbraucher eine metagesetzliche, sich aus der verfassungsrechtlichen Werteordnung ergebende Rechtfertigungslehre der indirekten Steuern auf den Konsum zu erarbeiten.

Der brasilianische Verfassungsgeber hat 1988 versucht, einen bereichsspezifischen Vergleichsmaßstab zwecks unterschiedlicher Abstufung der Steuersätze im Bereich der indirekten Steuern auf Lieferungen und sonstigen Leistungen einzuführen. Hierbei wurde aus zwei verschiedenen Vorschriften der brasilianischen Verfassung der Grundsatz der Selektivität nach der Wesentlichkeit entwickelt. Nach diesem Grundsatz sind die Steuersätze bzw. die Bemessungsgrundlagen nach dem Grad der Unentbehrlichkeit des Gegenstands bzw. der Leistung zum menschlichen Bedarf unterschiedlich zu graduieren. Der Steuergesetzgeber hat dabei einen weiten Gestaltungsspielraum, darf aber im Wesentlichen von diesem bereichsspezifischen steuerlichen Verteilungsmaßstab nicht abweichen. Hier tauchen dennoch mindestens vier unausweichliche Fragen auf: *a)* inwieweit lässt sich eine solche Gestaltungstechnik im Rahmen des Grundrechts auf Gewährleistung des Existenzminimums des Endabnehmers bei der Konsumbesteuerung hinreichend rechtfertigen? ; *b)* öffnet dieser Grundsatz nicht zu sehr die Flanke für politischen Opportunismus und Lobbyarbeiten im Interessen kleiner Unternehmensgruppen? ; *c)* kann das verfassungsrechtliche bereichsspezifische Prinzip der Selektivität nach der Wesentlichkeit das systemtragende Fundamentalprinzip der steuerlichen Leistungsfähigkeit im Rahmen einer aus der Sicht des tatsächlichen Steuerlastträgers gedachten Umsatzsteuergerechtigkeit ersetzen? ; *d)* hat der Steuergesetzgeber Mindestaufwandspositionen zur Erfüllung des menschlichen lebensnotwendigen Bedarfs zwingend vollständig zu verschonen?

Diese Arbeit befasst sich mit der Frage der Steuergerechtigkeit anhand der Möglichkeit und des Umfangs der Anwendbarkeit des Leistungsfähigkeitsprinzips als sachgerechtem Lastenverteilungsmaßstab im deutschen und im brasilianischen Umsatzsteuerrecht. Ausgehend davon, dass die Konzeption des Umsatzsteuerrechts in beiden Rechtssystemen auf die Entlastung des Unternehmers durch den Mechanismus des Vorsteuerabzugs und die Überwälzung der Steuerlast auf den Endverbraucher angelegt ist, soll die Untersuchung aus der Sicht der Belastungs- und Gestaltungswirkungen auf den Endkonsumenten erfolgen. Dabei ist zudem kritisch zu hinterfragen, ob und inwieweit die Ziele der Sozialgerechtigkeit im Umsatzsteuerrecht nicht eher durch Kompensationen im Einkommensteuerrecht und im Sozialhilferecht zu erreichen sind. Es gibt nicht wenige Autoren, die die Abschaffung sämtlicher Umsatzsteuervergünstigungen und eine reguläre Verbrauchsbesteuerung mittels der Einführung eines niedrigeren Steuersatzes für alle Gegenstände und Leistungen vertreten. Gleichzeitig werden notwendige Erhöhungen der Grundfreibeträge und Erweiterungen der Abzugstatbestände im Einkommensteuerrecht vorgeschlagen, die insbesondere die Umsatzsteuermehrbelastung von Geringverdienern und kinderreichen Familien im Sozialstaat ausgleichen sollen. Im Sozialhilferecht hat der Gesetzgeber ohne weiteres die notwendigen Anpassungen bei den Regelsätzen, Kosten der Unterkunft, Heizkosten und Kosten des Versicherungsschutzes hinsichtlich der existenziellen Risiken Krankheit und Pflege vorzunehmen. Diese eher finanzwissenschaftlichen Lösungsansätze sollen zunächst im Lichte einer sozialstaatlichen und freiheitsschonenden Dimension des Leistungsfähigkeitsprinzips im Umsatzsteuerrecht und zugleich anhand des verfassungskräftigen Subsidiaritätsprinzips kritisch gewürdigt werden. Es wird ebenfalls zu zeigen sein, dass gesetzestechnische Maßnahmen bereits bei den Umsatzsteuertatbeständen unternommen werden können. Dazu sind in der verfassungsrechtlichen Werteordnung beider Länder und im deutschen Sozialhilferecht Maßstäbe zu erkennen, die die Grundlagen zur Definition und Einschränkung der Wesentlichkeit der Gegenstände und Leistungen zum menschlichen Lebensbedarf vorgeben.

Das Bundesverfassungsgericht hat diese Fragen bislang noch nicht tiefgreifend behandelt. Dennoch steht die Rechtsprechung des Bundesverfassungsgerichts einer Anwendung des Leistungsfähigkeitsprinzips im Bereich der indirekten Verbrauchsteuern *nicht* entgegen[3]. *Zumindest* für die direkten Steuern fordert das Gebot der Steuergleichheit eine Belastung nach der finanziellen Leistungsfähigkeit[4]. Die Ausrichtung der Besteuerung an der wirtschaftlichen Leistungs-

---

3 So auch K. Löhr, Optionsrecht, S. 241.

4 BVerfGE 99, 216, 232.

fähigkeit gelte *insbesondere* im Einkommensteuerrecht[5], das auf die Leistungsfähigkeit des einzelnen Steuerpflichtigen hin angelegt sei[6]. Auf der anderen Seite hat die Dritte Kammer des Ersten Senats des Bundesverfassungsgerichts die Ansicht vertreten, die Mehrbelastung von Familien mit Kindern sei „im Binnensystem der indirekten Steuern unvermeidlich und gesetzessystematisch folgerichtig"[7]. Diesbezügliche Kompensationen müssen im Einkommensteuerrecht unternommen werden[8], beispielsweise durch eine Erhöhung des Kinderfreibetrags[9]. Dennoch hat 2004 der Erste Senat des Bundesverfassungsgerichts anlässlich der Beurteilung der Verfassungsmäßigkeit der Strom- und Mineralölsteuer entschieden, dass bei indirekten Steuern auch der End- oder Letztverbraucher, der die indirekte Steuerlast tragen soll, in den Blick zu nehmen sei[10]. In Einklang damit steht die Aussage der Dritten Kammer des Ersten Senats, wonach sich bei dem Endverbraucher die Frage der Steuerfreiheit des Existenzminimums auch im Bereich indirekter Besteuerung stellt, da er materiell mit der Umsatzsteuer belastet ist[11]. Der Zweite Senat hat bereits 1999 in Anlehnung an die Begründung zum 2. Haushaltsstrukturgesetz[12] darauf hingewiesen, die Vergünstigungen nur im Interesse der Verbraucher, nicht im Interesse einzelner Unternehmensgruppen systemgerecht seien[13].

Das Plenum des Supremo Tribunal Federal hat 1999 die steuerliche Leistungsfähigkeit des Verbrauchers im Umsatzsteuerrecht nur allgemein erwähnt. Anlässlich dieser Entscheidung hat der Richter *Ilmar Galvão* darauf hingewiesen, dass bei den indirekten Steuern der Endverbraucher derjenige der Steuerträger ist, dessen steuerliche Leistungsfähigkeit berücksichtigt wird[14]. In 2011 hat die Zweite Kammer des brasilianischen Verfassungsgerichts ausgesprochen, dass „sämtliche Abgaben dem Leistungsfähigkeitsprinzip unterliegen, (...) zu-

5 BVerfGE 66, 214, 223; 61, 319, 344; 105, 73, 125; 107, 27, 46.

6 BVerfGE 82, 60, 86.

7 Vgl. 1 BvR 2164/98, NJW 1999, 3478. Der Beschluss betraf damals die Erhöhung des Umsatzsteuernormalsatzes von 15% auf 16%.

8 Vgl. 1 BvR 2164/98, NJW 1999, 3478.

9 Im Beschluss gegen die mit Wirkung vom 1. Januar 2007 erfolgte Erhöhung der Umsatzsteuer hat die 2. Kammer des Ersten Senats des Bundesverfassungsgerichts 2007 wiederholt darauf hingewiesen, dass eine relativ stärkere Belastung der Familien im System der Umsatzsteuer notwendig angelegt und gesetzessystematisch folgerichtig sei. Vgl. hierzu 1 BvR 2129/07, UR 2008, 159-160. Die Richter haben sich auf den Beschluss von 1999 gestützt.

10 BVerfGE 110, 274, 292 (Ökosteuer).

11 Vgl. 1 BvR 201/97, NJW 1997, 3368.

12 Vgl. BTDrucks 9/842, S. 74.

13 Siehe hierzu BVerfGE 101, 132, 141; vgl. auch UR 2000, 72, 73.

14 RE Nr. 213.396, Berichterstatter: Richter Ilmar Galvão, Plenum, DJ v. 01.12.2000.

mindest bezüglich eines seiner drei Aspekte (objektiv, subjektiv und proportional), unabhängig von einer von rein wirtschaftlichen Maßstäben entnommenen Einordnung"[15].

Eine *rechtsvergleichende* Untersuchung der verschiedenen Umsatzsteuergestaltungen im Lichte einer gemeinsamen leistungsfähigkeitsmäßigen Rechtfertigungslehre kann angesichts dessen grundsätzlich für beide Rechtsordnungen förderlich sein.

II. Gang der Untersuchung

Zunächst wird im 1. Kapitel auf die Prinzipienlehre im Rahmen der verfassungsrechtlichen Werteordnung einzugehen sein. Die dargestellte Unterteilung zielt darauf ab, sowohl das Wesen der verfassungsrechtlichen Werte und der Rechtsprinzipien als auch ihre Verhältnisse zu verdeutlichen. Dieses Kapitel hat darüber hinaus als Gegenstand das Folgerichtigkeitsgebot und die Methode der Auflösung von Prinzipienkollisionen. Dabei ist zu unterscheiden zwischen Objekten der Rechtsanwendung und Maßstäben der Rechtsanwendung. Es wird näher zu zeigen sein, dass die Verhältnismäßigkeit der Rechtsidee selbst immanent ist, aber der Auflösung von Prinzipienkollisionen dient. Der Vorrang des einen oder des anderen Prinzips wird „im Lichte der Verhältnismäßigkeitsprüfung" ermittelt. Die Verhältnismäßigkeit selbst stellt keinen Grundsatz dar, der aufgrund eines gewichtigeren widerstreitenden Grundsatzes entfernt werden kann. Sie ist kein Gegenstand der Abwägung, sondern Anwendungsmaßstab von Rechtsnormen. Das Kapitel zielt darauf ab, dem Leser einen Überblick über die Prinzipienlehre im Lichte der verfassungsrechtlichen Werteordnung zu vermitteln, um anschließend im 2. Kapitel die steuerliche Leistungsfähigkeit als rechtsethisches systemtragendes Fundamentalprinzip zu analysieren.

Im Anschluss werden im 2. Kapitel der Inhalt und die Anwendbarkeit des Leistungsfähigkeitsprinzips nach derzeitigem Meinungsstand dargestellt. Gegenstand dieses Teils sind auch dessen normative Einordnung und verfassungsrechtlichen Grundlagen. Zum Schluss wird darauf einzugehen sein, ob und inwieweit das Leistungsfähigkeitsprinzips durchbrochen werden kann. Untersucht werden die im Schrifttum und in der Rechtsprechung am häufigsten auftretenden Rechtfertigungsgründe für die Durchbrechung, nämlich die fiskalische Ergiebigkeit, Vereinfachungszwecke, Missbrauchsbekämpfung und Gemeinwohlzwecke.

---

15 Ag. Reg. RE Nr. 406.955, Berichterstatter: Richter Joaquim Barbosa, Zweite Kammer, DJe 20.10.2011.

Schließlich hat das 3. Kapitel als Gegenstand die Konkretisierung des Leistungsfähigkeitsprinzips im Rahmen des geltenden deutschen und brasilianischen Umsatzsteuerrechts. Nach einer kurzen Darstellung der deutschen Umsatzsteuer und der brasilianischen Steuern auf den Umsatz ist der verfassungsrechtlich verankerte Grundsatz der Selektivität nach der Wesentlichkeit darzustellen und kritisch zu hinterfragen. Die expliziten Grundlagen zur Definition der Wesentlichkeit der Güter und Leistungen werden untersucht, um anschließend auf die selektive Gestaltung der Steuersätze der indirekten Steuern einzugehen. Ausgehend von diesem ersten Teil des 3. Kapitels soll sodann die Umsatzsteuergerechtigkeit im Rahmen einer Besteuerung nach der Konsumleistungsfähigkeit untersucht werden. Es wird zu zeigen sein, welche Konsumarten steuerliche Leistungsfähigkeit indizieren, wer das Subjekt des Verbrauchsvorgangs für Zwecke der Feststellung der Konsumleistungsfähigkeit ist und in welchem Zeitpunkt des Erwerbs von Gütern und Leistungen die Konsumleistungsfähigkeit zum Ausdruck kommt. Anschließend ist auf die Möglichkeit und den Umfang der Anwendbarkeit des Leistungsfähigkeitsprinzips nach derzeitigem deutschem und brasilianischem Meinungsstand einzugehen. Dabei sind die einheitliche Betrachtung der Umsatzsteuer und der Einkommensteuer, das Verhältnis zwischen dem Fundamentalprinzip und der Besteuerungstechnik des Umsatzsteuerrechts, der Konsum als freiheitsschonender Sachgerechtigkeitsmaßstab und die Zulässigkeit einer progressiven Besteuerung nach der Konsumleistungsfähigkeit eingehend zu untersuchen. Der eigenständige Schutz des Existenzminimums im Umsatzsteuerrecht wird im Anschluss an die vorangehenden Überlegungen und Schlussfolgerungen eingehend betrachtet. Er wird untersucht anhand der verfassungsrechtlichen Rechtsprechung und am Ende im Lichte des Besteuerungsmodells, das von einer nicht unerheblichen Anzahl von Finanzwissenschaftlern vertreten wird. Dieses Modell beruht auf der Abschaffung sämtlicher oder zumindest der überwiegenden Anzahl der Umsatzsteuervergünstigungen und wird (oftmals) mit einem Ausgleich bei der Einkommensteuer und den Sozialtransfers kombiniert. Der finanzwissenschaftliche Lösungsansatz soll im Lichte des Subsidiaritätsprinzips und der sozialstaatlichen und freiheitsschonenden Dimension des Leistungsfähigkeitsprinzips im Umsatzsteuerrecht sorgfältig analysiert werden. Dabei soll auch nicht außer Acht gelassen werden, ob und inwieweit sich die Beibehaltung ermäßigter Umsatzsteuersätze zwecks Verschonung des Existenzminimums hinreichend rechtfertigen lässt.

Die Untersuchung wird überwiegend anhand des deutschen und brasilianischen juristischen Schrifttums und der Rechtsprechung des Bundesverfassungsgerichts und des Supremo Tribunal Federal durchgeführt. Die Erörterung erfolgt schwerpunktmäßig auf Verfassungsebene. Einige Beiträge der Finanzwissenschaft werden berücksichtigt und im Lichte der dargestellten Thesen kritisch hinterfragt. Die Überlegungen erfolgen vornehmlich anhand von Beispielen des *Steuer*rechts, nicht des *Beitrags*rechts. Dies muss hier betont werden, da das brasilianische *Abgaben*recht strikt zwischen den unterschiedlichen *Beitrags*arten differenziert. Ausnahmsweise wird hier auf die Entscheidung des Plenums des Supremo Tribunal Federal zur Verfassungsmäßigkeit der COSIP[16] einer bestimmten Gemeinde zurückgegriffen[17]. Diese Entscheidung ist im Rahmen der Einführung eines progressiven Steuersatzsystems unter Beachtung der steuerlichen Leistungsfähigkeit des Endkonsumenten von Bedeutung.

16 COSIP ist der Beitrag zur öffentlichen Beleuchtungsdienstleistung (Art. 149-A CF).

17 Bemessungsgrundlage der COSIP war der monatliche Stromverbrauch innerhalb der jeweiligen Kategorien von Konsumenten (primär, häuslich, kaufmännisch, gewerblich oder öffentliche Hand). Vgl. RE Nr. 573.675, Berichterstatter: Richter Ricardo Lewandowski, Plenum, DJe v. 21.05.2009.

1. Kapitel - Die Prinzipienlehre im Rahmen der verfassungsrechtlichen Werteordnung

A. Zur verfassungsrechtlichen Werteordnung

Im deutschen Grundgesetz fällt auf, dass bereits in der Präambel der *Frieden* und die *Freiheit* als Werte des deutschen Volkes genannt werden, obwohl die *Freiheit* auch später als eigenständiges Grundrecht erneut in Erscheinung tritt. In Art. 1 Abs. 2 GG werden die Menschenrechte als Grundlage jeder menschlichen Gemeinschaft, des Friedens und der Gerechtigkeit in der Welt genannt. Hier sind nicht nur der *Frieden*, sondern auch die *Gerechtigkeit* - die gemeinsame Ideale der Gesellschaft verkörpern - als *verfassungsrechtliche Werte* implizit berücksichtigt. Die Würde des Menschen, die Freiheit – in ihren unterschiedlichen Ausdrucksformen -, die Gleichheit und das Recht auf Leben und körperliche Unversehrtheit - die ebenfalls als Werte hätten eingeordnet werden können - sind als Grundrechte vorgesehen[18].

In der brasilianischen Verfassung sind die hochrangigen verfassungsrechtlichen Werte in der Präambel verankert. Die Freiheit, die Sicherheit, der Wohlstand, die Entwicklung, die Gleichheit und die Gerechtigkeit sind *die höchsten Werte einer in der sozialen Harmonie gegründeten brüderlichen, pluralistischen und vorurteilslosen Gesellschaft, die der friedlichen Auflösung der Konflikten in der inneren und in der internationalen Ordnung verpflichtet ist*[19]. Art. 1 CF verkörpert die Grundlagen der Föderativen Republik Brasiliens - eines demokratischen Rechtsstaats - nämlich die Souveränität, die Staatsbürgerschaft, die Würde des Menschen, die sozialen Werte der Arbeit und der freien Initiative und den politischen Pluralismus. Diese *Pfeiler* sind ebenfalls als Werte anzusehen; sie dienen dem Aufbau und der Aufrechterhaltung des *Ideals* einer Gesellschaft.

Es wird im deutschen Schrifttum zum Teil vertreten, dass die verfassungsrechtlichen Werte in den Prinzipien bzw. in den Grundrechten verkörpert sind. *J. Englisch* unterscheidet zwischen *Wert*prinzipien und *Struktur*prinzipien. Diese werden als gesetzgeberische Grundansätze dargestellt, die für bestimmte Rechtsmaterien prägend sind[20]. Ein Strukturprinzip verkörpert eine bestimmte

---

18 Das Bundesverfassungsgericht hat z. B. das menschliche Leben und die menschliche Gesundheit als verfassungsrechtliche Werte anerkannt. Vgl. BVerfG, 1 BvR 3262/07 v. 30.7.2008, NJW 2008, 2409, 2412 (Rauchverbot).

19 Vgl. die Präambel der Verfassung der Föderativen Republik Brasiliens von 1988.

20 Vgl. J. Englisch, Wettbewerbsgleichheit, S. 34f. Vgl. auch die von der Kommission für wirtschaftliche und soziale Wandel geförderte Arbeit des Dipl. Psychologe P. Kmieciak,

Wertung, die ihre Grundlage in den Werten hat, die wiederum im Recht von den Wertprinzipien vermittelt werden[21]. In Anlehnung an *F. Bydlinski* versteht *J. Englisch* unter Wertprinzipien diejenigen, die rechtsethisch fundierte Werte bzw. Ideale verkörpern, die also ein allgemeingültiges Ziel anstreben[22]. Sie sind ebenfalls als Rechtsnormen einzustufen, gebieten eine bestimmte Wertung und geben Regelungen Gründe vor[23]. *R. Alexy* ist der Auffassung, dass in der juristischen Literatur gleichzeitig von *Prinzipien* und *Werten* die Rede sein könne, dass Sätze über Prinzipien in Sätze über Werte und umgekehrt ohne Gehaltsverlust umformuliert werden können, wobei die gradweise Verwirklichung von Werten der gradweisen Erfüllung von Prinzipien entspreche[24]. Unbeschadet dessen seien, in Anlehnung an die von *v. Wright* entwickelte Dreiteilung der praktischen Begriffe – der deontologischen, der axiologischen und der anthropologischen Begriffe[25] -, Prinzipien Optimierungsgebote[26] und als Gebote seien sie als deontologische Begriffe einzustufen[27]. Demgegenüber würden die Werte einen axiologischen Charakter entfalten[28].

Nach der Meinung *C. W. Canaris* wäre es auch grundsätzlich möglich, das System als Werteordnung zu verstehen, weil sich letzten Endes jede Rechtsordnung an einigen obersten Werten orientiere und ihnen zu dienen habe[29]. Auf der anderen Seite soll nicht außer Acht gelassen werden, dass Prinzipien eine Stufe weiter konkretisiert seien als Werte, wobei jene eine Zweiteilung in Tatbestand und Rechtsfolge aufweisen[30]. Ein System oberster Werte müsse ganz ähnlich

---

Wertstrukturen und Wertwandel, S. 156ff. Nach der Meinung P. Kmieciaks kann ein Wert einerseits zur Begründung unterschiedlicher und auch widersprechender Normen herangezogen werden. Andererseits können in eine bestimmte soziale Norm verschiedene Werte Einfluss finden.

21 Vgl. J. Englisch, Wettbewerbsgleichheit, S. 35f. So lasse sich der Grundsatz der Typenfreiheit im Schuldrecht auf die Privatautonomie zurückführen; der Grundsatz des Typenzwangs im Sachenrecht auf die Verkehrssicherheit und letztlich auf die Rechtssicherheit.

22 Vgl. J. Englisch, Wettbewerbsgleichheit, S. 35. Vgl. auch F. Bydlinski, Rechtsgrundsätze, S. 29f.

23 Vgl. J. Englisch, Wettbewerbsgleichheit, S. 36.

24 Vgl. R. Alexy, Theorie der Grundrechte, S. 125f.

25 Vgl. G. H. v. Wright, The Logic of Preference, S. 7.

26 Dazu siehe unten unter C.I.

27 Vgl. R. Alexy, Theorie der Grundrechte, S. 126f.

28 Auf die Unterscheidung zwischen verfassungsrechtlichen Werten und verfassungsrechtlichen Grundsätzen wird noch näher einzugehen sein.

29 C. W. Canaris, Systemdenken und Systembegriff, S. 51.

30 C. W. Canaris, Systemdenken und Systembegriff, S. 51. Dazu siehe näher unten unter C u. D.

einem System aus Prinzipien sein, sodass sich eines in das andere umformulieren ließe[31].

Das Supremo Tribunal Federal ist der Auffassung, dass die Grundrechte auf Zugang zur rechtsprechenden Gewalt, auf eine zumutbare Verfahrensdauer und auf die entsprechenden Mittel zur Gewährleistung der Schnelligkeit des Rechtsweges *auch* hochrangige verfassungsrechtliche Werte *sind*, vor allem wenn die Freizügigkeit mit einbezogen ist und gefährdet sein kann[32]. Darüber hinaus hat das Supremo Tribunal Federal die Menschenrechte als unverfügbare grundlegende *Werte* anerkannt[33]. In dieser Entscheidung ist zu beachten, dass es auf der einen Seite ein ständiges Spannungsfeld zwischen dem fundamentalen politischen Ziel der nationalen Entwicklung und dem Umweltschutz gibt; auf der anderen Seite soll anerkannt werden, dass die Überwindung dieses *Antagonismus*, der – so das Supremo Tribunal Federal – *gewichtige verfassungsrechtliche Werte* gegenüberstellt, von der im Einzelfall stattfindenden Abwägung abhängt, sodass die Ziele harmonisiert werden können um zu vermeiden, dass sie sich gegenseitig aufheben[34].

In der Rechtsprechung des Bundesverfassungsgerichts lässt sich eine Tendenz der Behandlung der Grundrechte als Werte, ihrer Gesamtheit als System oder Wertesystem und ihre Konkretisierung und Begrenzung durch das Verfahren der Güterabwägung bzw. der Interessenabwägung erkennen[35]. Im *Lüth*-Urteil, in dem der Einfluss der Grundrechte im Privatrecht betont wurde, hat das Bundesverfassungsgericht zu Recht ausgeführt, dass *das Grundgesetz keine wertneutrale Ordnung sei*[36]. Vielmehr entfalte es im Abschnitt über die Grundrechte *eine objektive Werteordnung* und *eine prinzipielle Verstärkung der Geltungskraft der Grundrechte*[37]. Es geht um ein *Wertesystem*, das die freie Entfaltung der Persönlichkeit und die Würde des Menschen als Schwerpunkte hat und als verfassungsrechtliche Grundentscheidung für das gesamte Recht gelten muss. Dieses Wertsystem beruht auf Richtlinien, die sowohl von der Gesetzgebung als auch der öffentlichen Verwaltung und der Rechtsprechung beachtet werden müssen und als Impulse aufzunehmen sind. Einflüsse bestehen jedoch

---

31 C. W. Canaris, Systemdenken und Systembegriff, S. 52.

32 Vgl. HC Nr. 93.784, Berichterstatter: Richter Carlos Britto, Erste Kammer, DJe v. 23.10.2009.

33 Vgl. ADI Nr. 3.540, Berichterstatter: Richter Celso de Mello, Plenum, DJ v. 03.02.2006.

34 Vgl. ADI Nr. 3.540, Berichterstatter: Richter Celso de Mello, Plenum, DJ v. 03.02.2006.

35 Vgl. hierzu F. Müller, Juristische Methodik, S. 59ff.

36 BVerfGE 7, 198, 205.

37 BVerfGE 7, 198, 205.

nicht nur auf das öffentliche Recht, sondern auch auf das bürgerliche Recht, welches *in seinem Geiste ausgelegt werden*[38] muss. So befinden sich im Grundrechtsabschnitt grundsätzliche Wertentscheidungen und soziale Ordnungsprinzipien, an die sich der Richter halten muss. Diese Wertordnung ist zugleich eine Wert*rang*ordnung, wobei zwischen den kollidierenden Grundrechten bzw. Rechtsgütern eine Abwägung vorgenommen werden muss[39]. Im *Apotheken*-Urteil wurde nochmals betont, dass der Gesetzgeber die in den Grundrechten verankerten Wertentscheidungen als Ausgangspunkt seiner Regelungen stets beachten müsse[40]. Da er den Inhalt der Grundrechte nicht frei bestimmen kann, wird sein Gesetzgebungsermessen durch den Gehalt der Grundrechte inhaltlich begrenzt[41]. Ungeachtet dessen spricht das Bundesverfassungsgericht über eine allgemeine verfassungsrechtliche Wertordnung, die sich zur Würde des Menschen, zur Freiheit und zur Gleichheit bekennt[42]. Im Rahmen der Garantie der Grundfreiheiten sollen die aus ihnen entstehenden Konflikte „nach Maßgabe der grundgesetzlichen Wertordnung und unter Berücksichtigung der Einheit dieses grundlegenden Wertsystems" gelöst werden, wobei die in Art. 1 Abs. 1 GG gewährleistete *Würde des Menschen* als *oberster Wert* das ganze Wertesystem beherrschen soll[43]. Im Bereich der Glaubensfreiheit z. B. dürfen die aus ihr abgeleiteten Rechten weder durch die allgemeine Rechtsordnung noch durch eine unbestimmte Güterabwägungsklausel relativiert werden. Ihre Grenzen sollen vielmehr nach Maßgabe der Werteordnung gezogen werden[44].

---

38 BVerfGE 7, 198, 205.

39 BVerfGE 7, 198, 215.

40 BVerfGE 7, 377, 404.

41 BVerfGE 7, 377, 404.

42 BVerfGE 10, 59, 81. Zutreffend hat F. Müller bemerkt, dass das Bundesverfassungsgericht die Grundrechte durch ihre Verbürgungen und ihre Gesamtheit nicht als fiktives System behandelt, sondern als „material sinnvoll deutbare Zusammenordnung je eigenwertiger und geschichtlich verschieden fundierter Gewährleistungen individueller, politischer und sachlicher Freiheit". Vgl. F. Müller, Juristische Methodik, S. 61.

43 BVerfGE 32, 98, 108.

44 BVerfGE 33, 23, 29. Siehe auch BVerfGE 12, 1, 4.

B. Zur Bedeutung eines wertefundierten Steuerrechtssystems

Auch im Steuerrecht haben die verfassungsrechtlichen Werte den *Status* als Grundlage des Steuerrechtssystems[45] und verkörpern zugleich unverzichtbare Ziele. Zu den hochrangigen *Werten* des Steuerrechtssystems zählen die Würde des Menschen, die Freiheit, die Gleichheit, die Gerechtigkeit, die Familie, die Arbeit, das Eigentum, die Solidarität und die Sicherheit. Es ist nochmals darauf hinzuweisen, dass diese Werte meistens auch als Rechtsprinzipien bzw. als Grundrechte Ausdruck finden[46]. Im Steuerrecht ist dies nicht anders. Dennoch *zeigen* diese Werte nicht den Weg zu etwas, sondern sie selbst *verkörpern* das Endziel des Weges, das von den Rechtsprinzipien[47] ausgerichtet und vermittelt wird[48]. Im Lichte einer sozialen Marktwirtschaft erwächst die Forderung, dass das Steuerrechtssystem die sozialen *Wert*vorstellungen der Gesellschaft nicht außer Acht lassen kann[49].

Die Grundrechte werden allgemein anerkannt als wesentlicher Ausdruck einer im Steuerrecht umzusetzenden *Rahmen-Wertordnung*, wobei die Ausführung der vom Bundesverfassungsgericht aus Art. 3 Abs. 1 GG entnommenen materialen Gerechtigkeit im Rahmen der formalen Rechtsstaatsprinzipien[50] die

---

45 Vgl. hierzu H. Weber-Grellet, Steuern im modernen Verfassungsstaat, S. 160: „Daneben ist es selbstverständlich, dass das Steuerrecht als Rechts- und Gerechtigkeitsordnung den verfassungsrechtlichen Vorgaben genügen muss".

46 Vgl. dazu oben unter A.

47 Zum Wesen der Rechtsprinzipien siehe unten unter C. Vgl. auch zur Unterscheidung zwischen Prinzipien und Regeln unten unter D.

48 Im Rahmen der richterlichen Rechtsfortbildung im Steuerrecht bemerkt R. Barth, dass, obwohl ein Rechtswert im Gegensatz zu einem Prinzip noch nicht so stark konkretisiert sei - dass er den Richter bei typischen Fallkonstellationen leiten könne - sei der Rechtswert Bestandteil des geltenden Rechts und folglich könne er zur Lückenfeststellung und –ausfüllung verwendet werden. Vgl. R. Barth, Rechtsfortbildung, S. 76f.

49 Vgl. M. Rose, Konsumorientierte Neuordnung, S. V.

50 Zum „formalen Rechtsstaat" gehören nach der Auffassung J. Langs die Gewaltenteilung, die Herrschaft des Gesetzes, die Gesetzmäßigkeit der Verwaltung und der Rechtsschutz durch unabhängige Gerichte. Im Vordergrund steht die Rechtssicherheit. Im Steuerrecht wird die formale Rechtsstaatlichkeit vornehmlich durch den Grundsatz der Gesetzmäßigkeit der Besteuerung – damit verbunden sind das Prinzip der Bestimmtheit von Steuergesetzen und das Verbot rückwirkender Steuergesetze - und den Vertrauenschutzgrundsatz verwirklicht. Vgl. hierzu J. Lang, in Tipke/Lang19, Steuerrecht, § 4 Rz. 51ff.

wichtigste Aufgabe des Rechtsstaats repräsentiert[51]. Nach der hier vertretenen Ansicht zählen zu den auch im Steuerrecht zu konkretisierenden wichtigsten Grundrechten der Schutz des Existenzminimums[52] – als Ableitung von der Garantie der Menschenwürde in Verbindung mit dem Sozialstaatsprinzip[53] -, die Handlungsfreiheit, die Gleichheit – auf der vertikalen und horizontalen Ebene -, der Schutz der Ehe und der Familie, die freie Berufsausübung und die Eigentumsgewährleistung[54]. Diese Grundrechte verkörpern grundlegende verfassungsrechtliche Werte, die letzten Endes die *steuerrechtliche Werteordnung* materiell fundieren[55].

Zu Recht hat *K. Tipke* bemerkt, dass die Hauptaufgabe des Rechtsstaats bei aller Beachtung der formalen Rechtsstaatsprinzipien die Verwirklichung der materiellen Gerechtigkeit sei[56]. Eine *Gerechtigkeitsordnung* liegt im Kern des „Rechts des staatlichen Nehmens", der staatlichen Lastenverteilung[57]. Die Steuergerechtigkeit *ist* ein Wert in sich selbst und zugleich ein überwiegender *Richtwert* für die Ausformung und Anwendung der steuerrechtlichen Normen[58].

---

51 In diesem Sinne vgl. K. Tipke, StRO, S. 111. F. Kirchhof ist der Auffassung, dass die Grundrechte, die rechtsstaatlichen Prinzipien und die Finanzverfassung – Art. 105ff. GG – enthalten die steuerrelevanten Verfassungspositionen. Vgl. F. Kirchhof, StuW 2002, S. 187. Außerdem gewinnt die Steuergesetzgebung nach der Meinung P. Kirchhofs an Stetigkeit, Berechenbarkeit und an Gestaltungskraft gegenüber dem Wirtschaftswesen, wenn die in der Verfassung skizzierten und in Art. 106 verdeutlichen Belastungsprinzipien in den steuerrechtlichen Belastungsgründen Beachtung finden. Vgl. P. Kirchhof, HStR IV, § 88 Rn. 84.

52 Dazu siehe im 3. Kapitel unter C.II.7.

53 Dazu siehe im 2. Kapitel unter C.I.

54 Zu den Freiheitsrechten als Grundlage des Leistungsfähigkeitsprinzips siehe im 2. Kapitel unter C.VIII.

55 Nach der Auffassung J. Langs wird der Inhalt der verfassungsrechtlichen Werteordnung durch die sogenannten Prinzipien materialer Rechtsstaatlichkeit bestimmt. Es gehe um systemtragende, richtunggebende Prinzipien, die im Steuerrecht insbesondere durch die Steuergleichheit und die Gesetzmäßigkeit der Besteuerung zum Ausdruck kommen. Diese Prinzipien werden noch ergänzt durch den Schutz der Menschenwürde, den Schutz des allgemeinen Persönlichkeitsrechts, das Übermaßverbot und das Verbot der Benachteiligung von Ehe und Familie (Steuereingriffsschranken). Vgl. J. Lang, in Tipke/Lang19, Steuerrecht, § 4 Rz. 61ff.

56 Vgl. K. Tipke, StRO, S. 111.

57 Vgl. D. Birk, Steuerrecht, S. 17. Nach der Meinung D. Birks müssen auch bestimmte „ordnungsstiftende Grundwertungen" im Steuerrecht Beachtung finden, die die Belastungsgleichheit als Schwerpunkt haben. Der Ausdruck „ordnungsstiftende Grundwertungen" wurde von J. Lang erwähnt. Siehe J. Lang, in Tipke/Lang20, Steuerrecht, § 4 Rz. 11. Siehe auch H. Weber-Grellet, Steuern im modernen Verfassungsstaat, S. 369.

58 Dazu siehe im 2. Kapitel unter C.III.

Insbesondere im Rahmen der Gesetzgebung zeigt sie sich ganz abstrakt, wobei ihre Konkretisierung ohne die Vermittlung bestimmter *Richtlinien* nicht möglich wäre. Genau hier gelten die Rechtsprinzipien[59] als *Richtlinien* dieses steuergerechtigkeitsorientierten Handelns, vor allem der Gleichheitssatz[60].

Die Besteuerung erzielt zunächst die Erhaltung von Aufkommen für die Deckung des öffentlichen Finanzbedarfs, um die Verwirklichung der positiven staatlichen Leistungen und der Verbürgung der Freiheitsrechte zu ermöglichen. Die Besteuerung ist darüber hinaus die notwendige Teilhabe des Staats an bestimmten Erwerbsvorgängen oder Vermögenswerten des Einzelnen[61]. Diese staatliche Teilhabe am Erfolg privaten Wirtschaftens trägt zur Finanzierung der Einrichtung und Aufrechterhaltung der öffentlichen Struktur bei und setzt ein zwischen Staat und Bürger bestehendes soziales Transferverhältnis voraus, wozu einige *Wertmaßstäbe* für dieses staatliche Nehmen und Geben erforderlich sind. Ein selbstverantwortlich handelnder Mensch entspricht dem Menschenbild des Grundgesetzes. Dementsprechend darf der Staat dem Bürger zunächst nicht nehmen, was der Staat dem Bürger danach im Fall der Gefährdung des Existenzminimums als Sozialhilfe leisten muss[62]. In Ermangelung einer ausdrücklichen verfassungsrechtlichen Vorschrift des Leistungsfähigkeitsprinzips, als einem diesem Transferverhältnis dienenden sachgerechten Lastenverteilungsmaßstab, erfüllen die *Gleichheit* und die *Freiheit* die Aufgabe dieser Wertmaßstäbe. So kann hinter einigen positiven verfassungsrechtlichen Wertaussagen - nämlich der Gleichheit der Lastenverteilung (Art. 3 Abs. 1 GG), der sozialen Lastenverteilung (Art. 20 Abs. 1 GG) sowie der Lastenverteilung, die die Freiheit des Einzelnen respektiert (Art. 2 Abs. 1 GG und folgende) – ein gemeinsamer *Nenner* liegen[63], der diese Wertaussagen und letzten Endes die Steuergerechtigkeit konkretisiert.

Zusammenfassend lässt sich feststellen, dass das Steuerrechtssystem auf verfassungsrechtlichen Werten aufgebaut ist, wobei der Schutz des Existenzminimums[64] – als Ableitung von der Garantie der Menschenwürde in Verbindung

---

59 Dazu siehe unten unter C u. D.

60 Siehe dazu im 2. Kapitel unter C.II. Zu Recht behauptet J. Englisch, dass der Gleichheitssatz in seiner steuerspezifischen Ausprägung nicht nur und auch nicht primär Gleichheit im Belastungsgrund, sondern vor allem auch eine Gleichheit im Belastungserfolg verlangt. Vgl. J. Englisch, Dividendenbesteuerung, S. 136.

61 Vgl. P. Kirchhof, HStR IV, § 88 Rn. 84.

62 Vgl. K. Tipke, StRO, S. 421. Zum Subsidiaritätsprinzip siehe im 3. Kapitel unter C.II.7.c.

63 Siehe dazu D. Birk, Leistungsfähigkeitsprinzip, S. 123ff.

64 Dazu siehe im 3. Kapitel unter C.II.7.

mit dem Sozialstaatsprinzip[65] -, die Handlungsfreiheit, die Gleichheit – auf der vertikalen und horizontalen Ebene -, der Schutz der Ehe und der Familie, die freie Berufsausübung und die Eigentumsgewährleistung[66] die grundlegenden Pfeiler sind. Diese Grundrechte *verkörpern* die Werte eines menschenwürdigen Daseins, der Solidarität, der Freiheit, der Gleichheit, der Familie sowie der Arbeit und des Eigentums und entfalten ihre rechtliche Dimension. Die Steuergerechtigkeit *ist* der in Art. 3 Abs. 1 GG wichtigste verankerte konkretisierungsbedürftige *Wert* des Steuerrechtssystems[67]. Im Rahmen der Belastungsgleichheit soll sie durch einen rechtsethischen Lastenverteilungsmaßstab erreicht werden. Wie noch näher auszuführen sein wird, beinhaltet das ebenfalls in Art. 3 Abs. 1 GG verankerte steuerliche Leistungsfähigkeitsprinzip diesen rechtsethischen Maßstab zur Verwirklichung des höchsten Wertes des Steuerrechtssystems[68].

B.I. Zur wertungsmäßigen Folgerichtigkeit der Rechtsordnung

B.I.1. Das Folgerichtigkeitsgebot

Die Einheit der Rechtsordnung setzt voraus, dass die auszulegende Norm soweit wie möglich mit dem *Ganzen*, zumindest mit den gleich- und höherrangigen Normen vereinbar ist[69]. Dem Grundsatz der Einheit der Rechtsordnung inhärent ist das Gebot der Beseitigung von Widersprüchen innerhalb der Rechtsordnung[70]. *Zwecke* und *Gerechtigkeitswertungen* der verschiedenen Normen sollen aufeinander abgestimmt werden[71]. Die innere Ordnung und Einheit des Rechts sind eigentlich weit mehr als bloße Prämissen der Formulierung des Systembegriffs, sondern sie bestehen in den grundlegenden rechtsethischen Forderungen und wurzeln letztlich in der Rechtsidee selbst[72]. Dementsprechend sind sie Folgen des Gerechtigkeitsgedankens.

Folgerichtig zu verfahren setzt voraus, einmal getroffene Wertungen *konsequent* anzuwenden, das heißt alle ihre Einzelfolgerungen zu berücksichtigen, mit anderen Worten: die getroffenen Wertungen in allen ihren möglichen Entfaltun-

65 Dazu siehe im 2. Kapitel unter C.I.

66 Zu den Freiheitsrechten als Grundlage des Leistungsfähigkeitsprinzips siehe im 2. Kapitel unter C.VIII.

67 Dazu siehe im 2. Kapitel unter C.III.

68 Vgl. dazu im 2. Kapitel unter C.

69 Vgl. R. Zippelius, Juristische Methodenlehre, S. 49.

70 Vgl. K. Engisch, Einführung in das juristische Denken, S. 271f.

71 Vgl. R. Zippelius, Juristische Methodenlehre, S. 49.

72 Vgl. C. W. Canaris, Systemdenken, S. 16.

gen „zu Ende zu denken“[73]. Das Gebot der Folgerichtigkeit verlangt darüber hinaus vom Gesetzgeber, dass er gleichartige Vorteile oder Belastungen nach Maßgabe eines und desselben Verteilungsmaßstabs konsequent „gleichmäßig“ zuteilt[74]. Abweichungen vom gleichheitsrechtlich fundierten Verteilungsmaßstab im Rahmen staatlicher Vorteilsgewährung bzw. Lastenauferlegung sind am Verhältnismäßigkeitsgrundsatz zu messen[75]. Steuervergünstigungen lassen sich als Abweichungen vom Fundamentalprinzip sachgerechter Lastenzuteilung nach der Auffassung von *J. Englisch* nur insoweit rechtfertigen, als dies zur Erreichung des Begünstigungszieles *erforderlich* und *angemessen* ist, etwa um exzessive Begünstigungswirkungen zu vermeiden[76].

Das Gebot der wertungsmäßigen Folgerichtigkeit erfolgt vom Systembegriff, deren Hauptmerkmale in der Ordnung und Einheit bestehen. Wertungsmäßig folgerichtig zu verfahren setzt voraus, systematisch nach Maßgabe konsequent angewendeter, sachgerechter Prinzipien einen geordneten Weg zu gehen, so dass am Ende eine auf der Gerechtigkeitsidee selbst beruhende Einheit zum Ausdruck kommt und aus ihr eine konsistente und kohärente Wertentscheidung resultiert[77]. Es ist bei Steuerrechtssystemen, deren gesetzliche Ausgestaltung die

---

73 Vgl. C. W. Canaris, Systemdenken, S. 16. J. Neuner betont zu Recht, dass bei der Ermittlung des Normzwecks zu berücksichtigen sei, dass die einzelne Norm nicht nur mit anderen im Gesamtkontext stehenden Vorschriften verknüpft sei, sondern in einem System unterschiedlicher gesetzgeberischen Anordnungen und Wertungen integriert sei. Das Verfahren einer systemkonformen Interpretation diene dazu, die gesetzgeberischen Wertungen konsequent zu Ende zu führen und bedeute damit eine Verwirklichung des gesetzgeberischen Rechtsetzungsprimats und entspreche der Forderung nach formaler Gleichheit. Vgl. J. Neuner, Die Rechtsfindung contra legem, S. 105f. W. Enderlein spricht über die Geltung der Zuordnungsnormen, die die methodischen Normen einschließen, vor allem die im Kanon der Auslegungsmethoden zusammengefassten Methoden, wie die grammatische, systematische, historische und objektiv-teleologische. Zusätzlich gehören auch zu dieser Kategorie die Normen bzw. Metanormen, die den Richter in Kollisionsfälle zwischen methodischen Normen leiten sollen, seine Entscheidung zu treffen. Bei der richterlichen Ermittlung der Geltung einer Zuordnungsnorm müssen die für die Erfüllung der Prinzipien relevanten Folgen Berücksichtigung finden, die die Entscheidung nach der betreffenden Zuordnungsnorm nach sich zöge. Vgl. W. Enderlein, Abwägung in Recht und Moral, S. 40f. u. 343f.

74 Vgl. J. Englisch, in: FS für J. Lang, 167 (170); vgl. auch auf S. 213 die von J. Englisch bezeichnete erste Dimension des Folgerichtigkeitsgebots als „Garant gleichmäßiger Entfaltung sachgerechter Verteilungsmaßstäbe“.

75 Vgl. J. Englisch, in: FS für J. Lang, 167 (212). Siehe zu den möglichen Durchbrechungen des Leistungsfähigkeitsprinzips im 2. Kapitel unter D.

76 Vgl. J. Englisch, in: FS für J. Lang, 167 (217).

77 Siehe J. Lang in: Tipke/Lang, Steuerrecht, § 5 Rz. 49. Im Rahmen der Wertbegriffe, zu denen die unbestimmten Gesetzesbegriffe gehören, bemerkt J. Lang zutreffend, dass,

Konkretisierung der Verteilungsgerechtigkeit erzielen soll, zu fordern, dass der Gesetzgeber sich an „bereichsspezifisch sachgerechten Zuteilungsmaßstäben bzw. Leitprinzipien“ folgerichtig festhält[78]. Die folgerichtige Umsetzung der Belastungsentscheidung bei den Fiskalzwecksteuern setzt voraus, den bereichsspezifisch sachgerechten Zuteilungsmaßstab der individuellen steuerlichen Leistungsfähigkeit konsequent anzuwenden[79]. Abweichungen davon müssen anhand gewichtiger Gemeinwohlgründe[80] gerechtfertigt werden, die in der Verhältnismäßigkeitsprüfung den Vorrang vor den Belangen der Steuergerechtigkeit genießen[81].

Das Bundesverfassungsgericht hat das Gebot der Folgerichtigkeit in Verbindung mit dem Leistungsfähigkeitsprinzip, welche die grundsätzliche Freiheit des Gesetzgebers bei der Bestimmung der Sachverhalte begrenzen, wiederholt betont[82]. Bei der Ausgestaltung des steuerrechtlichen Tatbestands „muss die einmal getroffene Belastungsentscheidung folgerichtig im Sinne der Belastungsgleichheit umgesetzt werden“[83], wobei „Ausnahmen eines besonderen sachlichen Grundes bedürfen“[84]. Vor allem zählen zu diesen Gründen außerfiskalische Förderungs- und Lenkungszwecke sowie Typisierungs- und Vereinfachungserfordernisse, nicht jedoch die bloße Erforderlichkeit der Deckung des öffentlichen Finanzbedarfs bzw. eines Ausgleichs zur Erhöhung der staatlichen Ausgaben[85]. Beispielsweise wurde die Regelung des § 9 Abs. 2 Satz 1 i.V.m. Satz 2 EStG als gleichheitssatzwidrig angesehen, denn sie befriedigt die „verfassungsrechtlichen Anforderungen an eine folgerichtige Umsetzung einkommensteuer-

---

wenn nach der Konkretisierung dieser Begriffe gesucht wird, „das Anliegen das objektiv-teleologische, verfassungsrechtlich fundierte Gebot folgerichtiger, systemkonsequenter Rechtsanwendung ist, die das innere System des Rechts auf der Ebene der Rechtsanwendung vollzieht“. Dies könne auch notfalls gegen den Gesetzeswortlaut geschehen.

78 Vgl. J. Englisch, in: FS für J. Lang, 167 (219f.).

79 So auch J. Englisch, in: FS für J. Lang, 167 (220).

80 Zu Gemeinwohlzwecken als mögliche Rechtfertigungsgründe einer Durchbrechung des Leistungsfähigkeitsprinzips siehe im 2. Kapitel unter D.I.4.

81 Vgl. J. Englisch, in: FS für J. Lang, 167 (220).

82 Vgl. hierzu BVerfG, 2 BvL 3/05 v. 13.10.2009, NJW 2010, 431, 432. Vgl. auch BVerfGE 105, 73, 125; 107, 27, 46; 110, 412, 433 u. 116, 164, 180.

83 Vgl. auch BVerfGE 107, 27, 47.

84 Vgl. hierzu BVerfG, 2 BvL 3/05 v. 13.10.2009, NJW 2010, 431, 432. Vgl. auch BVerfGE 99, 88, 95; 99, 280, 290; 105, 73, 126 u. 107, 27, 47.

85 Vgl. BVerfG, 2 BvL 1/07 v. 9.12.2008, DStR 2008, 2460, 2461 (Pendlerpauschale).

rechtlicher Belastungsentscheidungen“ nicht, da die Norm von dem nach dem Nettoprinzip maßgeblichen Veranlassungsprinzip abweicht[86].

Anzumerken ist, dass das Bundesverfassungsgericht auf keinen deutlichen Begriff der Folgerichtigkeit hinweist, sondern es verknüpft das Gebot der Folgerichtigkeit mit der Abwesenheit von wesentlichen Widersprüchen[87]. Entscheidend ist, ob die gesetzgeberische Beurteilung im Verhältnis zu den übrigen Regeln des jeweiligen Rechtsgebiets *wesentliche Widersprüche* oder *ein hinreichendes Maß an Folgerichtigkeit* aufweist[88].

Zusätzlich wird der folgerichtigen Bestimmung und Erfassung der wirtschaftlichen Leistungsfähigkeit eine Ergänzung und Unterstützung durch das Gebot realitätsgerechter Tatbestandsgestaltung zugeordnet[89]. Im Rahmen des Einkommensteuerrechts dürfen Bemessungstatbestände für berücksichtigungsbedürftige Aufwendungen nicht realitätsfremd ausgestaltet werden, was gleichheitswidrig sein kann[90]. Der Gleichheitssatz verlangt bezüglich der Einnahme und des Aufwands eine sachgerechte Aufnahme der erfassten wirtschaftlichen Vorgänge und eine realitätsgerechte Gestaltung.

Das objektive Nettoprinzip wiederum gewinnt im Zusammenhang mit den Anforderungen an hinreichende Folgerichtigkeit bei der näheren Ausgestaltung der einmal getroffenen gesetzgeberischen Grundentscheidungen an Bedeutung. Es dient der Beschränkung des steuerlichen Zugriffs als einkommensteuerrechtlicher Ausgangstatbestand[91].

Das „zu Ende zu denken-Verfahren“ kann ebenfalls als eine Folgerung der in Art. 20 Abs. 3 GG verankerten Bindung der Gesetzgebung an die verfassungsmäßige Ordnung und der Rechtsprechung an Gesetz und Recht angesehen

86 Einkommensteuergesetz in der Fassung des Steueränderungsgesetzes 2007 v. 19. Juli 2006 (BGBl. I S. 1.652). Vgl. BVerfG, 2 BvL 1/07 v. 9.12.2008, DStR 2008, 2460, 2463 (Pendlerpauschale). Dem Begriff der Veranlassung wird „die Kausalbeziehung zwischen einer finalen Handlung und dem Erfolg von Bezügen und Aufwendungen“ beigemessen. Nach dem Veranlassungsprinzip seien die Begriffe der Betriebsausgaben und der Werbungskosten inhaltsgleich zu interpretieren. Siehe hierzu J. Lang in: Tipke/Lang, Steuerrecht, § 9 Rz. 213 u. 205.

87 Nach J. Neuner seien Normwidersprüche einerseits Folge der gesetzgeberischen Entscheidung gegen die Grundsätze der Logik; Wertungswidersprüche andererseits Resultat des vom Gesetzgeber inkonsequent durchgeführten Verfahrens, das zu unterschiedlichen Rechtsfolgen wertungsmäßig ähnliche Sachverhalte führe. Vgl. J. Neuner, Die Rechtsfindung contra legem, S. 126.

88 Vgl. BVerfG, 2 BvL 1/07 v. 9.12.2008, DStR 2008, 2460, 2466 (Pendlerpauschale).

89 Siehe hierzu BVerfGE 105, 73, 126.

90 Vgl. BVerfGE 105, 73, 126f. Zu Unterhaltsaufwendungen siehe BVerfGE 66, 214, 223; 68, 143, 153; 82, 60, 88; 89, 346, 353.

91 Siehe hierzu BVerfGE 107, 27, 48.

werden. Dem Gesetzgeber ist die primäre Aufgabe zugeordnet, die verfassungsrechtlichen Kompetenzregeln zu beachten und die in den Grundrechten und verfassungsrechtlichen Prinzipien verankerten Werte zu konkretisieren. Dieses Verfahren gewinnt an Komplexität, wenn die Legislative ihre einmal getroffene Entscheidung folgerichtig umsetzen und folglich Wertungswidersprüche vermeiden soll. *Innere* Widersprüche erfolgen einerseits zwischen zwei oder mehreren Vorschriften desselben Regelungszusammenhangs, wobei eine der anderen entgegensteht oder zumindest mit ihr nicht im Einklang steht. Zu nennen ist das Beispiel von unvermeidbaren Aufwendungen für Kinder, die nicht voll zum Abzug zugelassen werden, wohl aber vermeidbare Aufwendungen (Beiträge, Spenden) für die Tierzucht oder für den „Hundesport"[92]. Auf der anderen Seite geht es um das Erfordernis einer zwischen den Vorschriften vorhandenen praktischen *Konkordanz, Kohärenz und Konsistenz*, was auch zur gesetzlichen *Bestimmtheit, Klarheit und Rechtsfolgenvorhersehbarkeit* beiträgt. *Äußere* Widersprüche finden sich zwischen zwei oder mehreren Vorschriften verschiedener Regelungskomplexe. Es ist also inkonsequent, die Wohnungsmieten von Umsatzsteuer zu entlasten, nicht aber von Grundsteuer und Vermögensteuer[93].

Als Ergebnis kann festgehalten werden: die Folgerichtigkeit setzt ein „zu Ende zu denken-Verfahren"[94] voraus, wobei die einmal getroffene gesetzgeberische Wertungsentscheidung - unter Beachtung der dem Rechtsgebiet vorhersehbaren ziehenden Einzelfolgen - konsequent umgesetzt werden muss. Gleichartige Rechte oder Pflichte sind nach einem bereichsspezifischen sachgerechten Verteilungsmaßstab gleichmäßig zuzuteilen[95]. Im Bereich der Fiskalzwecksteuern hat der Steuergesetzgeber die individuelle steuerliche Leistungsfähigkeit[96] im Rahmen der Belastungsgleichheit folgerichtig umzusetzen. Abweichungen davon bedürfen einer besonderen sachlichen Rechtfertigung. Als mögliche Rechtfertigungsgründe einer Durchbrechung des sachgerechten Verteilungsmaßstabs tauchen in der Regel Gemeinwohl- und Vereinfachungszwecke bzw. Gründe der Verwaltungsökonomie auf[97]. Diese Gründe sind dennoch in der Verhältnismäßigkeitsprüfung sorgfältig abzuwägen[98].

---

92 Das Beispiel ist von K. Tipke gegeben, StRO, S. 99.

93 Das Beispiel ist von K. Tipke gegeben, StRO, S. 98.

94 Vgl. C. W. Canaris, Systemdenken, S. 16.

95 Vgl. J. Englisch, in: FS für J. Lang, 167 (170).

96 Grundlegend zur steuerlichen Leistungsfähigkeit als rechtsethischer sachgerechter Verteilungsmaßstab siehe das 2. Kapitel.

97 Dazu siehe im 2. Kapitel unter D.I.4 u. D.I.2.

98 Dazu siehe im 2. Kapitel unter D.II.

B.I.2. Das Bestimmtheitsgebot

Es wird vom Gesetzgeber gefordert, die vorhersehbaren Konsequenzen des zu regelnden Lebensverhältnisses in Betracht zu ziehen. In der Regel muss er eine ausreichende Bestimmtheit und Klarheit der Normen sicherstellen, so dass die Adressaten ihr Verhalten auf die normierte Rechtslage eigenverantwortlich einrichten können und keine unerwarteten staatlichen Reaktionen befürchten müssen[99]. So werden auch die Anforderungen an die Rechtssicherheit erfüllt[100]. Es ist die Aufgabe des Gesetzgebers wenigstens die wesentlichen regelungsbedürftigen Aspekte der Materie[101] *folgerichtig* umzusetzen, damit auch der Laie ohne weiteres die Rechtsfolgen seiner Handlung vorhersehen kann. Im Bereich des Strafrechts z.B. nimmt das Bestimmtheitsgebot einen noch höheren Stellenwert ein. Klar und präzise determinierte Tatbestände mit jeweiligen Rechtsfolgen schaffen Rechtssicherheit und schützen das Vertrauen der Bürger darauf, dass nur dasjenige Verhalten als strafbare Handlung verfolgt und bestraft wird, das bereits vorher als strafbar bestimmt wurde[102]. Unbeschadet der Klarheit und Bestimmtheit des Gesetzesinhalts stellen Verfahrens- und Formvorschriften unverzichtbare Mittel dar, für die Betroffenen die Vorhersehbarkeit der staatlichen Entscheidungen zu ermöglichen und zur jeweiligen inhaltlichen Richtigkeit beizutragen[103].

Vor allem bei Grundrechtsbeschränkungen spielt das Bestimmtheitserfordernis in Verbindung mit dem Verhältnismäßigkeitsgrundsatz auch eine entscheidende Rolle. Die einmal getroffenen gesetzgeberischen Entscheidungen dürfen Verfassungsbestimmungen nicht entgegenstehen und müssen zugleich unter Beachtung des Verhältnismäßigkeitsprinzips den Eingriff schonend ausgestalten[104]. Im Bereich der Grundrechtsbeschränkungen zählt das Bestimmtheitsgebot zu den vorrangigen Anforderungen und repräsentiert den wesentli-

---

99 Vgl. BVerfG, 2 BvR 794/95 v. 20.3.2002, NJW 2002, 1779, 1779f. u. BVerfGE 64, 369, 393f; 85, 69, 72 f.

100 Zur Bestimmtheit, systematischen Stabilität und zum Vertrauensschutz als Inhaltsbestandteile der Rechtssicherheit vgl. H. T. Torres, Segurança Jurídica, S. 196ff.

101 Vgl. BVerfG, 2 BvR 669/04 v. 24.5.2006, NVwZ 2006, 807, 815.

102 Vgl. BVerfG, 2 BvR 794/95 v. 20.3.2002, NJW 2002, 1779, 1780 u. BVerfGE 95, 96, 130ff. Je schwerer die vorgesehene Strafe sei, umso dringender sei der Gesetzgeber verpflichtet, den Bürger über die zu erwartende Strafrechtsfolge ins Bild zu setzen. Siehe hierzu BVerfG, 2 BvR 794/95 v. 20.3.2002, NJW 2002, 1779, 1780.

103 BVerfGE 103, 332, 334.

104 BVerfG, 2 BvR 1826/09 v. 3.9.2009, NJOZ 2010, 1436, 1437. Vgl. auch BVerfGE 113, 273, 299f.

chen Bestandteil der Rechtssicherheit in Bezug auf die Vorhersehbarkeit von Rechtsfolgen für die Grundrechtsträger[105].

Selbst wenn die Anforderungen an die Bestimmtheit und die Klarheit der Gesetzgebung hinreichend erfüllt sind, braucht der Richter hinsichtlich seiner Bindung an Gesetz und Recht *pragmatische* Maßstäbe. Zu ihnen zählen der Wortsinn, die gesetzgeberische Regelungsabsicht sowie der objektive Normzweck[106]. Zugleich fließen auch Entstehungsgeschichte, inneres und äußeres System, sowie die im Gesetz selbst angelegten Wertungen bei dem „zu Ende zu denken-Verfahren" mit ein; wo sie im Übrigen nicht genügend hilfreich sind, muss die Rechtsprechung z. B. im Bereich des Steuerrechts auf der Basis des gesetzlich Vorgegeben *rechtsschöpferisch Maxime einer gerechten Lastenverteilung entwickeln*[107].

B.II. Über die Möglichkeit und den Umfang eines offenen Systems

Die Offenheit des Rechtssystems taucht dem ersten Anschein nach als Entwicklungsfähigkeit, als Modifizierbarkeit des Systems auf. Sei es durch die Änderungen der Gesetzgebung, sei es durch die Fortentwicklung der Rechtsprechung oder mittels neuer Fortschritte im Schrifttum, das Rechtssystem ändert sich ständig. *K. Larenz* spricht über Änderungen sowohl in der Weise des Zusammenspiels der Prinzipien, ihrer Reichweite und wechselseitigen Beschränkung, wie auch über die Auffindung neuer Prinzipien[108]. *H. Hart* ist der Auffassung,

105 BVerfG, 2 BvR 1826/09 v. 3.9.2009, NJOZ 2010, 1436, 1437. Im Kontext des Erlasses von Rechtsverordnungen müssen nach Art. 80 Abs. 1 Satz 2 GG Inhalt, Zweck und Ausmaß der Ermächtigung im Gesetz bestimmt werden. Die Ermächtigung muss in ihrem Wortlaut nur hinreichend bestimmt sein. Es wird auch vom Bundesverfassungsgericht anerkannt, dass das Bestimmtheitserfordernis erfüllt sei, wenn die Bestimmtheit durch Auslegung nach den allgemein gültigen Auslegungsmethoden ermitteln lasse. Je intensiver der Grundrechtseingriff sei, desto höherer seien die Anforderungen an die Bestimmtheit der Ermächtigung. Vgl. hierzu BVerfG, 2 BvF 2/01 v. 18.7.2005, NVwZ 2006, 559, 578. und BVerfGE 58, 257, 277f; 80, 1, 20f.

106 Vgl. J. Neuner, Die Rechtsfindung contra legem, S. 90ff. Siehe auch R. Barth, Richterliche Rechtsfortbildung im Steuerecht, S. 323ff.

107 Vgl. K. Vogel, HStR IV, § 87 Rn. 73. Zur Rechtsfindung und Rechtsfortbildung vgl. auch J. Neuner, Die Rechtsfindung contra legem; R. Barth, Richterliche Rechtsfortbildung im Steuerrecht; J. Lang, in: Tipke/Lang, Steuerrecht, § 5 Rz. 53ff. Zur Rechtsfortbildung und Lückenausfüllungs- oder Analogieverbot im Steuerrecht siehe K. Tipke, StRO, S. 177ff.

108 Vgl. K. Larenz, Methodenlehre, S. 467.

dass die offene Struktur des Rechts den Gerichten oder Beamten den Ausgleich einiger widerstreitender Interessen, die von Fall zu Fall verschiedenes Gewicht haben, gestatten könne, um ein Gleichgewicht herzustellen[109]. Nach der Ansicht *F. Müllers* sei für die verfassungsrechtliche Methodik zweitrangig, ob eine Kooperation zwischen topischem und axiomatisch-deduktivem Vorgehen als „offenes" System bezeichnet werde[110]. Bei der praktischen Verfassungskonkretisierung sei entscheidend, „was über die Struktur von Norm und Normativität, über die Struktur des Entscheidungsprozesses und des Darstellungsvorgangs *im Einzelnen* erarbeitet wird"[111]. *N. MacCormick* spricht über eine offene Struktur der Regeln, wonach fast alle Regeln hinsichtlich gerichtlicher Diskussionen mehrdeutig oder unklar sein können und soweit sie sprachlich formuliert seien, seien sie offen strukturiert und undeutlich bezüglich einiger Situationen[112].

Aber was bedeutet eigentlich ein offenes Rechtssystem? Inwieweit kann es offen sein? Sollten nicht alle Fragen innerhalb eines in sich geschlossenen und schon vorhandenen Systems beantwortet werden? Die Antworten auf diese Fragen können sich in einer Differenzierung zwischen dem wissenschaftlichen und dem objektiven System finden lassen[113]. Die Offenheit des wissenschaftlichen Systems besteht in der *Unabgeschlossenheit und Vorläufigkeit der wissenschaftlichen Erkenntnis*[114]. Die Offenheit des objektiven Systems besteht in der *Wandelbarkeit der Grundwertungen der Rechtsordnung*[115]. Es soll anerkannt werden, dass eben das positive Recht fortbildungsfähig ist und es die gesellschaftlichen Entwicklungen und Bedürfnisse begleiten und sich an sie anpassen soll. Dementsprechend weist das objektive System einen dynamischen Charakter und die Struktur der Geschichtlichkeit auf[116].

Die Erforderlichkeit eines offenen Rechtssystems könnte also mittels dieser zwei Merkmale des Systembegriffs verstanden werden. Die *Unabgeschlossenheit der wissenschaftlichen Erkenntnisse* und die *Wandelbarkeit der objektiven Rechtsordnung* bringen Anpassungs- und Erneuerungsfähigkeit des Rechtssystems mit sich. Die Erforderlichkeit einer ständigen Rechtsfortbildung hängt von der Offenheit des Systems ab. Dementsprechend kann die Rechtsfortbildung als eine Ursache verstanden werden. Es ist nicht zu vernachlässigen, dass einige Rechtsinstitute bzw. Rechtsprinzipien, die dem ersten Anschein nach in einem

---

109 Vgl. H. Hart, Der Begriff des Rechts, S. 188.
110 Vgl. F. Müller, Juristische Methodik, S. 92f.
111 Vgl. F. Müller, Juristische Methodik, S. 93.
112 Siehe N. MacCormick, Legal Reasoning and Legal Theory, S. 65f.
113 Vgl. hierzu C. W. Canaris, Systemdenken, S. 61ff.
114 Vgl. C. W. Canaris, Systemdenken, S. 62.
115 C. W. Canaris, Systemdenken, S. 63ff.
116 C. W. Canaris, Systemdenken, S. 63.

bestimmten Bereich als „neu" betrachtet werden, seit langem bereits vorhanden sind und sich ihr Anwendungsbereich aufgrund der Entwicklung der wissenschaftlichen Erkenntnisse lediglich verändert hat. So könnte z. B. das Verbrauchsteuerrecht – aus der Sicht der Belastung des Endverbrauchers - mittels des schon vorhandenen Leistungsfähigkeitsprinzips im Einklang mit den Anforderungen der Praktikabilität und der Verwaltungsökonomie[117] „neu" ausgerichtet und gestaltet werden, ohne dass ein neues Fundamentalprinzip entwickelt werden müsste. Das schon vorhandene und im Verbrauchsteuerrecht diskutierte Leistungsfähigkeitsprinzip würde, aufgrund seiner *prinzipiellen* Unabgeschlossenheit, zu bedeutsamen Wandlungen des objektiven Systems führen[118].

Hinsichtlich der Grundrechtsnormen ist zu betonen, dass ihre Ausstrahlung weitreichende Auswirkungen auf den oben erwähnten Charakter des Rechtssystems hat. Aufgrund der Geltung der Grundrechtsnormen wird der Inhalt des Rechtssystems durch die Verfassung determiniert[119]. Hier taucht das erste Problem der Determination dieses Inhalts auf, nicht nur wegen der semantischen und strukturellen Offenheit der Grundrechtsbestimmungen, sondern wesentlich wegen des Prinzipiencharakters der Grundrechtsnormen[120]. Dieser *grundsätzliche* Charakter führt zu einer Abwägung, deren Ergebnis von Wertungen abhängt. In der Regel gibt es für die Abwägung kein *richtiges* Ergebnis, ebenso wenig das Gebot, eines der widerstreitenden Prinzipien bzw. Grundrechte aus dem System zu beseitigen. Vielmehr soll der Rechtsanwender die kollidierenden Prinzipien oder Grundrechte ins Verhältnis setzen und sorgfältig ermitteln, welches überwiegen soll. Daraus ergibt sich die Offenheit des Abwägungsverfahrens, die zur Offenheit des durch die Grundrechtsnormen inhaltlich determinierten Rechtssystems führt[121].

Es wäre denkbar, das Rechtssystem als *zugleich* geschlossen und offen zu betrachten. Die Geschlossenheit des Rechtssystems könnte im Wege einer *binären Kodifikation* gewonnen werden und zwar durch den Unterschied zwischen *Recht* und *Unrecht*, durch den kein anderes System arbeitet[122]. Diese zweiwertige Kodifikation trägt zur Erzeugung und Aufrechterhaltung der Rechtssicherheit bei, wobei die Rechtsunsicherheit durch im Rechtssystem selbst getroffene Entscheidungen beseitigt werden muss[123]. Dementsprechend kann die Rechtssicherheit von äußeren Einflüssen nicht bedroht werden, insbesondere nicht vom poli-

---

117 Dazu siehe im 2. Kapitel unter D.I.2.

118 Vgl. z. B. im 3. Kapitel unter C.I. u. C.II.6.

119 Siehe hierzu R. Alexy, Theorie der Grundrechte, S. 493f.

120 R. Alexy, Theorie der Grundrechte, S. 494.

121 R. Alexy, Theorie der Grundrechte, S. 494.

122 Siehe hierzu N. Luhmann, Ökologische Kommunikation, S. 125ff.

123 N. Luhmann, Ökologische Kommunikation, S. 126.

tischen Opportunismus. Dieses Systemmuster lässt keine dritte Möglichkeit zu, außer der binären Codierung und braucht Richtlinien, die die Bedingungen richtigen Entscheidens fixieren[124]. Unter dieser Perspektive zeigt sich das System als geschlossen und offen zugleich: es ist geschlossen, soweit, der normative Charakter nur aus Normen gewonnen werden kann, und es ist offen, soweit kognitive Gesichtspunkte bei dem Entscheidungsverfahren zu berücksichtigen sind[125].

Zu betonen ist, dass die erwähnten kognitiven Gesichtspunkte nicht nur bei dem Entscheidungsverfahren eine Rolle spielen, sondern auch die Normen selbst gestalten und fortbilden oder zumindest ihren Veränderungsprozess beeinflussen können. Kritik soll hier zur Auffassung *Luhmanns* geäußert werden. Die von ihm vertretene Geschlossenheit des Rechtsystems bezüglich seiner *Normqualität* – das heißt der normative Charakter kann nur aus Normen gewonnen werden – sollte mit Vorbehalt gesehen werden. Wenn die Komplexität des normativen Phänomens lediglich als ein reines Subsumtionsverfahren betrachtet wird, wobei die Regeln und Prinzipien vom Gesetzgeber schon endgültig vorgegeben werden, dann ist die Rede von einem geschlossenen Rechtssystem, dessen Normqualität nur durch gesetzgeberisches Entscheiden ausgestaltet ist. Vielleicht wollte *N. Luhmann* auf den geschlossenen Charakter der Tatbestände von normativen *Texten* Bezug nehmen, was keinesfalls mit dem Begriff der *Norm* gleichgesetzt werden darf. Der Text der Norm umfasst formelle und materielle Elemente, die unbedingt bei dem Rechtsanwendungsverfahren Beachtung finden müssen, die jedoch den Gestaltungsprozess der Norm allein nicht führen können. Aus der Sicht des Rechtsanwendungsverfahrens ist eine Rechtsnorm das finale Ergebnis eines „zu Ende gedachten-Verfahrens", wobei der normative *Text* als Ausgangspunkt gilt. Die anschließenden Stufen dieses Prozesses setzen die erwähnten kognitiven Gesichtspunkte voraus, wodurch die im Text vorgesehenen Regeln im Einklang mit den bereichsspezifischen zusammenhängenden Prinzipien folgerichtig angewendet werden müssen. Das Rechtssystem ist *auch* im Rahmen seiner normativen Qualität *offen*, denn diese beschränkt sich nicht nur auf den *normativen Text*, sondern beruht auch und insbesondere auf *normgestaltenden Wertungen.*

Die Offenheit des Rechtssystems wird im Schrifttum auch als die *Beweglichkeit* des Rechtssystems bezeichnet. Wenn konkrete Einsichten die letztlich entscheidende Erkenntnisgrundlage bilden, gewinnt das System an Beweglichkeit und kann ständig ergänzt und modifiziert werden[126]. Nach der Ansicht von

124 N. Luhmann, Ökologische Kommunikation, S. 127.

125 N. Luhmann, Ökologische Kommunikation, S. 127.

126 Die Einheit des Systems werde nur als eine projektierte Einheit berücksichtigt werden, die unter dem Vorbehalt jederzeitiger Modifikation stehe. Vgl. R. Zippelius, Das Wesen des Rechts, S. 139.

C. W. Canaris hat *W. Wilburg* die Merkmale des beweglichen Systems in seiner Theorie des Schadensersatzrechts entwickelt, wonach eine Mehrzahl von Gesichtspunkten, die er als *Elemente* oder als *bewegende Kräfte* bezeichnet hat, die Grundlagen der Theorie bilden[127]. Die Rechtsfolge besteht – und das ist das Entscheidende - im Ergebnis des Zusammenwirkens dieser Elemente je nach Zahl und Stärke und ist vom Richter nach geleitetem Ermessen festzulegen, wobei die Kräfte nicht absolute und starre Größen, sondern die Gesamtwirkung ihres variablen (Zusammen-)Spiels entscheidend sind[128]. Das bewegliche System wird folglich wesentlich charakterisiert durch grundsätzlich gleichrangige und wechselseitig austauschbare Prinzipien oder Gerechtigkeitskriterien (*Elemente oder bewegende Kräfte*), bei gleichzeitigem Verzicht auf eine *abschließende Tatbestandsbildung*[129]. Dieses System ist elastisch und zerbricht nicht wie ein Werk aus Glas[130], wenn sich die Wertungen einer der bewegenden Kräfte im Laufe der Zeiten ändern. Das Hinzutreten neuer Gesichtspunkte und Kräfte ist auch möglich[131], was das System *W. Wilburgs* als *offen* prägt.

B.III. Zur systematischen Auslegung innerhalb der verfassungsrechtlichen Werteordnung

Auslegung ist Darlegung des *Inhalts* des Rechts[132]. Je weniger der Inhalt des Rechts offenbar ist, desto bedeutender ist die Aufgabe der Auslegung[133]. Das

---

127 Vgl. C. W. Canaris, Systemdenken, S. 74. Die Elemente oder bewegenden Kräfte sind: „1. Ein für das Schadensereignis kausaler Mangel, der auf Seiten des Haftenden liegt. Dieser Mangel hat verschiedene Schwere, je nachdem ob er vom Haftenden oder von dessen Gehilfen verschuldet oder überhaupt ohne Verschulden, so z. B. ein unerkennbarer Materialfehler einer Maschine, entstanden ist. 2. Eine Gefährdung, die der Schädiger durch ein Unternehmen oder durch den Besitz einer Sache geschaffen hat und die zum Eintritt des Schadens führte. 3. Die Nähe des Kausalzusammenhangs, der zwischen den haftungsbegründenden Ursachen und dem eingetretenen Schaden besteht. 4. Die soziale Abwägung der Vermögenslage des Beschädigten und des Beschädigers." Vgl. dazu W. Wilburg, Entwicklung eines beweglichen Systems, S. 12f.

128 „Es kann dabei auch ausreichen, wenn nur eines der Elemente vorliegt, sofern dieses in besonderer Stärke auftritt." Vgl. W. Wilburg, AcP 163, S. 347; W. Wilburg, Entwicklung eines beweglichen Systems, S. 22 u. S. 13.

129 Siehe hierzu C. W. Canaris, Systemdenken, S. 75.

130 Vgl. W. Wilburg, Entwicklung eines beweglichen Systems, S. 14.

131 Siehe W. Wilburg, Entwicklung eines beweglichen Systems, S. 14.

132 Vgl. B. Windscheid, Lehrbuch des Pandektenrechts, S. 52f. Die Hermeneutik wiederum wurde bereits als die Disziplin bezeichnet, die mit der Kunst des Verstehens von Texten zu tun hat. H. G. Gadamer hat sich damit beschäftigt, wie sich die Aufgabe der Hermeneutik gegenüber der Kunst bestimmt. Für die Beispiele Schleiermachers und Hegels

Ziel der *Gesetzesauslegung* ist die Ermittlung des *Sinns* des Gesetzes, woraus die Rechtsfolge für den zu entscheidenden Fall gewonnen werden soll[134]. Daraus ergibt sich, dass es um einen Prozess geht, nach welchem die Anwendung bzw. die Nichtanwendung einer bestimmten Norm auf konkrete Sachverhalte erzielt wird. Dieser Prozess setzt einige Phasen voraus, vornehmlich die *Erkennung*, die *Anerkennung* und letztlich die *Anwendung* der in Betracht kommenden Norm. Was dem ersten Anschein nach eine eindeutige und unkomplizierte Gesetzesanwendung sein kann – durch die scheinbar vollständige Entsprechung zwischen Sachverhalt und Tatbestand -, entfaltet sich am Ende als ein Netzwerk von Auslegungen, Einschränkungen und Ergänzungen, das die Normgestaltung strukturiert und den Gesetzesinhalt verändern kann[135].

Aus dieser Sicht ist zunächst zwischen *Gesetzes-* und *Rechtsinhalt* zu unterscheiden. *Deontologisch* betrachtet kann der Gesetzesinhalt als das im Gesetzestext ausführlich beschriebene Verhalten angesehen werden, das für die zu regulierende Materie vorgesehen wird. Meistens erfolgt dies durch eindeutig determinierte *verpflichtende*, *erlaubte* oder *verbotene* Handlungen bzw. Unterlassungen. *Strukturell* gesehen kann der Gesetzesinhalt z.B. mittels klar determinierter Adressaten, sowie Objekt, Zeit, Ort und Zweck dargestellt werden. Nicht selten wird es so verstanden, dass der Inhalt eines Gesetzes sich in sich selbst erschöpft, wobei alle notwendigen formellen und materiellen Bestandteile des zu regulierenden Rechtsgebiets im Text eines einzigen Gesetzes vorgesehen wurden. Dies soll dergestalt sein, dass ein (scheinbar) vollkommenes Verständnis des Inhalts unmittelbar und nur aus diesem Text erreicht werden kann. Selbst wenn das Bestimmtheitsgebot erfüllt ist, ist eine unmittelbare, logische Subsumtion des Sachverhalts unter die Vorschrift nicht ausschließlich geboten, um den

---

hat er zwei Möglichkeiten gesehen, die durch die Begriffe der Rekonstruktion und der Integration bezeichnet werden, wobei Schleiermacher und Hegel am Anfang „das Bewusstsein eines Verlusts und einer Entfremdung gegenüber der Überlieferung, das ihre hermeneutische Besinnung herausfordert“ anerkennen. Der Gedanke Schleiermachers setzt voraus, dass die Bedeutung der Kunstwerke vor allem aus ihrem Ursprung und aus ihrer Entstehung zu verstehen ist; die Wiederherstellung der Welt, der sie zugehört, und des von dem Künstler gemeinten ursprünglichen Zustandes, um die wahre Bedeutung verständlich zu machen und gegen Missverständnis und falsche Aktualisierung zu schützen. Hegel seinerseits ist der Auffassung, dass Gewinn und Verlust des hermeneutischen Beginnens miteinander ausgeglichen werden sollen, wobei „das Wesen des geschichtlichen Geistes nicht in der Restitution des Vergangenen, sondern in der denkenden Vermittlung mit dem gegenwärtigen Leben besteht“. Vgl. H. G. Gadamer, Wahrheit und Methode, S. 157ff.

133 B. Windscheid, Lehrbuch des Pandektenrechts, S. 52f.

134 Vgl. J. Lang, in: Tipke/Lang, Steuerrecht, § 5 Rz. 40.

135 Vgl. K. Larenz, Methodenlehre, S. 203.

konkreten Rechtsinhalt festzustellen. Oftmals sind im Rahmen einer sorgfältigen Gesamtanalyse des Rechtssystems Wertungen zu entnehmen, die sich aus dem Zusammenspiel mit verknüpfenden Prinzipien ergeben und am Ende den erzielten Rechtsinhalt präzisieren.

Die systematische Auslegung setzt *ab initio* die Existenz eines bestimmten Systems voraus, aufgrund dessen die Auslegung *sich entwickeln* soll. Die grundlegende Konzeption des *Systems* geht von der Existenz einer Einheit von Elementen aus, die untereinander Beziehungen aufweisen und vor einem bestimmten Anhaltspunkt zusammengefügt sind[136]. Nach *K. Larenz* bedeutet der Gedanke des „Systems" die „Entfaltung einer Einheit in einer Mannigfaltigkeit, die dadurch als ein Sinnzusammenhang erkannt wird"[137]. Im Fall des *Rechtssystems* laufen sämtliche Normen zu einem einzigen Punkt zusammen – zur Grundnorm – die dem Grundgesetz seine Gültigkeitsgrundlage vorgibt[138].

Anschließend ist zwischen dem *äußeren* und dem *inneren* System zu unterscheiden. Das äußere System umfasst alle formalen Stoffanordnungen, nämlich die technische Gliederung und Ordnung des Stoffes, die Begriffe des Gesetzes, den Gesetzesaufbau und die Stellung des einzelnen Rechtssatzes im Aufbau des Gesetzes[139]. Dem äußeren System wird folglich nur ein Darstellungs-, aber kein Erkenntniswert zugeschrieben[140]. Im Wesentlichen geht es um die Ordnungsbegriffe des Gesetzes, die eine möglichst klare und übersichtliche Darstellung und Gliederung des Stoffes bestimmen und folglich zur Übersichtlichkeit des Rechts, zur Praktikabilität seiner Anwendung und zur Rechtssicherheit beitragen[141]. Das *innere* oder *inhaltliche* System betrifft bestimmte Wertungen, die das Verhalten der Gemeinschaft leiten. Dies gelingt dem inneren System, wenn die Wertungen in der Rechtsordnung aufeinander abgestimmt und folgerichtig umgesetzt sind[142]. *Einheit* und *Folgerichtigkeit* der Rechtsordnung sind Fragen des inneren Systems, dessen Aufgabe in der Erfassung eines sachlichen Zusammenhangs, einer immanenten Ordnung liegen soll[143].

Die *systematische* Auslegung trägt eher Elementen aus dem *inneren* System und zugleich der *teleologischen* und der *verfassungskonformen* Interpretation Rechnung. Die teleologische Interpretation forsche nach dem Zweck, nach dem

---

136 Vgl. P. de Barros Carvalho, Fundamentos Jurídicos da Incidência, S. 43.

137 Vgl. K. Larenz, Methodenlehre, S. 19.

138 Vgl. P. de Barros Carvalho, Fundamentos Jurídicos da Incidência, S. 51.

139 Vgl. J. Lang, in: Tipke/Lang, Steuerrecht, § 4 Rz. 5.

140 Siehe hierzu K. Larenz, Methodenlehre, S. 55.

141 Vgl. C. W. Canaris, Systemdenken, S. 19.

142 Vgl. J. Lang, in: Tipke/Lang, Steuerrecht, § 4 Rz. 9. Siehe hierzu auch P. Kirchhof, StuW 2000, S. 316.

143 Vgl. C. W. Canaris, Systemdenken, S. 35.

Grundgedanken des Gesetzes und auf diese Weise ermittle es seinen Sinn[144]. Auslegung nach dem Gesetzeszweck meint nicht, was der Gesetzgeber mit der Regelung bezwecken wollte, sondern was er tatsächlich angeordnet hat, mit anderen Worten, was vom Gesetzeswortlaut her aus seinem logischen, grammatikalischen und systematischen Zusammenhang zu erschließen ist[145]. Auf dieser Ebene lassen sich die voraussichtlichen Auswirkungen aller in Rede stehenden Auslegungsvarianten prüfen, um festzustellen, welche von den Auslegungsvarianten dem Gesetzeszweck optimal entspricht[146]. *J. Lang* spricht von einer *systematischen Methode zur Ermittlung des Gesetzeszwecks* und ist der Auffassung, dass die systematische Methode eine teleologisch-systematische sei, die Erkenntnisse zum Gesetzeszweck sowohl aus dem äußerem als auch aus dem inneren System gewinne[147]. *J. Englisch* betont, dass bei der Auslegung der Grundfreiheiten und zur Klärung ihrer Garantiefunktionen die *teleologisch-systematische* Methode herangezogen werden solle, insbesondere dort, wo der Wortlaut unklar sei oder wo unterschiedliche Auslegungsvarianten Raum fänden[148].

Die *verfassungskonforme* Auslegung wiederum ist eine *Variante* der systematisch-teleologischen Interpretation, wonach bei der Auslegung einer Norm ein Verstoß gegen die übergeordnete Norm der Verfassung möglichst vermieden werden soll[149]. Die Auslegung bestimmter Verfassungsregeln, z. B. steuerrechtlicher Kompetenzregeln kann sich unmittelbar aus dem Wortlaut ergeben und insofern unproblematisch sein. Problematisch kann eine Auslegung anhand der Prinzipien- und der Wertentscheidungskonformität bei der Auslegung der Gesetze sein, wo verschiedene Auslegungsvarianten möglich sind. Es geht vornehmlich um die im Grundrechtsteil verankerten Prinzipien und Wertentscheidungen, also den Vorrang der Würde des Menschen (Art. 1 GG), den umfassenden Schutz des persönlichen Freiheitsraumes mit seinen Konkretisierungen in Art. 2, 4, 5, 8, 9, 11, 12 GG, den Gleichheitsgrundsatz mit seinen Konkretisierungen in Art. 3 Abs. 2 und 3 GG, den Rechtsstaatsgedanke mit seinen Konkretisierungen in Art. 19 Abs. 4, Art. 20 Abs. 3 GG sowie in der Rechtsprechung, die parlamentarische Demokratie und den Sozialstaatsgedanken[150]. Ein nach diesen Grundsätzen auslegbares, nicht evident verfassungswidriges Gesetz darf

144 Vgl. K. Engisch, Einführung in das juristische Denken, S. 133.
145 Vgl. K. Larenz, Methodenlehre, S. 13.
146 Siehe F. Bydlinski, Juristische Methodenlehre, S. 404.
147 Vgl. J. Lang, in: Tipke/Lang, Steuerrecht, § 5 Rz. 72.
148 Siehe hierzu J. Englisch, Wettbewerbsgleichheit, S. 217.
149 Siehe F. Bydlinski, Juristische Methodenlehre, S. 455.
150 Vgl. K. Larenz, Methodenlehre, S. 325.

nicht als nichtig erklärt werden[151]. Zu Recht hat *C. W. Canaris* festgestellt, die verfassungskonforme Auslegung ein Unterfall der Auslegung aus dem (inneren) System sein könne, denn sie betrachte die Einzelnorm vor dem Hintergrund der ganzen Rechtsordnung und ermittle ihre Zulässigkeit aufgrund der Einheit und der Widerspruchsfreiheit des Systems[152].

Das Bundesverfassungsgericht ist der Auffassung, die häufig für geboten gehaltene Vermutung der Vereinbarkeit mit dem Grundgesetz verlange auch im Zweifel eine verfassungskonforme Gesetzesauslegung, wobei der Gesetzeszweck nicht außer Acht gelassen werden dürfe[153]. Bei verfassungskonformer Auslegung dürfe z. B. das Verwaltungsermessen die Freiheit des einzelnen Unternehmers nur schmälern, wenn es der Schutz eines überragend wichtigen Gemeinschaftsgutes zwingend erfordere[154]. Die Absicht des Gesetzgebers darf nur für die Auslegung entscheidend sein, wenn dies zu einem verfassungskonformen Ergebnis führt[155]. Hinsichtlich der Frage, inwieweit das Gebot der verfassungskonformen Auslegung es dem Richter allgemein erlaube, den gesetzgeberischen Willen zu begrenzen oder zu ergänzen, hatte das Bundesverfassungsgericht entschieden, dass keinesfalls eine verfassungskonforme Auslegung das gesetzgeberische Ziel in einem wesentlichen Punkte verfehlen oder verfälschen dürfe[156].

Zum Schluss lässt sich festhalten, dass die systematische Auslegung ihre höchste Überzeugungskraft aus den aus dem inneren System stammenden Wertungen ableitet. Dabei handelt es sich um eben solche, die aus einem sinnhaften Zusammenhang zwischen den auszulegenden Bestandteilen der Rechtsordnung und ihrer Ganzheit[157] verfassungs(zweck)mäßig aufgebaut wurden. So ist die systematische Auslegung zugleich *teleologisch*, denn sie forscht nach dem Zweck, nach dem Grundgedanken des Gesetzes[158] und beachtet den zugrundeliegenden Verfassungszweck; *verfassungskonform*, weil sie vornehmlich die im Grundrechtsteil verankerten Prinzipien und Wertentscheidungen beachtet und sie auf diese Weise so optimal wie möglich konkretisiert; *axiologisch*, weil sie

---

151 Siehe hierzu F. Müller, Juristische Methodik, S. 37 und BVerfGE 2, 266, 282.

152 Vgl. C. W. Canaris, Systemdenken, S. 130 FN 65.

153 BVerfGE 2, 266, 282.

154 BVerfGE 11, 168, 190 (Gesichtspunkte „wirtschafts- und verkehrspolitischer Planung und Gestaltung“ [BVerwGE 9, 284, 285] müssen hier zurücktreten, obwohl sie an sich im Rahmen der Interessen des öffentlichen Verkehrs gewürdigt werden könnten).

155 BVerfGE 8, 28, 34.

156 BVerfGE 8, 28, 34.

157 Zum Kanon des sinnhaften Zusammenhangs und zum Grundsatz der Ganzheit siehe E. Betti, Hermeneutik, S. 15ff. Vgl. ders., Allgemeine Auslegungslehre, S. 220ff.

158 Vgl. K. Engisch, Einführung in das juristische Denken, S. 133.

an systemtragenden Prinzipien, die ihrerseits die Werte des Systems verkörpern, ausgerichtet ist.

C. Das axiologisch-teleologische Wesen der Rechtsprinzipien

Nach der hier vertretenen Ansicht besteht das Rechtssystem aus Stoffanordnungen, technischen Gliederungen und Rechtsbegriffen (*äußeres System*) sowie insbesondere aus Wertungen (*inneres System*)[159]. Diese sollen in einem sinnhaften Zusammenhang aufeinander abgestimmt sein und die grundlegenden Merkmale der *Einheit* und der *Folgerichtigkeit* des Rechtssystems beachten. Trotz der aus der Unabgeschlossenheit der wissenschaftlichen Erkenntnisse und der ständigen Rechtsfortbildung entstehenden Wandelbarkeit dieser Wertungen sind sie auf bestimmten konkretisierungsbedürftigen *Maßstäben* aufgebaut, die an der verfassungsrechtlichen Werteordnung auszurichten sind. Diese *Maßstäbe* sind die Rechtsprinzipien.

Die Rechtsprinzipien werden im Schrifttum oft anhand ihres Generalitätsgrades von Regeln unterschieden. Beide sind Normen, die sich durch die deontischen Grundausdrücke des *Gebots*, der *Erlaubnis* und des *Verbots* formulieren lassen[160]. Normen könnten entweder als Regeln oder als Gründe für Regeln (Rechtsprinzipien) grob bezeichnet werden. Ungeachtet dessen sind Regeln eher Verhaltensnormen und Prinzipien eher Argumentationsnormen. Ihr normativer Charakter ergibt sich aus der Tatsache, dass beide ausdrücken, was gesollt ist, und beide als Tatbestand-Rechtsfolge ausgestaltet sind. Die Rechtsprinzipien dienen auch als systematische Einteilungskriterien des Rechtssystems und liegen dem jeweils ganzen Rechtsgebiet zugrunde[161]. Sie stellen Gründe in Abwägungen dar, gebieten die Realisierung eines Ideals und sind folglich Zielbestimmungen mit idealem Charakter[162]. Prinzipien haben als ideales Sollen eine prozedurale Funktion bei der Begründung des definitiv Gesollten (des realen Sollens) und können innerhalb von Abwägungsverfahren als Gründe charakterisiert werden[163]. Andererseits ist das Prinzip ein zu befolgender Maßstab, dessen Befolgung ein Gebot der Gerechtigkeit, Billigkeit oder einer anderen moralischen Dimension ist, aber *nicht* weil er eine gewünschte politische, soziale oder ökonomische Situation fördern oder gewährleisten will[164]. Prinzipien haben die Dimension des Gewichts oder der Bedeutung - die Regeln nicht haben -, das heißt

159 Dazu siehe oben unter B.III.
160 Vgl. R. Alexy, Theorie der Grundrechte, S. 72.
161 Vgl. F. Bydlinski, Juristische Methodenlehre, S. 14.
162 Vgl. J. R. Sieckmann, Regelmodelle und Prinzipienmodelle, S. 87.
163 Vgl. J. R. Sieckmann, Regelmodelle und Prinzipienmodelle, S. 87.
164 Siehe hierzu R. Dworkin, Bürgerrechte ernstgenommen, S. 55.

dass der Rechtsanwender zwei oder mehrere in Konflikt stehenden Prinzipien relativ zueinander gewichten muss[165].

Die Rechtsprinzipien entfalten eine axiologisch-teleologische Dimension. Dazu seien zwei Anmerkungen gemacht.

Die erste besteht darin, dass das Prinzip einen oder mehrere Werte verkörpert, die den funktionellen Kern des Prinzips konstituieren und zugleich die *Schnittstelle* zwischen dem konkretisierungsbedürftigem *Wert* und der anzuwendenden *Regel* errichten. Beispielsweise ist der Wert der Steuergleichheit im Leistungsfähigkeitsprinzip verankert, dessen Funktion in der Konkretisierung und in der Sicherung einer gleichmäßigen Besteuerung nach dem Kriterium der steuerlichen Leistungsfähigkeit liegt. Aus diesem Beispiel ergibt sich, dass das Leistungsfähigkeitsprinzip eine *Brücke* zwischen dem konkretisierungsbedürftigen Wert der Steuergleichheit und der anzuwendenden steuerlichen Regel bildet. Die Allegorie der Brücke gibt den *vermittelnden* Charakter des Rechtsprinzips wieder.

Die zweite liegt darin, dass die das innere System gestaltenden Wertungen Maßstäbe bedürfen, die Anspruch auf Allgemeingültigkeit haben und zugleich angesichts ihres normativen Charakters die vom Rechtsanwender getroffenen Wertungen legitimieren können. Die die getroffenen Wertungen legitimierenden Maßstäbe müssen in der verfassungsrechtlichen Werteordnung verankert oder zumindest von ihr ableitbar sein. Daraus ergibt sich die Aufgabe, *einheitsstiftende* und *systemtragende* Maßstäbe – mit anderen Worten Rechtsprinzipien - zu finden und die endgültigen Wertungen durch sie *folgerichtig* zu entwickeln[166].

Das Verständnis der Bedeutung und des Anwendungsumfangs des Leistungsfähigkeitsprinzips im deutschen und brasilianischen System der Steuern auf den Umsatz verlangt nach der hier vertretenen Auffassung noch eine Erörterung bezüglich des allgemeinen Charakters der Rechtsprinzipien als Optimierungsgebote, bezüglich des Vorgangs der Auflösung von Prinzipienkollisionen und dem damit verknüpften Verhältnismäßigkeitsvorbehalt und schließlich bezüglich der Unterscheidung und dem Verhältnis zwischen Prinzipien und Regeln. Darauf wird im Anschluss einzugehen sein.

C.I. Prinzipien als Optimierungsgebote

Die Einordnung der Rechtsprinzipien als *Optimierungsgebote* stammt von *R. Alexy*, wonach Rechtsprinzipien Normen sind, die die Verwirklichung von etwas in einem möglichst hohen Maße, relativ auf die rechtlichen und tatsächlichen

165 Vgl. R. Dworkin, Bürgerrechte ernstgenommen, S. 61f.

166 Dazu vgl. C. W. Canaris, Systemdenken, S. 46ff. Siehe auch J. Englisch, Wettbewerbsgleichheit, S. 10ff.

Möglichkeiten, verlangen[167]. Sie sind *Optimierungsgebote*, die unterschiedlich erfüllt werden können, deren Maß von den tatsächlichen und den rechtlichen Möglichkeiten abhängt, wobei die rechtlichen Möglichkeiten durch gegenläufige Prinzipien und Regeln bestimmt sind[168].

Das Bundesverfassungsgericht hat bereits in diesem Sinne entschieden, indem es die Grundrechtsnormen auch als Prinzipien auffasst. Hinsichtlich der Würde des Menschen z.B. müsse der Staat dem Menschen eine *möglichst weitgehende* Entfaltung seiner Persönlichkeit sichern[169]. Die Berufswahlfreiheit müsse von Eingriffen der öffentlichen Gewalt *möglichst unberührt* bleiben[170]. Auch im Kontext der freien Entfaltung der Persönlichkeit im Zusammenhang mit der Berufswahl müsse die *größtmögliche* Freiheit gewährt werden. Sie könne nur eingeschränkt werden, wenn dies für das Gemeinwohl unerlässlich sei[171].

Das Ideal der Verwirklichung der verfassungsrechtlichen Werteordnung in möglichst hohem Maße ist durch Rechtsprinzipien erreichbar[172]. Wie schon dargelegt wurde, erhebt das Rechtsprinzip Anspruch auf die Durchsetzung des in ihm verkörperten, konkretisierungsbedürftigen Wertes und bildet zugleich die erforderliche *Brücke* zwischen der verfassungsrechtlichen Werteordnung und der anzuwendenden Regel.

Zur Betrachtung der Rechtsprinzipien als Optimierungsgebote hat *J. R. Sieckmann* der Auffassung von *R. Alexy widersprochen.* Nach der Ansicht von *J. R. Sieckmann* sind die Optimierungsgebote nicht abwägungsfähig; sie seien weder Gegenstand noch Grund für Abwägungsentscheidungen, sondern wiesen „die für Regeln i.e.S. charakteristischen Merkmale der strikten Geltung bzw. der definitiven Erfüllbarkeit auf"[173]. Es sei nicht das Optimierungsgebot – das hinsichtlich bestimmter tatsächlicher und rechtlicher Umstände immer definitiv zu erfüllen ist - in unterschiedlich hohem Maße zu erfüllen, sondern das *Optimierungsziel*[174]. Folglich seien Prinzipien keine Optimierungsgebote, sondern ein ideales, ein unrelativiertes Sollen[175].

---

167 Vgl. R. Alexy, Theorie der Grundrechte, S. 75.

168 Vgl. R. Alexy, Theorie der Grundrechte, S. 75f.

169 BVerfGE 5, 85, 204.

170 BVerfGE 7, 377, 403.

171 BVerfGE 13, 97, 105.

172 Nach der Ansicht J. Englischs seien Prinzipien Zielnormen, „die eine Erfüllung des in ihnen verkörperten Zieles verlangen, soweit sie anderen Erfordernissen nicht entgegenstehen". Vgl. J. Englisch, Wettbewerbsgleichheit, S. 21.

173 Vgl. J. R. Sieckmann, Regelmodelle, S. 64f.

174 Vgl. J. R. Sieckmann, Regelmodelle, S. 66.

175 Vgl. J. R. Sieckmann, Regelmodelle, S. 67.

Zutreffend bemerkt *J. R. Sieckmann*, dass die Definition der Rechtsprinzipien als *Gebot* eine Annäherung an die Definition der Regeln mit sich bringe. Wenn erstere so bezeichnet würden, dann sollten sie nach dem Anwendungsmuster der Regeln angewendet werden, was das Wesen der Rechtsprinzipien als abwägungsfähiges ideales Sollen entleeren und ihre Funktion als Vermittler zwischen der verfassungsrechtlichen Werteordnung und der anzuwendenden Regeln beseitigen würde. Jedes Gebot als deontischer Grundausdruck entsteht, wenn die Bestandteile des Sachverhalts dem normativen Tatbestand entsprechen. Die strikte Befolgung eines Gebots hängt *nicht* von tatsächlichen und rechtlichen Möglichkeiten ab, sondern von der vollständigen Entsprechung zwischen faktischen Gegebenheiten und rechtlichen Voraussetzungen.

Allerdings sollte die den Rechtsprinzipien inhärente Idee des *Gebots* nicht komplett ausgeschlossen, sondern eher aus anderer Sicht betrachtet werden. Die Idee des *Gebots* soll zugleich im Bewusstsein des Gesetzgebers und des Rechtsanwenders als ein Kompromiss gegenwärtig sein, um die Rechtsprinzipien bereichsspezifisch nach den tatsächlichen und rechtlichen Möglichkeiten in einem möglichst hohen Maß zu verwirklichen. Wenn das Rechtsprinzip im zu betrachtenden Bereich Anwendung findet, dann ist es so anzuwenden, dass es die nach Möglichkeit höchste Wirksamkeit entfalten kann. Dieser Kompromiss setzt im Endeffekt voraus, die damit verbundene verfassungsrechtliche Werteordnung auf der Ebene der Rechtsanwendung so wirksam wie möglich zu verwirklichen. Aus dieser Sicht kann man im gewissen Maße auf die *Theorie der möglichst höchsten Wirksamkeit der sozialen Grundrechte* zurückgreifen, die die Kosten (Vorbehalt des Möglichen) und die Komplexität (Vorbehalt der Konsistenz) der Verwirklichung der sozialen Grundrechte ernst nimmt[176]. Dennoch ist hervorzuheben, dass ein systemtragendes Prinzip - wie das Leistungsfähigkeitsprinzip im Bereich des Steuerrechts – nicht im Falle einer bloßen Schwierigkeit bei seiner Anwendung, sondern nur im Falle einer nachgewiesenen Unmöglichkeit nicht anzuwenden ist[177]. Denn ein hochrangiges Prinzip, das das System trägt, zu verneinen, bedeutet zugleich das zugrundeliegende System zu verneinen[178].

---

176 Vgl. P. Caliendo, Análise Econômica do Direito, S. 192f. Vgl. auch I. W. Sarlet, A eficácia dos direitos fundamentais, S. 349.

177 In diesem Sinne vgl. H. Ávila, Igualdade, S. 85f.

178 In dieser Richtung siehe J. Lang, in: Tipke/Lang19, Steuerrecht, § 4 Rz. 83 (Das Leistungsfähigkeitsprinzip als Primärgrundsatz des Steuerrechts, der ein inneres System von Rechtsprinzipien leite, die das Leistungsfähigkeitsprinzip konkretisieren und dadurch eine dogmatisch verifizierbare Ordnung des Steuerrechts substantiieren). Dazu siehe noch näher im 2. Kapitel.

C.II. Auflösung von Prinzipienkollisionen

Anders als Regelkonflikte[179], die auf der *Geltungsebene* stattfinden und aufgelöst werden müssen, erfolgen Prinzipienkollisionen auf der *Gewichtsebene.*

Für die Auflösung von Prinzipienkollisionen setzt die *Abwägung* voraus, den widerstreitenden Grundsätzen nach den im konkreten Fall vorhandenen Umständen unterschiedliches Gewicht beizumessen und eine Vorrangrelation als Ergebnis festzulegen, die sich aus der Würdigung des Wichtigkeitsgrades der in Rede stehenden Rechtsgüter und der Intensität des jeweiligen Eingriffs ergibt[180]. Die Abwägung kann als „die Lösung eines echten Konflikts zwischen Gebots-, Verbots- oder freistellenden Normen mit prima facie-Geltung durch die Ermittlung eines ausgleichenden oder vorziehenden Rangverhältnisses zwischen den Konfliktnormen“[181] angesehen werden[182].

Nach der Auffassung von *R. Alexy* sei das aus der Prinzipienkollision zu entnehmende Vorrangverhältnis durch einen Präferenzsatz auszudrücken. Der von ihm dargestellte Präferenzsatz setzt voraus, dass im Falle einer Kollision von *abstrakt* gleichgewichteten Prinzipien, das eine Prinzip (*P1*) dem anderen (*P2*) unter den Bedingungen bzw. Umständen (*C*) vorgeht[183]. Wenn sich aus *P1* unter den Umständen *C* die Rechtsfolge *R* ergibt, dann kommt eine Regel zum Ausdruck, die *C* als Tatbestand und *R* als Rechtsfolge enthält: $C \rightarrow R$[184]. Ausgehend davon, dass die kollidierenden Grundsätze verfassungsrechtlich gleichrangig sind, erfordert das Vorgehen des einen bezüglich des anderen ein abwägendes Verfahren, wobei auf der einen Seite die Intensität des Eingriffs in das in

---

179 Dazu siehe unten unter E.

180 Das Bundesverfassungsgericht hat z. B. entschieden, dass zwischen der Durchsetzung des staatlichen Strafanspruchs und dem Grundrecht des Verurteilten auf Leben und körperliche Unversehrtheit (Art. 2 Abs. 2 Satz 1 GG) bei Gesundheitsgefährdungen ein Spannungsverhältnis entstehe. Keiner dieser Belange genieße schlechthin den Vorrang. Vgl. BVerfG, 2 BvR 3012/09 v. 9.3.2010, RuP 2010, S. 219 ff.

181 Vgl. W. Enderlein, Abwägung in Recht und Moral, S. 45 u. 19.

182 Siehe auch K. Engisch, Auf der Suche nach der Gerechtigkeit, S. 198. Der Autor spricht über die Güterabwägung, die bei Kollisionen stattfindet, wobei an Hand einer Werteskala auch allgemeine Regeln der Güterabwägung aufgestellt werden können, indem z. B. das Leben des Menschen höher bewertet wird als das Leben der Leibesfrucht oder die Menschenwürde höher eingestuft wird als das Bedürfnis der Aufklärung einer Strafsache.

183 (P1 P P2) C, wobei P die Vorrangrelation signalisiert. Vgl. R. Alexy, Theorie der Grundrechte, S. 79ff. u. 143; ders., in: B. Schilcher/P. Koller/B. C. Funk, Regeln, Prinzipien und Elemente, S. 34.

184 Vgl. R. Alexy, Theorie der Grundrechte, S. 83 und 143; ders., in: B. Schilcher/P. Koller/B. C. Funk, Regeln, Prinzipien und Elemente, S. 34.

Rede stehende individualisierte Grundrecht berücksichtigt werden *muss* und auf der anderen Seite das im anderen Prinzip bzw. Gesetzesziel verankerte Interesse der Öffentlichkeit bewertet werden *muss*[185]. Hier spielt der Verhältnismäßigkeitsgrundsatz[186] die wichtigste *prozedurale* und *materiale* Rolle, wonach der geschützte Grundrechtsbereich des Einzelnen, die vom Gesetzgeber im Allgemeininteresse verfolgten Zwecke und die zu deren Erreichung eingesetzten Mittel gegeneinander abzuwägen sind[187]. Auch müssen die Grenzen der Zumutbarkeit[188] „bei einer Gesamtabwägung zwischen der Schwere des Eingriffs und dem Gewicht und der Dringlichkeit der ihn rechtfertigenden Gründe" gewahrt sein[189]. Aufgrund dieser grundsätzlichen Feststellungen entwickelte *R. Alexy* das sogenannte *Abwägungsgesetz*, wonach „je höher der Grad der Nichterfüllung oder Beeinträchtigung des einen Prinzips ist, umso größer die Wichtigkeit der Erfüllung des anderen sein" müsse[190].

Nach der Auffassung von *J. Englisch* können die Abwägungsentscheidungen richterliche Eigenwertung bei der Regelungsanwendung in besonders schwierigen Zweifelsfällen nicht vollständig ausschließen, weil ein gegenteiliger Standpunkt eine überzogene Anforderung an Rationalität sei[191]. *J. R. Sieckmann* ist der Auffassung, dass das Abwägungsgesetz von *R. Alexy* ergänzungsbedürf-

---

185 Vgl. hierzu insbesondere BVerfGE 35, 202, 203 (Lebach-Urteil): „im Einzelfall ist die Intensität des Eingriffs in den Persönlichkeitsbereich gegen das Informationsinteresse der Öffentlichkeit abzuwägen". Hierbei „kann keiner der beiden Verfassungswerte – die Rundfunkfreiheit und der Persönlichkeitsschutz – einen grundsätzlichen Vorrang beanspruchen". Vgl. auch BVerfGE 41, 251, 264, wonach die Inanspruchnahme der Berufsfreiheit in Verbindung mit der Selbstbestimmung der menschlichen Persönlichkeit mit den Belangen der Allgemeinheit in Einklang gebracht werden muss, und dass die Abwägung zwischen den Gemeinschaftsinteressen und der Reichweite dieses Freiheitsrechts des Einzelnen in den Verantwortungsbereich des Gesetzgebers fällt (Vgl. auch BVerfGE 7, 377, 397 u. 404f.; 13, 97, 104f.; 33, 125, 158f.). Siehe dazu auch B. Schlink, Abwägung im Verfassungsrecht, Berlin: Duncker & Humblot, 1976 und H. Schneider, Die Güterabwägung des Bundesverfassungsgerichts bei Grundrechtskonflikten – Empirische Studie zu Methode und Kritik eines Konfliktlösungsmodelles, Baden-Baden: Nomos, 1979.

186 Zur Verhältnismäßigkeit siehe unten unter C.III.1.

187 BVerfGE 41, 251, 264. J. Englisch ist der Ansicht, dass nicht die Prinzipien selbst, sondern „die in ihnen verkörperten Werte in die Abwägung einzustellen sind". Die Prinzipien kollidieren miteinander nicht, sondern „die aus ihnen situationsbezogen abzuleitenden idealen Sollensgebote". Vgl. J. Englisch, Wettbewerbsgleichheit, S. 63.

188 Zur Zumutbarkeit siehe unten unter C.III.2.

189 BVerfGE 41, 251, 264.

190 Vgl. R. Alexy, Theorie der Grundrechte, S. 146; ders., in: B. Schilcher/P. Koller/B. C. Funk, Regeln, Prinzipien und Elemente, S. 35f.

191 Vgl. J. Englisch, Wettbewerbsgleichheit, S. 68.

tig sei, denn dieses biete nur eine Voraussetzung für die ideale Abwägung an. Es betrifft nur die Frage, *wann* ein Prinzip einem anderen vorgezogen werden könne[192]. Das Abwägungsgesetz sei kein Kriterium, wodurch die Ergebnisse früherer Abwägungsentscheidungen als Anhaltspunkte für neue Fälle dienen können, was nur bei gleicher Gewichtigkeit möglich wäre[193]. Nach der Ansicht *J. Habermas* könne sich der von *R. Alexy* verteidigte deontologische Charakter der Rechtsprinzipien nur auf die binäre Codierung „gültig" oder „ungültig" beziehen, wohingegen nur Werte um den Vorrang vor anderen Werten konkurrieren und „in eine transitive Ordnung gebracht werden müssen"[194]. *J. Habermas* sieht im Abwägungsmodell von *R. Alexy* eine Gefährdung der Rechtssicherheit aufgrund der Wandelbarkeit der Art und Weise der Bewertung unserer Werte und unserer Entscheidungen[195]. Bei dem erwähnten Modell bestehe die Gefahr, dass individuelle Rechte von Fall zu Fall kollektiven Zielen aufgeopfert werden, wenn das Prinzip der Rechtsgleichheit „nur noch als ein Gut neben anderen" betrachtet wird[196]. Nach der Auffassung von *K. Günther* schlage *R. Alexy* keine Maßstäbe vor, nach denen die Angemessenheit eines Präferenzsatzes beurteilt werden könne[197]. Die Forderung nach der Berücksichtigung der tatsächlichen und rechtlichen Möglichkeiten bei der Normanwendung in einer gegebenen Situation könne an *jede* Norm gerichtet werden[198]. Wenn es um Kollision definitiver Normen gehe, wobei Angemessenheitsargumentationen ausgeschlossen seien, müsse eine der beiden Normen für ungültig erklärt werden[199].

Das Verständnis der Ganzheit der verfassungsrechtlichen Werteordnung nur mit Rückgriff auf die Abwägung findet in der Tat einige Hemmnisse[200]. Nach der Ansicht von *F. Müller* ist die Güterabwägung ein Prinzip, das „keine inhaltlichen Maßstäbe zur Verfügung stellen kann, die rechtsstaatliche Anforderungen an Normklarheit, Methoden- und Rechtssicherheit genügten", und weiter ein Prinzip, das sich auf materielle Erwägungen stützt, die „im Einzelfall nicht dem Detail positivrechtlicher Regelung entnehmbar sind"[201]. Wenn die Verfassung

---

192 Vgl. J. R. Sieckmann, Regelmodelle, S. 231f.

193 Vgl. J. R. Sieckmann, Regelmodelle, S. 232.

194 Vgl. J. Habermas, Die Einbeziehung des Anderen, S. 367f.

195 Vgl. J. Habermas, Die Einbeziehung des Anderen, S. 368.

196 Vgl. J. Habermas, Die Einbeziehung des Anderen, S. 368.

197 Vgl. K. Günther, Der Sinn für Angemessenheit, S. 271.

198 Vgl. K. Günther, Der Sinn für Angemessenheit, S. 272.

199 Ausgehend davon, dass bei ihnen alle besonderen Umstände schon berücksichtigt wurden, sollte es bei einer Kollision zweier Normen nur eine Norm zugelassen werden. Vgl. hierzu K. Günther, Der Sinn für Angemessenheit, S. 274.

200 Vgl. F. Müller, Juristische Methodik, S. 64ff.

201 Vgl. F. Müller, Juristische Methodik, S. 65.

unmittelbar anwendbare Normen und formale Vorzugsregeln darstellt, durch die sich eine *Höherwertigkeit* ausdrücken lässt, d.h. wenn sie bereits bestimmte politische bzw. ethische Ziele durch Vorzugsregeln höher bewertet hat, dann sei die Güterabwägung entbehrlich[202]. So lege beispielsweise die Bindung des Gesetzgebers an die Grundrechte und die verpflichtende Beachtung der Vorschriften des Art. 19 Abs. 1 und 2 GG und anderer Regelungen des Grundgesetzes für die Gesetzgebung „die Verteilung normativer Maßstäblichkeit" verbindlich fest[203].

Davon ausgehend, dass a) ein Grundrecht durch einfaches Gesetz in seinem sachlichen Gehalt nicht eingeschränkt werden kann, soweit die Verfassung dies nicht zulässt; dass b) die Grundrechte unmittelbar geltendes Recht sind, deren sachliche Reichweite sich durch Auslegung unmittelbar erschließen lässt[204], müsste der Rechtsanwender den kollidierenden Grundrechten keine subjektive Wertung durch Abwägung beimessen, um ein Rangverhältnis zu erhalten. Dennoch ist nicht zu vernachlässigen, dass nicht alle *Prinzipienkollisionen* unbedingt auf beiden Seiten Grundrechte mit einbeziehen, denn nicht alle Prinzipien verkörpern Grundrechte oder sind als solche zu verstehen. Zu nennen ist z. B. die Kollision zwischen dem Leistungsfähigkeitsprinzip und dem Praktikabilitätsprinzip[205] bei der Ausrichtung der Gestaltung der umsatzsteuerrechtlichen Tatbestände am Leistungsfähigkeitsprinzip als sachgerechtem Umsatzsteuerlastverteilungsmaßstab[206]. Das Praktikabilitätsprinzip hat nicht die gleiche Wertigkeit wie ethische Prinzipien[207].

Kritisch zu hinterfragen ist, ob bei Prinzipienkollisionen der deontologische Charakter der Rechtsprinzipien zu dem Ergebnis führt, dass ein Prinzip ungültig ist. Weiter ist zu fragen, ob die Abwägung zwischen allen Arten kollidierender Prinzipien bzw. Rechtsgüter zulässig ist oder ob sie aufgrund verfassungsrechtlich bereits determinierter Präferenzen entbehrlich oder verboten ist.

Erstens setzt der deontologische Charakter der Rechtsprinzipien nicht voraus, dass die zwischen ihnen entstandenen Kollisionen auf der *Geltungs*ebene aufzulösen sind. Wie bereits dargelegt, entfalten die Rechtsprinzipien eine axiologisch-teleologische Dimension, wonach die Rechtsprinzipien ideale Sollensgebote verkörpern und nach den tatsächlichen Gegebenheiten und rechtlichen Möglichkeiten anzuwenden sind[208]. Es geht nicht um eine Frage der Gültigkeit

202 Vgl. F. Müller, Juristische Methodik, S. 65.
203 Vgl. F. Müller, Juristische Methodik, S. 66.
204 Vgl. hierzu BVerfGE 12, 45, 53.
205 Dazu siehe noch näher im 2. Kapitel unter D.I.2.
206 Dazu siehe umfassend im 3. Kapitel unter C.
207 Vgl. J. Lang, in: Tipke/Lang, Steuerrecht, § 4 Rz. 130.
208 Dazu vgl. oben unter C u. C.I.

des einen oder des anderen in Konflikt stehenden Prinzips, sondern eher um die Ermittlung des *Gewichts* und folglich des notwendigen *Grades der Verwirklichung* jedes in ihnen verkörperten Wertes anhand des zugrundeliegenden Systems[209]. Auf das Beispiel der Auseinandersetzung zwischen dem Leistungsfähigkeitsprinzip und dem Praktikabilitätsprinzip ist noch zurückzukommen. Eine leistungsfähigkeitskonforme Ausgestaltung des Umsatzsteuerrechts aus der Sicht des Endverbrauchers setzt eine vorherige Ungültigkeitserklärung des Praktikabilitätsprinzips nicht voraus, sondern nimmt es mit einem niedrigen Gewicht bzw. mit einer anderen Wertigkeit unter Berücksichtigung[210].

Zweitens ist zu verdeutlichen, dass die Abwägung zwischen Rechtsprinzipien bzw. Rechtsgütern nicht immer Anwendung findet. Es ist im Fall einer dem ersten Anschein nach möglichen *Kollision* zunächst zu ermitteln, ob eine der in Konflikt stehenden Normen nicht eine *Vorzugs*norm ist, die von der Verfassung mit einer Art „Höherwertigkeit" bereits determiniert ist[211]. Zu nennen ist z. B. die Auffassung des Bundesverfassungsgerichts, wonach die Menschenwürde „als Wurzel aller Grundrechte mit keinem Einzelgrundrecht abwägungsfähig" sei[212]. Die Meinungsfreiheit z. B. müsse immer zurücktreten, wenn die Äußerung einer Meinung die Menschenwürde eines anderen antaste[213]. Darüber hinaus müssen die Gerichte eine schützende und fördernde Verhaltensweise vor den Grundrechten stets zeigen, insbesondere wenn die Menschenwürde mit einbezogen ist, auch wenn eine Verletzung nur als möglich erscheint oder nur zeitweilig andauert[214]. So ist die Würde des Menschen der oberste Wert, der „das gesamte grundrechtliche Wertsystem beherrscht"[215]. Hierzu weist *I. W. Sarlet* zutreffend darauf hin, dass der Kern der Menschenwürde letztendlich als ein Bestandteil des Wesensgehalts aller Grundrechte angesehen wird[216]. Dieser Gehalt der Menschenwürde in jedem Grundrecht ist immun gegen Einschränkungen[217].

---

209 Dazu siehe oben unter C.

210 Dazu siehe im 3. Kapitel umfassend unter C.

211 Vgl. F. Müller, Juristische Methodik, S. 65.

212 Vgl. BVerfG, 1 BvR 369/04 v. 4.2.2010, NJW 2010, 2193, 2194f. Siehe auch BVerfGE 93, 266, 293; 107, 275, 284.

213 Vgl. BVerfG, 1 BvR 369/04 v. 4.2.2010, NJW 2010, 2193, 2194f.

214 Vgl. BVerfG, 1 BvR 120/09 v. 25.2.2009, NZS 2009, 674, 675.

215 Vgl. BVerfG, 2 BvR 1693/04 v. 31.5.2006, BeckRS 2009, 38.783. Vgl. auch BVerfGE 6, 32, 41; 27, 1, 6; 30, 173, 193.

216 Vgl. I. W. Sarlet, Dignidade da pessoa humana, S. 142.

217 Vgl. I. W. Sarlet, Dignidade da pessoa humana, S. 142.

C.III. Hermeneutische-anwendbare Maßstäbe

Es gilt zunächst zu analysieren, welche Rechtssätze *Gegenstände* der Rechtsanwendung (Objektebene) und welche Rechtssätze *Maßstäbe* der Rechtsanwendung (Metaebene) sind und welche davon Bedeutung für diese Arbeit besitzen. Anschließend ist zu klären, welche Rolle die *Rechtsanwendungsmaßstäbe* spielen und warum sie mit den Rechtsprinzipien nicht verwechselt werden dürfen.

Im Rahmen der Normenkonflikte besteht der *Gegenstand* der Rechtsanwendung entweder in Regeln oder in Prinzipien. Im Fall der Regeln findet der Konflikt auf der *Geltungsebene* statt, wobei eine der in Frage gestellten Regeln entweder als gültig oder als ungültig erklärt wird. Im Fall der Prinzipien geht es um eine auf der *Gewichtsebene* stattfindende Kollision, wobei das eine Prinzip nach den tatsächlichen Gegebenheiten und rechtlichen Möglichkeiten dem anderen vorgeht, wenn ihm durch den Abwägungsvorgang ein höheres Gewicht beigemessen wird.

Die *Verhältnismäßigkeit* und die *Zumutbarkeit* werden in dieser Arbeit als *Maßstäbe* der Rechtsanwendung dargestellt, die die Normenanwendung strukturieren. Sie befinden sich über der Normenebene und können weder als gültig noch als ungültig erklärt werden, ebenso wenig abgewogen werden[218]. Die *Verhältnismäßigkeit* und die *Zumutbarkeit* wohnen der Rechtsidee selbst inne, entfalten Allgemeingültigkeit und haben Anspruch auf ständige Anwendbarkeit.

Mit den Rechtsprinzipien können die *Verhältnismäßigkeit* und die *Zumutbarkeit* nicht verwechselt werden, denn diese strukturieren die Auslegung und die anschließende Anwendung jener. Nach der hier vertretenen Ansicht sind die *Verhältnismäßigkeit* und die *Zumutbarkeit* als *hermeneutische-anwendbare Maßstäbe* zu klassifizieren[219].

C.III.1. Die Verhältnismäßigkeit

Es ist zunächst festzulegen, dass die Verhältnismäßigkeit *nicht* im Gegenstand, sondern in der *Führungslinie* der Abwägung besteht. Durch die Verhältnismäßigkeitsprüfung wird ermittelt: *a)* ob die in Anspruch genommene Maßnahme

---

218 Sie wurden auch als Metanormen eingeordnet. Vgl. hierzu H. B. Ávila, Theorie der Rechtsprinzipien, S. 90. Die die Normenanwendung strukturierenden Maßstäbe werden vom Autor als normative Anwendungspostulate genannt, die „auf einer anderen Ebene als die Normen, deren Anwendung sie strukturieren, angesiedelt sind“. Sie werden verletzt, wenn sie gemäß ihrer Strukturierung nicht ausgelegt werden. Sie seien folglich Metanormen oder Normen zweiten Grades.

219 Vgl. hierzu G. S. Fossati, Razoabilidade no Direito Tributário, S. 30 u. 142.

geeignet ist, den zugrundeliegenden Zweck zu erreichen (*Gebot der Geeignetheit*); *b)* ob das ausgewählte Mittel zur Zweckerreichung erforderlich ist und ob es kein anderes gibt, das denselben Zweck ebenfalls erreicht, aber in das in Rede stehende Grundrecht weniger intensiv eingreift (*Gebot der Erforderlichkeit*); *c)* ob die Gewichtung der staatlichen Maßnahme hinsichtlich der zu verwirklichenden Finalität verhältnismäßig im engeren Sinne ist (*Gebot der Verhältnismäßigkeit im engeren Sinne/Abwägungsgebot*). Die Verhältnismäßigkeit als *hermeneutischer-anwendbarer Maßstab* findet auch bei Kollisionen zwischen politischen Zielen[220] Anwendung; angesichts des Prinzipiencharakters der Grundrechte wird die Verhältnismäßigkeit aber vor allem bei Prinzipienkollisionen angewendet[221]. Die Verhältnismäßigkeit hat verfassungsrechtlichen Rang und ihre Grundlegung im „Wesen der Grundrechte"[222].

Im deutschen Schrifttum hat unter anderen *R. Alexy* bemerkt, dass es sich bei der Verhältnismäßigkeit im von ihm erläuterten Sinne *nicht* um ein Prinzip handelt, sondern eher um eine Regel[223]. Die *Teilgebote* werden nicht gegen etwas anderes abgewogen; vielmehr werde gefragt, ob sie erfüllt seien oder nicht, und ihre Nichterfüllung führe zur Rechtswidrigkeit[224]. Zu Recht führt er aus, dass die Teilgebote und letzten Endes die Verhältnismäßigkeit selbst in die Abwägung *nicht* mit einzubeziehen sind.

Die Einordnung als *Regel* ist trotzdem problematisch. Es muss in der Tat gefragt werden, ob die Teilgebote erfüllt sind oder nicht, denn sie finden aufgrund

220 Dazu siehe unten unter F.

221 R. Alexy ist der Ansicht, dass die Prinzipientheorie und die Verhältnismäßigkeit eng verbunden seien und zwar, dass der Prinzipiencharakter die Verhältnismäßigkeit impliziere und umgekehrt. Ferner vertritt er die Auffassung, dass der Grundsatz der Verhältnismäßigkeit im engeren Sinne (eigentliches Abwägungsgebot) aus dem Prinzipiencharakter der Grundrechtsnormen deduzierbar sei, ebenso wie der Grundsatz der Erforderlichkeit und der der Geeignetheit. Für ihn schließe die Begründung des Verhältnismäßigkeitsprinzips aus den Grundrechtsnormen andere Begründungen nicht aus, etwa solche, die sich auf das Rechtstaatsprinzip, auf die Rechtsprechungspraxis oder auf den Begriff der Gerechtigkeit stützen. Vgl. R. Alexy, Theorie der Grundrechte, S. 100ff. Nach der Meinung M. Borowskis weisen die Grundrechte Prinzipiencharakter auf, und die Anwendung von Prinzipien erfordere die Anwendung des Verhältnismäßigkeitsgrundsatzes. Vgl. M. Borowski, Grundrechte als Prinzipien, S. 115.

222 Die Verhältnismäßigkeit ergibt sich auch aus dem Rechtsstaatsprinzip. Vgl. BVerfGE 19, 342, 348f. Vgl. auch BVerfGE 61, 126, 134 („Doch muss ein solcher Eingriff dem Grundsatz der Verhältnismäßigkeit entsprechen, der sich bereits aus dem Wesen der Grundrechte selbst ergibt und dem als Element des Rechtsstaatsprinzips Verfassungsrang zukommt").

223 Vgl. R. Alexy, Theorie der Grundrechte, S. 100 FN 84.

224 Vgl. R. Alexy, Theorie der Grundrechte, S. 100 FN 84.

ihrer verfassungsrechtlichen Verankerung im Rechtsstaatsprinzip und in den Grundrechten und folglich angesichts ihres *Gebotswesens*[225] stets Anwendung. Die Teilgebote sind von der Idee der Grundrechtskonkretisierung und der Prinzipienoptimierung untrennbar. Sie wohnen der Konzeption eines auf Rechtsprinzipien aufgebauten Rechtssystems inne. Wenn sie dennoch als *Regel* einzustufen sind, dann sind sie Gegenstand einer auf der *Geltungsebene* stattfindenden Analyse. Und diese Analyse hat im Konfliktfall zur Folge, dass die Regel entweder als gültig oder als ungültig anzusehen ist. Es geht im Wesentlichen nicht darum, ob die Verhältnismäßigkeit unter bestimmten tatsächlichen Gegebenheiten und rechtlichen Möglichkeiten Anspruch auf *Gültigkeit* hat oder nicht. Vielmehr muss ermittelt werden, ob und inwieweit die Teilgebote – als Rechtsanwendungsmaßstäbe – anhand der Intensität des staatlichen Eingriffs einerseits und des Grades der Verwirklichung des zu erreichenden Zieles anderseits erfüllt sind oder nicht. Die Nichterfüllung eines oder mehrerer der Teilgebote kann zur richterlichen Dezisionismus bzw. richterlichen Willkürlichkeit führen. Dementsprechend kann die Verhältnismäßigkeit weder als Prinzip noch als Regel eingeordnet werden.

Das Supremo Tribunal Federal hat in Bezug auf die Diplomforderung für Journalisten entschieden, dass der Gesetzgeber die Ausübung der Berufsfreiheit nicht dergestalt einschränken dürfe, dass er in den Wesensgehalt der Berufsfreiheit eingreift[226]. Es ging um den Umfang des verfassungsrechtlichen Schutzbereichs der Ausübung der Berufsfreiheit im Fall von Journalisten in Verbindung mit dem kollektiven Grundrecht auf freien Informationszugang, der Meinungsfreiheit und dem Gesetzesvorbehaltsgrundsatz. Der Richter *G. Mendes* vertrat die Auffassung, dass der Streit zwischen dem Gesetzesvorbehaltsgrundsatz einerseits - bezüglich zugelassener Forderung von Berufsqualifikationen - und der Tragweite des verfassungsrechtlichen Schutzbereichs der journalistischen Berufsfreiheit andererseits *im Lichte der Verhältnismäßigkeit* aufgelöst werden kann. Die gewürdigte Regel setzte voraus, dass bei der Ausübung des journalistischen Berufs ein von einer Universität bzw. Hochschule anerkanntes Diplom vorliegt. *Im Lichte der Verhältnismäßigkeit* wurden die spezielle Freiheit der journalistischen Tätigkeit auf der einen Seite und der Schutz der Gesellschaft gegen journalistische Fehler und Missbräuche mangels beruflicher Qualifikatio-

225 Der Charakter „des Gebots" wurde auch schon vom Bundesverfassungsgericht anerkannt: „Auch hinsichtlich der Diensteanbieter verletzt die Vorratsdatenspeicherung das Verhältnismäßigkeitsgebot". Vgl. hierzu BVerfG, 1 BvR 256/08 v. 2.3.2010, NVwZ 2009, 96, 102. Hervorhebung durch den Verfasser. Vgl. auch BVerfG, 1 BvR 1295/07 v. 27.2.2008, NJW 2008, 1293, 1294; BVerfG, 1 BvR 1859/97 v. 22.12.1999, NJW 2000, 1325, 1326; BVerfG, 2 BvF 3/90 v. 6.7.1999, NJW 1999, 3253, 3254.

226 RE Nr. 511.961, Berichterstatter: Richter Gilmar Mendes, Plenum, DJe v. 12.11.2009.

nen auf der anderen Seite abgewogen. Das bedeutet, dass die Verhältnismäßigkeit als Gegenstand in die Abwägung *nicht* mit einbezogen wurde, sondern als übergeordnetes prozedurales Kriterium für die Auflösung eines Normenkonflikts benutzt wurde. Es handelte sich nicht um die Gültigkeit (Regeln) bzw. um das Gewicht (Prinzipien) der Verhältnismäßigkeit, sondern erstens um die *Geeignetheit* und die *Erforderlichkeit* der einschränkenden Regel anhand des zu erreichenden Zieles und zweitens um den staatlichen Eingriff in den Wesenskern der journalistischen Berufsfreiheit.

Das Bundesverfassungsgericht hat entschieden, dass die §§ 113a und 113b des Telekommunikationsgesetzes (TKG) gegen Art. 10 Abs. 1 GG verstoßen und nichtig sind[227]. Die zu speichernden Daten fielen in den Schutzbereich des Telekommunikationsgeheimnisses. Der mit den §§ 113a und 113b TKG begründete Eingriff in das Telekommunikationsgeheimnis sei nicht gerechtfertigt. Die Effektivierung der Strafverfolgung, der Abwehr von erheblichen Gefahren für die öffentliche Sicherheit und der Erfüllung der Aufgaben der Nachrichtendienste wurden als mögliche legitime Zwecke in Bezug auf den Eingriff in das Telekommunikationsgeheimnis *im Lichte der Verhältnismäßigkeit* grundsätzlich gewürdigt. Es ist hier zu betonen, dass die erwähnten Zwecke, die damit verbundenen Rechtsprinzipien und das Grundrecht auf das Telekommunikationsgeheimnis mit der Verhältnismäßigkeit nicht gegenübergestellt, sondern anhand ihrer Teilgebote zusammengeprüft wurden.

Das Verständnis der Verhältnismäßigkeit als *hermeneutischer-anwendbarer Maßstab* oder sogar als Gebot der *Metaebene*[228] kann dem ersten Anschein nach nur als ein bloßer *Rhetorikrekurs* angesehen werden. Dennoch lässt es sich hinreichend rechtfertigen insofern, als die Gültigkeit und das Gewicht der Verhältnismäßigkeit nicht mehr in Frage gestellt werden, sondern maßgeblich ist, ob und inwieweit die Verhältnismäßigkeit anhand ihrer Teilgebote als Maßstab zur Auflösung von Prinzipienkollisionen in Anspruch genommen wurde. Folglich soll sie als ein dem Rechtssystembegriff immanentes - der Metaebene zuzuordnendes - Normenanwendungskriterium dienen.

---

227 §§ 113a und 113b des Telekommunikationsgesetzes in der Fassung des Artikel 2 Nummer 6 des Gesetzes zur Neuregelung der Telekommunikationsüberwachung und anderer verdeckter Ermittlungsmaßnahmen sowie zur Umsetzung der Richtlinie 2006/24/EG v. 21. Dezember 2007 (Bundesgesetzblatt Teil I Seite 3198). Vgl. auch BVerfG, 1 BvR 256/08 v. 2.3.2010, NVwZ 2009, 96.

228 Zum Verhältnis von Objekt- und Metaebene bei Rechtsprinzipien vgl. J. Englisch, Wettbewerbsgleichheit, S. 42f.

C.III.2. Die Zumutbarkeit

Die Zumutbarkeit als eigenständiger Rechtsanwendungsmaßstab hatte - sowohl in der deutschen als auch in der brasilianischen Rechtslehre - selten eine solche Aufmerksamkeit erregt, wie die Verhältnismäßigkeit oder das Übermaßverbot. In der brasilianischen Rechtsprechung wird die Zumutbarkeit häufig als Synonym für die Verhältnismäßigkeit behandelt. Vor allem in den steuerrechtlichen Entscheidungen des Supremo Tribunal Federal taucht sie in engem Zusammenhang mit der Verhältnismäßigkeit im engeren Sinne und mit dem Übermaßverbot auf[229]. Darüber hinaus wird die Zumutbarkeit in der brasilianischen Rechtsprechung je nach Fall als *Kohärenzgebot*, *Gleichwertigkeitsgebot* oder *Billigkeitsgebot* behandelt.

Anhand der Rechtsprechung des Supremo Tribunal Federal hinsichtlich der unterschiedlichen Erwähnungen der Zumutbarkeit sind für die *Zumutbarkeitsprüfung Subkriterien* festzustellen. Diese *Subkriterien* verkörpern *Gebote der Metaebene*, die dem Rechtsanwender abverlangt werden und ihm Handlungsrichtlinien liefern. Zum Ersten impliziert das *Kohärenzgebot* eine notwendige Widerspruchsfreiheit zwischen den internen Normelementen und zwischen diesen und den Elementen anderer Normen, was jeweils die Formallogik und die Rechtslogik betrifft[230]. Zum Zweiten setzt das *Gleichwertigkeitsgebot* wiederum die ausgewählte Maßnahme zu dem Maßstab, der sie dimensioniert, in Beziehung[231]. Das Verhältnis ist beispielsweise in den Fällen *a)* der Höhe der Gebühr in Bezug auf eine bestimmte erbrachte öffentliche Dienstleistung und *b)* der Strafe in Bezug auf den Grad der Schuld zu bemerken. Schließlich setzt das *Billigkeitsgebot* die endgültige Konkretisierung der Sachgerechtigkeit bzw. der Einzelfallgerechtigkeit durch das Erfordernis einer in der Allgemeinnorm und

---

229 Vgl. dazu G. S. Fossati, Razoabilidade no Direito Tributário, S. 44ff. Siehe auch zur Zumutbarkeit im brasilianischen Schrifttum: H. Ávila, Theorie der Rechtsprinzipien; ders. Beschränkungen der Besteuerungsgewalt.

230 Vgl. G. S. Fossati, Razoabilidade no Direito Tributário, S. 143. H. Ávila spricht über die Zumutbarkeit als Kongruenz, wonach eine Harmonisierung der Normen mit ihren äußerlichen Anwendungsbedingungen erfordert werde. Es werde auch eine „Korrelation zwischen dem von der Norm benutzten Unterscheidungskriterium und der von ihr getroffenen Maßnahme" erfordert. Es handele sich nicht um eine Untersuchung der Zweck-Mittel-Beziehung, sondern der Beziehung zwischen Kriterium und Maßnahme. Vgl. H. Ávila, Theorie der Rechtsprinzipien, S. 108ff.

231 Vgl. G. S. Fossati, Razoabilidade no Direito Tributário, S. 143. Nach der Ansicht H. Ávilas erfordere die Zumutbarkeit auch „eine Äquivalenzbeziehung zwischen der getroffenen Maßnahme und dem sie ausgestaltenden Kriterium". Vgl. H. Ávila, Theorie der Rechtsprinzipien, S. 110f.

den äußeren Anwendungsbedingungen bestehenden Angleichung voraus[232]. Die äußeren Anwendungsbedingungen kommen in den tatsächlichen Einzelfallgegebenheiten zum Ausdruck. Diese letzte Prüfung ermöglicht die Feststellung des Erträglichkeitsgrades der Normhärte vom Betroffenen[233].

Im deutschen Schrifttum wurde die Zumutbarkeit anhand der Rechtsprechung des Bundesverfassungsgerichts als eigenständiger Verfassungsmaßstab gewertet[234]. Das Kriterium gewinnt an Relevanz in solchen Fällen, in denen die persönlichen Verhältnisse und ihre Besonderheiten bzw. die damit verbundenen Ausnahmeumstände stärker in den Vordergrund treten. Hervorzuheben ist, dass drittbezogene Interessen in die Zumutbarkeitsprüfung keinen Eingang finden können[235]. Der Maßstab diene als *Korrektiv* der starren Gesetzesanwendung dem Interesse der Einzelfallgerechtigkeit[236]. In diesem Sinne ist die Zumutbarkeit als Rechtsanwendungsmaßstab zur Erreichung einer *billigkeitsmäßigen* Entscheidung anzusehen. Zwar ist *Billigkeit* ein Recht, „aber nicht im Sinne des gesetzlichen Rechts, sondern als eine Korrektur desselben“[237], da wo das Gesetz „wegen seiner allgemeinen Fassung mangelhaft bleibt“[238]. Der Begriff der „Unzumutbarkeit“ sei „Ausfluss des Billigkeitsgedankens“ und sei „keine verhältnismäßige Größe, sondern rücke eine Überforderung oder Überanstrengung aus, die allein aus der Sphäre des Betroffenen kommt“[239]. Verglichen mit der Verhältnismäßigkeit werde mit ihrer Hilfe eine Zweck-Mittel-Beziehung in den Blick genommen, während die Zumutbarkeit „das Verhältnis einer (unter Umständen bereits als verhältnismäßig anzusehenden) Pflicht im Hinblick auf die persönliche Situation des Betroffenen“ würdige[240].

---

232 Vgl. G. S. Fossati, Razoabilidade no Direito Tributário, S. 143. H. Ávila ist der Ansicht, dass die Zumutbarkeit hier „die Berücksichtigung der Besonderheiten des Einzelfalls in den Konstellationen, in denen sie allzu sehr durch die allgemeine Formulierung des Gesetzes missachtet wird“, erfordere. Vgl. H. Ávila, Theorie der Rechtsprinzipien, S. 105ff.

233 Vgl. G. S. Fossati, Razoabilidade no Direito Tributário, S. 143.

234 Vgl. unter allen R. K. Albrecht, Zumutbarkeit als Verfassungsmaßstab.

235 Vgl. R. K. Albrecht, Zumutbarkeit als Verfassungsmaßstab, S. 240.

236 Vgl. R. K. Albrecht, Zumutbarkeit als Verfassungsmaßstab, S. 240.

237 Vgl. Aristoteles, Nikomachische Ethik, S. 147.

238 Vgl. Aristoteles, Nikomachische Ethik, S. 148.

239 Vgl. K. Tipke, StRO, S. 206f. So ist es für K. Tipke unzumutbar z. B., „dass jemand seine Grundrechte opfern, dass er seine physische oder wirtschaftliche Existenz für öffentliche Zwecke aufs Spiel setzen soll“. Vgl. auch K. Tipke, Steuerliche Betriebsprüfung im Rechtsstaat, S. 100.

240 Vgl. R. K. Albrecht, Zumutbarkeit als Verfassungsmaßstab, S. 242f. R. K. Albrecht ist auch der Auffassung, dass es sich, obwohl die Zumutbarkeit „ein zwingend individualbezogener Bewertungsmaßstab ist“, um einen allgemeinen Rechtsgrundsatz handele, der

Der verfassungsrechtliche Ort des *Verbots der Unzumutbarkeit* lässt sich nach der Ansicht von *F. Ossenbühl* in den Grundrechtsgarantien erblicken[241]. Wie die Grundrechte dient das Verbot der Unzumutbarkeit der Bewahrung der einzelnen Persönlichkeit, des Menschen als Mittelpunkt der Rechtsordnung, eines Raums der freien Selbstbestimmung und der Selbstverwirklichung[242]. Im Bereich der Grundrechte solle es als ungeschriebene Schranken-Schranke verstanden werden, die die legislative Gestaltungsfreiheit[243] und vor allem die administrative Rechtsanwendung einschränkt.

Schließlich ist festzustellen, dass die Zumutbarkeit in keinem Gegenstand von Abwägungen besteht – gehört nicht zur Objektebene -, sondern gilt eher als ein Gebot der Metaebene, das dem Rechtsanwender Handlungsrichtlinien zu einer sachgerechten Entscheidung liefert (*hermeneutischer-anwendbarer Maßstab*). Bei der Zumutbarkeitsprüfung wird der *Unerträglichkeitsgrad* der Normhärte anhand der persönlichen Verhältnisse, der Besonderheiten bzw. der Ausnahmeumstände des Betroffenen im konkreten Fall ermittelt, wobei drittbezogene Interessen – das heißt, solche außerhalb der Privatsphäre des Betroffenen – nicht mit einbezogen werden dürfen. Die allein der Verhältnismäßigkeitsprüfung zuzuordnende *Zweck-Mittel-Beziehung* hat hier keinen Eingang. Die Zumutbarkeit manifestiert sich einerseits sowohl als Kohärenzgebot (innere und äußere Widerspruchsfreiheit), als auch als Gleichwertigkeitsgebot (Äquivalenz zwischen der ausgewählten Maßnahme und dem Maßstab, der sie dimensioniert). Die Zumutbarkeit findet aber andererseits ihre höchste Ausprägung im Billigkeitsgebot, wobei die Beseitigung einer Überforderung, die aufgrund der Besonderheiten der Sphäre des Betroffenen im Zusammenhang mit der Normhärte entstanden ist, erzielt wird[244].

---

unmittelbar auf die Gerechtigkeitsidee zurückführen lasse. Die verfassungsrechtliche Verankerung liege im Menschenwürdeprinzip in Verbindung mit den Freiheitsgrundrechten als dessen Einzelausprägungen.

241 Vgl. F. Ossenbühl, Zumutbarkeit als Verfassungsmaßstab, S. 327.

242 Vgl. F. Ossenbühl, Zumutbarkeit als Verfassungsmaßstab, S. 327.

243 Vgl. F. Ossenbühl, Zumutbarkeit als Verfassungsmaßstab, S. 327 („Ihm kommt deshalb eine grundrechtsstützende und grundrechtssichernde Funktion zu").

244 Siehe dazu auch im 3. Kapitel unter C.II.7.c)cc)α.

D. Zur Unterscheidung zwischen Prinzipien und Regeln

Regeln und Prinzipien sind *Gegenstand* der Rechtswissenschaft und zugleich *Gegenstand* ständiger Fortbildung. Sowohl Regeln als auch Prinzipien haben als gemeinsame Eigenschaft eine Proposition, nach der das *Gesollte* festgestellt wird[245]. Beide seien durch die deontischen Grundausdrücke des Gebots, der Erlaubnis und des Verbots formulierbar und dienen als Gründe für konkrete Sollensurteile[246]. Die Relevanz der Unterscheidung zwischen Prinzipien und Regeln besteht überwiegend in der Festsetzung der jeweiligen Eigenschaften sowie in der Methode der Auflösung von Prinzipienkollisionen und Regelkonflikten[247].

Wie bereits dargestellt wurde, verkörpern Prinzipien ein prima-facie geltendes ideales Sollen, das den Weg zur Erreichung eines konkretisierungsbedürftigen Verfassungswertes weist[248]. Sie sind nach den tatsächlichen Gegebenheiten und rechtlichen Möglichkeiten in einem möglichst hohen Maß zu konkretisieren. Während die rechtlichen Möglichkeiten durch gegenläufige Prinzipien beschränkt und ausgestaltet werden, konfigurieren die gegebenen Umstände die materiellen Kontouren des Sachverhalts und tragen zur Feststellung des Vorrangs des einen oder des anderen Prinzips bei. Ausgehend davon, dass kollidierende Prinzipien schon vorher als „gültig" anerkannt wurden, sind sie auf der *Gewichtsebene*[249] zu betrachten. Tatsächlich liegt in der Dimension des Gewichts der entscheidend normlogische Unterschied zwischen Prinzipien und Regelungen, wobei nur jene Gegenstand der Abwägung sein können[250].

---

245 Vgl. R. Alexy, Theorie der Grundrechte, S. 72.

246 Vgl. R. Alexy, Theorie der Grundrechte, S. 72.

247 J. R. Sieckmann ist der Auffassung, dass die Unterscheidung von Regeln und Prinzipien dazu diene, „Abwägungen im Rahmen der Normbegründung konstruieren zu können". Bei der Normbegründung seien alle widerstreitenden Argumente zu berücksichtigen, die am Anfang prinzipiell gelten, aber am Ende nicht zugleich definitiv gelten können. Vgl. J. R. Sieckmann, in: Schilcher/Koller/Funk, Regeln, Prinzipien und Elemente des Rechts, S. 69.

248 Vgl. oben unter C.

249 Nach der Ansicht R. Dworkins haben die Prinzipien eine Dimension des Gewichts, die die Regeln nicht haben. Die Befolgung der Prinzipien ist „ein Gebot der Gerechtigkeit oder Fairneß oder einer anderen moralischen Dimension". Vgl. R. Dworkin, Bürgerrechte ernstgenommen, S. 61f. und 55.

250 Vgl. J. Englisch, Wettbewerbsgleichheit, S. 55. In Anlehnung an F. Bydlinski versteht J. Englisch unter Wertprinzipien solche Prinzipien, „die rechtsethisch fundierte Werte bzw. Ideale verkörpern, also ein abstraktes Ziel mit Anspruch auf Allgemeingültigkeit als erstrebenswert formulieren". Vgl. J. Englisch, Wettbewerbsgleichheit, S. 35.

Regeln wiederum sind Normen, die ein handelndes bzw. unterlassenes Verhalten auf der Basis der deontischen Grundausdrücke beschreiben. Darüber hinaus können sie auch Definitionen von Kompetenzen und entsprechende Beschränkungen darstellen. Wenn sie andererseits bloße Beschreibungen bzw. Erläuterungen anderer Regeln beinhalten, dann sind sie keine echten Regeln, sondern bloße *Aussagesätze*, weil ihnen kein normativer Sinn zukommt[251].

Regeln haben nach der Ansicht von *J. Englisch* Anspruch auf definitive Gültigkeit und können nicht abgewogen werden, sondern sind das Ergebnis von Abwägungen[252]. In einem aus Sätzen, Gebotsoperatoren und Geltungsprädikaten aufgebauten Normensystem sind Regeln für *J. R. Sieckmann* Inhalt normativer Aussagen und Prinzipien Gründe für Abwägungen[253]. Nach der *Alles-oder-Nichts-Konzeption R. Dworkins* ist eine Regel entweder gültig oder ungültig, ausgehend immer davon, dass die gegebenen Tatsachen die Regelbedingungen erfüllen[254]. Nach der Meinung von *H. Ávila* sind Regeln deskriptive Normen mit Anspruch auf Entscheidbarkeit und Umfassung, deren Anwendung die Bewertung der Entsprechung der Normbeschreibung und der Tatsachenbeschreibung erfordere, wobei die Bewertung sich an einem Zweck oder an einem werttheoretisch höherrangigen Prinzip ausrichte[255]. *K. Larenz* vertrat die Auffassung, dass eine Regel eine verbindliche Verhaltensanforderung oder einen verbindlichen

---

251 Vgl. K. Larenz, Methodenlehre der Rechtswissenschaft, S. 240. Nach der Ansicht O. Weinbergers besage der Aussagesatz im Wesentlichen, „dass ein gewisser – in dem Aussagesatz angegebener Sachverhalt besteht oder nicht besteht". Die Aussagesätze können als wahr oder als falsch bezeichnet werden. Proposition sei die Benennung der Bedeutung eines Aussagesatzes. Normsätze wiederum drücken ein Sollen (Gebot, Verbot) bzw. ein Dürfen (Erlaubnis oder Indifferenz) aus. „Der Normsatz ist der sprachliche Ausdruck der Norm, die Norm die Bedeutung des Normsatzes". Vgl. O. Weinberger, Rechtslogik, S. 53ff. Vgl. auch J. R. Sieckmann, Regelmodelle, S. 30f.

252 Sie entfalten die gleiche Wichtigkeit anderer Regeln derselben Rechtsebene. Vgl. J. Englisch, Wettbewerbsgleichheit, S. 55. Die Regeln entfalten nach der hier vertretenen Auffassung verschiedene Wichtigkeits- und Vorzugsgrade je nach dem hierarchischen Rang. In Konfliktfällen zieht z. B. die Verfassungsregel der Gesetzesregel vor, so wie die Gesetzesregel der Verordnungsregel vorzieht.

253 Vgl. J. R. Sieckmann, in: Schilcher/Koller/Funk, Regeln, Prinzipien und Elemente des Rechts, S. 82.

254 Vgl. R. Dworkin, Bürgerrechte ernstgenommen, S. 58.

255 Nach der Ansicht H. Ávilas lassen sich Regeln von Prinzipien nach der Gestaltung der Vorschrift des Verhaltens unterscheiden. Sie statuieren Verpflichtungen, Genehmigungen und Verboten durch Beschreibung des Verhaltens. Regeln unterscheiden sich auch von Prinzipien nach dem Modus ihres Beitrags zur Entscheidungsfindung. Regeln sind ex-ante entscheidende und umfassende Normen, die eine bestimmte Lösung für den Konflikt zwischen Gründen erzeugen wollen. Vgl. H. Ávila, Theorie der Rechtsprinzipien, S. 129f.

Beurteilungsmaßstab entfalte (ihr normativer Charakter) und ihr Geltungsanspruch sich über ihren ganzen räumlichen und zeitlichen Geltungsbereich für alle Fälle derselben Art erstrecke (ihr genereller Charakter)[256].

Rechtsnormen sind letzten Endes entweder Rechtsprinzipien oder Rechtsregeln, die der *Objekt*ebene der Rechtswissenschaft angehören und Gegenstand ständiger Fortbildung sind. Beide entfalten, was *gesollt* ist, und sind durch die deontischen Grundausdrücke formulierbar. Die Rechtsprinzipien verkörpern ein ideales Sollen, das Anspruch auf die Verwirklichung eines Verfassungswertes in möglichst hohem Maß hat. Der Realisierungsgrad der Rechtsprinzipien ist mit den tatsächlichen Umständen und mit den von den gegenläufigen Prinzipien gesetzten Einschränkungen eng verbunden. Der Grad der vom widerstreitenden Prinzip veranlassten Einschränkung ist durch eine Abwägung anhand des Wichtigkeitsgrads und des Beeinträchtigungsniveaus des vom Staat eingegriffenen Rechtsguts zu ermitteln. Hier tritt die Verhältnismäßigkeit, als Instrument zur Auflösung von Prinzipienkollisionen und als unmittelbare Folge des Prinzipiencharakters der Grundrechte, auf. Die Rechtsregeln wiederum haben Anspruch auf definitive Gültigkeit und sind nicht Gegenstand von Abwägungen. Ihre Gültigkeit hängt von formellen und materiellen Voraussetzungen ab. Jene werden von höherrangigen Regeln vertreten, insbesondere von verfassungsrechtlichen Kompetenzregeln; diese werden von denjenigen Prinzipien vertreten, die im selben Anwendungsbereich der in Rede stehenden Regel gelten. Hinsichtlich ihres Anwendungsmodus sind sie *a priori* nach der *Alles-oder-Nichts-Konzeption* anzuwenden, nämlich dann wenn es eine vollständige Entsprechung zwischen dem Sachverhalt und den Normbedingungen gibt. Die Gültigkeit einer definitiven Anwendung der Regel hängt von der Beachtung der im selben Anwendungsbereich anwendbaren Grundsätze ab. Hinsichtlich der Gültigkeit aufgrund des Erfüllungsgrads des mit der Regel verbundenen Zwecks ist zu fordern, dass die Regel ein Mindestmaß an Zweckerfüllung erreicht. Der Grad der Zweckerfüllung wird dennoch nicht auf der Gültigkeitsebene, sondern eher auf der Wirksamkeitsebene ermittelt.

Verfassungswerte[257] und politische Ziele[258] wiederum sind keine Rechtsnormen, sie sind jedoch ebenfalls im Rechtssystem integriert.

---

256 Vgl. K. Larenz, Methodenlehre der Rechtswissenschaft, S. 240.

257 Dazu vgl. oben unter A u. B.

258 Dazu siehe unten unter F.

E. Regelkonflikte

Ein Konflikt zwischen Regeln ist nach der Ansicht *R. Alexys* durch die Einfügung einer Ausnahmeklausel in eine der Regeln oder durch die Ungültigkeitserklärung einer der Regeln zu lösen[259]. Ein Normwiderspruch kann nach der Auffassung *J. R. Sieckmanns* in drei verschiedenen Weisen geschehen, nämlich erstens durch einen Widerspruch zwischen Geltungsaussagen, zweitens durch einen Widerspruch bezüglich geltender Normen und drittens durch einen Widerspruch hinsichtlich des Norminhalts[260]. Der Normwiderspruch solle durch die Festsetzung eines Vorrangs für eine der sich widersprechenden Normen beseitigt werden[261]. *K. Günther* ist der Ansicht, dass im Fall der Kollision von definitiven Normen, gerade weil Angemessenheitsargumentationen ausgeschlossen seien, eine der beiden Normen für ungültig erklärt werden müsse[262].

Anderer Meinung ist *H. Ávila*, wonach Regeln in Konflikt geraten können, ohne ihre Geltung zu verlieren, auf Grund der Möglichkeit der Zuschreibung eines höheren Gewichts an eine der kollidierenden Regeln[263]. Sowohl die Nichtigkeitserklärung als auch die Einfügung einer Ausnahmeklausel seien entbehrlich. Es handele sich um einen Konflikt, der nicht auf der *Geltungsebene*, sondern auf der *Anwendungsebene* stattfinde, wobei der Richter einer der Regeln aufgrund des von jedem zu bewahrenden Zwecks ein höheres Gewicht zuschreiben müsse[264]. So hänge die Lösung von einer Abwägung der in Rede stehenden Zwecke ab[265]. Nach der Ansicht *A. Peczeniks* solle eine *prima facie-* Kollision

---

259 Vgl. R. Alexy, Theorie der Grundrechte, S. 77; D. Buchwald, in: Schilcher/Koller/Funk, Regeln, Prinzipien und Elemente des Rechts, S. 96f., der der Auffassung ist, dass der Konflikt einfach durch Aufgabe einer der beiden Normformulierungen gelöst werden könne.

260 Vgl. J. R. Sieckmann, Regelmodelle, S. 94. So liegt der klassische Normwiderspruch vor, wenn aus den Normen des Rechtssystems sowohl das Gebot einer Verhaltensweise als auch ihrer Verbot vorgesehen werden.

261 Vgl. J. R. Sieckmann, Regelmodelle, S. 94f. Nach der Ansicht des Autors, „wenn die Festsetzung des Vorrangs nur in Form einer Abwägung geschehen könnte, würde folgen, dass ein Regelmodell keine Normwidersprüche enthalten kann".

262 Siehe hierzu K. Günther, Der Sinn für Angemessenheit, S. 274. In diesem Fall ist immer schon vorausgesetzt, dass alle besonderen Umstände berücksichtigt wurden. Nach der Meinung K. Günthers sei jede Norm relativ zu den tatsächlichen und rechtlichen Möglichkeiten in einer Situation anzuwenden. Vgl. K. Günther, Der Sinn für Angemessenheit, S. 272.

263 Vgl. H. Ávila, Theorie der Rechtsprinzipien, S. 43.

264 Vgl. H. Ávila, Theorie der Rechtsprinzipien, S. 44.

265 Vgl. H. Ávila, Theorie der Rechtsprinzipien, S. 44.

von Rechtsnormen durch wiederholte Auslegung dieser Normen oder durch die Einräumung des Vorrangs an eine von ihnen beseitigt werden[266].

Die Einfügung einer Ausnahmenklausel kann gesetzestechnisch gesehen eine mögliche Lösung für einige Regelkonflikte sein. Im Fall eines Normwiderspruchs, der sogar zwischen Vorschriften unterschiedlicher Gesetze stattfindet, könnte die Einfügung einer Ausnahmeklausel in einer der Gesetze im Prinzip ausreichen, zumal die Betrachtung der zu regelnden Lebensverhältnisse bzw. des zu lösenden Konflikts nach der hier vertretenen Auffassung stets im Lichte des gesamten Rechtsystems zustande kommen muss. Wenn dieselbe Verhaltensweise dennoch z. B. zugleich als *erlaubt* und als *verboten* – selbst in Vorschriften unterschiedlicher Gesetze – vorgesehen wird, dann soll diejenige Regel vorgehen, die *a)* den Gesetzeszweck am optimalsten verwirklicht, aber zugleich *b)* in Konformität mit dem ihr zugrundeliegenden höherrangigen Prinzip angewendet werden kann. Die Festsetzung des *Vorrangs* bedeutet viel mehr eine Entscheidung, die auf der Gültigkeitsebene der sich widersprechenden Regeln wirkt, denn beide können nicht zugleich dieselbe Verhaltensweise regulieren. Das heißt, eine Regelung muss aus der Rechtsordnung ausgeschlossen werden, was bei der Prinzipienkollision nicht der Fall ist. Dementsprechend geht es hier nicht um die herkömmliche Inanspruchnahme der Abwägung, die bei der Prüfung der Verhältnismäßigkeit durchgeführt wird, sondern um die Würdigung der Konformität der in Frage gestellten Regeln mit dem Gesetzeszweck und mit dem ihnen zugrundeliegenden höherrangigen Prinzip.

266 Vgl. A. Peczenik, Grundlagen der juristischen Argumentation, S. 123.

F. Zu den Verfassungszwecken

Es wurden bereits die verfassungsrechtliche Werteordnung, die Rechtsprinzipien, die Rechtsregeln und die hermeneutischen-anwendbaren Maßstäbe untersucht. Die Rechtsprinzipien und die Rechtsregeln sind nach der hier vertretenen Ansicht die einzigen Arten von Rechtsnormen und sind wie die Verfassungswerte als Bestandteile der Rechtsordnung einzuordnen. Die Verwirklichung und die Gewährleistung der verfassungsrechtlichen Werteordnung sind als oberste Ziele des Rechtsstaats anzusehen. Obwohl die Rechtsprinzipien eine Stufe weiter konkretisiert sind als die Verfassungswerte, stellen jene ein Mittel zur möglichst höchsten Wirksamkeit dieser dar. Die Verhältnismäßigkeit und die Zumutbarkeit als hermeneutische-anwendbare Maßstäbe dienen der Anwendung der Rechtsnormen und folglich der Lösung der Normenkonflikte und gehören der Metaebene des Rechtssystems an.

Die Verfassungszwecke sind nach der hier vertretenen Ansicht *objektive Ausprägungen der Staatsfürsorge* für das Gemeinwohl. Sie spiegeln zumindest in mittelbarer Weise die Verfassungswerte dergestalt wider, dass sie in der verfassungsrechtlichen Werteordnung ihre Gültigkeitsgrundlagen finden. Auf der konkreten Ebene dienen die Verfassungszwecke der Orientierung sowohl der gesetzgeberischen Tätigkeit als auch der Rechtsanwendung. Hierbei spielen sie eine wichtige Rolle bei der Geeignetheitsprüfung der Verhältnismäßigkeit, wobei eine staatliche Maßnahme nur hinreichend gerechtfertigt und folglich zulässig ist, wenn das eingesetzte Mittel einen bestimmten *Verfassungszweck* erfüllt. Das heißt, es reicht nicht aus, dass die staatliche Maßnahme zur Verwirklichung des *Gesetzeszwecks* geeignet ist. Die der Verhältnismäßigkeit inhärente *Zweck*-Mittel-Beziehung soll eher als *Verfassungszweck*-Mittel-Beziehung verstanden werden. In diesem Sinne sind die Verfassungszwecke ebenfalls eine Stufe weiter konkretisiert als die Verfassungswerte.

Im Rahmen der staatlichen positiven Leistungen hängt der Verwirklichungsgrad der Verfassungszwecke von der gesetzgeberischen Initiative ab, wobei die Richter in Ermangelung des legislativen Handels nicht als *positive Gesetzgeber* handeln dürfen. Das bedeutet, dass die Richter dem Bürger *in der Regel* keine in der Gesetzgebung nicht vorgesehene staatliche positive Leistung gewähren können. Auf der anderen Seite sollen die Richter die bereits vom Gesetzgeber gewährende positive Leistung im Lichte des entsprechenden Verfassungszwecks beurteilen dürfen. Bei der Beurteilung soll festlegt werden, ob ein *Mindestmaß* an Realisierung des Verfassungszwecks erreicht wurde. Der Gesetzgeber ist nicht verpflichtet, *optimale* verfassungszwecksorientierte Maßnahmen zu erlassen.

Die Verfassungszwecke werden ebenfalls als *Staatszielbestimmungen* angesehen. Zu den deutschen Staatszielbestimmungen zählen nach der Ansicht von *R. Herzog* insbesondere das Verbot des Angriffskrieges, das Sozialstaatsprinzip und der innere Friede[267]. Die brasilianische Verfassung sieht als grundlegende Staatszielbestimmungen den Aufbau einer freien, gerechten und solidarischen Gesellschaft, die Gewährleistung der nationalen Entwicklung, die Beseitigung der Armut und der Marginalisierung und die Verringerung der sozialen und regionalen Ungleichheiten, die Förderung des Gemeinwohls, ohne Herkunfts-, Rassen-, Geschlechts-, Hautfarben-, Altersdiskriminierung oder irgendeine weitere Diskriminierungsart vor[268]. Solche Ziele geraten häufig in Konflikt miteinander, aber ermöglichen dem Gesetzgeber auf der anderen Seite, dass er den Konflikt durch Abwägung auflöst, was die gesetzgeberische Beweglichkeit und Entschlussfreiheit erhöht[269].

J. Englisch bezeichnet als *politische Ziele* bestimmte Werte einer Rechtsordnung, die nur berücksichtigungsfähig sind, jedoch „ohne dass sie auch nur hinsichtlich eines Mindestmaßes an idealen Handlungsanweisungen zwingend zu berücksichtigen wären“[270]. Politische Ziele müssten aber nicht ausdrücklich in der Verfassung niedergelegt sein, sondern es genüge, dass sie einen rechtsethischen Gehalt entfalten können[271]. Ihre Wichtigkeit liegt darin, dass sie als Rechtfertigungsgründe für eine situationsspezifische Zurückdrängung kollidierender Prinzipien herangezogen werden können[272]. Andererseits ist es von besonderer Bedeutung, zwischen den politischen Zielen und den aus ihnen ableitbaren Gesetzeszwecken zu differenzieren. Die Ersten können werthaltige Zielvorgaben enthalten, während die Zweiten bloß wertorientierte Zwecke sein kön-

---

267 Vgl. R. Herzog, in: HStR III, § 58 Rn. 30. Nach der Ansicht R. Herzogs wurden dem Staat noch verfassungsrechtliche Schutzpflichten zugunsten gewisser Individual- und Gemeinschaftsgüter auferlegt, nämlich die Schutzpflichten der Ehe und der Familie, der Menschenwürde, des Lebens und zuletzt die Pflicht des Staates zur Verteidigung seiner eigenen freiheitlichen Grundordnung (Staatsschutz). Siehe hierzu R. Herzog, in: HStR III, § 58 Rn. 31.

268 Art. 3 Abs. I, II, III und IV der brasilianischen Verfassung. In der Präambel der brasilianischen Verfassung heißt es, dass der brasilianische Staat die Ausübung der sozialen und individualen Rechte, die Freiheit, die Sicherheit, die Wohlfahrt, die Entwicklung, die Gleichheit und die Gerechtigkeit als oberste Werte einer brüderlichen, pluralistischen und vorurteilsfreien Gesellschaft sichern müsse. Im Art. 4 § 1 heißt es, dass die Bundesrepublik Brasiliens die wirtschaftliche, politische, soziale und kulturelle Integration der Völker Lateinamerikas anstrebt.

269 Vgl. U. Scheuner, in: FS für Ernst Forsthoff, S. 340.

270 Vgl. J. Englisch, Wettbewerbsgleichheit, S. 47.

271 Vgl. J. Englisch, Wettbewerbsgleichheit, S. 47.

272 Vgl. J. Englisch, Wettbewerbsgleichheit, S. 48.

nen[273]. Eine Rechtebanalisierung könnte eintreten, wenn konkrete Zwecksetzungen als solche in die Abwägung eingestellt würden, wobei ihnen dadurch ein abstraktes und relatives Gewicht beigemessen werde, das ihnen in der Rechtsordnung tatsächlich nicht zukommt[274].

Zur Konzeption eines *politischen Zieles* als ein berücksichtigungsfähiger, aber nicht zwingend zu berücksichtigender Wert, ist zu betonen, dass es zur Beseitigung von Prinzipienkollisionen tatsächlich dienlich sein kann. Es muss in der Tat nicht ausdrücklich in der Verfassung vorgesehen werden, aber sein *rechtsethischer Gehalt* muss unmittelbar aus Verfassungswerten oder aus Verfassungsgrundsätzen hergeleitet werden können. Je deutlicher die politischen Ziele in den Verfassungsvorschriften ihre Verankerung erkennen lassen, desto weniger stehen politische Ziele allein im Belieben der Politiker und desto schwieriger wird ihre Umsetzung zwecks bloßer Befriedigung von bestimmten Interessengruppen.

---

273 Vgl. J. Englisch, Wettbewerbsgleichheit, S. 53.

274 Vgl. J. Englisch, Wettbewerbsgleichheit, S. 53.

2. Kapitel - Verfassungsrechtliche Grundlagen und Anwendung des Leistungsfähigkeitsprinzips

A. Zum Inhalt und zur Anwendbarkeit des Leistungsfähigkeitsprinzips nach derzeitigem Meinungsstand

A.I. Zum Inhalt

A.I.1. Im deutschen Verfassungssteuerrecht

Wenn es um persönliche Beiträge zur Deckung des öffentlichen Finanzbedarfs geht, dann sind zwei Fragen von großer Bedeutung: *wer* muss dazu beitragen und *in welcher Höhe*. Bei allen staatlichen Eingriffen und insbesondere im Fall des staatlichen *Nehmens* müssen diese Fragen nach Maßgabe von Rechtsprinzipien beantwortet werden, die Gerechtigkeitskriterien widerspiegeln. Das Leistungsfähigkeitsprinzip wird sowohl in Deutschland als auch in Brasilien als der angemessenste und gerechteste Verteilungsmaßstab der Steuerlast gesehen und als das Fundamentalprinzip der Steuergerechtigkeit bezeichnet. *Inhaltlich* wird in der Regel von einer *gleichmäßigen* Besteuerung nach der Leistungsfähigkeit oder von der *Steuergerechtigkeit* in Form der Besteuerung nach der Leistungsfähigkeit gesprochen, wodurch bereits ein Zusammenhang mit dem Gleichheitssatz bzw. mit dem Gerechtigkeitspostulat im Bereich des Steuerrechts hergestellt wird. Das Prinzip soll allgemein als Grundlage der Ausgestaltung der Steuergesetze, vornehmlich der Begrenzung der Bemessungsgrundlage und der Höhe des Steuersatzes dienen. Es wird vom Bundesverfassungsgericht bei der Überprüfung der Steuergesetze, zumindest im Rahmen der direkten Steuern, angewendet. Anerkanntermaßen sollen Bürger entsprechend der Leistungsfähigkeit zum öffentlichen Aufwand *mehr* beitragen, wenn sie über *mehr* Einkommen verfügt. Die Idee der proportionalen Steuerlastverteilung kann als Ausfluss der Gerechtigkeitsidee von *Aristoteles* angesehen werden, wonach die austeilende Gerechtigkeit immer nach der Proportionalität verfährt[275].

---

275 „Denn das Proportionale ist die Mitte, und das Gerechte ist das Proportionale. (…) Das Recht ist also dieses Proportionale, das Unrecht aber ist was wider die Proportionalität anläuft". Vgl. Aristoteles, Nikomachische Ethik, S. 125ff.

Die Steuern müssen „einem rechtsethisch fundierten Verteilungsmaßstab entsprechen, um dem in Art. 3 Abs. 1 GG verankerten Gebot materialer Sachgerechtigkeit Genüge zu tun“[276]. Die Besteuerung muss so ausgestaltet werden, dass „bei gleichem Umfang der als Indikator wirtschaftlicher Leistungsfähigkeit gewählten Größe eine gleiche Steuerbelastung gewährleistet ist, ein höheres Maß an wirtschaftlicher Leistungsfähigkeit hingegen auch zu einer höheren Steuerlast führt“[277]. *Steuerliche Leistungsfähigkeit* betrifft die Frage über „die Fähigkeit von Personen, Steuern aus dem gespeicherten Einkommen entsprechend der Höhe des disponiblen Einkommens zahlen zu können“[278]. Der Begriff der wirtschaftlichen Leistungsfähigkeit ist die *zentrale Bezugsgröße* eines Verteilungsmaßstabs, dem die steuerlichen Belastungswirkungen entsprechen müssen und der aus den lastenausteilenden Verfassungsnormen, insbesondere dem Gleichheitssatz, entwickelt wurde[279]. Im deutschen Schrifttum lassen sich ver-

---

276 J. Englisch, Wettbewerbsgleichheit, S. 563f.

277 J. Englisch, Dividendenbesteuerung, S. 104f.

278 K. Tipke, StRO, S. 481. Für Unternehmen gilt das gleiche, bezogen auf den Gewinn. Leistungsfähigkeitsprinzip ist nur die verkürzte Bezeichnung für Prinzip gleichmäßiger Besteuerung nach der Leistungsfähigkeit. Vgl. hierzu K. Tipke, StRO, S. 480f. Siehe auch J. Lang, in: Tipke/Lang, Steuerrecht, § 4 Rz. 81-84, ders., Bemessungsgrundlage der Einkommensteuer, S. 97ff. Vgl. auch F. Kirchhof, StuW 2002, S. 187. Nach der Meinung P. Kirchhofs will das Leistungsfähigkeitsprinzip zwischen der gleichen Verantwortung aller Staatsbürger für das Gemeinwohl und der unterschiedlichen finanzwirtschaftlichen Fähigkeit zur Steuerzahlung vermitteln. Vgl. hierzu P. Kirchhof, UR 2002, S. 542; ders., StuW 1985, S. 319. Nach der Auffassung F. Neumarks gebietet „der Grundsatz der Bemessung und Verteilung der Steuerlasten nach der individuellen Leistungsfähigkeit der Pflichtigen die den einzelnen insgesamt zufallenden Steuertraglasten so zu gestalten, dass diese unter Berücksichtigung aller für die Steuerfähigkeitsindikatoren bedeutsamen persönlichen Momente das Verhältnis der individuellen Leistungsfähigkeiten widerspiegeln und demgemäß die durch die Besteuerung bewirkten Einbußen der einzelnen an ökonomisch-finanzieller Dispositionskraft als relativ gleich schwer anzusehen sind“. Vgl. F. Neumark, Grundsätze, S. 135.

279 D. Birk, Leistungsfähigkeitsprinzip, S. 259. Ursprünglich stellte die Weimarer Reichsverfassung in Art. 134 den Grundsatz auf: Alle Staatsbürger ohne Unterschied tragen im Verhältnis ihrer Mittel zu allen öffentlichen Lasten nach Maßgabe der Gesetze bei. Zu Recht bemerkt A. Hensel, dass die Weimarer Reichsverfassung den Steuergesetzgeber durch Art. 134 anweist, „bei der Ausgestaltung des Steuersystems zwei Grundsätze zu verwirklichen, die man übereinstimmend mit den Worten Allgemeinheit der Besteuerung und Besteuerung nach der Leistungsfähigkeit zu umschreiben pflegt. Wiederum sollte es unbestritten sein, dass die Verfassung von dem Gesetzgeber hier fordert, zwei Postulate der Gerechtigkeit zu verwirklichen“. Siehe A. Hensel, Vierteljahresschrift für Steuer- und Finanzrecht 1930, S. 443; ders., Steuerrecht, S. 46f. K. Engisch beobachtet, dass „die materielle Ausfüllung des Prinzips der proportionalen Gerechtigkeit der Heranziehung des ökonomischen Gesichtspunktes der Leistungsfähigkeit bedarf, dass aber

schiedene verfassungsrechtliche Grundlagen des Leistungsfähigkeitsprinzips finden: der Gleichheitssatz, das aus dem Rechtsstaatsgrundsatz abzuleitende Willkürverbot, die Vorgaben des Art. 106 GG, der Sozialstaatsgrundsatz, die Freiheitsrechte, das Demokratieprinzip und das Übermaßverbot[280].

Das Bundesverfassungsgericht verknüpft die steuerliche Leistungsfähigkeit seit dem Beginn seiner Rechtsprechung mit dem Gleichheitssatz und mit dem Gerechtigkeitspostulat[281]. Es urteilte wiederholt, dass - obwohl der Gesetzgeber im Bereich des Steuerrechts bei der Auswahl des Steuergegenstandes und bei der Bestimmung des Steuersatzes einen weitreichenden Entscheidungsspielraum hat[282] -, die Freiheit des Gesetzgebers vor allem durch zwei eng mit einander verbundene Leitlinien begrenzt wird: durch das Gebot der Ausrichtung der Steuerlast am Prinzip der finanziellen Leistungsfähigkeit und durch das Gebot der Folgerichtigkeit[283]. Durch die erste Leitlinie und im Interesse verfassungsrechtlich gebotener steuerlicher Lastengleichheit kommt das Ziel zum Ausdruck, Steuerpflichtige mit gleicher Leistungsfähigkeit gleich hoch zu besteuern (horizontale Gerechtigkeit) und Steuerpflichtige mit höherem Einkommen höher zu besteuern (vertikale Gerechtigkeit). Die zweite Leitlinie weist darauf hin, bei der Ausgestaltung des steuerlichen Ausgangstatbestands die einmal getroffene Belastungsentscheidung folgerichtig im Sinne der Belastungsgleichheit umzusetzen[284], wobei Abweichungen immer eines besonderen sachlichen Grundes bedürfen[285].

Der Inhalt des Leistungsfähigkeitsprinzips findet keine ausdrückliche stützende Vorschrift im Grundgesetz. Er wird aus dem in Art. 3 Abs. 1 GG verankerten Gebot materialer Sachgerechtigkeit abgeleitet. Dem ersten Anschein nach

---

auch dieser Gesichtspunkt noch als verhältnismäßig formal erscheint und weitere Konkretisierung erfordert". Vgl. K. Engisch, Auf der Suche nach der Gerechtigkeit, S. 172.

280 Dazu siehe unten unter C.

281 Vgl. BVerfGE 8, 51, 68f. „Hier verlangt die Gerechtigkeit, dass im Sinne der verhältnismäßigen Gleichheit der wirtschaftlich Leistungsfähigere einen höheren Prozentsatz seines Einkommens als Steuer zu zahlen hat als der wirtschaftlich Schwächere". Siehe auch BVerfGE 6, 55, 67 („Hier ist entscheidend die Tatsache, dass Ehegatten durch die Zusammenveranlagung angesichts des auf die Leistungsfähigkeit des Einzelnen hin angelegten progressiven Steuertarifs im wirtschaftlichen Ergebnis schlechter gestellt werden als andere Personen…").

282 Vgl. BVerfGE 93, 121, 136; 105, 73, 126; 107, 27, 47; 117, 1, 30; 120, 1, 29; 123, 1, 19.

283 Vgl. BVerfGE 127, 1, 27f. Vgl. auch BVerfGE 116, 164, 180 f.; 117, 1, 30; 121, 108, 119 f.

284 Vgl. BVerfGE 110, 274, 292; 117, 1, 30; 121, 108, 120.

285 Vgl. BVerfGE 127, 1, 27f. Vgl. auch BVerfGE 99, 88, 95; 107, 27, 47; 117, 1, 31; 120, 1, 29; 122, 210, 230 f. Siehe dazu auch unten unter D.

könnte behauptet werden, dass der verfassungsrechtlichen Verankerung keine präzisen Konturen des Inhalts entnommen werden können und es lediglich eine *leere Formel*[286] darstellt. Dennoch beschränkt sich der Inhalt des Leistungsfähigkeitsprinzips nicht auf das in Art. 3 Abs. 1 GG verankerte Gebot materialer Sachgerechtigkeit, sondern wird von weiteren verfassungsrechtlichen Grundlagen ausgeformt, wie noch zu zeigen sein wird.

A.I.2. Im brasilianischen Verfassungssteuerrecht

Anders als das deutsche Grundgesetz, das keine ausdrückliche Vorschrift über das Leistungsfähigkeitsprinzip enthält, hat der brasilianische Verfassungsgeber einen *Teil des Wesens des Prinzips* in Art. 145 § 1 schriftlich niedergelegt:

> Art. 145 – Der Bund, die Länder, der Bundesbezirk und die Gemeinden können folgende Abgaben erheben:
>
> (...)
>
> § 1° - In allen Fällen, in denen dies möglich ist, werden die Steuern persönlichen Charakter haben und gemäß der wirtschaftlichen Leistungsfähigkeit des Steuerzahlers abgestuft. Die Steuerverwaltung darf, insbesondere um diesen Zielen Effektivität zu verleihen, das Vermögen, die Einkommen und die wirtschaftlichen Tätigkeiten des Steuerzahlers unter Beachtung individueller Rechte und gemäß den Gesetzesvorschriften identifizieren.

Das brasilianische Schrifttum hält das Leistungsfähigkeitsprinzip grundsätzlich für die bereichsspezifische Konkretisierung des allgemeinen Gleichheitssatzes im Steuerrecht[287]. Das Leistungsfähigkeitsprinzip sei mit dem Übermaßverbot

---

286 W. Gassner und M. Lang sind der Auffassung, das Leistungsfähigkeitsprinzip sei für die Steuerrechtsdogmatik wertlos. Auch im Rahmen eines Rechtsentwicklungsplans habe das Leistungsfähigkeitsprinzip keine Bedeutung. Vgl. W. Gassner, M. Lang, 14. ÖJT, S. 121. K. Tipke behauptet, dass einige Kritiker noch mit Einwendungen kommen wie: „die Berufung auf das Leistungsfähigkeitsprinzip sei ein subjektives Glaubensbekenntnis, eine subjektive Ideologie oder Spekulation, ein subjektives Für-richtig-Halten". Es sei für die Anwendung „zu unbestimmt". Vgl. K. Tipke, StRO, S. 481.

287 Vgl. H. Ávila, Beschränkungen, S. 224f. Nach der Ansicht Ávilas werde durch das Leistungsfähigkeitsprinzip ein Maßstab gewonnen, dessen Festlegung besonders aus der Beachtung der Wertentscheidung der Verfassung zugunsten von Ehe und Familie sowie des Sozialstaatsprinzips gewonnen werden müsse. Ferner stellt der Autor fest, dass das Leistungsfähigkeitsprinzip der Maßstab der Konkretisierung des Gleichheitsprinzips im Rahmen der Erhebung fiskalischer Steuern sei. Hinsichtlich des Zwecks der Steuernormen im Zusammenhang mit der Verwirklichung der Gleichheit weist H. Ávila darauf hin, dass das Gleichheitsanwendungsmaß zwischen den Steuerzahlern, wenn mit dem Zweck verknüpft, Steuern zu zahlen und folglich Einnahmen zu erzielen, ihre eigene

verbunden und stelle eine der wichtigsten Grundlagen der Besteuerung, eine authentischen Folge des Gleichheitssatzes, ein echtes Synonym der Steuergerechtigkeit und ein Grundelement dar, woraus sich die direkten materiellen verfassungsrechtlichen Garantien, wie die Allgemeinheit, die Gleichheit und die Proportionalität, ergeben[288]. *T. Sampaio Ferraz Júnior* weist darauf hin, dass schwierige Streitfragen hinsichtlich der Forderung nach einer Verteilung der Steuerlast entsprechend der wirtschaftlichen Kapazität der Steuerpflichtigen stets auch Fragen der proportionalen Gleichheit und folglich der Justiz seien[289]. Die Gerechtigkeit erscheine unter ihrem *formellen* Gesichtspunkt als *ethischer, sozialer Wert der Proportionalität*; unter ihrem *materiellen* Aspekt bliebe übrig, festzustellen, *was* proportional unter *wem* aufzuteilen sei[290]. Unter den brasilianischen Steuerrechtswissenschaftlern besteht dahingehend Einigkeit, dass das Prinzip ein verfassungsrechtliches Gebot beinhaltet, welches den Steuergesetzgeber verpflichtet, die Steuergesetze so zu gestalten, dass alle Bürger nach Maßgabe ihrer persönlichen wirtschaftlichen Leistungsfähigkeit zu den öffentlichen Ausgaben solidarisch beizutragen haben. Entsprechend steht die Steuerlastverteilung in Einklang mit dem Erfordernis der Belastungsgleichheit, wenn bei gleicher Einkommenshöhe die Steuer gleich hoch auferlegt wird und bei verschieden hohem Einkommensniveau die Steuer entsprechend unterschiedlich erhoben wird. Dies verwirklicht letztendlich die Gerechtigkeit auf der horizontalen und vertikalen Ebene.

Das brasilianische Supremo Tribunal Federal hat bereits einige wichtige inhaltsgestaltende Merkmale des Leistungsfähigkeitsprinzips festgelegt. Das Leistungsfähigkeitsprinzip umfasst demnach eine Beschränkung der Besteuerungsgewalt *für das gesamte Abgabensystem*, obwohl es dem Wortlaut des Verfassungstextes nach lediglich bei den Steuern Anwendung findet[291]. Das heißt, dass

---

steuerliche Leistungsfähigkeit sei. Siehe hierzu ders., Igualdade, S. 160. Vgl. auch P. Caliendo, Direito Tributário, S. 280ff; H. Mota Filho, Capacidade Contributiva, S. 119.

288 Vgl. J. E. Soares de Melo, IPI, S. 160ff. Zum Inhalt und zu den Schranken des Leistungsfähigkeitsgrundsatzes vgl. auch E. P. Nobre Júnior, Capacidade Contributiva, S. 41ff; zum Begriff vgl. A. Zurita Leão, Direito Constitucional Tributário, S. 17ff; J. Rigo Santin, JSTF LEX 347, S. 19ff; R. A. Carrazza, Direito Constitucional Tributário, S. 80ff. Im italienischen Steuerrecht siehe G. Falsitta, Diritto Tributario, S. 68ff.

289 Vgl. T. Sampaio Ferraz Júnior, FS für Karl Beusch, S. 225f.

290 Vgl. T. Sampaio Ferraz Júnior, FS für Karl Beusch, S. 226.

291 Vgl. RE Nr. 5.736.750, Berichterstatter: Richter Ricardo Lewandowski, Plenum, DJe 22.05.2009. Das brasilianische Steuerrechtssystem muss eigentlich als ein Abgabenrechtssystem verstanden werden, denn der Abgabenbegriff bezieht sowohl Steuern als auch Gebühren, Zwangsanleihen und verschiedene Arten von Beiträgen ein. Alle diese Abgabenarten unterliegen den verfassungsrechtlichen Beschränkungen der Besteuerungsgewalt und sind demgemäß einer Verfassungsmäßigkeitskontrolle unterworfen.

der Gesetzgeber zumindest *„in allen Fällen, in denen dies möglich ist“*, bei der Ausgestaltung, sowohl der Steuer- als auch der Gebühren-, der Zwangsanleihen- und der Beitragsgesetze, das Leistungsfähigkeitsprinzip beachten muss. Darüber hinaus ist nach Auffassung des Gerichts eine Steuer progressiv, wenn die Steuersätze nach Maßstäben differenziert sind, die die Leistungsfähigkeit berücksichtigen[292]. Das Prinzip bezieht sich dabei nicht nur auf den Steuersatz, sondern umfasst auch die Wahl der Bemessungsgrundlagen[293].

In Bezug auf den *Inhaltskern* des Leistungsfähigkeitsgrundsatzes ist *bisher* festzustellen, dass bei gleicher Höhe von disponiblen Finanzmitteln die Steuern gleich zu erheben sind (horizontale Gerechtigkeit) und bei unterschiedlichen Stufen von verfügbaren Ressourcen die Steuern unterschiedlich (proportional) aufzuerlegen sind (vertikale Gerechtigkeit), was in der Perspektive der Lastenverteilung zur steuerrechtlichen Konkretisierung des allgemeinen Gleichheitssatzes führt. Die dadurch erzielte Steuergerechtigkeit kann umso besser erreicht werden, desto stärker der Maßstab der Verfügbarkeit der Finanzmittel anhand der persönlichen Verhältnisse und den Bedürfnissen des einzelnen ausgestaltet wird, wie noch zu zeigen sein wird. Im Laufe dieses Kapitels werden die *Inhaltskonturen* des Prinzips noch ausgeformt.

---

292 Vgl. AgReg RE Nr. 4.142.597, Berichterstatter: Richter Eros Grau, Zweite Kammer, DJe 15.08.2008. Siehe auch RE Nr. 236.931, Berichterstatter: Richter Ilmar Galvão, Erste Kammer, DJ 29.10.1999; RE Nr. 229.233, Berichterstatter: Richter Ilmar Galvão, Erste Kammer, DJ 25.06.1999; AgReg RE Nr. 413.239, Berichterstatter: Richter Nelson Jobim, Zweite Kammer, DJ 21.05.2004. Im Rahmen der Differenzierung zwischen den Begriffen von öffentlicher und privater Dienstleistungserbringung - genauer gesagt, in welchem Umfang der eine oder der andere den Steuern unterliegt oder nicht - ist das Supremo Tribunal Federal der Auffassung, dass die Notare, die Standes- und Grundbuchbeamten Tätigkeiten mit wirtschaftlichen Interessen ausüben, obwohl sie reine öffentliche Dienstleistungen erbringen. Ausgegangen davon erzielen die Notare, die Standes- und Grundbuchbeamten Gewinne und zeigen dementsprechend wirtschaftliche Leistungsfähigkeit, obwohl sie dem ersten Anschein nach - von den Steuern verfassungsrechtlich befreite - öffentliche Dienstleistungserbringer seien können. Aufgrund dessen dürfen sie als politische Personen nicht gleichgestellt werden, um die gegenseitige Immunität zu genießen. Sie sind folglich Umsatzsteuerpflichtige. Vgl. ADIN Nr. 3.089, Berichterstatter: Richter Carlos Britto, Plenum, DJe 01.08.2008. Art. 150 VI „a“ CF sieht die sogenannte gegenseitige Immunität der politischen Personen vor, wonach dem Bund, den Ländern, dem Bundesbezirk und den Gemeinden verwehrt ist, Steuern auf Vermögen, Einkommen oder Dienstleistungen gegenseitig zu erheben. Das Supremo Tribunal Federal ist der Ansicht, dass eine von einem Konzessionären, Genehmigten oder Delegierten gewinnorientierte ausgeübte Tätigkeit von der Immunität nicht abgeschirmt ist.

293 Vgl. AgReg AI Nr. 583.636, Berichterstatter: Richter Joaquim Barbosa, Zweite Kammer, DJe 30.04.2010.

A.I.3. Zum Ausdruck „in allen Fällen, in denen dies möglich ist" in der brasilianischen Verfassung

Die brasilianische Verfassung sieht vor, dass *in allen Fällen, in denen dies möglich ist*, die Steuern persönlichen Charakter haben und gemäß der wirtschaftlichen Leistungsfähigkeit des Steuerzahlers abgestuft werden. Drei Anmerkungen dazu sind darzustellen:

Die erste besteht darin, dass der Ausdruck *„in allen Fällen, in denen dies möglich ist"* die der Rechtswissenschaft immanente Maxime des *Möglichkeitsvorbehalts* verstärkt. In diesem Sinne zeigt sich eine Verstärkung des Möglichkeitsvorbehalts absolut entbehrlich. Aus diesem ergibt sich nämlich schon, dass der Gesetzgeber die verfassungsrechtlich gegebenen Merkmale für die Steuern lediglich unter bestimmten Umständen erfüllen wird, wenn es die der Steuer umliegenden Umständen bzw. die der Steuer inhärenten Merkmale ermöglichen[294]. Zu bemerken ist, dass der Gesetzgeber lediglich abweichen darf, wenn es wirklich *nicht möglich* ist, das heißt, bloße *Schwierigkeiten* oder zumindest nicht hinreichend gerechtfertigte Schwierigkeiten können eine Abweichung bzw. eine Durchbrechung nicht legitimieren[295]. Nur wenn die Schwierigkeiten so intensiv sind, dass beispielsweise die Ausrichtung einer bestimmten Steuer am Leistungsfähigkeitsgrundsatz die Mobilisierung einer übermäßigen Anzahl von Steuerbeamten bei der steuerlichen Nachprüfung erfordern würde und vielleicht sogar die Erschöpfung der Steuereinnahme allein zur Bestreitung der jeweiligen Aufwendungen nach sich ziehen würde, gilt eine Ausnahme. Allerdings muss eine solche Extremsituation unbedingt finanziell belegt werden, damit eine Abweichung zulässig ist. Hierbei sei an die Auffassung des Bundesverfassungsgerichts erinnert, wonach bei der Ausgestaltung des steuerlichen Ausgangstatbestands die einmal getroffene Belastungsentscheidung folgerichtig im Sinne der Belastungsgleichheit umzusetzen ist[296], wobei Abweichungen immer eines *besonderen sachlichen Grundes* bedürfen[297].

---

294 Nach der Meinung H. Ávilas sei der Ausdruck überflüssig. Vgl. H. Ávila, Beschränkungen, S. 225ff. R. A. Carrazza ist der Auffassung, dass die Steuer das Leistungsfähigkeitsprinzip unbedingt gehorchen müsse, wenn es die in der Verfassung vorgesehene materielle Struktur des Tatbestandes erlaube. Siehe Direito Constitucional Tributário, S. 95. Vgl. auch P. Caliendo, Direito Tributário, S. 295ff.

295 Vgl. H. Ávila, Igualdade, S. 86. Dazu siehe unten unter D.

296 Vgl. BVerfGE 110, 274, 292; 117, 1, 30; 121, 108, 120.

297 Vgl. BVerfGE 127, 1, 27f. Vgl. auch BVerfGE 99, 88, 95; 107, 27, 47; 117, 1, 31; 120, 1, 29; 122, 210, 230 f.

Die wesentlichen und verpflichtend zu beachtenden Merkmale der brasilianischen Steuern liegen eigentlich schon bei den jeweiligen Vorschriften jeder Steuer in der Verfassung. Die verfassungsrechtlich definierten Steuertatbestände und wichtigsten Merkmale *indizieren* vom Verfassungstext her, welche Steuern nach dem persönlichen Charakter und der wirtschaftlichen Leistungsfähigkeit des Steuerpflichtigen *im Prinzip* gestaltungsfähig oder zumindest anpassungsfähig sind. Dennoch mindert dies das Gebot des Gesetzgebers nicht, den Steuern persönlichen Charakter zu gewähren und nach der wirtschaftlichen Leistungsfähigkeit des Steuerpflichtigen abzustufen *in allen Fällen, in denen dies möglich ist*[298].

Die zweite Anmerkung besteht darin, dass der Verfassungsgeber die Entscheidung getroffen hatte, wonach die Steuern *persönlichen Charakter* haben sollen, soweit dies möglich ist[299]. Das bedeutet, dass, wenn diese Möglichkeit bewiesen ist, z.B. durch Gutachten bzw. Studien von Finanz- oder Steuerausschüsse, der Gesetzgeber notwendigerweise die *persönlichen Verhältnisse* der Steuerzahler unter Berücksichtigung nehmen muss, und zwar stets *realitätsgerecht*. Im diesem Fall besteht für den Gesetzgeber kein weiterer Spielraum, um von den realitätsgerechten persönlichen Verhältnissen der Steuerzahler abzuweichen. Dies lässt sich ohne größere Schwierigkeiten im Einkommensteuerrecht erkennen, wo persönliche und familiäre, insbesondere existenzsichernde Aufwendungen nie *realitätsfremd* berücksichtigt werden dürfen. Diesbezüglich gab es und gibt es noch zahlreiche Diskussionen vor dem deutschen Bundesverfassungsgericht, vornehmlich im Bereich der von der Einkommensteuerbemessungsgrundlage abzugsfähigen Ausgaben und der Höhe des - das sozialrechtlich eingeschätzte Existenzminimum widerspiegelnden - Grundfreibetrags und des Kindergeldes[300]. Der Gesetzgeber muss in allen Fällen, in denen dies möglich ist, die Steuern gemäß der *persönlichen* wirtschaftlichen Leistungsfähigkeit des Steuerzahlers abstufen, was letztendlich den ersten Schritt zur erzielten *subjektiven* Leistungsfähigkeit widerspiegelt. Technisch gesehen besteht z. B. die Möglichkeit, leistungsfähigkeitsmindernde Faktoren bei der Ausgestaltung der Einkommensteuerbemessungsgrundlage abzugsfähig zu machen bzw. die Einkommensteuersätze verhältnismäßig zu verringern. Jedenfalls ist festzustellen, dass der persönliche Charakter der Steuern und ihre Abstufung nach der wirtschaftlichen Leistungsfähigkeit zwei eng mit einander verbundene Merkmale sind, obwohl behauptet werden könnte, dass sie eigenständig sind und dementsprechend

298 Dazu siehe im 3. Kapitel unter C.II.

299 In der Richtung auch H. Ávila, Igualdade, S. 85f.

300 Vgl. z. B. BVerfGE 61, 319, 349ff.; 67, 290; 68, 143, 152 u. 154; 66, 214, 223; 68, 143, 153; 99, 216.

der eine unabhängig von der Umsetzungsfähigkeit des anderen umgesetzt werden kann. So könnte die Aussage besser formuliert werden: „*die Steuern werden in allen Fällen, in denen dies möglich ist, gemäß der persönlichen wirtschaftlichen Leistungsfähigkeit des Steuerzahlers abgestuft werden*".

Die dritte Anmerkung ist mit den möglichen zugelassenen Abweichungen bzw. Durchbrechungen der Ausgestaltung der Steuern nach der persönlichen wirtschaftlichen Leistungsfähigkeit des Steuerpflichtigen verknüpft. Wie oben bereits dargestellt wurde, sollen bloße bzw. nicht hinreichend *sachlich* gerechtfertigte Schwierigkeiten zum Vorliegen der *Unmöglichkeit* nicht vorgebracht werden können. Die Konsistenz und die Kohärenz der Rechtfertigungsgründe sind zwei der Kernprobleme, die in dieser Arbeit noch dargestellt und untersucht werden. Dazu zählen als erwähnenswerte Rechtfertigungsgründe die fiskalische Ergiebigkeit, Vereinfachungszwecke bzw. Gründe der Verwaltungsökonomie, Missbrauchsbekämpfungsmaßnahmen und Gemeinwohlzwecke[301]. Zusätzlich soll noch untersucht werden, ob und inwieweit der Verhältnismäßigkeitsvorbehalt eine Durchbrechung bzw. eine Abweichung des Leistungsfähigkeitsgrundsatzes rechtfertigen darf und wie er folgerichtig durchgeführt werden soll. Letztendlich geht es um eine Frage der Auseinandersetzung zwischen der Effizienz der steuerlichen Nachprüfung, der Erhöhung der Steuereinnahmen und der Verringerung der Finanzverwaltungsaufwendungen - sowie der Steuergerechtigkeit[302].

A.II. Zur Anwendung bei den direkten Steuern

A.II.1. Allgemeine Grundlagen

Adam Smith hat bereits 1776 festgestellt, dass die Bürger jedes Staates zur Finanzierung der Regierung so weitgehend wie möglich im Verhältnis zu ihren jeweiligen Fähigkeiten beitragen müssen, das heißt, im Verhältnis zum Einkommen, das sie unter dem Schutz des Staates genießen[303]. Zu bemerken ist zunächst, dass der von A. Smith dargestellte Lastverteilungsmaßstab mit dem privaten Einkommen verbunden ist. Die Tendenz dieser Verbindung hat sich so-

---

301 Dazu siehe unten unter D.I. Zu Recht bemerkt H. Ávila, dass es zwischen den allgemeinen Grundsätzen des brasilianischen Steuerrechtssystems keinen Grundsatz zu Lasten des Leistungsfähigkeitsprinzips und in Verbindung mit der Verwaltungspraktikabilität gibt. Vgl. H. Ávila, Igualdade, S. 86.

302 Dazu siehe unten unter D.

303 A. Smith, Wealth of Nations, Bk. V, Ch. II, Pt. II, S. 350. Zu den steuerrechtlichen Maximen A. Smiths (equality, certainty, convenience of payment and economy in collection) siehe Bk. V, Ch. II, Pt. II, S. 350ff.

wohl in das finanzwissenschaftliche und steuerrechtliche Schrifttum als auch in die Rechtsprechung der meisten westlichen Länder erstreckt dergestalt, dass die jeweiligen Einkommensteuergesetze am Maßstab der steuerlichen Leistungsfähigkeit ausgerichtet sind.

Nach Auffassung des Bundesverfassungsgerichts gilt das grundsätzliche Gebot der Steuergerechtigkeit, woran die Besteuerung nach der wirtschaftlichen Leistungsfähigkeit ausgerichtet wird, *insbesondere* für die Einkommensteuer[304]. Nach herrschender deutscher und brasilianischer Meinung gilt das Einkommen als geeignetster Indikator steuerlicher Leistungsfähigkeit. Im Prinzip können die Verhältnisse des einzelnen bei der Ausgestaltung der Einkommensteuerbemessungsgrundlage am genauesten berücksichtigt werden, wo die Maßgrößen objektiver und subjektiver Leistungsfähigkeit zu finden sind[305]. Die sozialistische Bewegung des 19. Jahrhunderts sah die *indirekten* Steuern als mit dem Leistungsfähigkeitsprinzip nicht vereinbar; nur das *Einkommen* als Maßgröße des Vermögenszuwachs, nicht aber der Konsum als Form der Vermögensverwendung wurden somit als geeigneter Indikator steuerlicher Leistungsfähigkeit angesehen[306].

Im brasilianischen Schrifttum wird die Anwendung des Grundsatzes bei den direkten Steuern einhellig anerkannt[307]. Dies spiegelt sich auch im Verfassungswortlaut wider (Art. 145 § 1 CF), wonach die Steuern *persönlichen* Charakter haben werden, und die Steuerverwaltung, insbesondere um dem Ziel Effektivität zu verleihen, *das Vermögen, das Einkommen und die wirtschaftlichen Tätigkeiten des Steuerpflichtigen* identifizieren darf. Die angemessene Erkennung der persönlichen Merkmale bzw. Besonderheiten des Steuerzahlers, vornehmlich durch eine genaue Identifizierung seines Vermögens, Einkommens, wirtschaftlichen Tätigwerdens und seiner Aufwendungen, kann ohne weiteres bei den direkten Steuern durchgeführt werden. Zu dieser Zielerreichung erscheint die Einkommensteuer als die angemessenste Steuer, wobei das disponible Einkommen realitätsgerecht festgelegt werden kann.

---

304 Vgl. BVerfGE 43, 108, 120; 61, 319, 343f; 82, 60, 86.

305 J. Lang, Bemessungsgrundlage der Einkommensteuer, S. 104. J. Lang ist der Auffassung, dass das Leistungsfähigkeitsprinzip wesentlich durch die Auswahl und Gestaltung der Steuerbemessungsgrundlagen konkretisiert wird. Vgl. J. Lang, In: Tipke/Lang, Steuerrecht, §4 Rz. 92.

306 J. Englisch, Wettbewerbsgleichheit, S. 564f.

307 Vgl. R. A. Carrazza, Direito Constitucional Tributário, S. 95, für wen das Leistungsfähigkeitsprinzip bei den meisten Steuern Anwendung findet, mit Ausnahme von den indirekten Steuern, nämlich der ICMS und der IPI. Siehe auch P. Caliendo, Direito Tributário, S. 294ff; H. Ávila, Beschränkungen, S. 230; J. E. Soares de Melo, IPI, S. 162; R. Binhara Esturilio, Seletividade, S. 60ff.

Ebenso muss in Bezug auf juristische Personen die steuerliche Leistungsfähigkeit bei der Formulierung der Unternehmenssteuergesetze Berücksichtigung finden[308]. Körperschaften sind auch steuerlich objektiv leistungsfähig, wenn davon ausgegangen wird, dass sie Steuerleistungen entsprechend der Höhe des Gewinns erbringen können[309]. Anzuknüpfen ist nicht an Möglichkeiten bzw. Vermutungen, sondern an „Ist-Faktoren, in denen sich Wirtschaftskraft oder Leistungsfähigkeit tatsächlich niederschlägt"[310]. Bei Unternehmen ist der (gespeicherte) Gewinn die angemessene Bemessungsgrundlage steuerlicher Belastungsfähigkeit[311].

A.II.2. Eigenschaften der dem Leistungsfähigkeitsprinzip unterliegenden Steuern

Einige Steuerarten, wie die Einkommen- und die Körperschaftsteuer, die dem Leistungsfähigkeitsgrundsatz anerkanntermaßen unterliegen, haben einige gemeinsame Eigenschaften, die sie als typisch leistungsfähigkeitskonform kennzeichnen. So sind die *persönlichen*, *direkten* und *fiskalzweckorientierten* Steuern in der Regel die geeignetsten Abgaben, die eine persönliche Behandlung der Einnahmen und der leistungsfähigkeitsmindernden Ausgaben des Steuerpflichtigen ermöglichen können. Wenn eines dieser Merkmale fehlt, kommen nicht wenige Bedenken zur Ausgestaltung der Steuer gemäß der (*persönlichen*) steuerlichen Leistungsfähigkeit zum Ausdruck, wie unten zu zeigen sein wird.

A.II.2.a. Personensteuer

Die Besteuerung hat als Gegenstand bestimmte Tatsachen, die gewisse wirtschaftliche Bewegungen darstellen und die Leistungsfähigkeit der Teilnehmer am sogenannten Wirtschaftsgutsverkehr widerspiegeln. So knüpfen Steuern an die Einkommenserzielung, die Einkommensverwendung, den Besitz von Grundstücken und Kraftfahrzeugen, die Veräußerung von Grundstücken usw. Im Gegensatz zu *Realsteuern* knüpfen einige Steuern unmittelbar an der Person des Steuerpflichtigen an, sodass ihre persönlichen Merkmale maßgebend sind.

---

308 R. A. Carrazza, Direito Constitucional Tributário, S. 84.

309 K. Tipke, StRO, S. 1173.

310 K. Tipke, StRO, S. 1174f.

311 K. Tipke, StRO, S. 511. Es ist in Art. 104 II der portugiesischen Verfassung von 1976 vorgesehen: "Die Unternehmensbesteuerung fällt grundsätzlich auf ihren Realgewinn". (A tributação das empresas incide fundamentalmente sobre o seu rendimento real).

So sind beispielsweise für die Berechnung der Einkommensteuerbemessungsgrundlage die persönlichen und familiären existenzsichernden Aufwendungen und zusätzlich andere außergewöhnliche unvermeidbare leistungsfähigkeitsmindernde Ausgaben entscheidend.

Im Gegensatz zu den *Realsteuern*, bei denen der Steuersatz mit Rücksicht auf die Wesentlichkeit z. B. des Gegenstands bzw. der Leistung festgelegt ist, werden die *Personensteuern* nicht nur mit Rücksicht auf die Höhe des Ertrags, sondern auch unter Berücksichtigung unvermeidbarer und leistungsfähigkeitsmindernder Ausgaben festgestellt. Dabei spielen die persönlichen Verhältnisse des Steuerzahlers, nicht die Wesentlichkeit des Gegenstands bzw. der Leistung zum menschlichen Bedarf die entscheidende Rolle[312]. Es ist nochmals zu betonen, dass im Fall der brasilianischen Verfassung der Verfassungsgeber die Entscheidung für einen *persönlichen* Charakter der Steuern mit Rücksicht auf den Möglichkeitsvorbehalt getroffen hat. Anders kann der Verfassungsgeber nicht verstanden werden, weil er ausdrücklich vorgesehen hat, dass der Charakter der Persönlichkeit der Steuern und der ausgewählte Vergleichsmaßstab – die wirtschaftliche Leistungsfähigkeit – eng miteinander verbunden sind. Darüber hinaus hat er auch schriftlich niedergelegt, dass die Steuerverwaltung das Vermögen, die Einkommen und die wirtschaftlichen Tätigkeiten des Steuerpflichtigen ermitteln darf, um den Zielen der *persönlichen* Charakterisierung der Steuern und ihrer Abstufung nach der wirtschaftlichen Leistungsfähigkeit Effektivität zu verleihen. Der fakultative Charakter (die Steuerverwaltung *darf*) sollte vielmehr als ein Gebot (die Steuerverwaltung *muss*) verstanden werden, denn - wie bereits ausgeführt – ist der Ausdruck *„in allen Fällen, in denen dies möglich ist“* angesichts des von der Rechtswissenschaft herausgearbeiteten Möglichkeitsvorbehalts entbehrlich.

Die oben erwähnte verfassungsrechtliche Entscheidung für einen persönlichen Charakter der Steuern prägt das brasilianische Steuerrecht in hohem Maße und eröffnet die Möglichkeit für ein *Überdenken* hinsichtlich der Berücksichtigung der persönlichen Verhältnisse des Endverbrauchers und folglich für eine folgerichtige Umsetzung dieser Entscheidung im Umsatzsteuerrecht[313].

---

312 F. Kirchhof bemerkt zu Recht, dass die Leistungsfähigkeit ein personenbezogener Maßstab ist. Vgl. F. Kirchhof, StuW 2002, 187 (188). Näher dazu siehe im 3. Kapitel unter C.

313 Näher dazu siehe im 3. Kapitel unter C.

A.II.2.b. Direkte Ertragsteuer

Die direkte Steuer ist diejenige, deren wirtschaftliche Last vom Steuerpflichtigen getragen wird[314]. Im Gegensatz zur indirekten Steuer führt die direkte Steuer nach der Intention des Gesetzgebers zur Gleichstellung zwischen Steuerzahler und Steuerträger. So darf ohne weiteres, z. B. im Einkommensteuerrecht, das Leistungsfähigkeitsprinzip angewendet werden, worin die Person des Steuerträgers tatsächlich als eines der Hauptelemente des Steuerschuldverhältnisses berücksichtigt wird. *K. Tipke* weist darauf hin, dass alle Steuereinteilungen oder Steuergruppierungen, die inhaltlich nichts bewirken oder keine inhaltliche Ordnung aufzeigen, nur scheinbar Überblick und Durchblick schaffen[315]. Von größerer Bedeutung sind eher *materielle* Einteilungen, die beispielsweise im Rahmen der Steuergerechtigkeit, die ein wesentliches Element des Rechtsstaates sein sollte, die Gleichbelastung der Steuerträger verwirklichen[316]. Davon ausgegangen, wird in dieser Arbeit *nicht* nach der Richtigkeit bzw. Angemessenheit einer Steuereinteilung gefragt. Vielmehr soll lediglich geklärt werden, *ob* und *inwieweit* eine Nichtgleichstellung zwischen Steuerpflichtigem und Steuerträger - unter Bezugnahme auf eine realitätsgerechte Anpassung[317] der deutschen und brasilianischen Steuergesetzgebung - unter der Geltung des Leistungsfähigkeitsprinzips *substantielle*, nicht zu vernachlässigende Folgen im Umsatzsteuerrecht hat.

A.II.2.c. Fiskalzwecksteuer

Das Leistungsfähigkeitsprinzip ist das Fundamentalprinzip für alle Fiskalzwecksteuern[318] und verlangt, dass die *Gesamt*steuerlast aus allen Fiskalzwecksteuern entsprechend dem Einkommen wächst[319]. Im Gegensatz zu den Lenkungssteuern müssen also alle Steuern, die zur reinen Deckung des staatlichen Finanzbedarfs eingeführt werden, am *tertium comparationis* der steuerlichen Leistungsfähigkeit gemessen werden. Wenn alle Bürger entsprechend dem Solidaritätsprinzip

314 Art. XXVIII lit. „o" GATS (General Agreement on Trade in Services) definiert, welche die direkten Steuern im Sinne des Abkommens sind: Steuern auf das Einkommen, auf Veräußerungsgewinne, auf Kapitalertrag, Erbschaft- und Schenkungssteuern. Einsehbar unter http://www.wto.org/english/docs_e/legal_e/26-gats.pdf. Abfrage am 04.09.2012.

315 K. Tipke, StRO, S. 526f.

316 K. Tipke, StRO, S. 527.

317 „Das Leistungsfähigkeitsprinzip ist ein Ist-Prinzip, kein Soll-Prinzip; folglich ist die Leistungsfähigkeit am Ist-Einkommen oder am Ist-Konsum zu messen, nicht an einem Soll-Einkommen oder einem Soll-Konsum". Vgl. K. Tipke, StRO, S. 497.

318 K. Tipke, StRO, S. 494; Ferdinand Kirchhof, StuW 2002, 187.

319 K. Tipke, StRO, S. 480.

zur Aufrechterhaltung des Staates mit finanziellen Mitteln beizutragen haben und wenn der den Gleichheitssatz besser abbildende Vergleichsmaßstab für die Steuerlastverteilung das Leistungsfähigkeitsprinzip ist, dann sollen alle mit diesem Ziel eingeführten Steuern auf dem ausgewählten Steuerlastverteilungsprinzip beruhen. Dazu finden sich auch Aussagen, dass der Begriff der wirtschaftlichen Leistungsfähigkeit die zentrale Verteilungsgröße für das zwischen Staat und Bürger bestehende *Transferverhältnis* sei, und, dass ihm die zentrale Rolle im *System des Gebens und des Nehmens* zukomme[320]. Hiervon ist die Umsatzsteuer nicht ausgeschlossen.

A.III. Zur Anwendung bei den Lenkungszwecksteuern

Das Leistungsfähigkeitsprinzip gilt nach der Ansicht *K. Tipkes* nicht für Lenkungssteuern. Sie sollen vielmehr am Maßstab des *Lenkungsbedürfnisses* (Bedürfnis- oder Verdienstprinzip) ausgerichtet werden[321]. Andererseits vertritt *D. Birk*, dass Lenkungsabgaben stets steuerliche Belastungswirkungen entfalten, welche in den Anwendungsbereich einer verfassungsrechtlichen Steuerverteilungsregel fallen[322]. Lenkungsnormen (Sozialzwecknormen, Interventionsnormen, extrafiskalische Normen sowie Steuervergünstigungen oder -subventionen) bezwecken wirtschaftliche Lenkung oder soziale Gestaltung[323], nicht aber ge-

---

320 D. Birk, Leistungsfähigkeitsprinzip, S. 153 und 155.

321 K. Tipke, StRO, S. 495. „Selbstredend ist das Leistungsfähigkeitsprinzip kein sachgerechtes Prinzip zur Verteilung von Subventionen, auch nicht zur Verteilung von Steuervergünstigungen oder Steuersubventionen. Daher lässt sich auf Lenkungsnormen das Leistungsfähigkeitsprinzip nicht anwenden wie auf Fiskalzwecknormen". Vgl. K. Tipke, StRO, S. 340. J. Englisch bemerkt zu Recht, dass die Lenkungssteuern „schon mit der Auswahl des Steuerobjektes eine Belastungsentscheidung treffen, die bewusst anderen Zielen dienen soll als der Verwirklichung des Leistungsfähigkeitsprinzips". Vgl. J. Englisch, Wettbewerbsgleichheit, S. 614.

322 D. Birk, Leistungsfähigkeitsprinzip, S. 90. Lenkungsnormen erzielen keine gerechte Verteilung der Steuerlast nach der Leistungsfähigkeit, sondern den Eintritt bestimmter Gestaltungswirkungen. Dazu nehme der Gesetzgeber in der Regel eine Durchbrechung der Besteuerung nach der Leistungsfähigkeit bewusst in Kauf. Eine Rechtfertigung der Durchbrechung der Besteuerung nach der Leistungsfähigkeit könne nur gelingen, „wenn dem Lenkungsziel ein verfassungsrechtlich förderungswürdiger Rang zukommt, der die ungleiche steuerliche Lastenzuteilung aufwiegen kann". Vgl. D. Birk, Steuerrecht, § 2 Rn. 213f.

323 Nach § 3 Abs. 1 Hs. 2 AO kann die Erzielung von Einnahmen Nebenzweck sein. Der Gesetzgeber darf seine Steuergesetzgebungskompetenz grundsätzlich auch ausüben, um

rechte, gleichmäßige Steuerlastverteilung[324]. Sie sind keine Steuerrechtsnormen, sondern Normen des Wirtschaftsrechts oder eines anderen Rechtsbereichs[325]. Die Ziele der Lenkungsnormen sollen im Wesentlichen in der Befriedigung eines Bedürfnisses des Gemeinwohls oder in der Prämierung eines bestimmten Verhaltens bestehen[326]. Wenn das Bedürfnis nicht mehr vorliegt, so braucht der Staat nicht mehr (subsidiär[327]) einzugreifen. Als bundesgesetzlich geregelte, indirekte Lenkungssteuern sind zu nennen: die Biersteuer, die Branntweinsteuer und die Schaumweinsteuer als sogenannte „Alkoholsteuern", die Mineralölsteuer und die Stromsteuer als sogenannte „Ökosteuern", die Rennwett- und Lotteriesteuer, sowie die Tabaksteuer[328].

Auf der anderen Seite bedeutet dies nicht, dass die Lenkungssteuern das Existenzminimum antasten dürfen. Allerdings leite sich der Schutz des Existenzminimums im Fall der Lenkungssteuern *nicht* aus dem Leistungsfähigkeitsprinzip ab, sondern aus Art. 1, 2 und 20 I GG[329]. Deshalb wird behauptet, dass die Grundrechte unterschiedliche Effizienz gegenüber beiden steuerlichen Wirkungsweisen entfalten[330].

So werden die Belastungswirkungen der Steuern von den lastenausteilenden Verfassungsnormen beschränkt, insbesondere vom Gleichheitssatz[331]. Anderer-

---

Lenkungswirkungen zu erzielen (vgl. BVerfGE 98, 106, 118f. und BVerfGE 84, 239, 274; 93, 121, 147).

324 K. Tipke, StRO, S. 337. Nach der Auffassung D. Birks ist die Ungleichbehandlung sachlich gerechtfertigt, „wenn das Lenkungsziel sachlich begründet ist und damit die Grundlage einer sachlich einleuchtenden Differenzierung liefert". Vgl. D. Birk, Leistungsfähigkeitsprinzip, S. 228f. P. Kirchhof ist der Auffassung, wonach die Steuerlenkung das Prinzip der gleichmäßigen Besteuerung bewusst durchbreche. Der Übergang vom rechtlichen Regeln zum finanzwirtschaftlichen Steuern schwäche die Gleichheit und Verhältnismäßigkeit. Im Endeffekt sei eine Steuersubvention im System eines rechtsstaatlichen Steuerrechts ein Fremdkörper. Vgl. P. Kirchhof, in: HStR, § 118 Rz. 25.

325 K. Tipke, StRO, S. 340.

326 So K. Tipke, StRO, S. 340.

327 Zur Bedeutung des Subsidiaritätsprinzips für die Konsumleistungsfähigkeit siehe im 3. Kapitel unter C.II.7.c)aa).

328 J. Englisch, Wettbewerbsgleichheit, S. 615.

329 K. Tipke, StRO, S. 496.

330 D. Birk, Leistungsfähigkeitsprinzip, S. 231.

331 Hier wären nach der Meinung D. Birks die Freiheitsgrundrechte ineffektiv. Er verdeutlicht in einem Schaubild bei der Belastungswirkung den Gleichheitssatz zugleich als effektiven Verteilungsmaßstab und als lastenausteilende Verfassungsnorm (Siehe D. Birk, Leistungsfähigkeitsprinzip, S. 231). Nach hier vertretener Ansicht besteht der Gleichheitssatz in der sachgerechten lastenausteilenden Verfassungsnorm, aber nicht in dem effektiven Verteilungsmaßstab, denn der muss bei der Verfolgung des Fiskalzwecks und

seits sind die Gestaltungswirkungen (Lenkungseffekte) von den gestaltungsbegrenzenden Verfassungsnormen beeinflusst, vornehmlich von den Freiheitsgrundrechten[332]. Hier ist der Gleichheitssatz relativ ineffektiv[333]. Folglich greifen die indirekten Lenkungssteuern in die Freiheitsrechte der Steuerdestinatäre ein[334]. Bei solchen Eingriffen sind nach dem Verhältnismäßigkeitsgrundsatz das betroffene Freiheitsrecht auf der einen und das verfolgte Lenkungsziel auf der anderen Seite gegeneinander abzuwägen[335].

Das Lenkungsziel muss nach der Ansicht von *J. Englisch* sowohl der *freiheitsrechtlichen* als auch der *materiell-gleichheitsrechtlichen* Verhältnismäßigkeitskontrolle standhalten[336]. Seine Feststellung führt dazu, dass sowohl Verstö-

---

folglich bei der Bemessung der Belastungswirkung die steuerliche Leistungsfähigkeit des Betroffenen sein. Es ist nochmals zu betonen, dass die steuerliche Leistungsfähigkeit die Abkürzung einer gleichmäßigen Besteuerung nach dem Maßstab der steuerlichen Leistungsfähigkeit bedeutet (vgl. K. Tipke, StRO, S. 480). Kurz: die steuerliche Leistungsfähigkeit des Steuerpflichtigen ist der geeignetste rechtsethische Maßstab für eine das Gleichheitsgrundrecht schonende Besteuerung. Dennoch hat D. Birk als Ergebnis seiner Untersuchung festgestellt, dass der Begriff der wirtschaftlichen Leistungsfähigkeit die zentrale Bezugsgröße des Verteilungsmaßstabs sei, der aus den lastenausteilenden Verfassungsnormen, insbesondere dem Gleichheitssatz, zu entwickeln sei. Vgl. D. Birk, Leistungsfähigkeitsprinzip, S. 259.

332 D. Birk, Leistungsfähigkeitsprinzip, S. 231.

333 In der Entscheidung zur Verpackungssteuer hat das Bundesverfassungsgericht klargestellt, dass eine Lenkungszwecksteuer die Leistungsfähigkeit des Betroffenen als Maßstab ihrer Höhe nicht in Betracht nehme. Die steuerliche Lenkung gestatte dem Leistungsfähigen ein Ausweichen in die Umweltbelastung, wirke jedoch gegenüber dem Nichtleistungsfähigen wie ein verbindliches Verbot. Vgl. BVerfGE 98, 106, 123.

334 Auch bei den lenkenden Sonderabgaben hat der im Abgabentatbestand überbrachte Verhaltensbefehl den verfassungsrechtlichen Anforderungen, insbesondere den grundrechtlich gewährleisteten Handlungsfreiheiten zu entsprechen; daneben muss die Abgabenlast ebenfalls die Eigentumsgarantie respektieren. So P. Kirchhof, HStR, § 88 Rz. 247. Das Bundesverfassungsgericht weist darauf hin, dass nach der Kompetenzordnung des Grundgesetzes und dem Rechtsstaatsprinzip der Abgabengesetzgeber aufgrund einer Abgabenkompetenz nur insoweit lenkend in den Kompetenzbereich eines Sachgesetzgebers übergreifen dürfe, „als die Lenkung weder der Gesamtkonzeption der sachlichen Regelung noch konkreten Einzelregelungen zuwiderläuft" (vgl. BVerfGE 98, 83, 98; BVerfGE 98, 106, 118f.). Keine Steuer ist nach der Ansicht K. Vogels Abgabe, die nicht Aufkommen erzielt, sondern das Verhalten der Bürger motivierend beeinflussen soll (Lenkungsabgaben). Siehe K. Vogel, HStR, § 87 Rz. 50. So hat das Bundesverfassungsgericht in der Konjunkturzuschlagsentscheidung festgelegt (BVerfGE 29, 402, 409). Vgl. auch C. Waldhoff, HStR, Band V, § 116 Rz. 94.

335 J. Englisch, Wettbewerbsgleichheit, S. 616.

336 J. Englisch, Wettbewerbsgleichheit, S. 619. Auf der anderen Seite hat das Bundesverfassungsgericht in der Entscheidung zur verfassungsrechtlichen Zulässigkeit von lan-

ße gegen das *Leistungsfähigkeitsprinzip*[337] als auch Eingriffe in die *Freiheitsrechte* von den indirekten Lenkungssteuern einer *besonderen* Rechtfertigung bedürfen[338]. Insofern erstreckt sich der Geltungsbereich des Leistungsfähigkeitsprinzips auf die Lenkungssteuern[339], soweit der Gesetzgeber den verfolgten Lenkungszielen den Vorrang vor der Besteuerung nach der wirtschaftlichen Leistungsfähigkeit beimessen darf[340]. Darüber hinaus wird davon ausgegangen, dass das Prinzip der Besteuerung nach der *Konsum*leistungsfähigkeit[341] ein Verbot gegen die Besteuerung des Existenzminimums voraussetzt, so dass die Lenkungsziele sich an dem erwähnten Prinzip ebenfalls messen lassen müssen[342].

---

desrechtlichen Abfallabgaben, deren Lenkungswirkungen in den vom Bundesgesetzgeber geregelten Bereich der Abfallwirtschaft übergreifen, entschieden, dass „die generelle Lenkung des Abgabenrechts nicht nach individualisierender Verhältnismäßigkeit zugemessen und auf die Besonderheiten der einzelnen Anlage abgestimmt werden kann“. Vgl. BVerfGE 98, 83, 104.

337 „Die mit einer auch im Binnenkontext der Lenkungssteuern höheren Besteuerung verbundene weitergehende Abweichung vom Leistungsfähigkeitsprinzip ist nur dann konsistent, wenn sich darin auch ein relativ höheres Gewicht des Lenkungsziels in der Abwägung widerspiegelt“. Vgl. J. Englisch, Wettbewerbsgleichheit, S. 620.

338 J. Englisch, Wettbewerbsgleichheit, S. 622. D. Birk bemerkt zu Recht, wenn er zur materiellen Verfassungsmäßigkeit steuerlicher Gestaltungswirkungen von Lenkungsnormen schreibt: „Bei der verfassungsrechtlichen Überprüfung von Steuerrechtsnormen ist wie folgt zu verfahren: I – Auf einer ersten Stufe ist zu prüfen, ob die steuerlichen Belastungswirkungen einer Norm am Maßstab des Gleichheitssatzes, das heißt nach dem Prinzip der Besteuerung nach der Leistungsfähigkeit gleich verteilt werden; II – Entfaltet eine Steuerrechtsnorm neben Belastungswirkungen auch Gestaltungswirkungen, ist auf einer zweiten Stufe sodann zu überprüfen, ob die mit den Gestaltungswirkungen ausgelösten Verhaltenszwänge mit den Freiheitsrechten des Bürgers (Art. 2 Abs. 1, 12 Abs. 1, 14 GG etc.) vereinbar sind. Verstoßen weder Belastungswirkungen noch Gestaltungswirkungen gegen die Verfassung, ist die Norm insgesamt verfassungsgemäß; III – Problematisch sind Steuerrechtsnormen, deren Belastungswirkungen gegen den Maßstab der gleichen Besteuerung nach der Leistungsfähigkeit (Art. 3 Abs. 1 GG) verstoßen, deren Gestaltungswirkungen jedoch verfassungsgemäß sind, unter Umständen sogar der Verwirklichung von Staatszielbestimmungen (z.B. Art. 20a GG) dienen. Hier ist dann auf einer dritten Stufe danach zu fragen, ob das Gestaltungsziel die Durchbrechung des Gleichheitssatzes rechtfertigt“. Vgl. D. Birk, Steuerrecht, § 2 Rn. 215.

339 Vgl. hierzu H. Weber-Grellet, Steuern im modernen Verfassungsstaat, S. 51: „Will der Gesetzgeber Gestaltungsabgaben einsetzen, so muss er das Ausmaß der Belastungen so wählen, dass auch bei Realisierung des Steuertatbestandes die Grenzen der wirtschaftlichen Leistungsfähigkeit nicht überschritten werden; der Druck muss so dosiert sein, dass die weitere Ausübung der Betätigung ökonomisch sinnvoll bleibt“.

340 J. Englisch, Wettbewerbsgleichheit, S. 619.

341 Dazu siehe im 3. Kapitel unter C.

342 J. Englisch, Wettbewerbsgleichheit, S. 619.

Im Gegensatz dazu versteht *H. Ávila*, dass im Rahmen der Gleichheitsprüfung bei Lenkungszwecksteuern das Leistungsfähigkeitsprinzip kein tauglicher Vergleichsmaßstab sei[343]. Vielmehr müssen hier andere Vergleichsmaßstäbe bemüht werden, die unmittelbar oder sogar mittelbar den Zielen der gesamten Verfassungsrechtsordnung entnommen werden können (z.B. die Verschonung der Sozial- und der Wirtschaftsordnung, der Umweltschutz, der Familienschutz, die Förderung der Wissenschaft und der Technologie, die Förderung der Beseitigung von regionalen Ungleichheiten, etc.)[344]. Andererseits weist *H. Ávila* darauf hin, dass die graduelle Verwirklichung der Verfassungszwecke mittels lenkender Steuern der Verhältnismäßigkeitskontrolle unterliegen muss, und zwar, je größer die Entfernung vom Gleichheitssatz ist, desto intensiver habe die Verhältnismäßigkeitskontrolle zu erfolgen[345].

Es handelt sich grundsätzlich *nicht* um die Frage, *ob* der Leistungsfähigkeitsgrundsatz bei den Lenkungszwecksteuern Anwendung findet oder nicht, sondern hauptsächlich darum, *inwieweit* die steuerliche Lenkungsnorm von der verfassungsrechtlich gebotenen gleichmäßigen Besteuerung nach dem Maßstab der steuerlichen Leistungsfähigkeit des Betroffenen abweichen *darf*. Berücksichtigung findet der Leistungsfähigkeitsmaßstab in der Regel bei der Einführung von Lenkungszwecksteuern, zumindest wenn das Lenkungsziel mit dem Gleichheitssatz in der Verhältnismäßigkeitsprüfung abgewogen wird. Selbst wenn einer Staatszielbestimmung ein förderungswürdiger Rang zukommt, der eine Abweichung vom Gleichheitssatz aufgrund seines Vorrangs rechtfertigt, darf die Lenkungszwecknorm das Existenzminimum[346] der Betroffenen nicht antasten. Geht man davon aus, dass die Konsumleistungsfähigkeit die erforderliche Beachtung einer ausreichenden Kapazität des Steuerzahlers voraussetzt, seine erwerbs- und existenzsichernden Aufwendungen bestreiten zu können (kurz: wenn die Verschonung des Existenzminimums dem Konsumleistungsfähigkeitsprinzip inhärent ist), dann muss auch die Lenkungszwecknorm ein *Mindestmaß*

---

343 H. Ávila, Igualdade, S. 161. R. A. Carrazza ist der Meinung, wonach die verfassungsrechtlichen Matrixregeln (regras-matriz) der Industrieproduktensteuer und der Umsatzsteuer mit der Progressivität untauglich seien und dementsprechend nach der persönlichen Leistungsfähigkeit des Konsumenten nicht angepasst werden können. Diese Steuern müssen vielmehr als Lenkungsinstrumente dienen, obwohl sie nach der Wesentlichkeit der Produkte (und Waren) und der Dienstleistungen stets selektiv ausgestaltet werden müssen. Vgl. R. A. Carrazza, Direito Constitucional Tributário, S. 82 und 89.

344 H. de Brito Machado versteht, dass die körperschaftsteuerliche Vorschrift, die den Hotels Steuerfreiheit gewährt, um den Tourismus zu fördern, das Leistungsfähigkeitsprinzip deutlich verstoße. Vgl. H. de Brito Machado, Princípios, S. 79.

345 H. Ávila, Igualdade, S. 162f.

346 Zum Schutz des Existenzminimums siehe im 3. Kapitel unter C.II.7.

an steuerlicher Leistungsfähigkeit des Konsumenten in Betracht nehmen[347]. Unbeschadet dessen spielen die (Freiheits-)Grundrechte (vornehmlich die Handlungsfreiheit, die Berufsfreiheit und die Eigentumsgarantie) tatsächlich eine wichtigere Rolle bei der Ausgestaltung der Lenkungszwecknormen. Die Grundrechte dienen als gestaltungswirkungsbegrenzende Normen und sind stets mit dem Lenkungsziel in der Verhältnismäßigkeitsprüfung mit einzubeziehen und gegeneinander abzuwägen.

Die Betrachtung der Frage nach dem Umfang der Abweichung des Lenkungsziels vom Gleichheitssatz hat in der Wesensgehaltsgarantie der eingegriffenen (Freiheits-)Grundrechte ihren Schwerpunkt. Mit anderen Worten: es reicht nicht aus, dass dem Lenkungsziel ein die Durchbrechung des Gleichheitssatzes rechtfertigendes höheres Gewicht in der Verhältnismäßigkeitsprüfung zugeordnet wird. Es muss zunächst – und hauptsächlich – sichergestellt werden, dass die betroffenen (Freiheits-)Grundrechte in ihrem Wesensgehalt nicht angetastet werden. Beispielsweise darf eine Steuer mit Umweltschutzzweck niemals in einer bestimmten Höhe eingeführt werden, so dass bei den betroffenen Unternehmen unverhältnismäßige Wettbewerbsnachteile oder sogar bedeutende Schwierigkeiten bei der Aufrechterhaltung der Geschäfte eintreten würden[348]. Insbesondere in diesem Fall könnten die Wettbewerbsnachteile bzw. die Schwierigkeiten bezüglich der Berufsausübung durch den Vergleich zwischen Umsätzen verschiedener Veranlagungszeiträume – vor und nach der Einführung der Lenkungssteuer - *objektiv* nachgewiesen werden. Obwohl die Freiheitsgrundrechte eine wichtigere Rolle bei der Betrachtung der Gestaltungswirkungen der Steuern spielen, und der Gleichheitssatz nach dem Maßstab der steuerlichen Leistungsfähigkeit des Steuerpflichtigen von größerer Bedeutung bei der Untersuchung der Belastungswirkungen auf die Betroffenen ist, müssen die eingegriffenen Freiheitsgrundrechte und der Gleichheitssatz in der mit dem Lenkungsziel durchzuführenden Verhältnismäßigkeitsprüfung zusammenwirken.

---

347 Vgl. J. Lang, in: Tipke/Lang, Steuerrecht, § 4 Rz. 126: „Dabei darf das Leistungsfähigkeitsprinzip wohl eingeschränkt, es darf indessen nicht ausgeschaltet werden. So rechtfertigt selbst der hochrangige Gemeinwohlwert des Umweltschutzes keine existenzgefährdenden Steuerbelastungen“. Eventuelle Ausgleiche durch Sozialleistungen hierzu würden die zutreffende Feststellung K. Tipkes vernachlässigen: „Da dem Menschenbild des Grundgesetzes der selbstverantwortlich handelnde Mensch entspricht, nicht der Mensch eines totalen Wohlfahrts- oder Versorgungsstaates, ist es unter Verfassungs- und Steuerjuristen fast einhellige Meinung, dass der Staat nicht berechtigt ist, dem Bürger zunächst zu nehmen, was er ihm danach als Sozialhilfe zurückgewähren müsste“. Vgl. K. Tipke, StRO, p. 421. Zum Subsidiaritätsprinzip siehe im 3. Kapitel unter C.II.7.c.

348 Dafür ist das Steuerrecht eigentlich nicht gedacht, sondern vornehmlich das „Ordnungsrecht“.

B. Die normative Einordnung der steuerlichen Leistungsfähigkeit

Die Aussage über die normative Einordnung der steuerlichen Leistungsfähigkeit darf keine bloße Floskel sein. Vielmehr weist die ausgewählte Klassifizierung auf, was der Rechtsanwender unter dem Begriff der steuerlichen Leistungsfähigkeit in Bezug auf ihre hierarchischen Beziehungen mit anderen Normen und folglich auf ihre normativen Wirkungen versteht. Die normative Wirksamkeit der steuerlichen Leistungsfähigkeit hängt davon ab, ob sie als *Regel*, *Prinzip* oder *Vergleichsmaßstab* betrachtet wird.

B.I. Zur Betrachtung als Regel

Wie bereits an früherer Stelle dargestellt wurde[349], haben sowohl Regeln als auch Prinzipien als gemeinsame Eigenschaft eine Proposition, wonach das *Gesollte* festgestellt wird[350]. Beide sind durch die deontischen Grundausdrücke des Gebots, der Erlaubnis und des Verbots formulierbar und dienen als Gründe für konkrete Sollensurteile[351]. Regeln sind Normen, die handelndes bzw. unterlassenes Verhalten auf der Basis der deontischen Grundausdrücke beschreiben und Anspruch auf definitive Gültigkeit haben. Sie sind *nicht* Gegenstand von Abwägungen. Ihre Gültigkeit hängt von formellen und materiellen Voraussetzungen ab. In Bezug auf die ersten müssen die Regeln die ihnen hierarchisch übergeordneten Regeln – vornehmlich verfassungsrechtliche Kompetenzregeln – stets beachten. Hinsichtlich der zweiten sind die Regeln unter Beachtung der am selben Anwendungsbereich knüpfenden Rechtsgrundsätze zu beachten. Die Regeln müssen im Allgemeinen noch einen *Mindestgrad* des mit ihnen verbundenen Zwecks erfüllen.

Die steuerliche Leistungsfähigkeit besagt nicht, *welches* Tun oder Unterlassen steuerliche Konsequenzen haben muss, sondern *wie* verfahren werden muss, um den Verfassungswert der Steuergleichheit verwirklichen zu können. Per Definition könnte in der Tat behauptet werden, dass die steuerliche Leistungsfähigkeit inhaltlich voraussetzt, dass Bürger mit gleichem Einkommen gleich besteuert und Bürger mit höherem Einkommen höher belastet werden müssen. Davon ausgehend enthielte die Definition zugleich einen *Befehl* bzw. ein *Verbot*, gleiche Einkommensniveaus gleich zu besteuern bzw. nicht unterschiedlich zu belasten. Allerdings liegt der Befehl darin, dass alle Staatsbürger *im Prinzip* zum

349 Siehe dazu im 1. Kapitel unter D.

350 Vgl. R. Alexy, Theorie der Grundrechte, S. 72.

351 Vgl. R. Alexy, Theorie der Grundrechte, S. 72.

öffentlichen Finanzbedarf beitragen müssen. Die entscheidenden Fragen sind vielmehr *wie* und *in welcher Höhe* der bürgerliche Beitrag stattfinden muss. Diese Fragen führen die Betrachtung zur Auswahl eines rechtsethischen *Maßstabs* zur gerechten Bemessung der Steuerlast auf den einzelnen Bürger dergestalt, dass der Staat von ihm nicht nehmen darf, was der Staat ihm danach als Sozialhilfe zurückgewähren muss[352]. Darüber hinaus dürfte die steuerliche Leistungsfähigkeit kein Gegenstand von Abwägungen sein, wenn sie als Regel betrachtet würde. Als Regel müsste sie immer angewendet werden, wenn die Sachverhaltsangaben die Regelvoraussetzungen vollständig erfüllten. Dennoch im Widerspruchsfall mit einer anderen Regel, die ebenfalls die Steuerlastverteilung zwischen den Bürgern regulierte, könnte sie von der Legislative abgeschafft werden oder vom Richter als ungültig erklärt werden.

Aus diesen Überlegungen lässt sich folgern, dass die normative Einordnung der steuerlichen Leistungsfähigkeit als Regel ungeeignet ist. Um diese Feststellung zu verstärken, gilt es noch darauf hinzuweisen, dass im Fall von *prinzipiell* zugelassenen Abweichungen bzw. Durchbrechungen einer gleichmäßigen Besteuerung die steuerliche Leistungsfähigkeit nicht ausgeschaltet, sondern nur eingeschränkt werden darf[353]. Als Regel würde sie niemals Gegenstand von Abwägungen sein können und folglich könnte sie im Konfliktfall mit einer zur Förderung des Gemeinwohlziels geschaffenen Lenkungsnorm einfach beseitigt werden. So würde sie ihren minimalen rechtsethischen Gehalt verlieren. Selbst bei der Zweckerreichung des hochrangigen Umweltschutzes dürfen Steuernormen die steuerliche Leistungsfähigkeit des Betroffenen nicht vollständig außer Acht lassen. In ihrer freiheitsrechtlichen Perspektive verbietet sie übermäßige Eingriffe in die Handlungsfreiheit, die Berufsfreiheit und die Eigentumsgarantie, so dass die Erwerbstätigkeit und die Privatnützlichkeit des Eigentums stets sichergestellt werden.

Schließlich gilt es abschließend zu ermitteln, ob die steuerliche Leistungsfähigkeit besser als Prinzip oder als Vergleichsmaßstab betrachtet werden soll.

B.II. Zur Betrachtung als Prinzip

Rechtsprinzipien verkörpern ein *prima-facie* geltendes ideales Sollen, das den Weg zur Erreichung eines konkretisierungsbedürftigen Verfassungswertes zeigt[354]. Sie sind nach den gegebenen tatsächlichen und rechtlichen Möglichkeiten in einem möglichst hohen Maß zu konkretisieren. Während die rechtlichen Möglichkeiten durch gegenläufige Prinzipien beschränkt und ausgestaltet wer-

352 K. Tipke, StRO, p. 421.

353 J. Lang, in: Tipke/Lang, Steuerrecht, § 4 Rz. 126.

354 Siehe dazu im 1. Kapitel unter D.

den, gestalten die gegebenen Umstände die materiellen Kontouren des zu beurteilenden Falls und tragen zur Feststellung des Vorrangs des einen oder des anderen Prinzips bei.

Die herrschende Meinung sowohl in Brasilien als auch in Deutschland betrachtet die steuerliche Leistungsfähigkeit als ein *Prinzip* oder als das *Prinzip gleichmäßiger Besteuerung nach der Leistungsfähigkeit.*

Im ersten Fall spielt sie die Rolle eines *prima-facie* geltenden idealen Sollens, das den Weg zur Erreichung eines konkretisierungsbedürftigen Verfassungswertes zeigt, nämlich zur Erreichung der Gleichheit im Steuerrecht. Betrachtet als ein Prinzip, das ein *prima-facie geltendes* ideales Sollen trägt, kann die steuerliche Leistungsfähigkeit nicht immer die entscheidende Rolle spielen, wenn sie z.B. mit einem anderen Prinzip in Konflikt gerät, dem ein höheres Gewicht in der Verhältnismäßigkeitsprüfung beigemessen wird. Die steuerliche Leistungsfähigkeit wäre also *entbehrlich.* So würde das Leistungsfähigkeits*prinzip* von gegenläufigen Prinzipien *rechtlich* und von den gegebenen tatsächlichen Umständen *faktisch* beschränkt und könnte bei der gesetzgeberischen Ausgestaltung und der gerichtlichen Würdigung der Verfassungsmäßigkeit bestimmter Steuerarten ersetzt werden. Nicht selten gerät die steuerliche Leistungsfähigkeit als *ordinäres* Prinzip mit dem Grundsatz der fiskalischen Ergiebigkeit, mit unterschiedlichen Gemeinwohlinteressen und mit Vereinfachungszwecken bzw. Gründen der Verwaltungsökonomie in Konflikt[355].

Im zweiten Fall geht es eigentlich um den Grundsatz der Steuergleichheit, der *nach dem Kriterium* der individuellen steuerlichen Leistungsfähigkeit konkretisiert wird. Hier besteht die individuelle steuerliche Leistungsfähigkeit in einem *Vergleichsmaß*, das letzten Endes als ausgewählter *Unterscheidungsmaßstab* für eine *zulässige Ungleichbehandlung* funktioniert. So haben sowohl Art. 134 der Weimarer Reichsverfassung („im Verhältnis ihrer Mittel") als auch Art. 145 § 1 der brasilianischen Verfassung („gemäß der wirtschaftlichen Leistungsfähigkeit des Steuerzahlers") einen Unterscheidungsmaßstab ausdrücklich vorgesehen. Andererseits hat das Grundgesetz gar keinen Steuerlastverteilungsmaßstab ausdrücklich geregelt.

Dazu kommen im Rahmen der normativen Einordnung folgende Fragen: Hatte die steuerliche Leistungsfähigkeit in den Fassungen der Weimarer Reichsverfassung und der brasilianischen Verfassung eine größere Auswirkung und folglich einen breiteren Anwendungsumfang als in der des Grundgesetzes, weil sie nur in der erst genannten schriftlich niedergelegt wurde und im Grundgesetz sich lediglich aus dem allgemeinen Gleichheitssatz ergibt? Macht es im Endeffekt, insbesondere bei der Auseinandersetzung mit gegenläufigen Prinzipien

---

355 Näher dazu vgl. unten unter D.I.

bzw. Staatszielen in der Verhältnismäßigkeitsprüfung, wirklich einen sachlichen Unterschied, wenn die steuerliche Leistungsfähigkeit als *Grundsatz* oder als *Unterscheidungsmaßstab* betrachtet wird? Zu einer konsistenten Beantwortung dieser Fragen soll zunächst noch die Betrachtung als Vergleichsmaßstab erörtert werden, wie folgt:

B.III. Zur Betrachtung als Vergleichsmaßstab

Die Rechtsprinzipien und die Rechtsregeln sind nach der hier vertretenen Ansicht die einzigen Arten von Rechtsnormen und gemeinsam mit den Verfassungswerten als Bestandteile der Rechtsordnung einzuordnen. Die Regeln und die Prinzipien sind *Gegenstände* der Rechtsanwendung. Die Verhältnismäßigkeit und die Zumutbarkeit als hermeneutische-anwendbare *Maßstäbe* dienen wiederum der Anwendung von Rechtsnormen und folglich der Lösung von Normenkonflikten. Sie stehen über der Rechtsordnung[356]. Rechtsanwendungs*maßstäbe* strukturieren die Normanwendung und sind oberhalb der Normenebene angeordnet. Sie sind von der Rechtsidee selbst abgeleitet und entfalten dementsprechend Allgemeingültigkeit. Sie haben Anspruch auf ständige Anwendbarkeit. Vergleichsmaße oder Unterscheidungsmaßstäbe sind keine Rechtsnormen. Sie sind jedoch abwägungsfähig und können dementsprechend der Verhältnismäßigkeitsprüfung unterliegen. Wenn zwei oder mehrere Vergleichsmaßstäbe kollidieren, dann muss derjenige Vorrang genießen, der in Bezug auf den gesetzgeberisch verfolgten Zweck *geeignet*, *erforderlich* und *verhältnismäßig (im engeren Sinne)* ist.

Wie bereits erwähnt wurde, haben die Weimarer Reichsverfassung und die brasilianische Verfassung die steuerliche Leistungsfähigkeit als *Kriterium* für die Steuerlastverteilung zwischen den Bürgern ausdrücklich vorgesehen. Nach der herrschenden gegenwärtigen Meinung beider Länder müssen also alle Staatsbürger *im Verhältnis ihrer wirtschaftlichen Leistungsfähigkeit* zu dem öffentlichen Finanzbedarf *gleichmäßig* beitragen. Die Einordnung als *bloßer* Vergleichsmaßstab gewährte der steuerlichen Leistungsfähigkeit allerdings keine Normstruktur. Dies hätte zur Folge, dass sie kein geltendes ideales Sollen verkörperte und kein Grund für konkrete Sollensurteile bzw. für Abwägungen wäre. Ausgehend davon hätte die steuerliche Leistungsfähigkeit kein zwingendes *Mindestgewicht* und könnte durch einen anderen in Konflikt stehenden Vergleichsmaßstab vollständig ersetzt werden. Angesichts dieser Gründe ist die Einordnung als bloßer Vergleichsmaßstab nach der hier vertretenen Ansicht unzulässig.

---

356 Dazu siehe im 1. Kapitel unter C.III.

B.IV. Stellungnahme und eigener Ansatz

Das weltweit verbreitete Leistungsfähigkeits*prinzip* soll zunächst, terminologisch betrachtet, als eine verkürzte Bezeichnung für das *Prinzip gleichmäßiger Besteuerung nach der (steuerlichen) Leistungsfähigkeit* angesehen werden[357]. Die steuerliche Leistungsfähigkeit darf kein *prima facie* Prinzip sein, denn sie darf nicht in der Abwägung mit einem anderen in Kollision stehenden Prinzip ausgeschaltet werden[358]. Die steuerliche Leistungsfähigkeit besteht in dem rechtsethisch hochrangigen *Fundamentalprinzip*[359] der Ausgestaltung des Gesamtsteuersystems. Sie ist auch als *systemtragendes* Prinzip zu bezeichnen. Als *systemtragendes Fundamentalprinzip* soll sie ein gewisses Gewicht *stets* behalten und darf folglich in der Verhältnismäßigkeitsprüfung nicht vollständig überlagert werden, da sie als bloßes *prima facie* Prinzip nicht eingeordnet werden darf. Dazu sind folgende Anmerkungen zu machen:

Die steuerliche Leistungsfähigkeit darf weder ein bloßes *prima facie* Prinzip noch ein bloßer sich aus den lastenausteilenden Verfassungsnormen, insbesondere dem Gleichheitssatz, ergebender Verteilungsmaßstab sein. Ausgegangen von den Vorschriften der brasilianischen Verfassung und der Weimarer Reichsverfassung kann festgestellt werden, dass die Leistungsfähigkeit tatsächlich im ausgewählten Vergleichsmaßstab für die Steuerlastverteilung besteht. Allerdings, wenn sie lediglich als bloßer Unterscheidungsmaßstab berücksichtigt wird, dann verliert sie ihren Charakter als rechtsethisches systemtragendes Fundamentalprinzip und kann von einem anderen Unterscheidungsmaßstab überwunden werden, der vom Gesetzgeber bzw. Rechtsanwender als geeigneter und angemessener beurteilt wird, um das verfolgte gesetzgeberische Ziel zu erreichen.

Dennoch ist die steuerliche Leistungsfähigkeit mit der *Proportionalitätsidee* selbst eng verbunden. Die Leistungsfähigkeit ist mit der Idee einer *proportionalen* Bemessung und Verteilung einer bürgerlichen Pflicht und demgemäß mit der aristotelischen Konzeption einer Identität zwischen dem *Proportionalen* und dem *Gerechten* verknüpft[360]. Der Ausdruck „im Verhältnis ihrer Mittel“ von der

---

357 So K. Tipke, StRO, S. 480; J. Englisch, Dividendenbesteuerung, S. 100; J. Lang, Bemessungsgrundlage der Einkommensteuer, S. 97.

358 Vgl. R. Alexy, Theorie der Grundrechte, S. 87ff. Ein Prinzip kann überspielt werden, wenn dem gegenläufigen Prinzip im zu entscheidenden Fall ein größeres Gewicht zukommt. Siehe auch H. Ávila, Igualdade, S. 87.

359 Vgl. hierzu H. Weber-Grellet, Steuern im modernen Verfassungsstaat, S. 164: „Das Leistungsfähigkeitsprinzip ist ein übergreifendes Prinzip, das sämtliche Wertungen der Verfassung in sich aufnimmt“.

360 Vgl. Aristoteles, Nikomachische Ethik, S. 126ff.

Weimarer Reichsverfassung lässt diese Verknüpfung noch deutlicher und nähert sich der aristotelischen Gerechtigkeitsidee an. *F. Neumark* hat sogar das *Prinzip der Besteuerung nach der persönlich-individuellen Leistungsfähigkeit* als *Verhältnismäßigkeitsgrundsatz* bezeichnet[361]. Darüber hinaus bezeichnet er das Prinzip auch als *Postulat*[362].

So wird hier die Ansicht vertreten, wonach das rechtsethisch systemtragende Fundamental*prinzip,* der gleichmäßigen Bemessung und Verteilung der Steuerlast nach der steuerlichen Leistungsfähigkeit, über den traditionellen Begriff eines *prima facie* Prinzips hinaus geht und mit ihm folglich nicht gleichgesetzt werden kann. Dieses Fundamentalprinzip enthält den sachgerechten Verteilungsmaßstab der Gesamtsteuerlast auf den Einzelnen (also für das Gesamtsteuersystem), erschöpft sich aber nicht in diesem Maßstab. Der Zweck des Fundamentalprinzips ist nicht nur die Finanzierung der öffentlichen Aufwendungen, sondern auch die Einrichtung und Aufrechterhaltung des Rechtsstaates selbst, der durch verschiedene Steuerarten finanziert wird. Die von einigen Autoren vertretene Untauglichkeit des Leistungsfähigkeitsprinzips bei den indirekten Steuern ist eine mit dem Grundsatz der Steuerpraktikabilität und den Anforderungen der Finanzverwaltungsökonomie verknüpfte Frage, aber nicht eine Frage des sachgerechten systemtragenden Fundamentalprinzips der Steuerlastverteilung. Es trägt das Wesen des Gesamtsteuersystems in sich und die zentrale Bezugsgröße des Verteilungsmaßstabs[363] für die Gesamtsteuerlast auf den Einzelnen. Es entfaltet eine *rechtsethische* Dimension, weil es mit dem *Proportionalen* eng verbunden ist und sich folglich mit dem *Gerechten* identifizieren lässt. Das Leistungsfähigkeitsprinzip hat keinen Anspruch auf die Steuergerechtigkeitskonkretisierung, sondern *ist* Ausdruck des Proportionalen und des Gerechten im Steuerrecht.

---

361 Vgl. F. Neumark, Grundsätze, S. 121ff.

362 F. Neumark, Grundsätze, z.B. S. 121, 122, 124, 127, 129.

363 D. Birk, Leistungsfähigkeitsprinzip, S. 259.

C. Zu den verfassungsrechtlichen Grundlagen des Leistungsfähigkeitsprinzips

C.I. Das Sozialstaatsprinzip

C.I.1. In Brasilien

Im brasilianischen Recht wird das Sozialstaatsprinzip als verfassungsrechtliche Grundlage des Leistungsfähigkeitsprinzips *nicht* berücksichtigt. Im Teil des Schrifttums wird das Verhältnis zwischen dem Leistungsfähigkeitsprinzip und der sozialen Gerechtigkeit und der wirtschaftlichen Analyse des Rechts in Bezug auf die sozialen Wirkungen der Besteuerung betrachtet. Zum einen sind die steuerliche Leistungsfähigkeit, die Steuerpersonalisierung und die Steuereinstufung drei verbundene Prinzipien zum Zweck sozialer Gerechtigkeit[364]. Zum Zweiten wird bei der ökonomischen Betrachtung des Rechts in Verbindung mit dem Steuerrecht anerkannt, dass die Besteuerung nach der steuerlichen Leistungsfähigkeit tatsächlich zu sozialer Gleichheit beitragen kann[365].

Der brasilianische Verfassungsgeber hat einen *demokratischen Rechtsstaat* eingerichtet. Die Bundesrepublik Brasiliens besteht als *demokratischer Rechtsstaat*, der eine politische Organisation darstellt, deren Gewalt sich vom Volk ableitet (Art. 1 und § 1 CF). Der demokratische Rechtsstaat gewährleistet nicht nur die effektive Ausübung der bürgerlichen und politischen Rechte, sondern ebenso die der wirtschaftlichen, sozialen und kulturellen Rechte. Vom Fundamentalprinzip des demokratischen Rechtsstaats leiten sich andere Prinzipien ab, nämlich die Gewaltentrennung, der politische Pluralismus, der Gleichheitssatz,

---

364 A. Baleeiro, Limitações, S. 1109.

365 P. Caliendo weist darauf hin, dass die Besteuerung nach der Theorie der proportionalen Opfer ein zulässiges Mittel zur Austeilung des Reichtums von den Reicheren zu den Ärmeren sei. Nach der Konzeption der Opfergleichheit, als Korrektur oder Zurückziehen des Marktergebnisses, ziele die Besteuerung nach der Leistungsfähigkeit auf die Veränderung der geltenden wirtschaftlichen und sozialen Ordnung ab. Vgl. P. Caliendo, Direito Tributário, S. 275. Ferner spricht der Autor über die von Mirrles erörterte Theorie der optimalen Einkommensbesteuerung, wonach die optimale Einkommensbesteuerung auch die sozialen Wirkungen, z.B. die Wirkungen der Steuersätzen und der Bemessungsgrundlagen auf die Unternehmens- und Arbeitsförderung, die Einkommensumverteilung und den sozialen Wohlstand, berücksichtigen soll. Siehe hierzu P. Caliendo, Direito Tributário, S. 278f.

die Gesetzesmäßigkeit und sogar die Menschenwürde[366]. Der Aufbau einer freien, gerechten und solidarischen Gesellschaft, die Armutsbekämpfung und die Verminderung der sozialen und regionalen Ungleichheiten zählen zu den grundlegenden Zielen der Bundesrepublik Brasilien (Art. 3 CF). Ferner sieht die brasilianische Verfassung *Bildung, Gesundheit, Nahrung, Arbeit, Unterkunft, Freizeit, Sicherheit, Sozialversicherung, Mutterschaft- und Kindheitsschutz* und *Sozialhilfe* als Sozialrechte vor (Art. 6 CF).

Die Konzeption des brasilianischen demokratischen Rechtsstaats, die durch einen sozialen Hintergrund stark geprägt ist, nähert sich dem im deutschen Schrifttum vertretenen Begriff des Sozialstaatsprinzips an. Dieses orientiert sich am Schutz des Schwächeren und am Ziel eines menschenwürdigen Daseins für alle[367]. Dem Sozialstaatsprinzip entspricht die Sorge um durch Schicksal besonders Benachteiligte, der Schutz bei Krankheit oder die Garantie des Existenzminimums[368]. Dennoch sieht das brasilianische Recht sowohl im Schrifttum als auch in der Rechtsprechung keine *unmittelbare* Verankerung des Leistungsfähigkeitsprinzips im Grundsatz des demokratischen Rechtsstaats. Andererseits spielt der Rechtsstaatsgrundsatz (bzw. das Sozialstaatsprinzip) in der von der brasilianischen Verfassung dargestellten Perspektive eine wichtige Rolle bei der Auslegung und Anwendung des Leistungsfähigkeitsprinzips, wenn der Schutz des *Einzelnen* als ein zentraler Kern des materiellen Inhalts des Rechtsstaatsgrundsatzes auftaucht. Dies kann auch zur zusätzlichen Rechtfertigung des Gebots einer persönlichen Ausgestaltung der Steuern nach der individuell-persönlichen steuerlichen Leistungsfähigkeit dienen. In diesem Sinne darf der Gesetzgeber die Steuern auf den Konsum nach dem Maßstab der Wesentlichkeit *selektiv* einstufen, aber er darf *nicht* ausgleichende Mechanismen[369] zwecks einer individuell-persönlichen Ausformung dieser Steuern genau dort ausschließen, wo der Grundsatz der Selektivität gemäß der Wesentlichkeit der Produkte bzw. der Dienstleistungen *defizitär* ist. Dieser Grundsatz soll sowohl zwecks Vereinfachung der Steuererhebung und –verwaltung als auch zur Verminderung der Steuerverwaltungskosten weiter angewendet werden, kann aber nicht allein als *rechtsethischer Vertreter* des Leistungsfähigkeitsprinzips im Umsatzsteuerrecht dienen[370].

---

366 Vgl. I. Mártires Coelho, in: G. Ferreira Mendes/I. Mártires Coelho/P. G. Gonet Branco, Direito Constitucional, S. 138ff.

367 Vgl. M. Sachs, in: M. Sachs, Grundgesetz, Art. 20 Rn. 46.

368 M. Sachs, in: M. Sachs, Grundgesetz, Art. 20 Rn. 46.

369 Dazu siehe im 3. Kapitel unter C.II.7.c)cc.

370 Dazu siehe im 3. Kapitel unter B.VII.

C.I.2. In Deutschland

Das Sozialstaatsprinzip zählt zu den wichtigsten verfassungsrechtlichen Grundlagen des steuerlichen Leistungsfähigkeitsprinzips in Deutschland[371]. Dem Sozialstaatsprinzip entspreche steuerrechtlich das Leistungsfähigkeitsprinzip, das die steuerliche Belastung des Existenzminimums verhindere[372]. Die Verbindungslinie zum Sozialrecht ziehe das Sozialstaatsprinzip für das Steuerrecht[373]. Das Leistungsfähigkeitsprinzip ist also das „grundlegende Steuerverteilungsprinzip des sozialen Rechtsstaats“[374]. Die Sozialstaatlichkeit, die Rechtsstaatlichkeit, die Wertordnung der Grundrechte und die verfassungsmäßige Steuerrechtsordnung geben dem Juristen rechtssystematische Grundlagen steuerlicher Leistungsfähigkeit vor, die den Gerechtigkeitsinhalt des Leistungsfähigkeitsprinzips fundieren[375]. Das Steuerrecht verwirklicht Elemente des durch Art. 20 Abs. 1 GG vor-

---

371 C. Waldhoff ist der Ansicht, wonach das Leistungsfähigkeitsprinzip nicht nur aus dem allgemeinen Gleichheitssatz des Art. 3 Abs. 1 GG hergeleitet wird, sondern auch aus den Freiheitsgrundrechten – insbesondere aus der Eigentumsgarantie des Art. 14 GG und der Menschenwürdegarantie des Art. 1 Abs. 1 GG –, dem Sozialstaatsprinzip (Art. 20 Abs. 1, 28 Abs. 1 GG) und der Zentralnorm der bundesstaatlichen Finanzverfassung (Art. 106 GG). Vgl. C. Waldhoff, in: J. Isensee/P. Kirchhof, HStR V, § 116 Rn. 104. Nach der Auffassung K. Vogels hat das Prinzip der Leistungsfähigkeit im Grundgesetz eine vierfache Wurzel: grundlegend ist zunächst Art. 106 GG, dann bilden Gleichheitsgrundrecht und Rechtsstaatsgebot die zweite und die dritte Wurzel, und der Sozialstaatsgrundsatz ist die vierte. Vgl. K. Vogel, in: J. Isensee/P. Kirchhof, HStR IV, § 87 Rn. 92f. Vgl. auch H. Weber-Grellet, Steuern im modernen Verfassungsstaat, S. 29 u. 41f.

372 „Es ist in einem freiheitlichen Staat nicht zulässig, dem Bürger zunächst durch Besteuerung zu nehmen, was ihm danach als Sozialhilfe zurückgewährt werden müsste“. K. Tipke, StRO, S. 402 und 421.

373 P. Kirchhof, HStR IV, § 88 Rz. 128. Der Autor ist davon überzeugt, dass das Steuerrecht „jedenfalls den bei Bedürftigkeit durch Sozialleistungen abgedeckten Bedarf bei der Einkommensbesteuerung verschonen muss“. In dieser Argumentationsrichtung verneint er die Anwendung des Leistungsfähigkeitsprinzips bei den Steuern auf den Konsum, denn diese Steuern belasten die Verbraucher in der Anonymität des Marktes und nehmen ihre persönlichen und familiären Verhältnisse nicht in Betracht. Folglich versteht er, dass eine Kompensation dazu im Einkommensteuerrecht möglich und erforderlich sei. Dazu siehe näher im 3. Kapitel unter C und C.II.7.c)cc

374 K. Tipke, StRO, S. 484. So auch K. Ossenbühl, Die gerechte Steuerlast, S. 83f. Nach der Meinung K. Ossenbühls soll die Besteuerung proportional zur Leistungsfähigkeit erfolgen, „weil im Sozialen Rechtsstaat jeder Leistungsfähige einen Beitrag zum Allgemeinwohl aufzubringen hat und nur die gleiche Belastung nach der Leistungsfähigkeit der Gleichheit im Sozialen Rechtsstaat entspricht“. Dazu siehe K. Ossenbühl, Die gerechte Steuerlast, S. 84f.

375 J. Lang, Bemessungsgrundlage, S. 100.

gegebenen sozialen Ausgleiches[376] und der sozialen Solidarität durch die konsequente Umsetzung des Leistungsfähigkeitsprinzips[377]. Das Sozialstaatsprinzip könne in Verbindung mit den Freiheitsgrundrechten zur inhaltlichen Leistungsfähigkeitsverdeutlichung und zur Anreicherung der Steuergerechtigkeitserwägungen herangezogen werden[378].

Die Berücksichtigung *sozialer Gesichtspunkte* bei an der wirtschaftlichen Leistungsfähigkeit ausgerichteten Steuern sei nach der Auffassung des Bundesverfassungsgerichts zulässig und *geboten*[379]. In der Entscheidung zur Ergänzungsabgabe zur Einkommen- und zur Körperschaftsteuer hatte das Bundesverfassungsgericht ausgesprochen, dass die Nichterfassung eines Teils der Einkommensteuerpflichtigen im Ergänzungsabgabengesetz nicht gegen Art. 3 Abs. 1 GG verstoße und dass sich die Unterscheidung aus *sozialstaatlichen Erwägungen* rechtfertigen lasse[380]. Ferner sei beim einkommensteuerrechtlichen Familienlastenausgleich neben dem aus Art. 3 Abs. 1 GG zu entnehmenden Gebot der Steuergerechtigkeit, an das der Gesetzgeber gebunden sei, die Wertentscheidung des Grundgesetzes zugunsten von Ehe und Familie sowie das *Sozialstaatsprinzip* zu beachten[381]. Unbeschadet dessen könne das auf den Sozialstaatsgrundsatz gegründete Sozialhilferecht zur Beantwortung der Frage, ob der Gesetzgeber unabweisbare Unterhaltsaufwendungen realitätsfremd außer Acht gelassen und damit gegen das Gebot der Besteuerung nach der Leistungsfähigkeit verstoßen habe, wesentliche Anhaltspunkte liefern[382].

Offenbleibt noch die Frage, *ob* und *inwieweit* die Steuerbefreiungen und die ermäßigten Steuersätze für die gegenwärtig für lebensnotwendig gehaltenen Waren und Dienstleistungen dem Sozialstaatsprinzip hinreichend Rechnung tragen und für den Fall, dass die Berücksichtigung des personenbezogen zu ermittelnden realitätsgerechten Existenzminimums defizitär ist, *ob* und *inwieweit* der Gesetzgeber verpflichtet ist, aufgrund des Sozialstaatsprinzips in Verbindung mit der Menschenwürde und den Freiheitsrechten Ausgleichsmechanismen zu ent-

---

376 Nach der Meinung D. Birks bedürfen soziale Defizite steuerlicher Lastenverteilung der Auffüllung und Ergänzung durch staatliche Sozialleistungen. Vgl. D. Birk, Leistungsfähigkeitsprinzip, S. 140 und 263. Dazu siehe noch im 3. Kapitel unter C.II.7.c)cc)β.

377 J. Englisch, Wettbewerbsgleichheit, S. 578. Sozialstaatlicher Ausgleich bzw. Umverteilung sei Essentiale der im Leistungsfähigkeitsprinzip gewährleisteten vertikalen Steuergerechtigkeit. Vgl. J. Englisch, Wettbewerbsgleichheit, S. 577.

378 C. Waldhoff, in: J. Isensee/P. Kirchhof, HStR V, § 116 Rn. 105.

379 Vgl. BVerfGE 32, 333, 339 (Ergänzungsabgabe).

380 Vgl. BVerfGE 32, 333, 343 (Ergänzungsabgabe).

381 BVerfGE 61, 319, 343.

382 BVerfGE 66, 214, 224.

wickeln[383]. Dazu kommt noch die Frage, *ob* und *inwieweit* die von *P. Kirchhof* vertretene Ansicht eines ausreichenden Ausgleichs im Einkommensteuerrecht für die Nichtberücksichtigung der persönlichen und familiären Verhältnisse bei den Verbrauchsteuern zutrifft. Diese Fragen werden noch erörtert werden[384].

C.II. Der Gleichheitssatz

C.II.1. In Brasilien

Im brasilianischen steuerrechtlichen Schrifttum wird überwiegend die Ansicht vertreten, wonach die Leistungsfähigkeit im inhaltlichen Vergleichsmaßstab für die Steuergleichheit besteht[385]. Zugleich halten einige Steuerrechtswissenschaftler für zutreffend, dass der Leistungsfähigkeitsgrundsatz die bereichsspezifische Konkretisierung des Gleichheitsprinzips im Steuerrecht sei[386]. Ausgegangen von der Rechtsprechung des Supremo Tribunal Federal kann festgestellt werden, dass bei den Gleichheitsprüfungen die Geeignetheits- bzw. die Tauglichkeitsprüfung zwischen dem vom Gesetzgeber ausgewählten Vergleichsmaßstab und dem

---

383 Dazu siehe im 3. Kapitel unter C.II.7.c)cc

384 Vgl. im 3. Kapitel unter C und C.II.7.c)cc

385 Zu Recht bemerkt H. Ávila, dass der Gleichheitsgrundsatz materieller (inhaltlicher) Kriterien bedarf, um rechtliche Bedeutung zu haben. Vgl. H. Ávila, Beschränkungen, S. 224. Für H. de Brito Machado ist die Leistungsfähigkeit ein Bewertungskriterium des Gleichheitssatzes und zugleich ein Maßstab der Steuergerechtigkeitskonkretisierung. Vgl. H. de Brito Machado, Princípios, S. 79. Vgl. auch R. A. Carrazza, Direito Constitucional Tributário, S. 80ff.

386 Vgl. H. Ávila, Beschränkungen, S. 223 („für die Belastungen bewirkender Steuerrechtsnormen"), S. 224 („Das Leistungsfähigkeitsprinzip ist einfach eine bereichsspezifische Konkretisierung des allgemeinen Gleichheitsprinzips für das Steuerrecht, wodurch ein Maßstab gewonnen wird") und S. 225 („im Rahmen der Erhebung fiskalischer Steuern"). Für M. Derzi sei die Leistungsfähigkeit ein Prinzip, das als Maßstab oder Instrument der Konkretisierung der Individualgrundrechte diene, nämlich der Konkretisierung der Gleichheit und des Eigentumsrechts oder Konfiskationsverbots. Vgl. M. Derzi, Notas, in: A. Baleeiro, Limitações, S. 1091 und 1101. Nach der Ansicht M. Derzis sei die Leistungsfähigkeit der Vergleichsmaßstab, der den Gleichheitssatz im Wesentlichen inspiriere, aber er sei nicht der einzige. Es gebe andere Verfassungsziele, die der Austeilendegerechtigkeit nicht dienen. Diese Ziele enthalten andere gleichrangige Verfassungswerte, die in bestimmten Bereichen den Vorrang vor der austeilenden Gerechtigkeit haben. Exemplarisch seien die Steuerbefreiung (Immunität) der ausgeführten industrialisierten Produkte von der Industrieproduktensteuer und die Steuerbefreiung der ausgeführten Waren und Dienstleistungen von der Umsatzsteuer. Siehe dazu M. Derzi, Notas, in: A. Baleeiro, Limitações, S. 878ff.

der Norm zugrundeliegenden Vergleichsziel eine entscheidende Rolle spielt[387]. Die Leistungsfähigkeit des Steuerpflichtigen muss nach der Auffassung des brasilianischen Verfassungsgerichts bei der gleichheitsrechtlichen Ausgestaltung der Fiskalwecknormen in allen Fällen, in denen dies möglich sei, als Differenzierungskriterium *stets* angewendet werden[388]. Steuerrechtliche Gleich- und Ungleichbehandlungen sind bei Fiskalzwecksteuern mit persönlichem Charakter nach Maßgabe der wirtschaftlichen Leistungsfähigkeit des Steuerzahlers zu beurteilen. Auch im Fall des *Beitrags zur öffentlichen Beleuchtungsdienstleistung*[389], deren progressive Beitragssätze nach dem Verbrauchertyp (häuslich, geschäftlich, gewerblich, öffentlich) und nach dem privaten Konsum festgelegt sind, hat der Gesetzgeber die Leistungsfähigkeit der Steuerpflichtigen beachtet und folglich nicht gegen den Gleichheitsgrundsatz verstoßen[390]. Hier hat das Gericht darauf hingewiesen, dass die Gleichheit im Steuerrecht im Sinne der *Proportionalität* nachvollzogen werden müsse[391].

Eine deutliche Aussage, wonach die verfassungsrechtliche Grundlage des Leistungsfähigkeits*prinzips* im Gleichheitssatz verankert ist bzw. vom Gleichheitssatz abgeleitet ist, wird im brasilianischen Steuerrecht selten gefunden. Vielmehr wird das Leistungsfähigkeits*prinzip* als Hauptkriterium der Steuergleichheit (*insbesondere* für Fiskalzwecksteuern mit persönlichem Charakter) angesehen. Der größte Teil des brasilianischen Schrifttums vernachlässigt die Tatsache, wonach bei den indirekten Steuern das Selektivitätsprinzip gemäß der Wesentlichkeit das Leistungsfähigkeitsprinzip *nicht* vertreten kann. Dies ergibt sich daraus, dass das erste keinen Anspruch auf die Verwirklichung der Steuergleichheit vermittelt, sondern nur auf die Gewährleistung einer schonenden Besteuerung der lebensnotwendigen Güter und Dienstleistungen gerichtet ist[392]. Das zugrundeliegende Ziel ist also der Schutz des Existenzminimums nach dem *allgemeinen* bzw. *kollektiven* Bedarf. Das Selektivitätsprinzip hat unter dieser Perspektive keine Verankerung im Gleichheitssatz. Schließlich lässt der größte Teil des brasilianischen Schrifttums die Tatsache außer Acht, dass der Mensch,

---

387 Vgl. hierzu ADIN Nr. 1.643, Berichterstatter: Richter Maurício Correa, Plenum, DJ 14.03.2003.

388 Vgl. hierzu ADIN Nr. 30.892, Berichterstatter: Richter Carlos Britto, Plenum, DJe 31.07.2008.

389 „Contribuição para o Serviço de Iluminação Pública“ (COSIP). Siehe näher dazu im 3. Kapitel unter C.II.6.

390 RE Nr. 573.675, Berichterstatter: Richter Ricardo Lewandowski, Plenum, DJe 21.05.2009.

391 Vgl. hierzu H. de Brito Machado, Princípios, S. 79.

392 Dazu siehe im 3. Kapitel unter B.

auch bei der Bemessung der gerechten Steuern, das Maß aller Dinge ist und dass die steuerliche Leistungsfähigkeit ein *personenbezogener* Maßstab ist[393].

C.II.2. In Deutschland

Nach ständiger Rechtsprechung des Bundesverfassungsgerichts ergibt sich das verfassungsrechtliche Gebot steuerlicher Lastengleichheit aus dem allgemeinen Gleichheitssatz (Art. 3 Abs. 1 GG), in dem der Vergleichsmaßstab der wirtschaftlichen Leistungsfähigkeit des Einzelnen verankert ist[394]. Der Gleichheitssatz besteht in erster Linie im Prüfungsmaßstab für den Vergleich der steuerlichen Behandlung von Personen, die aufgrund leistungsfähigkeitsmindernder Unterhaltsleistungen höher belastet werden[395], obwohl sie im Vergleich zu Nichtunterhaltsverpflichteten gleich hohe Einkommen beziehen[396]. Ob und in welchem Umfang der Gesetzgeber verfassungsrechtlich verpflichtet ist, steuerrechtliche Ungleichheiten zu mildern oder zu beseitigen, ist am Maßstab des aus Art. 3 Abs. 1 GG zu entnehmenden Gebots der Steuergerechtigkeit zu prüfen[397], wobei die Wertentscheidungen des Grundgesetzes sowie das Sozialstaatsprinzip zu beachten sind[398].

J. Lang weist darauf hin, dass das Grundgesetz keine dem Art. 134 Weimarer Reichsverfassung entsprechende Spezialnorm enthalte, so dass das Gebot gleichmäßiger Besteuerung aus dem allgemeinen Gleichheitssatz abgeleitet werde[399]. *K. Tipke* wiederum versteht, dass das Grundgesetz keinen vom Gleichheitssatz verlangten Vergleichsmaßstab für das Steuerrecht liefere, sodass dementsprechend mit außerverfassungsrechtlichen Argumenten nach dem sachgerechten Vergleichsmaßstab in solchen Fällen gesucht werden dürfe und müsse[400]. Der Gleichheitssatz bedürfe bereichsspezifischer Wertmaßstäbe, die von außen an ihn heranzutragen sind, und die daher *nicht* unmittelbar selbst das

393 Zutreffend F. Kirchhof, StuW 2002, 185 (188).

394 Vgl. BVerfGE 6, 55, 67 (Haushaltsbesteuerung); 66, 214, 223 (Unterhaltsaufwendungen); 82, 60, 86 (Familienexistenzminimum).

395 BVerfGE 66, 214, 223 (Unterhaltsaufwendungen). Zu betonen ist, dass der Gesetzgeber „für die steuerliche Berücksichtigung zwingender Unterhaltsverpflichtungen nicht realitätsfremde Grenzen ziehen darf".

396 BVerfGE 43, 108, 118 (Kinderfreibetrag).

397 BVerfGE 66, 214, 223. (Unterhaltsaufwendungen).

398 BVerfGE 43, 108, 118f. (Kinderfreibetrag).

399 J. Lang, in: Tipke/Lang, Steuerrecht, § 4 Rz. 82; ders., Bemessungsgrundlage, S. 99.

400 K. Tipke, StRO, S. 483. Vgl. auch J. Englisch, Dividendenbesteuerung, S. 99.

Leistungsfähigkeitsprinzip begründen können[401]. Sogar das rechtsstaatliche Willkürverbot gibt ebenfalls keinen bestimmten Maßstab als bereichsspezifisch sachgerecht vor[402]. Nach der Auffassung von *P. Kirchhof* liegen die verfassungsrechtlichen Grundlagen des Grundprinzips einer Besteuerung nach der finanziellen Leistungsfähigkeit im Gleichheitssatz und im Eigentumsschutz[403]. Die Leistungsfähigkeit enthält eine steuerrechtliche Konkretisierung des Gleichheitssatzes und stimmt ihn auf das in Art. 14 GG geregelte Übermaßverbot ab[404]. Das Leistungsfähigkeitsprinzip werde nach der Ansicht von *K. Vogel* vom Gleichheitsgrundrecht und vom aus dem Rechtsstaatsgrundsatz abgeleiteten Willkürverbot über die Vorgaben des Art. 106 GG hinaus konkretisiert[405]. *D. Birk* vertritt die Meinung, wonach der Verteilungsmaßstab für die steuerlichen Belastungswirkungen *insbesondere* aus dem Gleichheitssatz zu entwickeln sei[406].

Selbst wenn eine verfassungsrechtliche Fundierung einer *gleichmäßigen Besteuerung* sich im allgemeinen Gleichheitssatz finden lässt, kann nicht behauptet werden, dass das Fundamentalprinzip einer gleichmäßigen Besteuerung nach dem systemtragenden Vergleichsmaßstab der steuerlichen Leistungsfähigkeit seine Begründung unmittelbar und allein im allgemeinen Gleichheitssatz findet. Die deutsche Verfassung gibt den vom Gleichheitssatz verlangten Wertmaßstab nicht vor und determiniert den Anwendungsbereich und die Konkretisierung des Leistungsfähigkeitsprinzips ebenfalls nicht[407]. Das gegenwärtige Verständnis bezüglich der gleichheitsrechtlichen Verankerung des steuerrechtlichen Vergleichsmaßstabs hat in *drei* verschiedenen historischen Hintergründen seine *Inspiration* gefunden, nämlich in Art. 13 der französischen Erklärung der Men-

---

401 J. Englisch, Wettbewerbsgleichheit, S. 572f. („Keine Ableitung aus der Finanzverfassung oder dem Gleichheitssatz selbst“). Nach der Ansicht F. Kirchhofs irre die Steuerrechtslehre, wenn sie ein Leistungsfähigkeitsprinzip als a priori verfassungsrechtlich vorgegebene Verteilungsentscheidung annehme. Vgl. F. Kirchhof, StuW 2002, 187.

402 J. Englisch, Wettbewerbsgleichheit, S. 573.

403 P. Kirchhof, HStR IV, § 88 Rz. 114; ders., HStR V, § 118 Rz. 183; ders., Das Gesetz der Hydra, S. 303: „Das Maß der zulässigen Besteuerung ist nicht die Finanzerwartung an den Staat, sondern die Betroffenheit des Grundrechtsträgers in seinem Eigentum“.

404 P. Kirchhof, HStR V, § 118 Rz. 183.

405 K. Vogel, in: J. Isensee/P. Kirchhof, HStR IV, § 87 Rz. 93. C. Waldhoff ist der Auffassung, dass das Leistungsfähigkeitsprinzip nicht allein aus dem allgemeinen Gleichheitssatz hergeleitet wird, sondern auch aus den Freiheitsgrundrechten (insbesondere die Eigentums- und die Menschenwürdegarantie), dem Sozialstaatsprinzip und der Zentralnorm der Finanzverfassung. Vgl. C. Waldhoff, in: J. Isensee/P. Kirchhof, HStR V, § 116 Rz. 104.

406 D. Birk, Leistungsfähigkeitsprinzip, S. 259.

407 So J. Englisch, Wettbewerbsgleichheit, S. 583.

schen- und Bürgerrechte von 1789[408], in dem 1776 von *Adam Smith* vertretenen Lastenverteilungsmaßstab[409] und in Art. 134 der Weimarer Reichsverfassung[410]. Die steuerliche Leistungsfähigkeit als systemtragender Vergleichsmaßstab im Steuerrecht wird von außen an den Gleichheitssatz herangetragen. Das heißt jedoch nicht, dass das Leistungsfähigkeitsprinzip keine sozialstaatliche und freiheitsrechtliche Fundierung hat[411].

C.III. Die Steuergerechtigkeit

C.III.1. In Brasilien

Die steuerliche Leistungsfähigkeit ist nach dem brasilianischen Schrifttum der Lastverteilungsmaßstab, der im Wesentlichen den Gleichheitssatz inspiriert und die Steuergerechtigkeit besser verwirklicht[412]. Im Lichte der brasilianischen Verfassung von 1946 gab es bereits die Tendenz, wonach die Steuergerechtigkeit durch den persönlichen Charakter und die Einstufung der Steuern nach der wirtschaftlichen Leistungsfähigkeit des Steuerzahlers konkretisiert werden musste[413]. Darüber hinaus ist die Leistungsfähigkeit mit der aristotelischen Gerechtigkeitsidee eng verbunden[414], wenn das Kriterium die Steuerauferlegung *pro-*

---

408 Article 13 – Pour l'entretien de la force publique, et pour les dépenses d'administration, une contribution commune est indispensable; elle doit être également répartie entre les citoyens, en raison de leurs facultés. Siehe auch BVerfGE 84, 239, 269.

409 A. Smith hatte 1776 festgestellt, dass die Bürger jedes Staates zur Finanzierung der Regierung, so näher wie möglich, im Verhältnis zu ihren jeweiligen Fähigkeiten beitragen müssen; das heißt, im Verhältnis zum Einkommen, das sie unter dem Schutz des Staates genießen. Vgl. A. Smith, Wealth of Nations, Bk. V, Ch. II, Pt. II, S. 350. Zu den steuerrechtlichen Maximen A. Smiths (equality, certainty, convenience of payment and economy in collection), siehe Bk. V, Ch. II, Pt. II, S. 350ff.

410 Art. 134 WRV: „Alle Bürger ohne Unterschied tragen im Verhältnis ihrer Mittel zu allen öffentlichen Lasten nach Maßgabe der Gesetze bei". Siehe auch BVerfGE 84, 239, 270.

411 Wie im Folgenden noch zu erörtern sein wird.

412 M. Derzi, Notas, in: A. Baleeiro, Limitações, S. 878. Vgl. auch H. de Brito Machado, Princípios, S. 79.

413 A. Baleeiro, Limitações, S. 1089f. Art. 202 der brasilianischen Verfassung von 1946 lautete: "Die Abgaben haben persönlichen Charakter in allen Fällen, in denen dies möglich ist, und werden nach der wirtschaftlichen Leistungsfähigkeit des Steuerpflichtigen eingestuft".

414 „Das Gerechte ist das Proportionale. (…) Die das Gemeinsame austeilende Gerechtigkeit verfährt immer nach der angegebenen Proportionalität". Vgl. Aristoteles, Nikomachische Ethik, S. 127.

portional zum Einkommen des Einzelnen fordert[415]. Dennoch besteht das Leistungsfähigkeitsprinzip nach der Meinung von *M. Derzi* nicht im einzigen bereichsspezifisch sachgerechten Vergleichsmaßstab für das Steuerrecht, weil die brasilianische Verfassung andere gültigen Vergleichsmaßstäbe auswählen könne, die steuerrechtliche Ungleichbehandlungen zwischen gleichleistungsfähigen Personen rechtfertigen könne und in erster Linie die austeilende Gerechtigkeit nicht erfüllen[416]. Dazu kommen andere Verfassungswerte - wie z. B. die nationale Entwicklung, die Ausfuhrförderung und die Schaffung von mehr Arbeitsplätzen[417] -, die durch vom Leistungsfähigkeitsprinzip abweichenden Lenkungsnormen verfolgt werden. Das Supremo Tribunal Federal wiederum erkennt das Leistungsfähigkeitsprinzip an als Konkretisierungsform der Steuergerechtigkeit nicht nur für Steuern[418], sondern auch für Gebühren in allen Fällen, in denen die Ausgestaltung möglich ist[419].

C.III.2. In Deutschland

Die Steuergerechtigkeit ist nach ständiger Rechtsprechung des Bundesverfassungsgerichts im allgemeinen Gleichheitssatz (Art. 3 Abs. I GG) verankert und fordert, dass die Steuerlast auf die Steuerpflichtigen im Verhältnis der wirtschaftlichen Leistungsfähigkeit verteilt wird. Dies gelte insbesondere im Einkommensteuerrecht[420]. So muss darauf abgezielt werden, Steuerpflichtige bei gleicher Leistungsfähigkeit auch gleich hoch zu besteuern (*horizontale Steuergerechtigkeit*), während die Besteuerung höherer Einkommen im Vergleich mit der Steuerbelastung niedrigerer Einkommen angemessen sein muss (*vertikale Steuergerechtigkeit*)[421].

Im Mittelalter hat *Thomas von Aquin* die *iustitia distributiva* bezogen auf das Phänomen der Steuer betrachtet. Nach seiner Auffassung hat das Gesetz die Steuern nach Maßgabe der verhältnismäßigen Gleichheit den Gesetzesunterwor-

---

415 R. A. Carrazza, Direito Constitucional Tributário, S. 81.

416 M. Derzi, Notas, in: A. Baleeiro, Limitações, S. 878.

417 M. Derzi, Notas, in: A. Baleeiro, Limitações, S. 878.

418 Vgl. ADI 736 MC, Berichterstatter: Richter Carlos Velloso, Plenum, DJ 14.06.2002.

419 Vgl. ADI 1948 MC, Berichterstatter: Richter Néri da Silveira, Plenum, DJ 14.09.2001.

420 J. Lang, in: Tipke/Lang, Steuerrecht, § 4 Rz. 81; ders., Bemessungsgrundlage, S. 97ff. Vgl. auch P. Kirchhof, HStR IV, § 88 Rz. 114; K. Vogel, in: J. Isensee/P. Kirchhof, HStR IV, § 87 Rz. 93; J. Englisch, Dividendenbesteuerung, S. 98ff; ders., Wettbewerbsgleichheit, S. 563f.

421 Vgl. BVerfGE 127, 1, 27f.; BVerfGE 126, 268, 277; BVerfGE 124, 282, 294f. Vgl. auch H. Weber-Grellet, Steuern im modernen Verfassungsstaat, S. 29.

fenen aufzuerlegen, „*onera porportionabilites inferentes*“[422]. Allein die Gleichheit oder die Gleichbehandlung reicht aufgrund ihrer Relativität *nicht* zur Bestimmung der Gerechtigkeit aus. Gerechtigkeit besteht zunächst in der Gleichbehandlung nach vorgegebenem Maß[423].

Der Rechtsstaat muss Gerechtigkeitsstaat[424] sein, und das geschieht im Steuerrecht, wenn die Gesamtsteuerlast nach einem gerechten Maßstab verteilt und begrenzt wird[425]. Die dem Gerechtigkeitsstaat inhärenten Gerechtigkeitsprinzipien sind in den Grundrechten verankert[426] und beinhalten ein verbindliches ethisches Minimum, das durch die Grundrechte positiviert ist[427]. Der Gleichheitssatz (Art. 3 GG), das Sozialstaatsprinzip (Art. 20 I GG) – das der Steuergerechtigkeit einen sozialen Akzent gebe – und die Freiheitsgrundrechte (Art. 2 I, 12 und 14 GG) – die der Steuerlast Grenzen setzen, bilden für das Steuerrecht die relevanten Gerechtigkeitsgrundsätze[428]. Diese zielen darauf ab, die interindividuelle Steuerverteilung in einem *ethisch* als *befriedigend* angesehen Sinne zu regeln[429]. Das Leistungsfähigkeitsprinzip ist ein den Finanzzwecknormen unterliegendes sachgerechtes Fundamentalprinzip und entspricht den Gerechtigkeitsvorstellungen der Gegenwart am besten[430]. Es entspricht der Bedeutung der austeilenden Gerechtigkeit nach der Meinung von *G. Radbruch* als Forderung relativer Gleichheit in der Behandlung von Personen, Verteilung von Lasten und Vorteilen nach Tragfähigkeit und Bedürfnis[431]. Im Rahmen dieser Feststellungen hat *K. Engisch* bemerkt, dass die materielle Ausfüllung des Prinzips der proportionalen Gerechtigkeit im Steuerrecht vom ökonomischen Begriff der Leistungs-

---

422 Vgl. H. Hahn, StuW 2004, 167 (169). H. Hahn weist darauf hin, dass Proportionalitas die Angemessenheit der Steuerauflage in Hinsicht auf die Fähigkeit, die Steuer zu entrichten, bedeutet. Die Verpflichteten sollen „unicuique secundum suum possibilitatem“ belastet werden, entsprechend ihrer Leistungsfähigkeit und dies muss „secundum aequalitatem proportionis“ geschehen, also gleichmäßig.

423 K. Ossenbühl, Die gerechte Steuerlast, S. 83f.

424 K. Tipke, Steuergerechtigkeit, S. 183.

425 K. Tipke, StRO, S. 239.

426 K. Tipke, DStJG 1982, S. 5.

427 K. Tipke, StRO, S. 239.

428 K. Tipke, StRO, S. 240.

429 F. Neumark, Grundsätze, S. 67. Der Autor macht keinen Unterschied zwischen Grundsätzen, Prinzipien, Richtlinien, canons, rules, règles, Maximen und Postulaten der Besteuerung. Für ihn handelt es sich immer um etwas Normatives, um Sollsätze, die um der Verwirklichung bestimmter Ziele willen aufgestellt werden. Vgl. F. Neumark, Grundsätze, S. 15 und S. 121ff. zur gleichen Anwendung der Ausdrücke „Leistungsfähigkeitsprinzip“ und „Leistungsfähigkeitspostulat“.

430 K. Tipke, Steuergerechtigkeit, S. 184.

431 G. Radbruch, Rechtsphilosophie II, S. 462.

fähigkeit abhängig sei, der noch als verhältnismäßig formal erscheine und weitere Konkretisierung erfordere, so dass *Wertgesichtspunkte* anderer Bereichen herangezogen werden, wenn es gelte, die Steuergerechtigkeit durchzuführen[432].

Die Steuergerechtigkeit besteht in keiner verfassungsrechtlichen Grundlage des Leistungsfähigkeitsprinzips im engeren Sinne. Sie ist vielmehr der Rechtsidee selbst inhärent und folglich das Endziel bei der Gestaltung und Anwendung der Steuernormen. Davon ausgehend ist die Steuergerechtigkeit zugleich der Hauptwert des Steuerrechtssystems und wird durch Gerechtigkeitsgrundsätze konkretisiert, die eigentlich die Gerechtigkeitsvorstellungen eines bestimmten Verfassungsstaates im Bereich des Steuerrechts widerspiegeln. Im Grundgesetz sind die *Steuergerechtigkeitsgrundsätze* nicht nur im allgemeinen Gleichheitssatz verankert. So ein begrenztes Verständnis der Steuergerechtigkeit würde der Steuerlast keine ausreichenden Grenzen setzen, und genau diese Grenzen, die vor allem mittels der Freiheitsgrundrechte entfaltet werden, ergänzen die begrenzte Wirksamkeit des Gleichheitssatzes hinsichtlich des Schutzes des Steuergesetzesunterworfenen. Abgesehen vom Gleichheitssatz werden die Steuerlastgrenzen vor allem von der Handlungsfreiheit, der Berufsfreiheit und der Eigentumsgewährleistung bestimmt. Dazu kommt noch der Schutz des von der Menschenwürde und dem Sozialstaatsprinzip abgeleiteten Existenzminimums[433].

Allerdings fehlt noch ein Verknüpfungselement zur harmonischen Konjugation des Gleichheitssatzes mit den Freiheitsgrundrechten und dem Existenzminimum, wenn die Rede über die Steuergerechtigkeit ist. Ein Verknüpfungselement, das alle diese Gerechtigkeitsvorstellungen mit einbezieht. Das Leistungsfähigkeitsprinzip kann für das Steuerrecht dieses Verbindungselement zwischen Gleichheitssatz, Freiheitsgrundrechten (Handlungsfreiheit, Berufsfreiheit und Eigentumsgewährleistung) und Existenzminimum sein, wenn angenommen wird, dass

(a) die Steuergerechtigkeit durch *Steuergerechtigkeitsteilgrundsätze* verwirklicht wird,

(b) der Gleichheitssatz aufgrund seiner Relativität die Steuergerechtigkeit nicht allein konkretisieren mag,

(c) der vom Gleichheitssatz geforderte Vergleichsmaßstab derjenige Maßstab sein soll, der eine gleichmäßige Verteilung der Steuerlast zwischen den Bürgern am effektivsten sichert und gleichzeitig das Existenzminimum des Einzelnen verschont und die von den Steuerrechtsnormen betroffenen Freiheitsgrundrechte gegen Eingriffe in ihren jeweiligen Wesensgehalt schützt,

432 K. Engisch, Gerechtigkeit, S. 172f.

433 Dazu siehe im 3. Kapitel unter C.II.7.

(d) das Leistungsfähigkeitsprinzip als systemtragendes Fundamentalprinzip nicht nur die gleichmäßige Verteilung der Steuerlast, sondern auch zugleich den Schutz gegen eine übermäßige Besteuerung (Obergrenze der Besteuerung), gegen Eingriffe in das Existenzminimum (Untergrenze der Besteuerung) und gegen unverhältnismäßige steuerrechtliche Eingriffe in freiheitsrechtliche Positionen mit sich bringt.

Wenn dies so akzeptiert werden würde, wäre das Leistungsfähigkeitsprinzip gleichheits- und freiheitsrechtlich materiell wirksamer und ebenfalls auf die indirekten Verbrauchsteuern ohne weiteres anwendbar. Dies entspräche tatsächlich den Gerechtigkeitsvorstellungen der Gegenwart am besten (*K. Tipke*), wenn es auch den Existenzminimumschutz und die von den Steuerrechtsnormen eingegriffenen Freiheitsgrundrechte inhaltlich mit einbezöge. Es würde die weitere erforderte Konkretisierung des (formalen) Prinzips durch die Heranziehung von Wertgesichtspunkten anderer Bereiche (*K. Engisch*) ermöglichen, wenn es sozialstaatliche und freiheitsrechtliche Erwägungen inhaltlich einschlösse.

Dennoch hat das Leistungsfähigkeitsprinzip als systemtragendes rechtsethisches Fundamentalprinzip der Steuerrechtsordnung - selbst wenn davon ausgegangen wird, dass die Belastungswirkungen im Lichte des im Gleichheitssatz verankerten Leistungsfähigkeitsprinzips und die Gestaltungswirkungen unter Beachtung der Freiheitsgrundrechte überprüft werden -, auch Anspruch darauf, seine Wirksamkeit auf den Existenzminimumschutz und gegen Eingriffe in den Wesensgehalt der Freiheitsgrundrechte zu erstrecken. Und diesen Anspruch hat es *zumindest in mittelbarer Weise*. Eine gleichmäßige Besteuerung nach der steuerlichen Leistungsfähigkeit setzt voraus, dass Steuerpflichtige mit gleichem Einkommen gleich (horizontale Gerechtigkeit) und Steuerpflichtige mit unterschiedlichem Einkommen unterschiedlich (verhältnismäßig) besteuert werden (vertikale Gerechtigkeit). Aber selbst wenn von einer so begrenzten Konzeption des Prinzips ausgegangen wird, muss es festgelegt werden, dass *im Endeffekt* das Leistungsfähigkeitsprinzip (*zumindest in mittelbarer Weise*)

(a) auch das *Existenzminimum* schützt[434], wenn es verbietet, dass der erste Einkommensteuersatz den festgestellten Betrag zur Deckung der existenzsichernden Aufwendungen antastet und dass die Umsatzsteuer die lebensnotwendigen Güter und Dienstleistungen (hoch) besteuert,

(b) ebenfalls die *Handlungsfreiheit* sichert, wenn es den Anspruch schützt, durch die Staatsgewalt nicht mit einem finanziellen Nachteil belastet zu werden, der nicht in der verfassungsmäßigen Ordnung begründet ist[435], und wenn es gegen erdrosselnde Eingriffe in die allgemeine Handlungsfreiheit in deren Ausprä-

---

434 Ähnlich H. Ávila, Beschränkungen, S. 222.
435 Vgl. BVerfGE 114, 371, 383f.

gung als persönliche Entfaltung im vermögensrechtlichen und im beruflichen Bereich[436] schützt,

(c) auch die *Eigentumsgarantie* sicherstellt, wenn es eine übermäßige Besteuerung verbietet, so dass die gewinnbringende Nutzbarkeit des Eigentums für den Eigentümer nicht gänzlich ausgeschlossen wird[437] und der „Kernbestand des Erfolgs eigener Betätigung im wirtschaftlichen Bereich[438]" nicht verletzt wird,

(d) ebenfalls die *Berufsausübungsfreiheit* schützt, wenn es eine Besteuerung verbietet, die in unverhältnismäßiger Weise die Freiheit zur Berufsausübung beschränkt, wenn die betroffenen Berufsangehörige wirtschaftlich nicht mehr in der Lage sind, den gewählten Beruf ganz oder teilweise zur Grundlage ihrer Lebensführung oder – bei juristischen Personen – zur Grundlage ihrer unternehmerischen Erwerbstätigkeit zu machen[439].

Davon ausgehend kann festgestellt werden, dass das Leistungsfähigkeitsprinzip – *zumindest in mittelbarer Weise* – Kernbestandteile der für das Steuerrecht bildenden Gerechtigkeitsgrundsätze beinhaltet und Anspruch auf ihren Schutz hat. Denn es genügt nicht zur Erreichung der Steuergerechtigkeit, *nur* den angemessensten rechtsethischen Vergleichsmaßstab auszuwählen, der die gleichmäßige Besteuerung sicherstellt. Wie bei der Verhältnismäßigkeitsprüfung der Fall, wobei ihre drei Teilgrundsätze erfüllt werden sollen, soll es auch bei der Erfüllung der Steuergerechtigkeit geschehen, wobei ihre vom Gleichheitssatz, Sozialstaatsprinzip, von der Handlungsfreiheit, Berufsfreiheit und Eigentumsgarantie gebildeten *Teilgrundsätze* ebenfalls respektiert werden müssen. Dieser Fall soll so verstanden werden, dass die Steuernormen keine erdrosselnde Wirkung auf diese Freiheitsrechte haben und zugleich ihren Wesensgehalt nicht antasten. Das Leistungsfähigkeitsprinzip kann nur als sachgerechtes und systemtragendes Fundamentalprinzip der Steuerrechtsordnung bezeichnet werden, wenn es *auch* den Anspruch auf Schutz des Existenzminimums und des unantastbaren Kerns der obenerwähnten Freiheitsgrundrechte inhaltlich mit sich bringt, mindestens in mittelbarer Weise. Auf diese Weise kann das Fundamentalprinzip auf die Umsatzsteuer ohne weiteres Anwendung finden[440].

Als Gegenargument könnte angeführt werden, dass es keinen Sinn ergäbe, beide gleichheits- und freiheitsrechtlichen Prüfungen einer in Frage gestellten Steuernorm unter dem Leistungsfähigkeitsprinzip durchzuführen. Das Gegenargument stützt sich darauf, dass einerseits die direkten Finanzzwecksteuern am

436 BVerfGE 87, 153, 169.

437 Vgl. M. Jachmann, Grenzen der Besteuerung, S. 57f. Vgl. auch J. Englisch, StuW 2003, 237 (245f.).

438 BVerfGE 87, 153, 169.

439 M. Jachmann, Grenzen der Besteuerung, S. 58. Siehe auch BVerfGE 38, 81, 85f.

440 Dazu siehe im 3. Kapitel unter C.

Maßstab der im Gleichheitssatz verankerten persönlichen wirtschaftlichen Leistungsfähigkeit gemessen werden. Andererseits werden die indirekten Steuern auf den Verbrauch und die Sozialzwecknormen unter Beachtung der Freiheitsgrundrechte und des von der Menschenwürde und vom Sozialstaatsprinzip abgeleiteten Existenzminimums in der Verhältnismäßigkeitsprüfung gewürdigt. Das ist die einfachste Lösung, die die Anwendung des Leistungsfähigkeitsprinzips bei der Umsatzsteuer ausschließt und den Begriffsumfang der Umsatzsteuergerechtigkeit auf das Gelingen der Umsatzsteuerüberwälzung auf den Verbraucher in Verbindung mit der Steuerbefreiung oder Steuerermäßigung grob und allgemein ausgewählter lebensnotwendigen Güter und Dienstleitungen reduziert. Diese Lösung beschränkt die gesamte praktische Diskussion über eine sachgerechte Ausgestaltung der Umsatzsteuer auf die Auswahl bestimmter Güter und Dienstleistungen, die nach Maßgabe von den allgemeinen festgestellten Bedürfnissen der Mehrheit einer Bevölkerung, aber nicht nach den speziellen persönlichen oder familiären Bedürfnissen des Einzelnen, steuerbefreit oder steuerermäßigt werden. Darüber hinaus könnte diese Lösung bis heute das Problem der Beseitigung ungerechtfertigter Umsatzsteuerprivilegien nicht lösen[441].

C.IV. Das Demokratieprinzip

C.IV.1. In Brasilien

Das Demokratieprinzip wird im brasilianischen Schrifttum als unmittelbare verfassungsrechtliche Grundlage des Leistungsfähigkeitsprinzips *nicht* erwähnt. *M. Derzi* spricht über den Grundsatz der Progressivität im Steuerrecht, der lediglich eines der verfügbaren Instrumente des demokratischen Rechtsstaats zum Aufbau einer freieren, gerechteren und solidarischeren Gesellschaft sei (Art. 3 I i. V. m. Art. 1 CF)[442]. Obwohl die brasilianische Verfassung die pflichtige Progressivität nur für die Einkommensteuer (Art. 153 § 2 I CF) und für die Steuer auf den Grundbesitz von ländlichen Grundstücken (Art. 153 § 4 I CF)[443] vorgesehen hat,

441 Das Gegenargument verlagert darüber hinaus das Problem hinzu einem Ausgleich im Einkommensteuerrecht und im Sozialhilferecht. Dazu siehe im 3. Kapitel unter C.II.7.c)cc

442 M. Derzi, Notas, in: A. Baleeiro, Limitações, S. 870.

443 Die brasilianische Verfassung gestattet die Progressivität der Grundsteuer aufgrund des Grundstückswertes (Art. 156 § 1 I CF). Die Steuer darf verschiedene Steuersätze nach dem Grundstücksort und –gebrauch haben (Art. 156 § 1 II CF). Art. 182 § 4 II CF sieht die extrafiskalische Progressivität für die Grundsteuer vor. Die Gemeinden dürfen den Eigentümern die angemessene Benutzung der Grundstücke fordern, um die sozialen Belange der Sozialfunktion des Eigentums zu erfüllen. Vgl. auch STF, AgRg RE Nr. 394.010, Berichterstatter: Richter Carlos Velloso, Zweite Kammer, DJ 28.10.2004.

gestattet die Norm des Art. 145 § 1 CF (die Steuern nach der wirtschaftlichen Leistungsfähigkeit des Steuerzahlers abzustufen) i. V. m. Art. 1 und 3 CF *auch* die Progressivität der Erbschaft- und Vermögenssteuer[444]. *R. A. Carrazza* wiederum ist der Auffassung, dass das Leistungsfähigkeitsprinzip das republikanische Prinzip im Steuerrecht verstärke[445]. Die Anpassung der Steuern an der Leistungsfähigkeit erlaubt die Bürger, ihre Gebote von politischer, wirtschaftlicher und sozialer Solidarität vor der Gemeinschaft zu erfüllen[446].

Das Leistungsfähigkeitsprinzip findet keine unmittelbare rechtsethische Rechtfertigung im Demokratieprinzip in der brasilianischen Verfassung. Nichtsdestoweniger erzielt das Leistungsfähigkeitsprinzip im Endeffekt ebenfalls den Schutz der Menschenwürde und trägt zum Aufbau einer freien, gerechten und solidarischen Gesellschaft bei, welche einige der Grundziele des brasilianischen demokratischen Rechtsstaats darstellen.

C.IV.2. In Deutschland

Im deutschen Steuerrecht wird das Demokratieprinzip als verfassungsrechtliche Grundlage des Leistungsfähigkeitsprinzips *selten* erwähnt. *W. Reiß* vertritt die Meinung, das Demokratieprinzip sei ebenfalls Anknüpfungspunkt für das Leistungsfähigkeitsprinzip[447]. Die wirtschaftliche Leistungsfähigkeit und kein anderer Maßstab sei das alleinige Maß, an dem die Belastungsgerechtigkeit zu mes-

444 M. Derzi, Notas, in: A. Baleeiro, Limitações, S. 871. Das Landesgericht von Rio Grande do Sul hat entschieden, dass die vorgesehene Progressivität der Steuersätze im Erbschaft- und Schenkungsteuergesetz des Landes Rio Grande do Sul verfassungswidrig sei, denn die Progressivität sei nur gestattet, wenn die Bundesverfassung sie gestattet. Darüber hinaus hat die Mehrheit der Richter die Auffassung vertreten, wonach die Progressivität lediglich bei den persönlichen direkten Steuern möglich sei, wobei die persönlichen Verhältnisse des Steuerpflichtigen in Betracht kommen. Siehe hierzu Incidente de Inconstitucionalidade Nr. 70013242508, Spezialkammer, Berichterstatter: Richter Araken de Assis, DJ 13.07.2006.

445 R. A. Carrazza, Direito Constitucional Tributário, S. 80. Nach Art. 1 CF besteht die Föderative Republik Brasiliens in einem demokratischen Rechtsstaat. Sie hat als Grundlagen die Souveränität, die Bürgerschaft, die Menschenwürde, die Sozialwerte der Arbeit und der Freiinitiative und das politische Pluralismus. Nach Art. 3 CF sind folgende die Grundziele der Föderativen Republik Brasiliens: der Aufbau einer freien, gerechten und solidarischen Gesellschaft, die Gewährleistung der nationalen Entwicklung, die Beseitigung der Armut und der Marginalisierung und die Verringerung der Sozial- und Regionalungleichheiten, die Förderung des Gemeinwohls ohne Diskriminierung wegen Herkunft, Rasse, Geschlecht, Hautfarbe, Alter oder anderer Diskriminierungsarten.

446 R. A. Carrazza, Direito Constitucional Tributário, S. 82.

447 W. Reiß, DStJG 13 (1990), 3 (11f.).

sen sei, und dies ergebe sich nicht aus dem Sozialstaatsprinzip, sondern aus dem Zusammenhang des Gleichbehandlungsgebotes mit dem Demokratieprinzip[448]. *J. Englisch* weist andererseits darauf hin, dass es nicht ersichtlich sei, inwiefern das „egalitäre, auf absoluter Gleichheit aller Bürger aufbauende Demokratieprinzip" eine nach der wirtschaftlichen Leistungsfähigkeit abgestufte, differenzierte Besteuerung gebieten sollte[449].

C.V. Die Finanzverfassung

C.V.1. In Brasilien

Das Leistungsfähigkeitsprinzip wurde bereits im ersten Artikel des Kapitels des Nationalen Steuersystems ausdrücklich vorgesehen, und zwar als einer der allgemeinen Grundsätze der Gesamtbesteuerung. Durch die Gesamtschau des Kapitels des Nationalen Steuersystems sollte der Grundsatz bei allen Steuerarten Anwendung finden. Allerdings hat der Verfassungsgeber den Ausdruck „in allen Fällen, in denen dies möglich ist"[450] am Anfang der Vorschrift des Leistungsfähigkeitsprinzips niedergelegt. Ausgegangen davon ist das Prinzip im brasilianischen Schrifttum und in der brasilianischen Rechtsprechung als Fundamentalprinzip des Steuersystems allgemein anerkannt, aber stets unter Beachtung des Möglichkeitsvorbehalts. So gilt das Prinzip bei all denjenigen Steuern *nicht*, bei denen die (bereichsspezifisch sachgerechte) Berücksichtigung der persönlichen und familiären Verhältnisse des Steuerpflichtigen nicht möglich ist. Wie bereits erwähnt wurde, hat der Grundsatz eine unumstrittene verfassungsrechtliche Verankerung und gilt ohne weiteres *zumindest* für die persönlichen direkten Fiskalzwecksteuern.

C.V.2. In Deutschland

Die in Art. 106 GG aufgezählten Steuerarten beruhen bzw. beruhten nach der Meinung von *K. Vogel* ausnahmslos auf dem Leistungsfähigkeitsgedanken[451]. Grundlegend sei zunächst Art. 106 GG als einer der vier Wurzeln des Leistungsfähigkeitsprinzips im Grundgesetz[452]. Der Steuerkatalog des Art. 106 GG gibt dem Gesetzgeber das Prinzip der Leistungsfähigkeit vor, das durch das Gleich-

448 W. Reiß, DStJG 13 (1990), 3 (11f.).
449 J. Englisch, Wettbewerbsgleichheit, S. 573.
450 Dazu siehe oben unter A.I.3.
451 K. Vogel, HStR IV, § 87 Rz. 92.
452 K. Vogel, HStR IV, § 87 Rz. 92.

heitsgrundrecht und das aus dem Rechtsstaatsgrundsatz abzuleitende Willkürverbot über die Vorgaben des Art. 106 GG hinaus konkretisiert wird[453]. Auch für *C. Waldhoff* besteht die Zentralnorm der bundesstaatlichen Finanzverfassung in einer der verfassungsrechtlichen Grundlagen des Leistungsfähigkeitsprinzips[454]. Dennoch trifft nach der Auffassung von *J. Englisch* die Aufzählung von Steuerarten in der finanzverfassungsrechtlichen Zuweisung von Ertragshoheiten keine Aussage zur Gerechtigkeitsqualität der dort benannten Steuern[455]. Auch für *K. Tipke* beruht das Steuerinventar der Art. 105, 106 GG nicht auf Gleichheitssatz-*ratio*, sondern auf *traditio*[456]. In Übereinstimmung mit der Auffassung von *K. Tipke* führt *C. Trzaskalik* aus„ein systematisches Konzept – etwa ausgerichtet am Gedanken gleichmäßiger Lastentragung – liegt dem Art. 106 GG nicht zugrunde"[457].

C.VI. Das Willkürverbot

C.VI.1. In Brasilien

Das Willkürverbot wird im brasilianischen Steuerrecht als verfassungsrechtliche Grundlage des Leistungsfähigkeitsprinzips *nicht* erwähnt. *R. Lobo Torres* versteht das Willkürverbot nicht als eine unmittelbare Grundlage des steuerrechtlichen Fundamentalprinzips, sondern als das Verbot willkürlicher Diskriminierungen[458]. Die Fähigkeit des Steuerpflichtigen, Steuern zu zahlen, ist gegen Vergleichsmaßstäbe geschützt, die nach dem Belieben des Gesetzgebers ausgewählt werden[459]. In ähnlicher Weise darf der Steuergesetzgeber Steuerschuldner nicht auswählen, auf die im brasilianischen Verfassungstext kein Bezug genommen wurde, das heißt auf Steuerschuldner, die als Steuerdestinatär nicht zur Verfügung stehen[460]. In verfassungsrechtlichen Steuersystemen wie dem brasilianischen, in dem die Auflistung der Steuerarten abschließend ist, ergibt sich *implizit* aus dem verfassungsrechtlichen Steuertatbestand, wer der Steuerschuldner

---

453 K. Vogel, HStR IV, § 87 Rz. 92f.

454 C. Waldhoff, HStR V, § 116 Rz. 104.

455 So J. Englisch, Wettbewerbsgleichheit, S. 573.

456 K. Tipke, StRO, S. 302. Zutreffend weist K. Tipke darauf hin, die zentrale Vorschrift des Verfassungsrechts sei für das Steuerrecht Art. 3 GG, nicht Art. 105 oder 106 GG.

457 C. Trzaskalik, 63. DJT, 45 (57).

458 R. Lobo Torres, Tratado II, S. 304ff.

459 R. Lobo Torres, Tratado II, S. 306f. So ist jede Steuererhebung verfassungswidrig, wenn sie einen anderen Vergleichsmaßstab in Anspruch genommen hat, der nicht die Leistungsfähigkeit ist (z. B. das Geschlecht, die Rasse, die Religion, die Nationalität, etc.).

460 G. Ataliba, Hipótese, S. 89f.

ist: beispielsweise wird durch die Einkommensteuer belastet, wer Einkommen erzielt; durch die Dienstleistungssteuer (Imposto sobre Serviços), wer eine Dienstleistung erbringt, etc[461]. Es wäre willkürlich jemandem eine Steuer aufzuerlegen, deren Steuerdestinatär er nach dem Verfassungstext nicht ist, *nur* weil es in diesem Fall einfacher und fiskalergiebiger ist, von ihm die Steuer zu erheben, als von dem echten Steuerschuldner [462]. Von Willkür lässt sich nicht sprechen, wenn die Steuer von demjenigen erhoben wird, dessen Leistungsfähigkeit anlässlich der Entstehung des Steueranspruchs zum Ausdruck kommt[463].

Die brasilianische Verfassung hat – anders als das deutsche Grundgesetz - den steuergesetzgeberischen Spielraum im spezifischen Teil der Beschränkungen der Besteuerungsgewalt durch bestimmte Differenzierungsverbotstatbestände ausdrücklich beschränkt. Es ist dem Bund, den Ländern, dem Bundesbezirk und den Gemeinden verwehrt eine Ungleichbehandlung zwischen Steuerzahlern, die sich in der gleichen Situation befinden, zu schaffen und eine Differenzierung hinsichtlich des Berufs oder der ausgeübten Tätigkeit vorzunehmen (Art. 150 II CF). Es ist auch dem Bund verwehrt, eine Abgabe zu erheben, die nicht im gesamten nationalen Gebiet uniform ist und eine Bevorzugung bezüglich eines bestimmten Landes oder einer bestimmten Gemeinde zu Lasten der anderen impliziert (Art. 151 I erster Teil CF). In diesem Fall ist die Gewährung von Steuerbegünstigungen zur Ausgleichsförderung der sozialen und wirtschaftlichen Entwicklung zwischen den verschiedenen Landesregionen zugelassen (Art. 151 I zweiter Teil CF). Zum Schluss ist es den Ländern, dem Bundesbezirk und den Gemeinden verwehrt, eine steuerliche Differenzierung zwischen Gütern und Dienstleistungen aufgrund des Herkunfts- oder des Bestimmungsorts vorzunehmen (Art. 152 CF).

Die brasilianische Steuerrechtslehre im Allgemeinen und das Supremo Tribunal Federal im Besonderen vertreten dieselbe Meinung, wonach der Steuergesetzgeber bei der Auswahl des Vergleichsmaßstabs *zumindest* für die Erhebung der (direkten) Personensteuern nicht willkürlich handeln dürfe. Er *müsse* vielmehr die Leistungsfähigkeit als sachgerechtes Fundamentalkriterium der Verteilung der Personensteuern in Anspruch nehmen. Ausgehend hiervon liegt stets Willkür und folglich ein Verstoß gegen die Verfassung vor, wenn ein anderer Unterscheidungsmaßstab für die Erhebung bestimmter (direkten) Personensteuer gewählt wird, der nicht die steuerliche Leistungsfähigkeit des Steuerzahlers widerspiegelt.

---

461 G. Ataliba, Hipótese, S. 90.

462 G. Ataliba, Hipótese, S. 90. Vgl. auch das Votum des Richters Carlos Velloso in der Entscheidung des STF: RE Nr. 194.382 (Steuersubstitution), Berichterstatter: Richter Maurício Correa, Plenum, DJ 25.04.2003.

463 Ähnlich G. Ataliba, Hipótese, S. 90.

C.VI.2. In Deutschland

Das Willkürverbot wird im deutschen Steuerrecht nicht unmittelbar als verfassungsrechtliche Grundlage des Leistungsfähigkeitsprinzips benannt. Auch das Bundesverfassungsgericht sieht keine grundgesetzliche Verankerung des Fundamentalprinzips der Steuerlastverteilung im Grundsatz des Willkürverbots. Unter anderer Perspektive vertritt *K. Vogel* die Meinung, der Gleichheitssatz und das aus dem Rechtsstaatsgrundsatz abzuleitende Willkürverbot konkretisieren das Leistungsfähigkeitsprinzip über die Vorgaben des Art. 106 GG hinaus[464]. Zutreffend weist er darauf hin, das Willkürverbot verbiete nicht sachlich begründete Differenzierungen, die nicht an persönliche Eigenschaften anknüpfen[465]. *C. Waldhoff* wiederum betont in ähnlicher Weise, dass das Prinzip der Steuerstaatlichkeit in Verbindung mit den Freiheitsgrundrechten als Wertentscheidungen der Verfassung den Inhalt des allgemeinen Gleichheitssatzes für Steuergerechtigkeitserwägungen anreichere[466].

Die „neue Formel" des Bundesverfassungsgerichts zum allgemeinen Gleichheitssatz[467] kann eine zusätzliche Stütze für die Rechtfertigung des Willkürverbots, aber kein Verstärkungsargument für seine Einordnung als verfassungsrechtliche Grundlage des Leistungsfähigkeitsprinzips liefern. Nach der „neuen Formel" kommt die Rechtfertigungsbedürftigkeit für Unterscheidungen noch stärker zum Ausdruck. Danach muss der Gesetzgeber sachliche Differenzierungsgründe aufzeigen. Er darf zwei oder mehrere Gruppen von Normadressaten nicht unterschiedlich behandeln, wenn zwischen ihnen keine Unterschiede von solcher Art und solchem Gewicht bestehen, die die Ungleichbehandlung rechtfertigen können. Darüber hinaus wird zusätzlich „eine Proportionalität von Abweichung und die dafür angeführten Gründen" verlangt[468]. Die Ungleichbehandlung soll im Lichte des rechtfertigenden Grundes *verhältnismäßig* sein[469]. Dennoch kann daraus kein Ausgangspunkt für die Verankerung des Fundamentalprinzips *spezifisch* im Willkürverbot gezogen werden. Das rechtsstaatliche Willkürverbot gibt keinen bestimmten Maßstab als bereichsspezifisch sachge-

464 K. Vogel, HStR IV, § 87 Rz. 93. Eigentlich berücksichtigt der Autor das Rechtsstaatsgebot als die dritte Wurzel des Leistungsfähigkeitsprinzips.

465 K. Vogel, HStR IV, § 87 Rz. 93.

466 C. Waldhoff, HStR V, § 116 Rz. 105.

467 BVerfGE 55, 72, 88.

468 J. Englisch, Wettbewerbsgleichheit, S. 74.

469 J. Englisch, Wettbewerbsgleichheit, S. 75: „Wie sich der Verhältnismäßigkeitsgrundsatz im Rahmen der „Neuen Formel" allerdings in die dogmatische Struktur des Gleichheitssatzes einfügen soll, wurde bislang vom Bundesverfassungsgericht nicht präzisiert".

recht vor[470]. Das Willkürverbot und die Verhältnismäßigkeitserfordernisse bestehen in Grenzen für den Gesetzgeber, die sich je nach Regelungsgegenstand und Differenzierungsmerkmalen aus dem allgemeinen Gleichheitssatz ergeben[471]. Es setzt voraus, dass für die gesetzgeberisch getroffene Unterscheidung ein sachlichen Grund vorliegt, der so erheblich ist, dass er bei einer am Gerechtigkeitsgedanken orientierten Betrachtungsweise als angemessen angesehen werden kann[472].

C.VII. Das Übermaßverbot

C.VII.1. In Brasilien

Das Übermaßverbot besteht nach dem brasilianischen Steuerrecht in einer verfassungsrechtlichen Obergrenze zur Fähigkeit des Bürgers Steuern zu zahlen. Trotzdem wurde bisher keine quantitative Obergrenze der gesamten Besteuerung bzw. der einzelnen Steuern getroffen, obwohl das Supremo Tribunal Federal sich bereits mit der Frage beschäftigt hat, in welcher Höhe eine Steuerstrafe sich als nicht übermäßig bzw. nicht konfiskatorisch und folglich verfassungsmäßig darstellt. Zusätzlich zur angemessenen Würdigung des zwischen dem Übermaßverbot und der steuerlichen Leistungsfähigkeit bestehenden Verhältnisses soll noch zwischen dem Konfiskationsverbot und der Besteuerung mit konfiskatorischen Wirkungen unterschieden werden.

Das Supremo Tribunal Federal hat bisher keine feste objektive Obergrenze für Steuerstrafen festgestellt. Dennoch hat es bereits entschieden, dass eine dreihundertprozentige Steuerstrafe für den Fall der Nichtentrichtung einer Steuer konfiskatorisch sei[473]. Es sei ihr verwehrt, dem Bürger die Steuerlast in einer solchen Höhe aufzuerlegen, dass ein menschenwürdiges Dasein, die Berufsfreiheit oder die Befriedigung der lebensnotwendigen Bedürfnisse übermäßig beeinträchtigt wird[474]. Die öffentliche Gewalt sei – selbst wenn es um die Bemessung der Steuerstrafe geht – stets am Grundsatz der Zumutbarkeit auszurichten, der als echter Maßstab für eine verfassungsrechtliche Würdigung des staatlichen Handels diene[475]. Im Lichte der früheren Verfassung hat das Supremo Tribunal

470 J. Englisch, Wettbewerbsgleichheit, S. 573.

471 Vgl. BVerfGE 127, 224, 244. Vgl. auch BVerfGE 116, 164, 180; 117, 1, 30; 120, 1, 29; 123, 1, 19.

472 Vgl. BVerfGE 120, 1, 30f. Vgl. auch BVerfGE 26, 1, 8; 46, 224, 233, 239 f..

473 ADI Nr. 1.075 MC, Berichterstatter: Richter Celso de Mello, Plenum, DJ 24.11.2006.

474 ADI Nr. 1.075 MC, Berichterstatter: Richter Celso de Mello, Plenum, DJ 24.11.2006.

475 ADI Nr. 1.075 MC, Berichterstatter: Richter Celso de Mello, Plenum, DJ v. 24.11.2006.

Federal festgestellt, dass die Gerichtsbarkeit die vom Fiskus verlangte übermäßige Steuerstrafe nach den Umständen des konkreten Falls herabsetzen dürfe[476]. Auf der anderen Seite sei eine zwanzigprozentige Steuerstrafe über die geschuldete Steuer nicht übermäßig oder unzumutbar, wenn sie nicht gegen die Grundsätze der Leistungsfähigkeit und des Übermaßverbots verstoße[477]. Die Feststellung der erdrosselnden Wirkung setze die Würdigung der konkreten Angaben und der Besonderheiten jeder Situation voraus[478]. Dabei sind Aufwendungen, gesamte Steuerlast, Gewinnanteile und tatsächliche Verhältnisse des Marktes und der Sozial- und Wirtschaftskonjunktur mit einzubeziehen.

Die brasilianische Verfassung sieht im Teil der Beschränkungen der Besteuerungsgewalt ausdrücklich vor, dass es dem Bund, den Ländern, dem Bundesbezirk und den Gemeinden verwehrt ist, eine Abgabe mit konfiskatorischen Wirkungen einzuführen (Art. 150 IV CF). Es handelt sich um eine bloße *Verstärkungsnorm*, weil das Konfiskationsverbot sich bereits aus der verfassungsrechtlichen Eigentumsgarantie deutlich ergebe[479]. Andererseits ist jedoch die Vermögenseinbuße (Enteignung) als Strafe verfassungsrechtlich zugelassen (Art. 5 XLV und XLVI CF). Die erdrosselnde Wirkung finde jedes Mal statt, wenn gegen den Kernbereich des Grundrechts verstoßen werde, das heißt, wenn die Rechtsausübung durch steuerliche Maßnahmen verhindert oder stark erschwert werde[480]. Dieser Effekt unterscheide sich von dem der *Konfiskation*, der die Vernichtung des Eigentumsrechts auf ein bestimmtes Gut bedeute[481].

Zu Recht bemerkt *R. Lobo Torres*, dass der Leistungsfähigkeitsbegriff nur durch Überlegungen zu den rechtsethischen Grundlagen, durch die Wahrnehmung der verfassungsrechtlichen Beschränkungen der Besteuerungsgewalt und die tatsächliche Möglichkeit der Bemessung des Reichtums des Einzelnen gestaltet werden könne[482]. Das Prinzip des Übermaßverbots nimmt im Steuerrecht folglich die Rolle als quantitative Obergrenze der Fähigkeit zu den öffentlichen

---

476 RE Nr. 82.510, Berichterstatter: Richter Leitão de Abreu, Zweite Kammer, DJ v. 06.08.76.

477 RE Nr. 239.964, Berichterstatter: Richterin Ellen Gracie, Erste Kammer, DJ v. 09.05.2003.

478 RE Nr. 448.432 AgReg, Berichterstatter: Richter Joaquim Barbosa, Zweite Kammer, DJe v. 27.05.2010.

479 H. de Brito Machado, Direitos Fundamentais, S. 135f.

480 C. Menke, Efeitos de confisco, S. 142. In Anlehnung an C. Pacheco versteht H. de Brito Machado, dass die Abgabe mit konfiskatorischem Effekt diejenige sei, die als Strafe wirke, gerade weil sie übermäßig sei. Vgl. hierzu H. de Brito Machado, Princípios, S. 110.

481 C. Menke, Efeitos de confisco, S. 142.

482 Das führt zu einer verfahrensmäßigen und diskursiven Lösung. Vgl. hierzu R. Lobo Torres, Tratado II, S. 292.

Ausgaben beizutragen ein[483]. Es ergibt sich aus den Grundrechten und ist unabhängig von der Gerechtigkeit und der steuerlichen Leistungsfähigkeit[484]. *M. Derzi* ist der Auffassung, die steuerliche Leistungsfähigkeit sei ein Grundsatz, der als Maßstab bzw. Instrument zur Konkretisierung der Grundrechte, und zwar der Gleichheit und des Eigentumsrechts bzw. Konfiskationsverbots diene[485].

Der Übermaßverbotsgrundsatz erscheint in der brasilianischen Verfassung ausdrücklich als Verbot der Steuereinführung mit konfiskatorischer Wirkung, das heißt als eine der verfassungsrechtlichen Beschränkungen der Besteuerungsgewalt und dementsprechend als Fundamentalgarantie des Steuerzahlers. Er könnte als zusätzlicher Garant des allgemeinen Grundsatzes der Ausrichtung der Steuern nach der persönlichen steuerlichen Leistungsfähigkeit *systematisch* angesehen werden, da er im spezifischen Teil der Beschränkungen der Besteuerungsgewalt niedergelegt ist. Allerdings hat das Leistungsfähigkeitsprinzip - im Lichte des brasilianischen Steuerrechts – aus der Sicht eines existenzminimums-, handlungsfreiheits-, eigentums- und berufsfreiheitschonenden Fundamentalgrundsatzes seine verfassungsrechtliche Verankerung im steuerlichen Konfiskationsverbot. So setzt der Leistungsfähigkeitsgrundsatz voraus, dass der Bürger zum öffentlichen Finanzbedarf eine bestimmte Höhe beitragen muss, die nicht *exzessiv* ist, das heißt, die den Kernbereich des betroffenen Grundrechts nicht antastet, so dass die Grundrechtsausübung nicht verhindert bzw. nicht exzessiv erschwert wird. Zu den von der übermäßigen Besteuerung am häufigsten betroffenen Grundrechten zählen das aus der Menschenwürde und dem Sozialstaatsprinzip abgeleitete Existenzminimum, die Eigentumsgewährleistung und die Berufsfreiheit. Diese Aufzählung schließt andere Grundrechte nicht aus, wie z. B. das Grundrecht auf Gerichtsbarkeitszugang (Art. 5 XXXV CF), dessen Ausübung aufgrund übermäßiger Verfahrensgebühren in bestimmten Fällen gehindert sein kann. Aus freiheitsrechtlicher Sicht lässt das Leistungsfähigkeitsprinzip keine Relativierung zu. Es schützt den Steuerpflichtigen gegen übermäßige und unzumutbare Eingriffe in die letztgenannten Freiheitsgrundrechte ohne Rücksicht auf den Vergleich mit anderen Steuerpflichtigen, die sich in derselben Einkommensschicht befinden.

---

483 R. Lobo Torres, Tratado II, S. 304.

484 R. Lobo Torres, Tratado II, S. 304. Nach seiner Auffassung sei das Übermaßverbot unter drei unterschiedlichen Aspekten in der Verfassung verankert: zum Ersten im Konfiskationsverbot; zum Zweiten im Verbot übermäßiger Beeinträchtigung der Berufsfreiheit; zum Dritten im Verbot übermäßiger Besteuerung der Familie.

485 M. Derzi, Notas, in: A. Baleeiro, Limitações, S. 1.091. Ihrer Meinung nach gehen das Konfiskationsverbot – als Eigentumsgewährleistung – und die Gleichheit vom Leistungsfähigkeitsprinzip aus. Die Leistungsfähigkeit sei die Grundlage des Konfiskationsverbots. Vgl. M. Derzi, Notas, in: A. Baleeiro, Limitações, S. 1.100f.

C.VII.2. In Deutschland

Die Grundsätze des Übermaßverbots und der Verhältnismäßigkeit ergeben sich als übergreifende Leitregeln allen staatlichen Handelns zwingend aus dem Rechtsstaatsprinzip und haben daher Verfassungsrang[486]. Das Übermaßverbot wird durch die im Grundrechtskatalog vorgegebene Gerechtigkeitsordnung konkretisiert und präzisiert[487]. Es verkörpert die negative Schlussfolgerung aus dem Verhältnismäßigkeitsgrundsatz[488], verbietet den unverhältnismäßigen bzw. übermäßigen Steuereingriff[489]. Ebenso das deutsche Grundgesetz erwähnt – jedoch mit anderen Worten – das Übermaßverbot im Teil der Finanzverfassung. Art. 106 Abs. 3 S. 4 Nr. 2 GG sieht vor, dass die Deckungsbedürfnisse des Bundes und der Länder so aufeinander abzustimmen sind, dass eine *Überbelastung* der Steuerpflichtigen vermieden wird.

Freiheitsrechtlich betrachtet darf die Höhe einer steuerlichen – oder sonstigen – Belastung nicht ein Ausmaß erreichen, dass sich der Eingriff in die Eigentumsfreiheit, die Berufsfreiheit oder in ein anderes Grundrecht als unverhältnismäßig erweist[490]. Insofern muss z. B. der Kernbestand des Erfolges eigener Betätigung im wirtschaftlichen Bereich in Gestalt der grundsätzlichen Privatnützigkeit des Erworbenen im Einkommensteuerrecht verbleiben[491]. Zutreffend hat

---

486 BVerfGE 23, 127, 133 (Ersatzdienstverweigerung), unter Hinweis auf BVerfGE 6, 389, 439; 16, 194, 201f.; 17, 108, 117f.; 17, 306, 313f.; 19, 342, 348f.; 20, 45, 49f.

487 „Insofern sind die Ausprägungen des Übermaßverbotes im Bereich der Grundrechte Teil der Rechtsstaatlichkeit“. Vgl. hierzu J. Lang, Bemessungsgrundlage, S. 144 (FN 509).

488 Wie bereits im ersten Kapitel unter C.III.1 erörtert wurde, wird der Verhältnismäßigkeitsgrundsatz nach hier vertretener Auffassung als ein hermeneutisch-anwendbarer Maßstab eingeordnet, der vornehmlich der Auflösung von Prinzipienkollisionen dient. Die herkömmliche Einordnung als Prinzip scheint problematisch, denn die Verhältnismäßigkeit selbst kann nicht mit einem anderen Prinzip abgewogen und überlagert werden, falls dem anderen Prinzip ein höheres Gewicht in der Abwägung beigemessen wird. Ähnlich versteht dies J. Englisch, wenn er meint, dass der Grundsatz der Verhältnismäßigkeit nicht isoliert als eigenständiges Rechtsprinzip, sondern nur als „Regel der Metaebene zur Auflösung einer situationsspezifischen Prinzipienkollision entfaltet werden kann“. Ferner weist er darauf hin: „Der Grundsatz der Verhältnismäßigkeit setzt somit die Existenz abwägungsfähiger Rechtsprinzipien wie etwa des Leistungsfähigkeitsprinzips voraus und vermag diese nicht selbst zu begründen“. Vgl. J. Englisch, Wettbewerbsgleichheit, S. 574.

489 J. Lang, Bemessungsgrundlage, S. 145.

490 J. Englisch, Wettbewerbsgleichheit, S. 574.

491 J. Englisch, Wettbewerbsgleichheit, S. 575.

J. Englisch darauf hingewiesen, die Freiheitsrechte des Grundgesetzes seien einer der Pfeiler des Prinzips der Besteuerung nach der individuellen Leistungsfähigkeit. Es garantiert nicht nur, dass die Steuern nach den zeitlichen einkommens- und vermögensrechtlichen Positionen des Einzelnen auferlegt werden, sondern auch, dass der steuerliche Zugriff *freiheitsschonend* ausgestaltet sein muss, und dass die grundsätzliche Berücksichtigung ihrer persönlichen Umständen und Dispositionen zugesichert ist[492]. Insoweit ist das Leistungsfähigkeitsprinzip ein freiheitsschonendes Besteuerungsprinzip[493].

C.VIII. Die Freiheitsrechte

C.VIII.1. In Brasilien

Art. 5 CF zählt individuelle und kollektive grundlegende Rechte, Garantien und Pflichte auf, die im Endeffekt auf die Verwirklichung und Gewährleistung der wichtigsten Verfassungswerte zielen. Von den Verfassungswerten sind im Art. 5 CF das Leben, die Freiheit, die Gleichheit, die Sicherheit und das Eigentum ausdrücklich erwähnt. Einige der aufgezählten Rechte und Garantien entsprechen dem deutschen Rechtsbegriff der *Freiheitsrechte* bzw. *Freiheitsgrundrechte*. Zu nennen sind die Berufsfreiheit (Art. 5 XIII CF) und die Eigentums*freiheit*[494] (Art. 5 XXII CF), die häufig durch steuerliche Belastungs- und Gestaltungswirkungen betroffen werden.

---

492 J. Englisch, Wettbewerbsgleichheit, S. 576.

493 Es schont die monetären Grundbedingungen der Erwerbs- (objektives Nettoprinzip) und Existenzfreiheit (subjektives Nettoprinzip) im theoretischen Idealfall umfassend. Vgl. hierzu M. Lehner, Einkommensteuerrecht und Sozialhilferecht, S. 361.

494 Im brasilianischen Recht wird das Rechtsgut Eigentum eher als Recht oder als Garantie berücksichtigt. Dennoch schließt dies die (eigentumsbezogene) Freiheit des privatnützigen Erwerbens, Habens, Nutzens, Verbrauchens, Verwaltens und Veräußerns nicht aus. Siehe hierzu J. Englisch, StuW 2003, 237 (241). Nach der Kritik J. Englischs vermittelt die Eigentumsgewährleistung die vermögensrechtlichen Grundlagen, um die ebenfalls garantierte Handlungsfreiheit wahrzunehmen, geht aber nicht in ihr auf. Wie A. Liesenfeld vertritt, erstrecke sich der Schutzbereich des Art. 14 GG nicht nur auf konkrete einzelne Eigentumsrechte, sondern umfasse zusätzlich die allgemeine Handlungsfreiheit im vermögensrechtlichen Bereich. Vgl. A. Liesenfeld, Das steuerfreie Existenzminimum, S. 134. P. Kirchhof spricht über die Eigentümerfreiheit. Vgl. P. Kirchhof, HStR IV, § 88 Rz. 88ff. C. Menke, der das Verbot beschlagnahmender Wirkungen im Steuerrecht untersucht hat, berücksichtigt die weit verbreitete Berufsfreiheit – und ihre Entfaltungen und Verbindungen mit der Wettbewerbsfreiheit – als einzige Freiheitsweise, die von den Belastungs- und Gestaltungswirkungen betroffen werden kann. Andererseits hat er das menschenwürdiges Dasein und das Eigentum nicht außer Acht gelassen, aber hat sie als Grundrechte eingeordnet. Vgl. C. Menke, Efeitos de confisco.

Die steuerliche Leistungsfähigkeit und die Freiheit beeinflussen sich in zweifacher Hinsicht gegenseitig. Zum einen eröffnet die vom *contrat social* gewährte Freiheit der staatlichen Gewalt die Möglichkeit – oder sogar die unabweisbare Notwendigkeit -, am privaten wirtschaftlichen Erfolg Teilhabe zu haben und davon Geld zur Finanzierung der öffentlichen Aufwendungen zu erzielen. Die steuerliche Leistungsfähigkeit des Einzelnen wiederum eröffnet der staatlichen Gewalt die Möglichkeit, dem Einzelnen Steuern aufzuerlegen. Leistungsfähige Bürger gewährleisten die Aufrechterhaltung der Steuereinführung und -erhebung. Die Abgabe im Allgemeinen besteht im bürgerlichen Freiheitspreis, wird aber von der Freiheit beschränkt und kann sie sogar unterdrücken, wenn die Gesetzmäßigkeit die Abgabe nicht kontrolliert[495]. Zum anderen ist die staatliche Freiheit von Rechtsgrundsätzen eingeschränkt, die in den Freiheitsrechten – insbesondere in der Eigentumsgarantie und in der Berufsfreiheit - ihren Ursprung haben[496].

Das brasilianische steuerrechtliche Schrifttum und das Supremo Tribunal Federal sehen keine unmittelbare Fundierung des Leistungsfähigkeitsprinzips in den Freiheitsrechten. Wie bereits an früherer Stelle dargestellt wurde, ist es im Gleichheitssatz verankert und gilt zumindest bei den direkten Steuern als Hauptgrundsatz zur Zweckerreichung der Steuergerechtigkeit[497]. Trotzdem wird allgemein anerkannt, dass die Belastungswirkungen der Fiskalzwecknormen nicht übermäßig sein dürfen, so dass die Ausübung der Berufsfreiheit und die Aufrechterhaltung des Kernbestands privaten wirtschaftlichen Erwerbs aufgrund des steuerlichen Zugriffs nicht verhindert oder stark erschwert wird. Der steuerliche Eingriff in die Freiheitsrechte ist stets im Lichte des Übermaßverbotes und mittels der Verhältnismäßigkeitsprüfung zu würdigen.

C.VIII.2. In Deutschland

Wie soeben erwähnt wurde, sind die Freiheitsrechte des Grundgesetzes einer der Pfeiler des Leistungsfähigkeitsprinzips[498]. Es ist Ausdruck freiheitsrechtlicher

495 R. Lobo Torres, Tratado II, S. 302.

496 R. Lobo Torres, Tratado II, S. 303. R. Lobo Torres ist der Auffassung, wonach die mit der Leistungsfähigkeit verbundenen Freiheitsrechte sich von der Besteuerungsgewalt nicht relativieren lassen. Der Geldentzug kann lediglich im Rahmen der Freiheitsgrundrechte stattfinden.

497 Siehe dazu oben unter C.II.1 u. C.III.1.

498 J. Englisch, Wettbewerbsgleichheit, S. 576. „Die Freiheitsrechte setzen derlei Konkretisierungen des Leistungsfähigkeitsprinzips jedoch immanente, der Wahrung gleichmä-

Besteuerungsgrenzen[499] und entfaltet dementsprechend eine Doppeldimension[500]. Zum einen gilt es gleichheitsrechtlich als Steuerlastverteilungsprinzip und lässt eine vergleichende Betrachtung zweier oder mehrerer von Steuernormen betroffenen Gruppen zu. Aus dieser Sicht erweist es sich als ein *relativer* Grundsatz. Zum anderen gilt es ebenfalls als freiheitsschonender Besteuerungsgrundsatz[501] und lässt das Einfließen Interessen Dritter in die Betrachtung nicht zu, wenn es sich um steuerliche Eingriffe in die Freiheitsgrundrechte des Einzelnen von entsprechender Intensität handelt. Hier spielt es keine Rolle, ob eine übermäßige und folglich freiheitsbeeinträchtigende Gestaltungswirkung vom Gesetzgeber erwünscht wurde oder nicht. Im Hinblick darauf entfaltet das Leistungsfähigkeitsprinzip einen *absoluten*[502] Charakter.

Das Leistungsfähigkeitsprinzip ist ethisches Axiom, aber auch die Zusammenfassung verfassungsrechtlicher Prinzipien[503]. Die Grundsätze der Freiheit und Gleichheit, der Existenz- und Friedenssicherung – als Maßstab für die Gerechtigkeit einer positiven Rechtsordnung – haben im Leistungsfähigkeitsprinzip eine steuerrechtliche Ausprägung gefunden[504]. Im Einzelnen hat es seine freiheitsrechtlichen Anknüpfungspunkte in der Handlungsfreiheit[505], Berufsfreiheit und Eigentumsgarantie[506]. Die Eingriffe in die letztgenannten Freiheitsgrundrechte stellen sich normalerweise in Verbindung mit dem Übermaßverbot dar und wirken im Endeffekt ebenfalls auf das von der Menschenwürdegarantie und

---

ßig-sachgerechter Lastenausteilung verpflichtete Grenzen". Vgl. hierzu J. Englisch, Wettbewerbsgleichheit, S. 580f.

499 A. Liesenfeld, Das steuerfreie Existenzminimum, S. 128. Sie vertritt die Auffassung, wonach die Menschenwürdegarantie und das allgemeine Persönlichkeitsrecht der Einkommensbesteuerung bedarfsorientierte freiheitsrechtliche Grenzen ziehen, die in ihrer Untersuchung unter dem Begriff des Leistungsfähigkeitsprinzips zusammengefasst wurden. Siehe hierzu A. Liesenfeld, Das steuerfreie Existenzminimum, S. 170.

500 Vgl. R. Wernsmann, Verhaltenslenkung, S. 286. Unabhängig von Vergleichen mit der Besteuerung Dritter konkretisiere das Leistungsfähigkeitsprinzip sowohl Gleichheits- als auch Freiheitsgrundrechte des Grundgesetzes. Siehe hierzu R. Wernsmann, Verhaltenslenkung, S. 289.

501 Vgl. H. Weber-Grellet, Steuern im modernen Verfassungsstaat, S. 166f.: „Der Grundsatz der Leistungsfähigkeit, der sich – im Sinne des Prinzips der Einheit der Verfassung – aus einem Zusammenwirken des Demokratieprinzips, der Freiheitsrechte, der Gleichheitsrechte und des Sozialstaatsgedankens ableitet, ist freiheitsschützend (Art. 2, Art. 14 GG), fordert zugleich aber auch sozial ausgewogene Verteilungsgerechtigkeit (Art. 3 Abs. 1, Art. 20 GG)".

502 Ähnlich R. Wernsmann, Verhaltenslenkung, S. 288.

503 P. Kirchhof, Besteuerung im Verfassungsstaat, S. 21.

504 P. Kirchhof, Besteuerung im Verfassungsstaat, S. 21.

505 Vgl. H. Weber-Grellet, Steuern im modernen Verfassungsstaat, S. 29.

506 A. Liesenfeld, Das steuerfreie Existenzminimum, S. 130ff.

vom Sozialstaatsprinzip abzuleitende Existenzminimum. Die steuerliche Leistungsfähigkeit in ihrer freiheitsrechtlichen Dimension schützt den Steuerpflichtigen gegen die Steuererhebung, die über seine Zahlungsfähigkeit hinaus geht und die Ausübung seiner Berufsfreiheit[507] oder die Entfaltung seiner Persönlichkeit verhindert oder stark erschwert. Auf der anderen Seite darf seine Handlungsfreiheit eingeschränkt werden, wenn er durch aktive Handlungspflichten und passive Duldungspflichten von der Steuerbehörde überprüft wird[508]. Das Leistungsfähigkeitsprinzip besagt im Zusammenhang mit dem Gleichheitssatz und der Eigentumsgarantie, dass ein privatnütziges Wirtschaftsgut so zu belasten ist, dass der Ertrag dieses Gutes zur Steuerzahlung befähigt, dabei aber die Substanz des Gutes nicht vermindert wird und der Ertrag auch nach Besteuerung von privatem Nutzen bleibt[509]. In der Finanzverfassung kann Art. 106 Abs. 3 S. 4 Nr. 2 GG als Ausdruck der freiheitsrechtlichen Dimension des Leistungsfähigkeitsprinzips begriffen werden, wonach eine Überbelastung der Steuerpflichtigen vermieden werden müsse[510].

Art. 3 Abs. 1 GG kann nicht als das bloße Medium der Durchsetzung des Leistungsfähigkeitsprinzips als ungeschriebenes Verfassungsprinzip angesehen werden[511]. Dem Gesetzgeber ist das verfassungsrechtliche Gebot auferlegt die Konkretisierung des Leitprinzips der gleichmäßigen Besteuerung an Indikatoren zu betrachten, die sich einerseits freiheits- und gleichheitsschonend vollziehen lassen, andererseits aber den sozialstaatlich vorgegebenen Vermögensbezug der solidarischen Lastentragungsfähigkeit nicht aus dem Blick verlieren[512]. Eine freiheitsgerechte Besteuerung darf die wirtschaftliche Leistungsfähigkeit nicht zerstören und muss deshalb am Merkmal der individuellen wirtschaftlichen Leistungsfähigkeit anknüpfen[513].

C.IX. Zusammenfassende Stellungnahme

Die gewonnenen Erkenntnisse zu den verfassungsrechtlichen Grundlagen des Leistungsfähigkeitsprinzips lassen sich wie folgt beschreiben:

507 Vgl. H. Weber-Grellet, Steuern im modernen Verfassungsstaat, S. 169. Nach der Meinung P. Kirchhofs schützt die Garantie der Berufsfreiheit das durch Einsatz der Arbeitskraft erworbene Einkommen. Art. 14 GG wiederum verstärkt den Bestandsschutz für das Erworbene. Vgl. P. Kirchhof, Besteuerung im Verfassungsstaat, S. 24.

508 Vgl. J. Lang, Bemessungsgrundlage, S. 148.

509 P. Kirchhof, Besteuerung im Verfassungsstaat, S. 23.

510 R. Wernsmann, Verhaltenslenkung, S. 289.

511 D. Birk, Leistungsfähigkeitsprinzip, S. 163.

512 J. Englisch, Wettbewerbsgleichheit, S. 582.

513 D. Birk, Leistungsfähigkeitsprinzip, S. 136.

Das Leistungsfähigkeitsprinzip besteht im rechtsethischen Fundamentalprinzip einer proportionalen Verteilung der Steuerlasten zwischen den Bürgern. Es ist die Abkürzung des *Grundsatzes einer gleichmäßigen Besteuerung nach der individuellen steuerlichen Leistungsfähigkeit*. Seine Konkretheit hängt von den Wertentscheidungen des Verfassungsgebers ab, die in den Grundrechten ihre besondere Ausprägung finden. Es findet folglich seine verfassungsrechtlichen Grundlagen im (1) Sozialstaatsprinzip, im (2) Gleichheitssatz und in den (3) Freiheitsgrundrechten in Verbindung mit dem Übermaßverbot.

Das Sozialstaatsprinzip besagt einerseits, dass alle Bürger zur Finanzierung der öffentlichen Aufwendungen nach Maßgabe ihrer individuellen wirtschaftlichen Leistungsfähigkeit *solidarisch* beitragen müssen. Das Steuerrecht verwirklicht Elemente des durch Art. 20 Abs. 1 GG vorgegebenen sozialen Ausgleiches und der sozialen Solidarität durch die konsequente Umsetzung des Leistungsfähigkeitsprinzips[514]. Andererseits sichert das Sozialstaatsprinzip in Verbindung mit der Menschenwürdegarantie zu, dass das Existenzminimum unantastbar ist. Insofern gewährleistet der Leistungsfähigkeitsgrundsatz, dass die Steuerzahlungsfähigkeit erst beginnt, wenn die Bestreitung der existenznotwendigen[515] Aufwendungen bereits sichergestellt ist. Die Besteuerung darf nur auf den darüber hinausgehenden Teil des Einkommens fallen (auf das disponible Einkommen). Insofern weist das Sozialstaatsprinzip eine leistungsfähigkeitsbezogene Doppelfunktion auf. Nach der hier vertretenen Auffassung ist die Konzeption des Existenzminimums dem steuerrechtlichen Leistungsfähigkeitsbegriff inhärent und von ihm untrennbar[516].

Der Gleichheitssatz wiederum braucht aufgrund seines relativen Charakters und seiner bereichsspezifischen Konkretisierungsbedürftigkeit einen Maßstab, der von außen an ihn herangetragen werden soll. Die steuerliche Leistungsfähigkeit ist dieser Maßstab, der dem Vergleich zwischen den Steuerpflichtigen im Rahmen einer gebotenen gleichmäßigen, proportionalen Steuerlastausteilung dient. Insoweit hat das Leistungsfähigkeitsprinzip keine gleichheitsrechtliche Fundierung, sondern besteht im bereichsspezifischen Maßstab zum unabweisba-

---

514 J. Englisch, Wettbewerbsgleichheit, S. 578.

515 Zum Leistungsfähigkeitsgrundsatz im Rahmen der Bestreitung erwerbssichernder Aufwendungen siehe im 3. Kapitel unter C.I.2 u. C.II.8.

516 Ähnlich K. Tipke, Steuergerechtigkeit, S. 102: „Unter dem Leistungsfähigkeitsaspekt lässt es sich rechtfertigen, lebensnotwendige Leistungen, Luxusleistungen und andere Leistungen zu unterscheiden"; S. 108: „Ein Gesetzgeber indessen, der einerseits lebensnotwendige Güter besteuert, wie Salz und Zucker, andererseits Luxusgüter nicht erfasst, handelt gewiss nicht konsequent im Sinne des Leistungsfähigkeitsprinzips". Dies erleuchtet die existenzminimumschonende Dimension des Leistungsfähigkeitsprinzips.

ren Vergleich im Bereich der sozialstaatlich vorgegebenen vermögensbezogenen Lastentragungsfähigkeit.

Zuletzt kommen die Freiheitsgrundrechte als einer der Pfeiler des Leistungsfähigkeitsprinzips zum Ausdruck. Die freiheitsrechtliche Betrachtung des Fundamentalgrundsatzes findet immer in Verbindung mit dem Übermaßverbot statt. Das bedeutet, dass steuergesetzliche Einschränkungen auf freiheitsrechtliche Positionen zulässig sind, aber sich nicht übermäßig auswirken dürfen. Die Obergrenze des Übermaßes ist schwer quantifizierbar und soll hier nicht vertieft werden. Als Ausgangspunkt der hier behandelten Probleme soll festgelegt werden, dass der *quantitative* Umfang des Verbots einer Besteuerung von den Umständen, Besonderheiten und persönlichen Verhältnissen des konkreten Falls abhängt. Daneben liegen die *qualitativen* Grenzen der übermäßigen Besteuerung darin, dass die Ausübung der Freiheitsgrundrechte nicht verhindert oder erheblich erschwert werden darf. Zu den am häufigsten betroffenen Freiheitsgrundrechten zählen die Handlungsfreiheit und die Berufsfreiheit. Darüber hinaus schützt der Leistungsfähigkeitsgrundsatz ebenfalls vor exzessiven Eingriffen in vermögensrechtliche Positionen. Das Maß dazu besteht darin, dass der Bestand des privaten wirtschaftlichen Erwerbens von der Besteuerung unantastbar und der größte Teil des Ertrags eines Wirtschaftsgutes zum privaten Nutzen bleiben muss. Die Bemessung der Intensität der Belastungswirkungen auf die letztgenannten Freiheitsgrundrechte darf in der Verhältnismäßigkeitsprüfung nicht durchgeführt werden, denn Fiskalzwecke dürfen nicht mit Eingriffen in die freiheitsrechtliche Privatsphäre des Einzelnen abgewogen werden. Dem gegenüber dürfen und müssen sozial- und wirtschaftspolitische Zwecke mit den betroffenen Freiheitsrechten in der Verhältnismäßigkeitsprüfung abgewogen werden, wenn es um Gestaltungswirkungen geht. So soll der Leistungsfähigkeitsbegriff auch freiheitsschonend ausgestaltet werden.

Schließlich gilt es abschließend herauszuarbeiten, ob und inwieweit sich das Leistungsfähigkeitsprinzip anhand bestimmter Rechtfertigungsgründe durchbrechen lässt.

D. Durchbrechungen des Leistungsfähigkeitsprinzips

Die Belastungswirkungen der Steuernormen sind stets am Leistungsfähigkeitsprinzip zu messen. Bei der Ausgestaltung des Steuergegenstandes und des Steuersatzes hat der Steuergesetzgeber nach der Rechtsprechung des Bundesverfassungsgerichts einen weiten Spielraum. Dennoch muss die einmal getroffene gesetzgeberische Belastungsentscheidung folgerichtig im Sinne der Belastungsgleichheit umgesetzt werden[517]. Abweichungen von dieser folgerichtigen Umsetzung bedürfen eines besonderen sachlichen Grundes[518]. Die Rechtfertigungsbedürftigkeit einer Durchbrechung des sachgerechten Fundamentalgrundsatzes der Steuerlastverteilung ist im Wesentlichen nicht anders. Nichtsdestoweniger ist es im Schrifttum noch unklar und in der Rechtsprechung noch nicht hinreichend objektiv festgestellt, welchen Rang die zulässigen Gründe darstellen und inwieweit sie *gewichtig* sein müssen, um ein rechtsethisches Grundlegendenprinzip durchbrechen zu können[519].

Als rechtsethischer steuersystemtragender Grundsatz kann das Leistungsfähigkeitsprinzip durch ein Gestaltungsprinzip von geringerem rechtsethischem Inhalt nicht durchbrochen werden[520]. Durchbrechungen des Fundamentalprinzips – die zugleich eine Durchbrechung des Systems sind – sind nicht grundsätzlich unzulässig[521]. Allerdings bedürfen sie eines rechtfertigenden Grundes in Gestalt schutzwürdiger anderer Zwecke, die sich wiederum selbst auf einem

517 Vgl. BVerfGE 127, 224, 244. Mit weiteren Nachweisen.

518 Vgl. BVerfGE 127, 224, 244. Mit weiteren Nachweisen.

519 Nach der Auffassung D. Birks kann eine Durchbrechung des für die steuerlichen Belastungswirkungen geltenden Verteilungsmaßstabs gerechtfertigt werden, und zwar wenn Gestaltungszwecke verfolgt werden, die verfassungsrechtlichen Vorrang haben. Auf der anderen Seite weist D. Birk zutreffend darauf hin, dass ein Grundrechtsverstoß steuerlicher Gestaltungswirkungen in jedem Fall zur Verfassungswidrigkeit der Steuernorm führe. Dazu zählt die intensive Beeinträchtigung der betroffenen Eigentumsobjekte, wenn sie weder unter dem Gesichtspunkt der Inhaltsbestimmung noch der Sozialbindung gerechtfertigt werden kann. Vgl. D. Birk, Leistungsfähigkeitsprinzip, S. 259 u. 209.

520 Im Rahmen der Steuervereinfachung hat H. G. Ruppe ausgeführt: „Steuervereinfachung kann daher nicht so weit gehen, daß die Struktur, die Belastungskonzeption der einzelnen Steuer eine wesentliche Veränderung erfährt. Steuervereinfachung ist insoweit nur ein sekundäres, subsidiäres Gestaltungsprinzip, das nur im Rahmen der Wertungen des betreffenden Steuersystems bzw. Steuergesetzes zur Geltung kommen kann“. Vgl. H. G. Ruppe, DStJG 21 (1998), 29 (30).

521 K. Tipke, StRO, S. 329; J. Englisch, Dividendenbesteuerung, S. 135.

sachgerechten Prinzip stützen können[522]. *M. Derzi* weist darauf hin, dass andere verfassungsrechtlich gültige Maßstäbe Ausnahmen zwischen gleichleistungsfähigen Steuerpflichtigen rechtfertigen können[523]. Diese Maßstäbe basieren auf anderen Verfassungswerten – wie z.B. der nationalen Entwicklung, der Ausfuhrpolitik und der Arbeitsförderung –, die nicht unmittelbar zur austeilenden Gerechtigkeit gehören[524]. *A. Baleeiro* war der Auffassung, das Leistungsfähigkeitsprinzip könne von anderen Verfassungswerten durchbrochen werden, die als Vergleichsmaßstäbe im Rahmen der extrafiskalischen Besteuerung und der Polizeigewalt gelten[525]. Jedenfalls muss die rechtfertigungsbedürftige Ungleichbehandlung bzw. Gleichbehandlung dem Verhältnismäßigkeitsmaßstab und dem Übermaßverbotsgrundsatz genügen[526].

Nicht alle denkbaren Rechtfertigungsgründe zur Durchbrechung des hier betrachteten Fundamentalprinzips werden erörtert, sondern nur diejenigen, die zur Arbeit konkret beitragen können, wie unten zu zeigen sein wird. Einige vom deutschen und brasilianischen Schrifttum häufig gewürdigten wichtigen Argumente – wie z.B. Praktikabilitäts- und Lenkungsgründe – werden im Folgenden mit einbezogen.

---

522 J. Englisch, Dividendenbesteuerung, S. 135. Ähnlich K. Tipke, StRO, S. 329.

523 M. Derzi, Notas, in: A. Baleeiro, Limitações, S. 878.

524 M. Derzi, Notas, in: A. Baleeiro, Limitações, S. 878. Siehe auch R. Lobo Torres, Tratado II, S. 309ff. Dieser Autor ist der Meinung, wonach die Justiziabilität der gesetzgeberischen Ausgestaltung des Leistungsfähigkeitsprinzips nur möglich sei, wenn der Gesetzgeber seine Schranken überschreite und gegen die Freiheitsrechte verstoße. Dies war der Fall der Verfassungswidrigkeitserklärung einer Verfahrensgebühr des Landes Rio de Janeiro. Bei der Obergrenze stellte die Gebühr beschlagnahmenden Charakter dar, weil sie keine quantitative Obergrenze hatte. Bei der Untergrenze beeinträchtigte die Gebühr das Gerechtigkeitszugangsrecht, denn sie griff in das Existenzminimum ein. Vgl. R. Lobo Torres, Tratado II, S. 312.

525 A. Baleeiro, Limitações, S. 873ff. Nach Art. 78 der brasilianischen Abgabenordnung besteht die Polizeigewalt in der Tätigkeit der öffentlichen Verwaltung, die Rechte, Interessen oder Freiheit beschränkt oder diszipliniert, aufgrund des öffentlichen Interesses an Sicherheit, Hygiene, Ordnung, Sitten, Regulierung der Produktion und des Marktes, Ausübung der von öffentlichen Konzessionen oder Erlaubnissen abhängigen wirtschaftlichen Tätigkeiten, des öffentlichen Friedens oder Respekts vor dem Eigentum und den Individual- und Kollektivrechten.

526 Das heißt, durch den Normzweck aufgewogen werden und ein geeignetes und erforderliches Mittel sein, um diesen zu erreichen. Vgl. J. Englisch, Dividendenbesteuerung, S. 135. Ähnlich K. Tipke, StRO, S. 332. Dies ist sehr strittig. Siehe näher dazu im Folgenden.

D.I. Mögliche Rechtfertigungsgründe

D.I.1. Fiskalische Ergiebigkeit

Der Finanzbedarf des Staates und sogar ein eventueller Mehrbedarf[527] sind nicht geeignet, eine Durchbrechung des Leistungsfähigkeitsprinzips zu rechtfertigen[528]. Vielmehr müssen die Fiskalzwecknormen, die gerade zur Deckung dieses Finanzbedarfs dienen, stets am Maßstab der individuellen steuerlichen Leistungsfähigkeit ausgerichtet werden, um den Anforderungen an die Belastungsgleichheit entsprechen zu können. Ausnahmen einer folgerichtigen Umsetzung der einmal getroffenen gesetzgeberischen Belastungsentscheidung bei der Ausgestaltung des steuerrechtlichen Ausgangstatbestands bedürfen eines besonderen sachlichen Grundes[529]. Vor allem außerfiskalische Förderungs- und Lenkungszwecke, sowie Typisierungs- und Vereinfachungserfordernisse zählen zu diesen Ausnahmen, nicht jedoch der rein fiskalische Zweck staatlicher Einnahmeerhöhung[530]. Der Finanzbedarf muss aufgrund sachgerechter, konsequent durchzuführender Prinzipien gedeckt werden[531]. Sogar bei der Beachtung des im finanzwissenschaftlichen Schrifttum erörterten Grundsatzes der Ausreichendheit der Steuererträge sind andere Besteuerungsprinzipien – wie z.B. die Steuergerechtigkeitspostulate - im Auge zu behalten[532]. Der Finanzbedarf sei niemals geeignet, eine verfassungswidrige Steuer zu rechtfertigen[533].

527 Auch die bloße Absicht, staatliche Mehreinkünfte zu erzielen, ist „für sich genommen grundsätzlich noch kein den Vertrauensschutz betroffener Steuerpflichtiger überwindendes Gemeinwohlinteresse, denn dies würde bedeuten, dass der Vertrauensschutz gegenüber rückwirkenden Verschärfungen des Steuerrechts praktisch leerliefe.“ Siehe BVerfGE 127, 1, 26. Vgl. auch BVerfGE 105, 17, 45.

528 J. Englisch, Dividendenbesteuerung, S. 135. Zu den von den Finanzwissenschaftlern präferierten Ausgleichsmechanismen siehe im 3. Kapitel unter C.II.7.c)cc

529 Vgl. BVerfGE 122, 210, 230f.

530 BVerfGE 122, 210, 230f.; BVerfGE 116, 164, 182. Auch in Bezug auf Einsparungsmaßnahmen muss der Staat auf eine gleichheitsgerechte Verteilung der Lasten achten. Vgl. BVerfGE 116, 164, 182, im Anschluss an BVerfGE 6, 55, 80; 19, 76, 84 f.; 82, 60, 89. Vgl. auch S. Breinersdorfer, DStR 2010, Nr. 49, S. 2.494ff.

531 K. Tipke, StRO, S. 329.

532 Vgl. F. Neumark, Grundsätze, S. 53. Der Grundsatz der Ausreichendheit der Steuererträge verlangt, „das Gesamtsteuersystem eines Landes unter der Voraussetzung eines rationalen vertikalen Finanzausgleichs quantitativ und qualitativ so zu gestalten, dass die Steuererträge auf jeder politischen Ebene die nachhaltige Deckung der von ihr steuerlich zu finanzierenden Ausgaben gestatten“.

533 BVerfGE 6, 55, 80.

Im brasilianischen Schrifttum wurde bereits wiederholt die Aussage getroffen, dass lediglich wirtschafts- bzw. sozialpolitische Lenkungsziele, die sich eigentlich auf einen oder mehrere Verfassungszwecke stützen, Durchbrechungen des Leistungsfähigkeitsprinzips rechtfertigen können[534]. Der Finanzbedarf bzw. eine knappe Haushaltslage sind keine besonderen sachlichen Gründe für eine Abweichung von der Belastungsgleichheit. Darüber hinaus hat das Supremo Tribunal Federal mehrmals entschieden, der Staat dürfe nicht aufgrund der Einnahmeerhöhung bzw. der Gewährleistung der Steuererhebung unverhältnismäßig in die Freiheitsrechte eingreifen, vornehmlich durch Eingriffe in die Berufsausübungsfreiheit bzw. in die Ausübung erlaubter wirtschaftlicher Tätigkeit und in die Wettbewerbsfreiheit[535].

D.I.2. Vereinfachungszwecke bzw. Gründe der Verwaltungsökonomie

Die Notwendigkeit Millionen von Steuerfällen mit begrenzten personellen und finanziellen Ressourcen seitens der Finanzbehörden bewältigen zu müssen ist allgemein bekannt. Das Steueraufkommen darf dabei nicht für die Bestreitung von Aufwendungen für Steuererhebung bzw. Steuerermittlung verbraucht bzw. wesentlich gemindert werden. Es muss daher das Verhältnis zwischen Steuererhebungskosten und Steueraufkommen abgewogen werden. Dafür sollen Vereinfachungszwecknormen eine zu hohe Komplexität oder sogar die Undurchführbarkeit von Gesetzen verhindern (Praktikabilitätsprinzip)[536]. Ein Gewinn an Rechtsklarheit, Systemwiderspruchslosigkeit und letztlich das Gebot gleichmäßigen Vollzugs kann sich ebenfalls aus Vereinfachungszwecknormen ergeben.

Der Gesetzgeber darf zur Entlastung der Steuerverwaltung mit Typisierungen und Pauschalierungen arbeiten[537]. Er darf einen steuererheblichen Vorgang - um der materiellen Gleichheit Willen - im typischen Lebensvorgang erfassen und individuell gestaltbare Besonderheiten unberücksichtigt lassen[538]. Das Bundesverfassungsgericht hat bereits darauf hingewiesen, dass bei Steuergesetzen gewisse ungleiche wirtschaftliche Auswirkungen auf einzelne Steuerschuldner

---

534 Vgl. insbesondere A. Baleeiro, Limitações, S. 873ff.; M. Derzi, Notas, in: A. Baleeiro, Limitações, S. 878ff.; H. Ávila, Igualdade, S. 161ff.

535 Vgl. insbesondere AgRgRE 370.212, Berichterstatter: Richter Joaquim Barbosa, Zweite Kammer, DJe v. 16.11.2010, m.w.N.

536 J. Lang, in: Tipke/Lang, Steuerrecht, § 4 Rz. 130.

537 J. Lang, in: Tipke/Lang, Steuerrecht, § 4 Rz. 132.

538 BVerfGE 96, 1, LS 1. Siehe auch S. Breinersdorfer, DStR 2010, Nr. 49, S. 2.496.

und auf ihre Wettbewerbslage unvermeidbar und hinzunehmen sind[539]. Das Maß dieser ungleichen Auswirkungen muss ermittelt werden, um diese dann mit den Vorteilen der Typisierung abzuwägen.[540]. Nur geringfügige oder nur in besonderen Fällen auftretende Ungleichheiten seien unbeachtlich[541]. Die durch die Typisierung eintretenden Härten oder Ungerechtigkeiten dürfen nur eine verhältnismäßig kleine Zahl von Personen betreffen[542].

Das Bundesverfassungsgericht hat wiederholt betont, dass wesentlich für die Zulässigkeit einer typisierenden Regelung sei, ob eine durch sie entstehende Ungerechtigkeit nur unter Schwierigkeiten vermeidbar wäre[543]. Hierfür seien auch praktische Erfordernisse der Verwaltung von Gewicht[544]. Dennoch dürfen Praktikabilitätserwägungen nicht einen beträchtlichen Verlust an Einzelfallgerechtigkeit zur Folge haben[545]. Gegen diesen möglichen beträchtlichen Verlust an Einzelfallgerechtigkeit kann das Erforderlichkeitsprinzip einen wichtigen Beitrag leisten, da es den Gesetzgeber zwingt, den individuellen Konturen der jeweiligen Fallkonstellationen soweit wie möglich schonend nachzugehen[546]. Diese „individualisierende Tendenz", die vor allem in den Freiheitsrechten angelegt ist, verpflichtet den Gesetzgeber zur Achtung von Individualität und den Besonderheiten des Einzelfalles[547]. Auf der anderen Seite können die durch Vereinfachungsvorschriften in Einzelfällen auftretenden unbilligen Härten hingenommen werden, wenn ein Billigkeitserlass nach § 227 AO in Betracht komme[548].

Unbeschadet der Relevanz von Vereinfachungszwecknormen dürfen die Rufe nach Steuervereinfachung nicht übersehen, dass Einfachheit, Klarheit und Transparenz des Steuersystems keine Selbstzwecke sind[549]. Steuervereinfachung sei insoweit nur ein sekundäres, subsidiäres Gestaltungsprinzip, das nur im Rahmen der Wertungen des betreffenden Steuersystems bzw. Steuergesetzes zur Geltung kommen könne[550]. Auch die auf den Regelfall abstellende gesetzgeberische Durchschnittsbetrachtung und die sich daraus ergebenden Vereinfachungen

539 BVerfGE 21, 12, 27.
540 BVerfGE 21, 12, 27.
541 BVerfGE 21, 12, 27; 13, 331, 341; 82, 159, 186.
542 BVerfGE 63, 119, 128; 84, 348, 360.
543 BVerfGE 63, 119, 128; 45, 376, 390.
544 BVerfGE 63, 119, 128; 9, 20, 31ff.
545 J. Lang, in: Tipke/Lang, Steuerrecht, § 4 Rz. 130.
546 P. Lerche, HStR V, § 122 Rn. 18.
547 P. Kirchhof, DStJG 21 (1998), 9 (21).
548 BVerfGE 16, 147, 177; 21, 54, 71.
549 C. Waldhoff, Verfassungsrechtliche Vorgaben, S. 5.
550 H. G. Ruppe, DStJG 21 (1998), 29 (30).

müssen in einem angemessenen Verhältnis zu den Gleichheitsverstößen stehen[551]. Verwaltungsökonomische Erwägungen entfalten keinen absoluten Wert und können von anderen Überlegungen überwunden werden[552]. Steuervereinfachung und Praktikabilität haben nicht die gleiche Wertigkeit wie ethische Prinzipien[553].

Unter den in der brasilianischen Verfassung vorgesehenen allgemeinen Grundsätzen des nationalen Steuerrechtssystems gibt es kein Prinzip, das zu Lasten des Leistungsfähigkeitsprinzips und zu Gunsten der Steuerverwaltungspraktikabilität wirkt[554]. Die Praktikabilität stellt ein Rechtsprinzip dar, welches sich nicht ausdrücklich, sondern *diffus* in der Rechtsordnung befindet[555]. *M. Derzi* bemerkt zu Recht, dass die Praktikabilität der Einzelfallgerechtigkeit bzw. der Differenzierung nach der persönlichen und wirklichen wirtschaftlichen Leistungsfähigkeit gegenüber steht[556]. Trotzdem hat der brasilianische Verfassungsgeber die individualisierte Behandlung des Steuerzahlers - das heißt die Berücksichtigung der persönlichen Eigenschaften - hervorgehoben, als er im Art. 145 § 1 CF festgelegte, „die Steuern werden persönlichen Charakter haben und nach der wirtschaftlichen Leistungsfähigkeit des Steuerpflichtigen abgestuft werden“[557]. *H. Ávila* weist zutreffend darauf hin, dass der Gesetzgeber - in allen Fällen, in denen dies möglich ist - auf die Persönlichkeit des Steuerzahlers nach der wirtschaftlichen Leistungsfähigkeit zu achten habe[558]. Die einzige Ausnahme einer persönlichen leistungsfähigkeitskonformen Gestaltung der Steuern sei lediglich im Fall ihrer *Unmöglichkeit*, aber nicht im Fall einer bloßen Schwierigkeit zulässig[559].

---

551 H. G. Ruppe, DStJG 21 (1998), 29 (57).

552 Ähnlich H. G. Ruppe, DStJG 21 (1998), 29 (57).

553 J. Lang, in: Tipke/Lang, Steuerrecht, § 4 Rz. 130.

554 H. Ávila, Igualdade, S. 86.

555 M. Derzi, Notas, in: A. Baleeiro, Limitações, S. 888 („Die Praktikabilität ist ein implizites verfassungsrechtliches Gebot“).

556 M. Derzi, Notas, in: A. Baleeiro, Limitações, S. 889. Ein verfassungsrechtlicher Ausdruck der Praktikabilität wäre der Grundsatz der Selektivität gemäß der Wesentlichkeit im Rahmen der Umsatzsteuer und der Steuer auf industrialisierte Produkte. Aufgrund einer zu schwierigen oder sogar unmöglichen Abstufung dieser Steuern nach der persönlichen wirtschaftlichen Leistungsfähigkeit würde der Grundsatz der Selektivität als Ersatzgrundsatz dienen. Siehe dazu im 3. Kapitel unter B.VII.

557 H. Ávila, Igualdade, S. 85.

558 H. Ávila, Igualdade, S. 85f.

559 H. Ávila, Igualdade, S. 86. Die persönlichen Merkmale des Steuerpflichtigen darf der Gesetzgeber ebenfalls in dem Fall unberücksichtigt lassen, in dem die steuerliche Nachprüfung sich übermäßig aufwendig gestaltet, sodass die Besonderheiten der Steuerzahler nicht nachgeprüft werden könnten, weil ihre Berücksichtigung – mangels Kontrolle,

Die Konkretisierung ist im Einzelnen umstritten. Beispielhaft war die Entscheidung des Supremo Tribunal Federal über die Verfassungsmäßigkeit der von den Autoherstellern im Voraus erhobenen brasilianischen Umsatzsteuer[560]. Nach derzeitigem Umsatzsteuergesetz des Landes São Paulo könnte der Autohersteller Steuerschuldner der nachfolgenden Lieferungen sein. Nach den beanstandenden Vorschriften war die Umsatzsteuerbemessungsgrundlage der Höchst- bzw. Einzelverkaufspreis des Einzelhändlers[561]. Das bedeutete, dass der Autohersteller die vom Einzelhändler *künftige* geschuldete Umsatzsteuer entrichten musste. Zur Frage stand, ob die Umsatzsteuer des Landes São Paulo unter diesen Umständen vom Autohersteller erhoben werden könnte, wenn es eigentlich noch keinen endgültigen Umsatzsteueranspruch gibt. Mit anderen Worten: wenn der Verkauf zum Endverbraucher noch nicht durchgeführt wurde und folglich der Umsatzsteueranspruch noch nicht entstanden ist. Die Mehrheit der Richter war der Auffassung, wonach es kein verfassungsrechtliches Verbot zur im Voraus durchzuführenden Erhebung der Umsatzsteuer gibt[562]. Darüber hinaus könnte der Gesetzgeber gesetzestechnische Maßnahmen vorsehen, die zur Vereinfachung und Praktikabilität der Steuererhebung und folglich zur Erhöhung der Steuereinnahme führen[563]. Im Fall wurde gegen das Leistungsfähigkeitsprinzip nicht verstoßen, weil bei den indirekten Steuern auf den Verbrauch die steuerliche Leistungsfähigkeit des Endkonsumenten, nicht die des Steuerschuldners berücksichtigt wird, unabhängig davon, ob es zu einer *steuerrechtlichen Substitution* (*substituição tributária*) kommt oder nicht[564]. Das Supremo Tribunal Federal hat seine Ansicht zur verfassungsrechtlichen abgabenrechtlichen Substitution ebenfalls im Fall der elfprozentigen Einbehaltung des den Dienstleistungserbringer zu bezahlenden Umsatzes bestätigt[565]. Die Einbehal-

Koordination und Kenntnisse - mehr Verallgemeinerung als Individualisierung veranlassen würde. Vgl. H. Ávila, Igualdade, S. 88.

560 RE Nr. 213.396, Berichterstatter: Richter Ilmar Galvão, Plenum, DJ v. 01.12.2000.

561 Vgl. Art. 8 und 28 des Gesetzes Nr. 6.374/89 des Landes São Paulo.

562 RE Nr. 213.396, Berichterstatter: Richter Ilmar Galvão, Plenum, DJ v. 01.12.2000.

563 RE Nr. 213.396, Berichterstatter: Richter Ilmar Galvão, Plenum, DJ v. 01.12.2000. 1993 wurde der § 7 des Art. 150 in die brasilianische Verfassung eingefügt: "Das Gesetz darf dem Steuerschuldner die Verantwortung für die Steuer- bzw. Beitragsentrichtung zuordnen, deren Steueranspruch nachträglich entstehen wird, wobei die unmittelbare und bevorzugte Rückerstattung des entrichteten Betrags sichergestellt ist, falls der vermutete Steueranspruch nicht entsteht".

564 Vgl. das Votum des Berichterstatters Richter Ilmar Galvão in: RE Nr. 213.396, Berichterstatter: Richter Ilmar Galvão, Plenum, DJ v. 01.12.2000.

565 RE Nr. 393.946, Berichterstatter: Richter Carlos Velloso, Plenum, DJ v. 01.04.2005.

tung zielt darauf ab die Steuererhebung zu vereinfachen und die steuerliche Nachprüfung zu erleichtern[566].

Nicht jede Vereinfachungsmaßnahme – insbesondere Typisierung und Pauschalierung - ist hinzunehmen, da eine Durchbrechung des Leistungsfähigkeitsprinzips einer verfassungsrechtlichen Rechtfertigung bedarf. Ausnahmen einer folgerichtigen Umsetzung der vom Gesetzgeber einmal getroffenen Belastungsentscheidung im Rahmen der Belastungsgleichheit dürfen nicht lediglich durch Bestrebungen nach Klarheit, Einfachheit und Transparenz gerechtfertigt werden. Ein *besonderer sachlicher Grund* für eine zulässige Abweichung von der Ausgestaltung der Steuern nach der individuellen steuerlichen Leistungsfähigkeit und folglich für eine zulässige Vernachlässigung persönlicher und familiärer Verhältnisse des Steuerpflichtigen soll begriffen werden entweder als *a)* eine wirkliche technische *Unmöglichkeit* dieser Ausgestaltung oder als *b)* ein nachgewiesener übermäßiger Mehraufwand im Rahmen der Finanzverwaltungskosten (Steuererhebungs- und steuerliche Nachprüfungskosten) oder letztlich als *c)* gewichtigere Gründe des Gemeinwohls[567].

Die letztgenannten Gründe müssen mit dem Leistungsfähigkeitsgrundsatz in der Verhältnismäßigkeitsprüfung sorgfältig abgewogen werden. Der Gesetzgeber darf zu Gunsten der Praktikabilität und der Finanzverwaltungsökonomie typisieren und pauschalieren. Die Schranken dazu finden sich *a)* im Ausmaß der Gruppe der Benachteiligten und *b)* in der Intensität des Eingriffs in die betroffene freiheitsrechtliche Position. Zum Einen darf die Nichtberücksichtigung individueller und familiärer Besonderheiten des Steuerpflichtigen im Rahmen einer leistungsfähigkeitskonformen Ausgestaltung der Steuern nicht eine große Anzahl von Personen betreffen. Dies würde darauf hindeuten, dass die getroffene gesetzgeberische Entscheidung im Kontext der Belastungsgleichheit sich nicht am Regelfall orientiert. Bewusste Vernachlässigungen von Besonderheiten der Einzelfälle könnten *prinzipiell* bei isolierten Fällen zugelassen werden, wenn einer der oben erwähnten besonderen sachlichen Gründe einträte. Dennoch kann dies keinesfalls einen Ausgleich durch Billigkeitsklausel bzw. ein Steuervergütungsverfahren in den Fällen von erheblichen Verlusten an Einzelfallgerechtigkeit ersetzen[568]. Zum Anderen steht die Beurteilung des Gewichts der betroffenen Rechtsgüter und folglich der Intensität des Eingriffs in die in Rede stehende freiheitsrechtliche Position immer unter dem Verhältnismäßigkeitsvorbehalt[569].

566 Vgl. das Votum des Berichterstatters Richter Carlos Velloso in: RE Nr. 393.946, Berichterstatter: Richter Carlos Velloso, Plenum, DJ v. 01.04.2005.

567 Dazu siehe unten unter D.I.4.

568 Dazu siehe im 3. Kapitel unter C.II.7.c)cc

569 Dazu siehe unten unter D.II.

D.I.3. Missbrauchsbekämpfung

Missbrauchsbekämpfungsnormen dienen im Lichte des Leistungsfähigkeitsprinzips *prinzipiell* dazu, einen Besteuerungserfolg zu vermeiden, der nach der tatsächlichen steuerlichen Leistungsfähigkeit eigentlich nicht eingetreten ist. In diesem Sinne tragen sie einerseits zur Gleichmäßigkeit der Besteuerung nach der *effektiven*, nicht nach der *scheinbaren* steuerlichen Leistungsfähigkeit bei[570]. Andererseits dürfen sie nicht bei jedem missbrauchsverdächtigen Fall eine Durchbrechung des Leistungsfähigkeitsprinzips rechtfertigen, denn ein bloßer Verdacht kann einen besonderen sachlichen Grund für eine zulässige Durchbrechung des Fundamentalprinzips des Steuerrechtssystems *nicht* verkörpern. Darüber hinaus steht ein solcher Grund immer unter dem Verhältnismäßigkeitsvorbehalt und muss dementsprechend geeignet und erforderlich sein, um die Durchbrechung *konsistent* und *kohärent* rechtfertigen zu können. Als allgemeine Regel gilt der Vorrang der verfassungsrechtlichen Wertentscheidungen (insbesondere des Art. 6 Abs. 1 GG), die den gesetzgeberischen Gestaltungsraum des Art. 3 Abs. 1 GG einschränken[571]. Dieser Vorrang verbietet es auch, den Missbrauchsbekämpfungszweck unter Verletzung solcher Wertungen voranzustellen[572]. Davon abgesehen sind häufig auftretende und von den Gerichten bzw. vom Bundesministerium der Finanzen statistisch nachgewiesene Missbrauchskonstellationen von großer Bedeutung. Sie können und sollen dazu beitragen, bei den Einzelsteuergesetzen Missbrauchsbekämpfungsvorschriften realitätskonform typisierend auszugestalten. Durchbrechungen des Leistungsfähigkeitsgrundsatzes mittels solcher typisierten Missbrauchsbekämpfungsvorschriften wären *prinzipiell* sachlich hinreichend gerechtfertigt. Trotzdem dürfen diese Vorschriften nicht dazu führen, dass infolge vergröbernder Typisierungen nachhaltig und in einer Vielzahl von Fällen vom Leistungsfähigkeitsprinzip abgewichen wird[573].

Diese Feststellung schließt allerdings den Gebrauch und die Geltung von Generalklauseln und unbestimmten Rechtsbegriffen gegen Rechtsmissbrauch nicht aus, weil es dem Gesetzgeber wahrscheinlich nie gelingen wird, alle rechtlichen Steuerumgehungsmöglichkeiten durch Gestaltungsmissbrauchsvorschriften vorherzusehen. In diesem Zusammenhang kann die Befürchtung eines Verstoßes gegen den Vertrauensschutzgrundsatz und die Rechtssicherheit nicht

---

570 Vgl. K. Tipke, StRO, S. 1.330ff.

571 BVerfGE 13, 290, 316f.

572 BVerfGE 13, 290, 316f.

573 J. Englisch, Dividendenbesteuerung, S. 140.

überzeugen, denn, wer mit Missbrauchsabsicht das Steuergesetz umgeht, verdient keinen Vertrauensschutz und kann sich nicht auf Rechtssicherheit berufen[574].

Im Übrigen wird die allgemeine Regel des § 42 AO für verfassungsmäßig gehalten[575]. Er verzichte zu Recht auf eine generelle Missbrauchsvermutung, baue nicht auf einem pauschalen Missbrauchsverdacht auf und rechtfertige keinen allgemeinen Missbrauchsverdacht der Finanzbehörden[576]. Einerseits darf sich der Steuerpflichtige bei rechtlichen Gestaltungen auf Freiheitsgrundrechte berufen, andererseits kann und muss der Gesetzgeber jedoch der allgemeinen Gestaltungsfreiheit zu Gunsten der Besteuerungsgleichheit Grenzen setzen[577]. Ein pauschaler Missbrauchsverdacht verfehle den verfassungsrechtlichen Auftrag, kollidierende private und staatliche Interessen abzuwägen und im Wege praktischer Konkordanz einen schonenden Ausgleich herzustellen[578]. Eine unangemessene rechtliche Gestaltung, die beim Steuerpflichtigen oder einem Dritten im Vergleich zu einer angemessenen Gestaltung zu einem gesetzlich nicht vorgesehenen Steuervorteil führt[579], verstoßt gegen den Grundsatz der Besteuerung nach der tatsächlichen steuerlichen Leistungsfähigkeit.

---

574 Vgl. K. Tipke, StRO, S. 1.333.

575 Vgl. K. Tipke, StRO, S. 1.332; Tipke/Kruse, AO, § 42 Tz. 15.

576 Tipke/Kruse, AO, Vor § 42 Tz. 38.

577 Tipke/Kruse, AO, § 42 Tz. 16.

578 Tipke/Kruse, AO, § 42 Tz. 16.

579 Vgl. § 42 Abs. 2 AO. Im brasilianischen Recht wurde das Rechtsinstitut des Rechtsmissbrauchs in Art. 187 CC verankert: "Der Rechtsinhaber handelt ebenfalls rechtswidrig, wenn er die Grenzen, die vom wirtschaftlichen bzw. sozialen Zweck des ausgeübten Rechts, vom Treu und Glauben bzw. von den guten Sitten gesetzt werden, offensichtlich überschreitet". Zu bemerken ist, dass der Rechtsmissbrauch als eine Rechtswidrigkeit eingeordnet wurde. Darüber hinaus hat der brasilianische Gesetzgeber die Generalklausel vom Treu und Glauben und von den guten Sitten klugerweise vorgesehen, damit der Rechtsanwender sich nicht nur auf den wirtschaftlichen bzw. sozialen Zweck des ausgeübten Rechts bei der Betrachtung des Falles beschränkte und selbstverständlich unbedachte rechtswidrige Gestaltungmöglichkeiten erfassen könnte. Im Bereich des brasilianischen Steuerrechts kann die Verwaltungsbehörde Rechtsakte bzw. –geschäfte, die mit der Absicht durchgeführt werden, die Entstehung des Steueranspruchs bzw. das Wesen der Steuerpflichtbestandteile zu verbergen, nach den gesetzlichen Vorgehensweisen nicht beachten (Art. 116 Einzigparagraph CTN). Die brasilianische sogenannte „norma geral anti-elisiva" (Allgemeinnorm gegen die Steuerumgehung) hat sich eigentlich auf Verbergungsfälle beschränkt, obwohl in der Begründung des Gesetzentwurfs steht, dass die Norm der Verwaltungsbehörde ermöglichen soll, Rechtsakte bzw. –geschäfte mit Steuerumgehungsabsicht nicht zu beachten und am Endeffekt Missbräuche von rechtlichen Gestaltungsmöglichkeiten zu bekämpfen. Vgl. dazu G. Fossati, Planejamento Tributário, S. 105ff. und 108ff. Die Wertjurisprudenz und der Pos-Positivismus lassen die

D.I.4. Gemeinwohlzwecke

Im Rahmen der möglichen Rechtfertigungsgründe für eine Durchbrechung des Leistungsfähigkeitsgrundsatzes müssen sich die durch Steuernormen erzielten Lenkungsziele stets auf Gemeinwohlzwecke stützen. Sowohl wirtschafts-, als auch gesellschafts- bzw. gesundheitspolitisch geprägte lenkende Zwecke sind durch objektive und klar bestimmbare Gemeinwohlziele in der Begründung eines Gesetzentwurfs zu rechtfertigen. Der Gleichheitssatz schließt die Inanspruchnahme von Steuernormen mit Lenkungsfunktionen nicht aus[580], verlangt aber, dass sich die Abweichung einer gleichmäßigen Besteuerung nach der tatsächlichen wirtschaftlichen Leistungsfähigkeit, als Folge steuerlicher Bevorzugungen bzw. Benachteiligungen, unter dem Verhältnismäßigkeitsvorbehalt begründen lässt[581]. Die Zulässigkeit der Durchbrechung des verfassungsrechtlichen Steuerverteilungsmaßstabs hängt von drei Voraussetzungen ab[582]:

a) der Unausweichlichkeit eines Verstoßes gegen das Leistungsfähigkeitsprinzip aufgrund der Wichtigkeit oder sogar der Dringlichkeit des zu erreichenden Zwecks wirtschaftlicher oder gesellschaftspolitischer Lenkung (*Erforderlichkeit*);

b) einer ausreichenden Rechtfertigung der Abweichung durch verfassungsrechtlich *verankerte* bzw. *ableitbare* Gemeinwohlziele (*Legitimität*);

c) der Intensität der Durchbrechung des Leistungsfähigkeitsprinzips (*angemessener Ausgleich*).

Es muss zunächst festgehalten werden, dass Lenkungszwecknormen sich nicht am Maßstab der steuerlichen Leistungsfähigkeit messen lassen. Direkte steuerliche Subventionen bevorzugen oft leistungsfähigere Unternehmen, die eigentlich in der Lage sind, proportional zu ihren Umsätzen viel mehr zur Finanzierung der öffentlichen Ausgaben beizutragen. Andererseits greifen Lenkungssteuern nicht selten in freiheitsrechtliche Positionen ein und müssen sich deshalb am Verhältnismäßigkeitsgrundsatz messen lassen. Dazu spielt das Übermaßverbot als die negative Folgerung der Verhältnismäßigkeit eine ausschlaggebende Rolle[583]. Die Unausweichlichkeit eines Verstoßes gegen den Ver-

---

Steuerplanung mit Steuerersparnisabsicht zu, vorausgesetzt, dass kein Rechtsmissbrauch vorliegt. Vgl. R. Lobo Torres, Normas de Interpretação, S. 222.

580 BVerfGE 99, 280, 296.

581 Siehe J. Englisch, Wettbewerbsgleichheit, S. 574; D. Birk, Leistungsfähigkeitsprinzip, S. 223 u. 240ff.

582 Ähnlich D. Birk, Leistungsfähigkeitsprinzip, S. 244ff.

583 Ähnlich J. Lang, Bemessungsgrundlage, S. 145.

teilungsmaßstab durch die Umsetzung der Lenkungsmaßnahme muss dadurch nachgewiesen werden können, dass eine verteilungsgerechtere Regelungsalternative nicht offensteht und daher der Weg der geringsten Durchbrechung gegangen wurde[584]. Die Lenkungsmaßnahme ist somit nur *erforderlich*, wenn keine weitere Gestaltungsoption zur Implementierung des Zwecks zur Verfügung steht, die von der gleichmäßigen Besteuerung nach der steuerlichen Leistungsfähigkeit weniger abweicht.

Ferner muss eine ausreichende Rechtfertigung der Abweichung vom Verteilungsmaßstab aus verfassungsrechtlich *verankerten* bzw. *ableitbaren* Gemeinwohlzielen[585] dargestellt werden. Konkret muss jede (lenkende) Steuervergünstigung bzw. –verschärfung in der Begründung des entsprechenden Gesetzentwurfs mit Klarheit und Bestimmtheit gerechtfertigt werden und zwar auf der Basis nicht von spezifischen Gruppeninteressen, sondern von gemeinwohldienlichen Zielen, die für den Gesetzgeber bindend und richtungsweisend sind[586]. Als verfassungsrechtlich *verankerte* wirtschaftspolitische Leitpositionen sind hierfür insbesondere Gemeinschaftsaufgaben (Verbesserung der regionalen Wirtschaftsstruktur - Art. 91a Abs. 1 S. 1 GG) und die Erfordernisse des gesamtwirtschaftlichen Gleichgewichts (Art. 109 Abs. 2-4 GG) zu nennen. In der brasilianischen Verfassung zählen dazu insbesondere die Gewährleistung der nationalen Entwicklung (Art. 3 Abs. II CF), die Suche nach der wirtschaftlichen Integration mit den lateinamerikanischen Nationen (Art. 4 CF) und die Aufrechterhaltung der auf die Arbeitsbewertung und die freie Initiative gegründete Wirtschaftsordnung (Art. 170 CF). Neben diesen verfassungsrechtlich verankerten Leitpositionen gibt es auch weitere politische Ziele, die einen Gemeinwohlwert verkörpern und deren Verwirklichung für ein geordnetes Zusammenleben notwendig oder zumindest förderlich ist (gemeinwohlorientierte Sachziele)[587]. In diesem Rahmen kann der Gesetzgeber durch Steuern eine verkehrs-[588], gesundheits-[589], umweltpolitische[590] oder edukative[591] Wirkung beabsichtigen. Die Gewichtigkeit dieser Gemeinwohlwerte muss sich aus verfassungsrechtlichen Bestimmungen ableiten oder vermitteln lassen[592].

---

584 D. Birk, Leistungsfähigkeitsprinzip, S. 244.

585 Vgl. BVerfGE 93, 121, 147f.

586 Vgl. hierzu D. Birk, Leistungsfähigkeitsprinzip, S. 246.

587 So D. Birk, Leistungsfähigkeitsprinzip, S. 248.

588 Vgl. BVerfGE 16, 147 (Sonderbesteuerung des Werkfernverkehrs) und 27, 58 (Kilometerpauschale).

589 Vgl. BVerfGE 13, 181 (Schankerlaubnissteuer).

590 Vgl. BVerfGE 110, 274 (Ökosteuer).

591 Vgl. BVerfGK 16, 162 (Vergnügungssteuer für Geldspielgeräte).

592 Ähnlich D. Birk, Leistungsfähigkeitsprinzip, S. 249.

Schließlich ist zu erwähnen, dass das Bundesverfassungsgericht nicht zu prüfen pflegt, ob die Verfolgung wirtschaftlicher oder sozialer Zwecke bezogen auf die Durchbrechung des Leistungsfähigkeitsprinzips verhältnismäßig ist[593]. Obwohl der Gesetzgeber bei der Auswahl der Personen oder Unternehmen, welche durch finanzielle Staatszuwendungen gefördert werden sollen, weitgehend frei ist, bleibt er an den Gleichheitssatz gebunden. Er darf seine Leistungen nicht willkürlich verteilen und muss den Kreis der Begünstigten sachgerecht abgrenzen[594]. Der Förderungs- und Lenkungszweck muss von einer erkennbaren gesetzgeberischen Entscheidung getragen und *gleichheitsgerecht* ausgestaltet sein[595]. Allerdings reicht dies nicht aus, um die staatliche finanzielle Zuwendung gleichheitsgerecht rechtfertigen zu können. Zunächst muss auf der Seite der Steuersubvention geprüft werden, ob sie – gemessen am Zweck – nicht einen zu breiten Kreis erfasst oder ob der Vergünstigungsvorteil nicht zu hoch bemessen wird[596]. Gleichzeitig wird geprüft, ob die Anzahl der Benachteiligten bzw. nicht Begünstigten, die sich in ähnlichen Bedürftigkeitsverhältnissen befinden, nicht zu hoch ist. Ungeachtet des gesetzgeberischen Prognosespielraums zur Feststellung der Höhe und Dauer der Vergünstigung, muss sie aufgehoben werden, wenn konstatiert wird, dass die Gründe der Finanzierung nicht mehr vorhanden sind. Aus der Sicht der Benachteiligten darf also die Durchbrechung des rechtsethischen Steuerverteilungsmaßstabs *nicht* nachhaltig gehalten werden und *nicht* eine Vielzahl von Personen betreffen[597].

Letztendlich ist noch zu fragen, ob und inwieweit die Wertentscheidung des Schutzes von Ehe und Familie (Art. 6 Abs. 1 GG) und das jeweilige Förderungsgebot steuerlich überbrachte Sozialsubventionen fordern. Zunächst muss hervorgehoben werden, dass die für das Existenzminimum des Steuerpflichtigen und seiner Familie benötigten Aufwendungen in Höhe der staatlichen Existenzsicherung durch Sozialleistungen steuerfrei gestellt sein müssen und zwangsläu-

---

593 So K. Tipke, StRO, S. 337f.

594 Vgl. BVerfGE 110, 274, 293 (Ökosteuer).

595 Vgl. BVerfGE 116, 164, 182; P. Kirchhof, Besteuerung im Verfassungsstaat, S. 73; ders., HStR V, § 118 Rz. 58.

596 K. Tipke, StRO, S. 344f.

597 Im Rahmen des Ausmaßes der Beeinträchtigung und des entsprechenden Verlustes an Einzelfallgerechtigkeit dürfen die „nicht leistungsfähigkeitsgerechten unterschiedlichen Belastungswirkungen nur geringfügig sein oder lediglich in atypischen Fällen auftreten“. Selbst in Fällen von nicht besonders intensiven Abweichungen dürfe „nur ein relativ kleiner Personenkreis betroffen sein“. Siehe hierzu J. Englisch, Dividendenbesteuerung, S. 137f., unter Hinweis auf BVerfGE 13, 331, 341; 21, 12, 27; 63, 119, 128; 84, 348, 360. Vgl. auch P. Kirchhof, DStJG 21 (1998), 9 (26): „Eine umweltpolitische Lenkung über das Steuerrecht könnte den Autofahrer, nicht aber den Mountainbiker erfassen“.

fige Unterhaltsleistungen realitätsgerecht zu berücksichtigen sind[598]. Aber dies bedeutet nicht, dass aus dem ehelichen und familiären Förderungsgebot konkrete Ansprüche auf bestimmte staatliche Leistungen zu entnehmen sind[599]. Der Umfang und die Weise konkreter Sozialleistungen, wie das Kindergeld, lassen sich aus Art. 6 Abs. 1 GG in Verbindung mit dem Sozialstaatsprinzip im Rahmen des Familienlastenausgleichs nicht entnehmen[600]. Staatliche finanzielle Leistungen stehen immer unter dem Vorbehalt des Möglichen und im Zusammenhang mit der gesetzgeberischen Haushaltswirtschaft. Ausgehend von diesen Feststellungen ist aus Art. 6 Abs. 1 GG in Verbindung mit dem Sozialstaatsprinzip auch kein Gebot einer steuerlichen Sozialsubvention zum Schutz des Existenzminimums zu entnehmen. Trotzdem können andere Gemeinwohlziele wie z. B. ausgleichende Geburtenförderungsmaßnahmen – nicht nur zu einer bloßen Vermehrung der Bevölkerung, sondern auch zum Ausgleich des strukturellen Mangels des Rentenversicherungssystems - eine solche Sozialleistung sachlich hinreichend rechtfertigen.

D.II. Verhältnismäßigkeitsvorbehalt

Wie bereits oben ausgeführt wurde, müssen sich Durchbrechungen und Abweichungen vom Leitgrundsatz der Besteuerung stets am Maßstab der Verhältnismäßigkeit überprüfen lassen[601]. Nochmals ist zu betonen, dass die fiskalische Ergiebigkeit bzw. der Finanzbedarf des Staates *niemals* als geeigneter Grund dienen können, eine Durchbrechung des Fundamentalprinzips des Steuerrechtssystems zu rechtfertigen[602]. Dementsprechend findet der Finanzbedarf des Staates bzw. ein knapper Haushalt keinen Eingang in die Verhältnismäßigkeitsprüfung und darf nicht einmal mit dem Leistungsfähigkeitsprinzip abgewogen werden. Im Übrigen müssen die anderen oben erörterten möglichen Rechtfertigungsgründe[603] immer am Normzweck gemessen werden und *geeignet* und *erforderlich* sein, die Abweichung oder die Durchbrechung begründen zu können. Eingriffe in freiheitsrechtliche Positionen, insbesondere bei der Inanspruchnahme von Steuernormen mit wirtschafts-, gesundheits- bzw. umweltpolitischen

598 J. Lang, in: Tipke/Lang, Steuerrecht, § 4 Rz. 249.

599 BVerfGE 82, 60, 81; J. Lang, in: Tipke/Lang, Steuerrecht, § 4 Rz. 240.

600 BVerfGE 82, 60, 81.

601 Siehe oben unter D.I.2, D.I.3 und D.I.4.

602 Siehe oben unter D.I.1.

603 Siehe oben unter D.I.

Zielen, stehen ebenfalls unter strengem Verhältnismäßigkeitsvorbehalt und dürfen nicht übermäßig sein[604].

D. III. Folgerichtigkeit der Ausgestaltung der Durchbrechung

Die Folgerichtigkeit setzt voraus, einmal getroffene gesetzgeberische Wertentscheidungen *konsequent* umzusetzen, so dass mindestens ihre denkbaren Einzelfolgerungen bzw. möglichen Entfaltungen Berücksichtigung finden[605]. Das Gebot einer folgerichtigen Umsetzung betrifft auch den Gesetzesvollzug und die Rechtsprechung, wenn Tatbestandsmerkmale durch Auslegung zu konkretisieren sind[606]. Das „zu Ende zu denken-Verfahren"[607] ist systemimmanent und ist folglich den Merkmalen der Ordnung und Einheit des Rechtssystems immanent. Anders betrachtet besteht die Folgerichtigkeit in der Systemwiderspruchslosigkeit. Einerseits müssen *innere* Widersprüche vermieden werden, die zwischen zwei oder mehreren Vorschriften derselben Regelung stattfinden. Andererseits sind ebenfalls *äußere* Widersprüche zu entfernen, die zwischen zwei oder mehreren Vorschriften verschiedener Regelungen zum Ausdruck kommen. Es sollen vielmehr Klarheit, Bestimmtheit und vorhersehbare Rechtsfolgen herrschen, damit der Bürger durch keinen unerwarteten staatlichen Eingriff überrascht wird. Vom Gesetzgeber wird auch verlangt, die bereits erkannten Konturen des zu regelnden Lebensverhältnisses realitätsgerecht auszugestalten. Hierzu soll er dieser Realität *kohärent* sein und gesetzestechnisch *konsistent* handeln.

Vom Bundesverfassungsgericht wurde wiederholt entschieden, „die einmal getroffene gesetzgeberische Belastungsentscheidung bei der Ausgestaltung des steuerrechtlichen Ausgangstatbestands müsse im Sinne der Belastungsgleichheit folgerichtig umgesetzt werden"[608]. Ausnahmen davon bedürfen eines besonde-

---

604 K. Löhr ist der Auffassung, dass das Verhältnismäßigkeitsprinzip als Sachgerechtigkeitskriterium dem Leistungsfähigkeitsprinzip immanent ist (vgl. K. Löhr, Optionsrecht, S. 229). Nach der hier vertretenen Meinung gilt die Verhältnismäßigkeit als hermeneutischer-anwendbarer Maßstab und dient vornehmlich zur Auflösung von Prinzipienkollisionen und Gewichtung von verfassungsrechtlich verankerten oder zumindest ableitbaren Gemeinwohlzielen, die mit Rechtsprinzipien in Konflikt geraten können (siehe dazu im 1. Kapitel unter C.III.1). Die Verhältnismäßigkeit ist also nicht dem Leistungsfähigkeitsprinzip, sondern der Rechtskonzeption selbst immanent. Es könnte andererseits behauptet werden, dass der Verhältnismäßigkeitsvorbehalt der Analyse immanent ist, die bei den Durchbrechungen des Leistungsfähigkeitsgrundsatzes unentbehrlich ist.

605 Siehe dazu im 1. Kapitel unter B.I.

606 J. Englisch, FS für Joachim Lang, 167 (179).

607 Siehe dazu im 1. Kapitel unter B.I.1.

608 BVerfGE 105, 73, 125; 107, 27, 46; 110, 412, 433; 116, 164, 180.

ren sachlichen Grundes. Vor allem zählen zu diesen Gründen nach der Ansicht des Gerichts außerfiskalische Förderungs- und Lenkungszwecke, sowie Typisierungs- und Vereinfachungserfordernisse, nicht jedoch die bloße Erforderlichkeit der Deckung des öffentlichen Finanzbedarfs bzw. eines Ausgleichs zur Erhöhung der staatlichen Ausgaben[609]. Die Folgerichtigkeit ist im Steuerrecht ein eigenständiges und besonders gewichtiges Gerechtigkeitskriterium[610], Garant gleichmäßiger Entfaltung sachgerechter Verteilungsmaßstäbe[611]. Sie zielt auf Entfaltung gesetzgeberischer Gerechtigkeitswertungen, die als klar erkennbare Direktive vom Gleichheitssatz vorausgesetzt werden[612].

Im Rahmen der Förderungs- und Lenkungszwecke wird vom Gesetzgeber speziell zur Ausgestaltung der Steuervergünstigungen verlangt, dass die Vergünstigung jedenfalls ein Mindestmaß an zweckgerechter Ausgestaltung aufweisen muss[613]. Hierfür dürfen lediglich hinreichend begründete Gemeinwohlziele eine Durchbrechung des Leitprinzips sachgerechter Besteuerung legitimieren. Die steuerliche Förderungsmaßnahme muss (beispielsweise) in der Begründung des entsprechenden Gesetzentwurfes besonders sachlich gerechtfertigt werden. Der im Hintergrund stehende Gemeinwohlzweck soll wiederum verfassungsrechtlich verankert oder mindestens ableitbar sein, das heißt die Abweichung vom gleichheitsgerechten Zuteilungsmaßstab soll um der Verwirklichung bestimmter hochrangiger Verfassungsziele bzw. –werte willen hingenommen werden. Darüber hinaus muss der Kreis der Begünstigten klar bestimmt und begrenzt werden. Hierzu dürfen andere Personenkreise (z. B. andere Berufsgruppen bzw. Wirtschaftsbranchen), die sich in vergleichsähnlichen Situationen befinden und folglich ebenfalls förderungsbedürftig sind, nicht beiseitegeschoben werden. Dies gilt ohne weiteres auch für die Fälle der Steuerentlastungen.

Die vom Leistungsfähigkeitsprinzip abweichende Förderungsmaßnahme muss also *gleichheitsgerecht* ausgestaltet werden[614]. Diese gleichheitsgerechte Ausgestaltung setzt voraus, dass die in der Verhältnismäßigkeitsprüfung vorstrukturierte Abwägung zwischen einer gleichmäßigen Entfaltung des sachgerechten Verteilungsmaßstabs und der Umsetzung der abweichenden Lenkungsmaßnahme um der Realisierung des Gemeinwohlzieles willen *konsistent* durch-

609 Vgl. BVerfGE 122, 210, 231 (Pendlerpauschale).

610 J. Englisch, FS für Joachim Lang, 167 (174). Vgl. auch K. Tipke, Steuergerechtigkeit, S. 47ff.

611 J. Englisch, FS für Joachim Lang, 167 (213).

612 J. Englisch, FS für Joachim Lang, 167 (175).

613 BVerfGE 105, 73, 113; 117, 1, 33; 122, 210, 231.

614 BVerfGE 93, 121, 148; 99, 280, 296; 110, 274, 293.

geführt wird[615]. Ist das Folgerichtigkeitsgebot in seiner Ausprägung als Gebot der Abwägungskonsistenz erfüllt, hat der Gesetzgeber zur Bestimmung des Kreises der Begünstigten und der Dauer der Förderungsmaßnahme einen weiten Gestaltungsspielraum. Dennoch wird von ihm verlangt, seine zu Lasten der gleichmäßigen Entfaltung des sachgerechten Verteilungsmaßstabs zum Ausdruck kommende Vorrangwertung auch folgerichtig weiterzuverfolgen und die Steuervergünstigung nach dem Kreis der Begünstigten und dem Ausmaß der Begünstigung wertungskonsistent auszugestalten[616]. Das Bundesverfassungsgericht sollte die Dauer der Gewährung der Begünstigung bzw. der Auferlegung der Sonderbelastung im Laufe der Jahre insbesondere im Lichte der *Erforderlichkeitsprüfung* würdigen können.

Hinsichtlich der vom Bundesverfassungsgericht ebenfalls als zulässige Gründe erwähnten Typisierungs- und Vereinfachungserfordernisse ist zunächst festzustellen, dass Vereinfachungs- bzw. Praktikabilitätserwägungen *nie* zum bereichsspezifischen Leitprinzip avancieren können, denn sie treffen keine Aussage zur sachgerechten Zuteilung von Rechten oder Pflichten[617]. Mangels rechtsethischen Gehalts können allein Vereinfachungs- bzw. Praktikabilitätserwägungen gleichheitsrechtliche Zuteilungsprinzipien, wie das Leistungsfähigkeitsprinzip, in der Abwägung nicht überwinden. Typisierungen hingegen werden gebilligt, wenn sie tatsächliche Unterschiede, die „um der situationsspezifischen Verwirklichung des die Regelung tragenden (Leit) Prinzips willen“ Einfluss auf die Rechtsfolgenanordnung haben müssten, nicht unbeachtet lassen[618]. Ebenso erweist sich die Typisierung nur als *verhältnismäßig* zulässig, wenn sie tatsächlich einen Eingriff in eine freiheitsrechtliche Position vermeidet oder vermindert und sich nicht nur aus Praktikabilitätsgründen rechtfertigen lässt. Folglich sind Durchbrechungen des Leistungsfähigkeitsprinzips aus Gründen der Praktikabilität lediglich in engeren Grenzen sachlich begründet und folgerichtig ausgestaltet, wenn sie aufgrund der Konkretisierung gleichwertiger Rechtsprinzipien bzw. Ziele durchgeführt werden. Hierzu ist nochmals zu betonen, dass die Verwirklichung anderer gleichwertiger Rechtsprinzipien bzw. Zie-

---

615 Nach der Auffassung J. Englischs erscheint hier das Folgerichtigkeitsgebot in seiner Ausprägung als Gebot der Abwägungskonsistenz. „Im Kern ist der Verstoß gegen das Gebot folgerichtiger Abwägung eben stets ein Verstoß gegen den allgemeinen Gleichheitssatz des Art. 3 Abs. 1 GG“. Vgl. J. Englisch, FS für Joachim Lang, 167 (212f.).

616 J. Englisch, FS für Joachim Lang, 167 (215).

617 J. Englisch, Wettbewerbsgleichheit, S. 162.

618 J. Englisch, Wettbewerbsgleichheit, S. 162.

le das physische und sozio-kulturelle Existenzminimum[619] nicht gefährden dürfen[620].

619 Dazu siehe im 3. Kapitel unter C.II.7.

620 Zur Frage der verfassungsrechtlichen Zulässigkeit der Abschaffung sämtlicher Umsatzsteuervergünstigungen und der Einführung eines einzigen Steuersatzes im Zusammenhang mit Ausgleichen im Einkommensteuerrecht und im Sozialhilferecht siehe im 3. Kapitel unter C.II.7.c)cc.

3. Kapitel - Zur Konkretisierung des Leistungsfähigkeitsprinzips im Rahmen des geltenden deutschen und brasilianischen Umsatzsteuerrechts

A. Systemprägende Merkmale der untersuchten Steuerarten

Dieser Punkt der Arbeit hat zum Gegenstand, die allgemeinen wesentlichen Merkmale der deutschen Umsatzsteuer und der brasilianischen Steuern auf den Umsatz, die die entsprechenden normativen Systeme prägen, darzustellen. Wichtig ist es, diese Merkmale im Lichte einer gleichmäßigen Besteuerung nach dem Maßstab der steuerlichen Leistungsfähigkeit zu erkennen und gleichzeitig zu untersuchen, ob und in wieweit sie nach den im zweiten Kapitel gewonnenen Erkenntnissen das Fundamentalprinzip des Steuerrechtssystems aus gleichheits- und freiheitsrechtlicher Sicht verwirklichen. Die Überlegungen dazu folgen im Laufe des gesamten dritten Kapitels. Am Ende werden einige der finanzwissenschaftlichen präferierten Ausgleichsmechanismen, für etwaige Defizite nämlich im Einkommensteuer- und im Sozialhilferecht, dargestellt und anhand der in dieser Arbeit entwickelten Thesen erörtert.

A.I. Die deutsche Umsatzsteuer

Nach fast einhelliger Meinung ist die deutsche Umsatzsteuer in der Form der Allphasen-Nettoumsatzsteuer (Mehrwertsteuer[621]) essentiell eine indirekte allgemeine Verbrauchsteuer[622]. Der Umsatzsteuer unterliegen die Umsätze aus „Lieferungen und sonstigen Leistungen, die ein Unternehmer im Inland gegen

---

621 Die Allphasen-Nettoumsatzsteuer mit Vorsteuerabzug ist am 1.1.1968 zur Herstellung der Wettbewerbsneutralität, zugleich auch zum Zwecke der Harmonisierung der Umsatzsteuer innerhalb der Europäischen Union und zur Ermöglichung eines exakten Grenzausgleichs eingeführt worden. Siehe hierzu W. Reiß, in: Tipke/Lang, Steuerrecht, § 14, Rz. 3.

622 Vgl. K. Tipke, StRO II, S. 975f.; W. Reiß, in: Tipke/Lang, Steuerrecht, § 14, Rz. 1. Der EuGH und der BFH verstehen die Umsatzsteuer auch als Verbrauchsteuer (vgl. hierzu die Rechtsprechungshinweise von J. Englisch, in: Tipke/Lang21, Steuerrecht, § 17, Rz. 10); H. Stadie, UStG-Kommentar, Vorbem., Rz. 17; J. Englisch, Wettbewerbsgleichheit, S. 561; H. Weber-Grellet, Steuern im modernen Verfassungsstaat, S. 90f. Vgl. auch Art. 1 II EU-MWStSystRL.

Entgelt im Rahmen seines Unternehmens ausführt, die Einfuhr von Gegenständen im Inland [oder in den österreichischen Gebieten Jungholz und Mittelberg] (Einfuhrumsatzsteuer) und der innergemeinschaftliche Erwerb im Inland gegen Entgelt" (§ 1 UStG). Der Grundtatbestand umfasst Lieferungen und sonstige Leistungen; Oberbegriff ist folglich die Leistung[623]. Besteuerungsziel ist es, den Aufwand der Abnehmer (Leistungsempfänger, Verbraucher) für ihnen verschaffte geldwerte Vorteile (Leistungen) zu besteuern[624].

Im Wesentlichen sollen die Unternehmer nicht belastet werden[625]. Das aus Art. 3 Abs. 1 GG und aus dem unionsrechtlichen Gleichheitssatz[626] entspringende Gebot der Wettbewerbsneutralität setzt voraus, dass die Umsatzsteuer für diejenigen Unternehmer, die im Wettbewerb miteinander stehen, relativ gleich hoch ist, das heißt dass die Umsatzsteuer die Preise proportional gleich belasten muss[627]. Darüber hinaus verlangt die Wettbewerbsneutralität, dass „die Umsatzsteuervorbelastung auf der Vorstufe beseitigt wird, damit die Steuer nicht als Kostenfaktor wirkt"[628]. Ausgehend davon ist gesetzestechnisch vorgesehen worden, dass die Unternehmer zum Vorsteuerabzug berechtigt sind (§ 15 UStG) und die Umsatzsteuer überwälzen dürfen (§ 14 UStG). Folglich ist der Endverbraucher[629] der (intendierte) Träger der Umsatzsteuer. Es handelt sich eigentlich um eine allgemeine *Einkommensverwendungssteuer* auf den Verbrauch von Gütern und Dienstleistungen durch Konsumenten[630]. Letztendlich besteht der Besteuerungsgut in der Zahlungsfähigkeit („Leistungsfähigkeit") des Nachfragers (Verbrauchers)[631].

Hervorzuheben ist, dass es unter Gerechtigkeits- oder Rechtfertigungsgesichtspunkten einer Steuer nach deren Belastungswirkungen zu fragen ist und

---

623 H. Stadie, UStG-Kommentar, § 1, Rz. 7.

624 H. Stadie, UStG-Kommentar, § 1, Rz. 7.

625 W. Reiß, in: Tipke/Lang, Steuerrecht, § 14, Rz. 1.

626 Vgl. hierzu J. Englisch, in: Tipke/Lang21, Steuerrecht, § 17, Rz. 24.

627 H. Stadie, UStG-Kommentar, Vorbem., Rz. 46.

628 H. Stadie, UStG-Kommentar, Vorbem., Rz. 46. Zum Verhältnis zwischen dem Wettbewerbsneutralitätsgrundsatz und dem Leistungsfähigkeitsprinzip bei indirekten Fiskalzwecksteuern siehe J. Englisch, Wettbewerbsgleichheit, S. 624ff.

629 Verbraucher ist „jede natürliche Person, die ein Rechtsgeschäft zu einem Zwecke abschließt, der weder ihrer gewerblichen noch ihrer selbständigen beruflichen Tätigkeit zugerechnet werden kann" (§ 13 BGB). P. Kirchhof sieht in seinem Vorschlag zur Reform der Umsatzsteuer und der Verkehrssteuern vor, dass „als Verbraucher handelt, wer eine Leistung für andere als unternehmerische Zwecke erwirbt". Vgl. Umsatzsteuer Gesetzbuch, S. 1.

630 W. Reiß, in: Tipke/Lang, Steuerrecht, § 14, Rz. 1.

631 H. Stadie, UStG-Kommentar, Vorbem., Rz. 17.

nicht nach ihrer technischen Einkleidung[632]. Die technischen Anknüpfungen der Umsatzsteuer an Verkehrsakte oder Realakte eines Unternehmers oder eines Leistungsaustauschs dienen nur dazu, die Verbraucher zu belasten[633]. Die Umsatzsteuer mit Vorsteuerabzug im Allphasensystem wirkt materiell wie eine einphasige Steuer auf der letzten Stufe, da am Endeffekt nur die Umsätze gegenüber den Verbrauchern besteuert werden[634]. Die Verbrauchsteuern schöpfen die in der Einkommens- und Vermögensverwendung zu Tage tretende steuerliche Leistungsfähigkeit des Konsumenten ab[635]. Dementsprechend ist bei der gleichheitsgerechten Ausformung des Belastungsgrundes bei indirekten Steuern *auch* der End- oder Letztverbraucher, der die indirekte Steuerlast tragen soll, in den Blick zu nehmen[636].

Dennoch ist die Umsatzsteuer *prinzipiell* nicht konzipiert worden, um die Besonderheiten bzw. die persönlichen und familiären Verhältnisse des Konsumenten zu berücksichtigen. Nach der Meinung von *P. Kirchhof* nimmt sie als indirekte Steuer die Individualität des Verbrauchers nicht in den Blick[637], sondern belässt den Konsumenten in der Anonymität des Marktes[638]. Die Belastungsentscheidung wird nicht nach dem Verbraucher, sondern nach dem besteuerten Gut bestimmt[639]. Dies hat zur Folge, dass Verbraucher mit verschiedenen Einkommen – einschließlich der Sozialleistungsempfänger - demselben Umsatzsteuersatz unterliegen. Darüber hinaus berücksichtigt die Umsatzsteuer die persönliche und familiäre Leistungsfähigkeit des Konsumenten in Gestalt von Steuerbefreiungen und –ermäßigungen zurzeit in unzureichender Weise. Ein Ausgleich im Rahmen eines Abzugs für die Bestreitung des persönlichen und familiären lebensnotwendigen Bedarfs im Einkommensteuerrecht und durch Leistungen im Sozialleistungsrecht wird nur *partiell* verwirklicht[640]. Aus der Sicht des Verbrauchers, der die Belastungen tragen muss, stellt dieser Mangel unter Gerechtigkeitsgesichtspunkten eines der bisher ungelösten Probleme des deutschen Umsatzsteuerrechts dar[641].

---

632 K. Tipke, StRO II, S. 975f.

633 W. Reiß, in: Tipke/Lang, Steuerrecht, § 14, Rz. 1.

634 H. Stadie, UStG-Kommentar, Vorbem., Rz. 12.

635 Vgl. BVerfGE 110, 274, 297 (Ökosteuer); BVerfGE 98, 106, 124.

636 Vgl. BVerfGE 110, 274, 292 (Ökosteuer).

637 P. Kirchhof, Ehe und Familie, S. 132f.; ders., in: HStR V, § 118, Rz. 191; W. Reiß, DStJG 13, S. 20.

638 BVerfGE 110, 274, 297 (Ökosteuer).

639 BVerfGE 110, 274, 297 (Ökosteuer).

640 Dazu siehe unten unter C.II.7.c)cc.

641 Darauf wird noch näher in diesem Kapitel unter C einzugehen sein.

A.II. Das brasilianische System von Steuern auf den Umsatz

Die brasilianische Verfassung sieht unter den steuerrechtlichen Kompetenzregeln drei verschiedene Steuerarten auf den Umsatz ausdrücklich vor, unbeschadet der verbleibenden Kompetenz des Bundes (*competência residual da União*), noch weitere Steuern einzuführen[642]. Obwohl die betreffenden Regelungen jeweils gesetzestechnisch mit dem Umsatz verknüpft sind, haben sie unterschiedliche Tatbestände und werden entweder vom Bund (IPI) oder von den Ländern und vom Bundesbezirk (ICMS) oder von den Gemeinden (ISS) eingeführt und erhoben. Diesen drei (indirekten) Steuerarten auf den Umsatz ist jedoch gemein, dass sie die Entlastung der Unternehmer und die Überwälzbarkeit der Steuerlast auf den Endverbraucher bewirken, der sie so letztlich tragen muss. Auch bei ihnen besteht eine unzureichende Berücksichtigung der persönlichen und familiären Verhältnisse des Steuerdestinatärs. Dies bewirkt einen Eingriff in das persönliche und familiäre Existenzminimum, wie unten darzustellen sein wird.

A.II.1. Die Steuer auf Warenlieferung, Beförderungs- und Kommunikationsdienstleistungen

Die Länder und der Bundesbezirk haben die Befugnis, Steuern auf die Warenlieferung[643], auf zwischen den Ländern und zwischen den Gemeinden erbrachte Beförderungsdienstleistungen und auf Kommunikationsdienstleistungen zu erheben, selbst wenn die Lieferung und die Leistung im Ausland beginnen (Art. 155 II CF)[644]. Darüber hinaus unterliegt der ICMS ebenfalls die Einfuhr von Gegenständen[645].

Zwei wesentliche Merkmale sind zu betonen, die für die Untersuchung von Bedeutung sind. Zum Einen ist die ICMS eine *nichtkumulative* Steuer, das heißt

642 Es sei vorausgesetzt, dass sie nicht kumulativ sind und keinen gleichen Tatbestand oder keine gleiche Bemessungsgrundlage von den in der Verfassung aufgelisteten Steuern haben (Art. 154 I CF). Unbeschadet auch der Kompetenz des Bundes, im Fall einer Bedrohung oder eines Krieges außerordentliche Steuern einzuführen, die zu seiner steuerrechtlichen Kompetenz gehören oder nicht und die allmählich abgeschafft werden, wenn ihre Einführungsursachen nicht mehr bestehen (Art. 154 II CF).

643 Zur Unterscheidung zwischen Warenlieferung, Produktherstellung und Dienstleistungserbringung im Lichte des Vertragsgegenstands, siehe G. Fossati, RDDT 187, S. 82-95.

644 Die Befugnis, andere Arten von Dienstleistungen zu besteuern, gehört den Gemeinden, wie unten zu zeigen sein wird.

645 Art. 155 § 2 IX „a“ CF.

dass der Steueranteil jeglicher Lieferung oder Dienstleistung (Art. 155 II CF) mit dem anlässlich der vorangegangenen Lieferungen oder Dienstleistungen von demselben oder einem anderen Bundesland oder dem vom Bundesbezirk erhobenen Steuerbetrag verrechnet wird (Art. 155 § 2 I CF). In der Literatur findet sich der Hinweis, dieses Merkmal impliziere keine bloß programmatische Norm[646], sondern eine gebotene Verfassungsrichtlinie, die auf die Verringerung der Steuerauswirkung auf die Preise der Waren und Dienstleistungen gerichtet sei[647]. Diese Regel finde Einschränkungen *nur* in der Verfassung[648]. Seitens der Lieferanten und der Dienstleistungserbringer solle ein Mechanismus sichergestellt werden, damit die in die Preise eingegangene Steuerlast uniform sei[649]. Das Wesen der ICMS als eine Verbrauchsteuer ergibt sich aus dem Grundsatz der Nichtkumulation, so dass der Endverbraucher aufgrund der Versagung des Vorsteuerabzugsrechts die wirtschaftliche Last tragen muss[650]. Zum Zweiten sieht die brasilianische Verfassung ebenfalls ausdrücklich vor, dass die ICMS gemäß der Wesentlichkeit der Waren und der Dienstleistungen *selektiv* sein *können* (Art.155 § 2 III CF)[651].

Die dargestellte allgemeine Verbrauchsteuer ist auch auf die Überwälzbarkeit an den Endkonsument konzipiert worden. Unternehmer sollen entlastet werden und die ICMS soll für sie im Endeffekt *neutral* wirken[652]. Der genaue in Rechnung gestellte Betrag der ICMS zeigt dem Konsument deutlich, in welcher Höhe er zum brasilianischen Umsatzsteueraufkommen beiträgt und demzufolge an der Finanzierung der staatlichen Ausgaben teilnimmt, obwohl er in zahlrei-

646 Eine programmatische Norm ist eine solche, die ein bestimmtes Ziel festlegt, dessen Konkretisierung von Maßnahmen abhängt, die sich außer oder jenseits des Verfassungstextes befinden. Sie entfaltet keine unmittelbare Wirksamkeit. Siehe hierzu G. Mendes/I. Coelho/P. Branco, Direito Constitucional, S. 20f. Nach der Auffassung T. Ferraz Juniors sei der Gesetzgeber bei einer programmatischen Norm an sie als Zweck verbindlich gebunden. Vgl. T. Ferraz Junior, Leistungsfähigkeitsprinzip, S. 231.

647 J. Soares de Melo, ICMS, S. 270 u. 272.

648 R. Carrazza, Direito Constitucional Tributário, S. 880 FN 39.

649 J. Soares de Melo, ICMS, S. 271.

650 H. Ávila, RDDT 186, S. 114.

651 Gesetzestechnisch gesehen sollen die Verbrauchsteuersätze nach dem Grundsatz der Selektivität gemäß der Wesentlichkeit dem Wesentlichkeitsgrad des Gegenstandes bzw. der Leistung umgekehrt verhältnismäßig wirken. So sollen einerseits theoretisch Lebensmittel – zumindest diejenigen des Warenkorbs -, Medikamente, Leitungswasser, Kleidung, Wohnung und existenzsichernde Vorsorgeaufwendungen steuerbefreit oder ermäßigt besteuert und die sogenannten „Luxusgüter“ höher besteuert werden. Näher dazu siehe unten unter B.I.

652 Siehe unter anderen P. Caliendo, Direito Tributário, S. 331ff.; H. Ávila, RDDT 186, S. 112, 115, 118f. u. 124.

chen Fällen mangels steuerlicher Leistungsfähigkeit nicht ohne Gefährdung eigener existentieller Bedürfnisse in der Lage ist, diesen öffentlichen Aufwand mit zu bestreiten. Selbst wenn der brasilianische Bürger arbeitslos ist und Kinder zu unterhalten hat, unterliegt er denselben Umsatzsteuersätzen z.B. für Lebensmittel, Medikamente, Strom, Kleidung und Schulmaterialien[653].

Wie bereits im zweiten Kapitel erwähnt worden ist, hat sich das brasilianische juristische Schrifttum bisher noch nicht in befriedigender Weise mit den Überwälzungswirkungen der Umsatzsteuerlast auf den Endverbraucher beschäftigt. Nach fast einhelliger Meinung ist eine Gestaltung der Umsatzsteuer im Lichte des Grundsatzes der steuerlichen Leistungsfähigkeit des Steuerzahlers sehr schwierig oder sogar unmöglich, vornehmlich bei einer Abstufung der Umsatzsteuersätze nach der steuerlichen Leistungsfähigkeit des Bürgers, der die Ware als Letztteilnehmer an der Lieferungskette erwirbt[654]. Zusammenfassend sprechen dagegen nach fast einhelliger Meinung zahlreiche Gründe der Praktikabilität und der Verwaltungsökonomie. Einige Autoren betrachten die Anwendbarkeit des Fundamentalprinzips des Steuerrechtssystems als *möglich* und *geboten*, die mittels einer *selektiven* Graduierung der Steuersätze nach der Wesentlichkeit der Waren und der Dienstleistungen erfolge[655]. Folglich gibt es bisher keine spezifische *Rechtfertigungstheorie* der ICMS unter Gerechtigkeitsgesichtspunkten, sondern nur eine auf den Grundsatz der Selektivität nach der Wesentlichkeit der Waren und Dienstleistungen zentrierte *Anpassungstheorie*.

Das Supremo Tribunal Federal hat sich bis jetzt mit dem Thema unter Gerechtigkeitsgesichtspunkten noch nicht hinreichend beschäftigt. Anlässlich der Beurteilung der Verfassungsmäßigkeit der „Steuersubstitution nach vorne" (*substituição tributária para frente*) hat der Richter *Ilmar Galvão* darauf hingewiesen, dass der Endverbraucher der Steuerträger ist. Er habe zwingend die Steuerlast zu tragen, unabhängig davon, ob es Steuersubstitution gibt oder nicht. Einzig und allein die Leistungsfähigkeit des Konsumenten sei maßgeblich zu be-

653 Der brasilianische Arbeitslose hat Anspruch auf Arbeitslosengeld lediglich für maximal fünf Monaten (vgl. Art. 2 des Gesetzes Nr. 8.900/94). In der Regel wird das Arbeitslosengeld (die sogenannte Arbeitslosenversicherung) nach dem Durchschnitt des Gehalts der letzten drei Monaten berechnet. Das Gesetz Nr. 10.836/2004 hat das Programm Bolsa Família eingeführt, wonach Familien mit monatlichem pro köpfigem Einkommen bis R$ 60,00 (sechzig reais) den monatlichen Betrag von R$ 58,00 (achtundfünfzig reais) bekommen (Art. 2 § 2). Am 01.07.2013 gleichen 58,00 reais 20,00 Euro.

654 Vgl. M. Derzi, Notas, in: Aliomar Baleeiro, Limitacoes, S. 1.097; R. Carrazza, Direito Constitucional Tributário, S. 82 FN 46 und 89ff.; H. Ávila, Sistema Constitucional Tributário, S. 375ff.; J. Soares de Melo, ICMS, S. 331.

655 Vgl. z. B. H. Machado, Princípios, S 74ff.; ders., Direitos Fundamentais, S. 90f.

rücksichtigen[656]. Aus der Sicht der Wirkungen auf den Steuerschuldner der Umsatzsteuer hat der Verfassungsrichter *Marco Aurélio Mello* festgehalten, dass es keinen verfassungsrechtlichen Rechtfertigungsgrund gebe, die Umsatzsteuer der Eingangsleistungen in der Bemessungsgrundlage der nachfolgenden Lieferung einzukalkulieren und dementsprechend auch diesen Steuerbetrag der Umsatzbesteuerung der nachfolgenden Lieferung zu unterwerfen[657]. Dies würde nach dem Verfassungsrichter einer Nichtbeachtung des im § 1 Art. 145 CF enthaltenen Gebots der Einführung der Steuern nach der steuerlichen Leistungsfähigkeit des Steuerpflichtigen entsprechen. Seiner Meinung nach dürfe keine Steuer auf einen Betrag entfallen, der beim Steuerpflichtigen keinen wirtschaftlichen Vorteil entfaltet[658]. Im Übrigen bleibt es in der Rechtsprechung des Supremo Tribunal

656 RE Nr. 213.396, Berichterstatter: Richter Ilmar Galvão, Erste Kammer, DJ v. 01.12.2000.

657 RE Nr. 212.209, Berichterstatter: Richter Marco Aurélio Mello, Plenum, DJ v. 14.02.2003 (abweichende Stimme des Richters Marco Aurélio Mello). Es soll hier klargestellt werden, dass die Erhebungssystematik der brasilianischen Umsatzsteuer die Einbeziehung der Steuer auf die Eingangsleistungen in der Bemessungsgrundlage der Umsatzsteuer auf die nachfolgende Lieferung voraussetzt. Der vom vorangegangenen Lieferant bereits bezahlte und in Rechnung gestellte Umsatzsteuerbetrag kann mit der gebotenen Umsatzsteuer der nachfolgenden Lieferung als Vorsteuer (crédito) verrechnet werden. Vgl. Komplementärgesetz Nr. 87/96, Art. 13 § 1 I, Art. 19 und Art. 20. Abrufbar unter http://www.planalto.gov.br/ccivil_03/Leis/LCP/Lcp87.htm. Abfrage am 01.07.2013. Siehe auch die verfassungsrechtlichen Vorschriften dazu: Art. 155 § 2 I. Abrufbar unter http://www.planalto.gov.br/ccivil_03/Constituicao/ ConstituicaoCompilado.htm.

658 Dazu könnte die Meinung P. Kirchhofs hinsichtlich der verfassungsrechtlichen bzw. staatsrechtlichen Rechtfertigung der Einführung und Erhebung der Steuern im Verfassungsstaat zum Ausdruck gebracht werden. Seiner Meinung nach bleibt dem Staat des Grundgesetzes nur die Möglichkeit, „maßvoll auf den Erfolg privaten Wirtschaftens zuzugreifen, sich also durch Steuern zu finanzieren" (vgl. P. Kirchhof, in: HStR, § 118, Rz. 5, Hervorhebung durch den Verfasser). An früherer Äußerung: „Der Staat des Grundgesetzes entscheidet sich für eine Steuerfinanzierung öffentlicher Aufgabe, d. h. eine staatliche Teilhabe am Erfolg privaten Wirtschaftens" (vgl. P. Kirchhof, in: HStR, § 88, Rz. 1, Hervorhebung durch den Verfasser). Wenn es aus der Sicht gedacht wird, wonach die Steuern eine Teilhabe des Staates am Erfolg bürgerlichen Wirtschaftens entfalten, könnte ebenfalls gedacht werden, dass dieser Erfolg lediglich mittels wirtschaftlicher Vorteile des Steuerpflichtigen materialisiert werden könnte, d. h. allein durch Ausdrücke effektiver Leistungsfähigkeit. Ausgegangen davon könnte die brasilianische Umsatzsteuer auf die bereits bezahlte und auf der Rechnung gestellte Steuer nie anfallen, denn dieser der Umsatzsteuer der nachfolgenden Lieferung unterliegende Anteil verkörpert keinen privaten wirtschaftlichen Vorteil, keinen effektiven Ausdruck von Erfolg des Bürgers, sondern einen reinen staatlichen wirtschaftlichen Vorteil. Auf der an-

Federal noch offen, ob und inwieweit die persönliche und familiäre Leistungsfähigkeit des Steuerpflichtigen und dementsprechend der Schutz seines Existenzminimums im Lichte der Vorgaben und des *Geistes* der brasilianischen Verfassung mittels der Selektivität der Steuersätze gemäß der Wesentlichkeit der Waren und Dienstleistungen *hinreichend* berücksichtigt ist.

A.II.2. Die Steuer auf die Einfuhr

Der Bund hat die Befugnis zur Erhebung der Steuer auf die Einfuhr von ausländischen Erzeugnissen (Art. 153 I CF). Der *Imposto de Importação* (II) unterliegt die Einfuhr ausländischer Ware; Steuertatbestand ist ihre Schlussabfertigung[659]. Zu betonen ist, dass der Präsident der Republik die Steuersätze der II, unter Beachtung der im Gesetz festgelegten Voraussetzungen und Beschränkungen, ändern darf[660]. Obwohl die Steuer deutlichen Fiskalzweck hat, dient sie tendenziell in Brasilien der Erreichung von Lenkungszielen, nämlich im Rahmen der Förderungs- und Ausgleichsmechanismen der Handelsbilanz.

Die II wird vom Importeur auf den Verbraucher überwälzt oder vom Verbraucher selbst bezahlt, wenn er die Ware direkt aus dem Ausland erwirbt. Zu fragen ist, inwieweit die durch Verordnung festlegbaren und änderbaren Steuersätze, die die Wesentlichkeit der Waren hinsichtlich des menschlichen Lebensbedarfs nicht immer in Berücksichtigung nehmen - weil handelsbilanzbezogene Zwecke vorrangig zu erreichen sind -, nach der steuerlichen Leistungsfähigkeit des Endkonsumenten abgestuft werden.

Es ist darauf hinzuweisen, dass die Außenhandelskammer des Bundesregierungsrates die Formulierung, die Annahme, die Umsetzung und die Koordinierung von Maßnahmen und Tätigkeiten im Rahmen des Außenhandels und des Tourismus als Ziel hat[661]. Die Außenhandelskammer hat die Befugnis zur Festlegung von Richtlinien und Maßnahmen bezüglich der Umsetzung der Außenhandelspolitik, die auf die wettbewerbsfähige Teilnahme Brasiliens an der internationalen Wirtschaft zielt, insbesondere was die wirtschafts- und handelsbezo-

---

deren Seite bleibt unberücksichtigt, ob der Steuerschuldner in einem bestimmten Veranlagungszeitraum einen Gewinn oder Verlust erwirtschaftet hat.

659 Gesetzesverordnung Nr. 37/66, Art. 1 und § 2.

660 Art. 153 § 1 CF. Eigentlich darf er auch die Steuersätze der IPI und der Ausfuhrsteuer (IE) ändern. Die Gesetzgebung darf einer der Exekutive gehörenden Organschaft die Befugnis übertragen, die Steuersätze der Ausfuhrsteuer festzulegen. Vgl. RE Nr. 570.680, Berichterstatter: Richter Ricardo Lewandowski, Plenum, DJe v. 04.12.2009.

661 Art. 1 der Verordnung Nr. 4.732/2003.

genen Beziehungen mit den Mitgliedern des *Mercosul*[662] betrifft. Außerdem ist die Außenhandelskammer zuständig für die Festlegung der Einfuhrsteuersätze[663]. Hintergrund der Gestaltung der gemeinsamen Steuersätze auf die Einfuhr von Produkten zwischen den Mitgliedstaaten ist primär nicht die Befriedigung der Anforderungen des Sozialstaates, sondern eher der Schutz des Binnenmarktes gegen ein erhöhtes Einfuhrvolumen und das Ziel der Erhöhung des Ausfuhrvolumens. Die steuerliche Leistungsfähigkeit des Endverbrauchers wird in der Regel zugunsten der Außenhandelspolitik und der damit verbundenen Ziele vernachlässigt. Zu nennen sind z.B. die Steuersätze wesentlicher Lebensmittel wie zahlreiche Arten von Fischen (10%), Milch (12% und 14%), Jogurt (16%), Kartoffeln, Paprika, Zwiebeln, Orangen, Trauben und Reis (10%)[664].

A.II.3. Die Steuer auf industrialisierte Produkte

Die *Steuer auf industrialisierte Produkte* (IPI) - die ehemalige *Verbrauchsteuer* (*Imposto de Consumo*) – hat als Gegenstand das Produkt, dessen Gestaltung bzw. Nutzen wegen einem Vorgang verändert oder zum Verbrauch vervollkommnet wurde[665]. Darüber hinaus unterliegt der IPI auch die Einfuhr von Gegenständen[666].

Es gibt fünf Industrialisierungsmodalitäten: a) *Transformation*: aus dem Vorgang auf Rohstoffe bzw. Zwischenprodukte ergibt sich eine neue Probe; b) *Verbesserung*: der Vorgang vervollkommnet oder verändert in irgendeiner Weise die Funktionalität, die Nutzung, die Ausrüstung oder das Aussehen des Produkts; c) *Einbau*: aus der Zusammenstellung von Produkten oder Bestandteilen ergibt sich ein neues Produkt oder eine eigenständige Einzelheit; d) *Verpackung* oder *Wiederverpackung*: der Vorgang verändert wegen der Verpackung die Darstellung des Produkts, selbst wenn es um den Ersatz der ursprünglichen Verpa-

---

662 Der Mercosul (Mercado Comum do Sul) – Bezeichnung für Gemeinsamer Markt des Südens – wurde 1991 durch den Vertrag von Assunção eingerichtet. Mitglieder sind Brasilien, Argentinien, Paraguay und Uruguay. Art. 7 sieht vor, dass im Bereich von Steuern, Gebühren und anderen Abgaben die von einem Mitgliedstaat stammenden Produkte in den anderen Mitgliedstaaten so behandelt werden, als ob sie inländische Produkte gewesen wären.

663 Art. 2 I und XIV der Verordnung Nr. 4.732/2003.

664 Vgl. hierzu den Beschluss Nr. 43/2006 der Außenhandelskammer. Einsehbar unter http://www.desenvolvimento.gov.br/arquivos/dwnl_1227554412.pdf. Abfrage am 08. 07.2011.

665 Art. 46 Einzigparagraph CTN.

666 Steuertatbestand ist die Schlussabfertigung der Gegenstände (Gesetz Nr. 4.502/64, Art. 2 I; Verordnung Nr. 7.212/2010 (Durchführungsverordnung der IPI), Art. 35 I).

ckung geht, ausgenommen wenn die Verpackung nur der Warenbeförderung dient; e) *Erneuerung*: der Vorgang erneuert oder stellt das benutzte Produkt oder einen Bestandteil des verschlechternden oder unbenutzten Produkts zur Wiederverwendung wieder her[667]. Steuertatbestand ist die Zollabfertigung des Produkts bei ausländischer Herkunft oder das Verlassen des Gewerbebetriebs des Produkts bzw. einer als gewerblich gleichgestellten Anstalt[668].

Die IPI ist ebenfalls auf die Überwälzbarkeit der Steuer auf den Endkonsument angelegt[669]. Wie im Fall der ICMS ist die steuerliche Leistungsfähigkeit des Steuerschuldners – in der Regel des Herstellers – unbeachtlich. Stattdessen ist auf die Steuer des intendierten Steuerträgers abzustellen[670], der seine Kaufkraft in einem Rechtsakt *prinzipiell* ausdrückt. Trotzdem ist in der Gesetzgebung der IPI vorgesehen worden, dass sich die Steuerbefreiungen auf das Produkt beziehen und nicht auf den Steuerschuldner oder Steuerdestinatär, sofern nichts anderes durch die Gesetzgebung vorgeschrieben ist[671]. Der Verfassungsgeber wiederum hat zwei Wesensmerkmale für die IPI ausdrücklich vorgesehen: die *Selektivität* (nach dem Maßstab der Wesentlichkeit des Produkts) und die *Nichtkumulation* (Art. 153 IV § 3 CF). Zum Einen müssen die Steuersätze so ausgestaltet werden, dass sie die Wichtigkeit bzw. die Überflüssigkeit des Produkts nach den allgemeinen Lebensbedürfnissen der Gesellschaft widerspiegeln. Essentielle Lebensmittel und Medikamente z.B. müssen auf der einen Seite in der Regel steuerbefreit bzw. ermäßigt besteuert werden; Luxusgüter wie Yachten bzw. Lebensmittel des gehobenen Bedarfs, wie bspw. Kaviar, sollen auf der anderen Seite hoch besteuert werden[672]. Zum Zweiten soll der Grundsatz der Nichtkumulation bei der IPI im Wesentlichen dieselben Wirkungen wie die der ICMS sicherstellen. Die Steuer soll die im Wettbewerb stehenden Unternehmen nicht als Kostenfaktor belasten. Technisch gesehen soll der gebotene Steuerbetrag einer Transaktion (Ausgangsumsatz) mit dem in den vorangegangenen Transaktionen (Eingangsleistungen) erhobenen Steuerbetrag verrechnet werden.

---

667 Art. 4 der Verordnung Nr. 7.212/2010 (Durchführungsverordnung der IPI).

668 Art. 35 der Verordnung Nr. 7.212/2010 (Durchführungsverordnung der IPI). Siehe zum Steuertatbestand der IPI im Vergleich mit dem der ICMS und der ISS G. Fossati, RDDT 187, 82 (83ff.).

669 Und auf der Rechnung gestellt.

670 Siehe unter anderen J. Soares de Melo, IPI, S. 163; Recurso Extraordinário N. 213.396, Berichterstatter: Richter Ilmar Galvão, Erste Kammer, DJ 01.12.2000.

671 Art. 50 der Verordnung Nr. 7.212/2010 (Durchführungsverordnung der IPI) und Art. 9 des Gesetzes Nr. 4.502/64.

672 Zur Betrachtung der Steuersätze der deutschen Umsatzsteuer und der brasilianischen Steuern auf den Umsatz siehe unten unter B.IV.

Im Endeffekt hat die Steuer auf den Steuerschuldner neutral zu wirken insofern, als sie auf den Konsument übergewälzt wird[673].

Zu fragen ist auch bei der IPI, ob und inwieweit das verfassungsrechtliche Wesensmerkmal der Selektivität der Steuersätze die steuerliche Leistungsfähigkeit des Verbrauchers, vornehmlich in ihrer Entfaltung als Schutz des steuerfreien Existenzminimums, hinreichend in Berücksichtigung nimmt. Zur Untersuchung und Beantwortung dieser Frage ist davon auszugehen, dass das Vorsteuerabzugsrecht seitens der Unternehmer aufgrund des Prinzips der Nichtkumulation in vollem Umfang sichergestellt wird und dass es den Unternehmern gelingt, die Steuerlast auf den Endverbraucher zu überwälzen. Die Fälle des Scheiterns der Nichtkumulation bzw. der Überwälzbarkeit der Steuerlast und die jeweiligen Wirkungen auf den Steuerschuldner sind nicht Gegenstand dieser Arbeit. Zu untersuchen und zu erörtern sind eher die Wirkungen auf den Endverbraucher, der Gegenstände und Dienstleistungen für private Zwecke erwirbt[674]. Obwohl die IPI und die ICMS *auch* für Lenkungszwecke in Anspruch genommen werden können, darf nicht außer Acht gelassen werden, dass diese Steuern in der Praxis *vornehmlich* fiskalischen Zielen dienen und infolge dessen eher am Grundsatz der steuerlichen Leistungsfähigkeit des intendierten Steuerträgers ausgerichtet werden sollten[675].

---

673 Siehe unter anderen H. Ávila, RDDT 186, 110 (114). Die Bemessungsgrundlage der ICMS schließt den Betrag der IPI nicht ein, wenn die Transaktion a) zwischen Steuerpflichtigen durchgeführt wird und einen Produkt, den noch industrialisiert bzw. gehandelt wird, als Gegenstand hat und b) den Steuertatbestand beider Steuern materialisiert (vgl. Art. 155 § 2 XI CF).

674 Ein Dienstleiter – z. B. ein Freiberufler – kann die ICMS und die IPI nicht abziehen, wenn er Waren bzw. Produkte für sein Unternehmen verwendet, denn er ist kein Steuerpflichtiger dieser Steuern. Trotzdem kann er diese Waren bzw. Produkte im Rahmen der Einkommensteuer als Werbungskosten geltend machen. Vgl. hierzu § 9 EStG und Art. 75 III der Verordnung Nr. 3.000/99 (Einkommensteuerdurchführungsverordnung).

675 R. Carrazza ist der Meinung, die IPI und die ICMS sollen unbedingt Lenkungsinstrumente sein, unbeschadet der Pflicht des Gesetzgebers, ihre Steuersätze selektiv zu gestalten (vgl. R. Carrazza, Direito Constitucional Tributário, S. 89). Zu beachten ist, dass sowohl die IPI als auch die ICMS Steuern auf den Umsatz – und letztendlich auf den Verbrauch – sind und zu den wichtigsten Steuereinnahmequellen Brasiliens zählen. Sie sind im Wesentlichen deutliche Fiskalzwecksteuern und sollen dementsprechend am Leistungsfähigkeitsprinzip ausgerichtet werden.

A.II.4. Die Steuer auf Dienstleistungen

Die Gemeinden haben die Befugnis Steuern auf Dienstleistungen zu erheben, die der ICMS nicht unterliegen (Art. 156 III CF). Ausgeschlossen sind also die Lieferungen[676], die zwischen den Ländern und zwischen den Gemeinden erbrachten Beförderungsdienstleistungen und die Kommunikationsdienstleistungen. Der ISS unterliegt auch die vom Ausland erbrachte Dienstleistung bzw. die Dienstleistung, die deren Ausführung im Ausland begonnen hat[677]. Abgesehen davon können die Gemeinden in der Regel sämtliche Arten von Dienstleistungen besteuern, vorausgesetzt, dass die intendierten Dienstleistungen in der Auflistung des Bundesgesetzes der ISS (*lei complementar federal do ISS*) vorgesehen sind. Darüber hinaus soll der Rechtsbegriff der Dienstleistungserbringung mit Rechtsbegriffen anderer auch im Bürgerlichen Gesetzbuch vorgesehener Rechtsgeschäfte materiell nicht verwechselt werden, so dass weitere Rechtsgeschäfte – wie z.B. die Miete beweglicher Güter – nicht der ISS unterliegen[678]. Dazu sind einige Anmerkungen vorzunehmen:

Erstens ist zu betonen, dass die brasilianische Verfassung vorgesehen hat, dass die Gemeinden die Befugnis haben, Steuern auf Dienstleistungen zu erheben, die im Komplementärgesetz (*lei complementar*) festgelegt wurden. Dieses *Basis*gesetz muss vom Bund erlassen werden[679]. Seit 2003 reguliert das komplementäre Bundesgesetz Nr. 116 die Wesensmerkmale der ISS und sieht in sei-

---

676 Zur Unterscheidung zwischen Warenlieferung, Produktherstellung und Dienstleistungserbringung im Lichte des Vertragsgegenstands, siehe G. Fossati, RDDT 187, 82 (83ff.).

677 Komplementärgesetz Nr. 116/2003, Art. 1 § 1.

678 Das war der Fall des Versuchs einiger Gemeinden, Mietverträge beweglicher Güter – wie z.B. von Kränen - mit der ISS zu besteuern. In der Entscheidung des Supremo Tribunal Federal dazu wurde klargestellt: "Die verfassungsrechtliche Terminologie der Steuer auf Dienstleistungen offenbart das Besteuerungsobjekt. Unvereinbar mit der Verfassung ist eine Vorschrift, die eine Steuer auf Mietverträge beweglicher Güter erhebt. In der Rechtswissenschaft haben die Rechtsinstitute, die Ausdrücke und die Worte eigenen Sinn und man darf die Dienstleistungserbringung mit der Miete beweglicher Güter nicht verwechseln, die unterschiedliche vom Bürgerlichen Gesetzbuch regulierte Rechtsgeschäfte verkörpern, deren Begriffe unbedingt zu beachten sind (Art. 110 CTN)". Vgl. RE Nr. 116.121, Berichterstatter: Richter Octavio Gallotti, Plenum, DJ v. 25.05.2001. Art. 110 CTN sieht vor: "Das Steuergesetz darf die Definition, den Inhalt und den Umfang der Instituten, der Begriffe und der Gestaltungen des Privatrechts - die von der Bundesverfassung, von den Länderverfassungen oder von den organischen Gemeindegesetzen ausdrücklich oder implizit verwendet werden – nicht verändern, um die steuerrechtlichen Befugnisse zu definieren oder zu beschränken".

679 RE Nr. 361.829, Berichterstatter: Richter Carlos Velloso, Zweite Kammer, DJ v. 24.02.2006.

ner Anlage die von den Gemeinden besteuerbaren Dienstleistungen vor. Wie im Fall der ICMS, deren Einführungsbefugnis die Länder halten, beinhaltet das komplementäre Bundesgesetz die Allgemeinnormen der ISS, die von den Gemeinden anlässlich der Gestaltung der jeweiligen Gesetze der ISS unbedingt zu beachten sind[680]. Tatbestand der ISS ist die Erbringung der in der Gesetzesanlage aufgelisteten Dienstleistungen, selbst wenn diese der überwiegenden Tätigkeit des Dienstleistungserbringers nicht entsprechen (Art. 1 LC Nr. 116/2003). Steuerschuldner ist der Dienstleistungserbringer (Art. 5 LC Nr. 116/2003)[681].

Zu fragen ist, ob tatsächlich die steuerliche Leistungsfähigkeit des Dienstleistungserbringers maßgeblich zu berücksichtigen ist. Wie in den Fällen der ICMS und der IPI soll untersucht werden, wer am Ende der Transaktionskette die Steuerlast trägt. Das Bundesgesetz Nr. 116/2003 sieht nur vor, dass die Gemeinden einem mit dem Steueranspruch verknüpften Dritten die Haftung für die Steuerschuldnerschaft durch Gesetz übertragen können (Art. 6). In diesem Fall ist der Dritte „entrichtungspflichtig". Abgesehen von der steuerrechtlichen Haftung und der Entrichtungspflicht des Empfängers einer vom Ausland empfangenen Dienstleistung kommt es immer darauf an, ob die ISS vom Dienstleistungserbringer zum Dienstleistungsempfänger überwälzt wurde oder nicht. Diese Möglichkeit besteht, wenn die Bemessungsgrundlage der Dienstleistungspreis ist (Regelfall) und folglich die Steuerlast zum Dienstleistungs*verbraucher* überwälzt werden kann[682]. Wenn der Leistungsempfänger der intendierte Steuerträger ist, dann sollte seine anlässlich der Begleichung der Kosten zum Ausdruck kommende steuerliche Leistungsfähigkeit und nicht die des Dienstleistungserbringers berücksichtigt werden. Obwohl die Bundesverfassung für die ISS das Merkmal der Selektivität der Steuersätze bzw. der Bemessungsgrundlage nach

---

680 RE Nr. 361.829, Berichterstatter: Richter Carlos Velloso, Zweite Kammer, DJ v. 24.02.2006. R. Carrazza ist der Ansicht, wonach die kommunale Befugnis, Dienstleistungen zu besteuern, nicht vom Erlassen eines komplementären Bundesgesetzes abhängt, das diese Dienstleistungen festlegt. Der Bundesgesetzgeber darf also nicht festlegen, welche Arten von Dienstleistungen die Gemeinde nicht besteuern dürfen. Die Auflistung der Dienstleistungsarten in der Anlage des Bundesgesetzes Nr. 116/2003 sei nur exemplarisch und genau deswegen entbehrlich. Vgl. R. Carrazza, Direito Constitucional Tributário, S. 884-890. A. Barreto ist der Auffassung, die bundesgesetzliche Definition der von den Gemeinden besteuerbaren Dienstleistungen verstoße gegen die Eigenständigkeit der Gemeinden. Vgl. A. Barreto, ISS, S. 40-42. Vgl. auch G. Fossati, RT 909, S. 248-251.

681 Darüber hinaus liegen in der Gesetzesanlage die besteuerbaren Dienstleistungsarten, wie z. B. die Dienstleistungen der Freiberufler im Allgemeinen, der Informatiker, der Krankenhäuser, der Untersuchungslabore, usw.

682 EREsp Nr. 873.616, Berichterstatter: Richter Mauro Marques, Erste Senat, DJe v. 01.02.2011.

der Wesentlichkeit *nicht* vorgesehen hat, gestalten die meisten Gemeindegesetzgeber die entsprechenden Steuersätze nach diesem Grundsatz[683].

A.III. Gemeinsame verbraucherbezogene Eigenschaften

Wie bereits in der Einführung dieser Arbeit erwähnt worden ist, werden diejenigen Aspekte dargestellt und erörtert werden, die aus der Sicht des Endkonsumenten von Bedeutung sind. Besonderheiten dieser brasilianischen Steuern und der deutschen Umsatzsteuer, wie z.B. das unternehmerische Vorsteuerabzugsrecht und der genaue Zeitpunkt der Entstehung des Steueranspruchs oder der vom brasilianischen Schrifttum vorgeschlagene technische Unterschied zwischen den Begriffen von Produkten und Waren, sind von keiner Bedeutung für die Untersuchung, sofern sie keine tatsächliche Belastungs- bzw. Gestaltungswirkung auf den Verbraucher entfalten.

Die vier brasilianischen Steuern auf den Umsatz entsprechen *im Allgemeinen* der deutschen Umsatzsteuer. IPI, ICMS, ISS und II zusammen betrachtet fallen auf *Lieferungen* von Gegenständen (Produkten und Waren) und auf *sonstige Leistungen* an. Obwohl der Tatbestand der IPI in der Industrialisierung (in einer der fünf Modalitäten), der der ICMS in dem Vorgang der Warenlieferung und in den zwischen den Ländern und zwischen den Gemeinden erbrachten Beförderungsdienstleistungen und in den Kommunikationsdienstleistungen, der der ISS in der Dienstleistungserbringung besteht, haben all diese Steuern gemeinsam, dass es sich um Steuern auf den Konsum von Gütern und Dienstleistungen handelt. Sie sind mit der Einkommens- bzw. Vermögensverwendung verknüpft[684].

---

683 Die Bundesverfassung sieht vor, der höchste und der niedrigste Steuersatz der ISS seien durch Komplementärgesetz festzulegen (Art. 156 § 3 I CF). Das komplementäre Bundesgesetz Nr. 116/2003 hat den höchsten Steuersatz von 5% festgelegt (Art. 8 II). Zu den Beispielen und zur Erörterung der Steuersätze nach der Wesentlichkeit der Dienstleistungen siehe unten unter B.IV.

684 Zutreffend weist K. Tipke darauf hin: „Die bloße Tatsache, dass Steuerpflichtige in der Lage oder gezwungen sind, sich an einem Akt des Rechtsverkehrs zu beteiligen, ergibt keinen sachgerechten Besteuerungsmaßstab". Die Gleichartigkeit von Steuern (hier von der Umsatzsteuer und den Verkehrssteuern) ergebe sich hauptsächlich aus deren gleichartigen wirtschaftlichen Wirkungen. Die formale Anknüpfung an einem Akt des Rechtsverkehrs vermöge keine Steuer zu rechtfertigen. Vgl. hierzu K. Tipke, StRO, S. 1014f. u. 1099.

Die vier Steuern sind hinsichtlich der Bemessung der jeweiligen Steuerlast mit dem Produkt bzw. der Ware und der Leistung eng verbunden. Diese Steuern sind ebenfalls als *Real-* oder *Objektsteuern* einzuordnen, denn sie belasten Steuergüter (theoretisch) „losgelöst von den persönlichen Verhältnissen des Steuerschuldners“[685]. Gemeinsamer Maßstab zur Bemessung der Steuerlast – sei es durch den Steuersatz oder durch die Bemessungsgrundlage – ist die *Wichtigkeit* bzw. der *Unerlässlichkeitsgrad* des Gegenstands und der Dienstleistung für den Endverbraucher. Aus der *Fiskalsicht* sind die Steuersätze bzw. die Bemessungsgrundlagen nach der Wichtigkeit bzw. dem Unerlässlichkeitsgrad im Rahmen des Schutzes des menschlichen Existenzminimums abzustufen. Der unantastbare Kerninhalt der Konsumbesteuerung dieser Schutzsphäre soll unter dem Blickwickel hochrangigerer verfassungsrechtlicher Schutzgüter betrachtet werden. Zu nennen ist z. B. die eindeutige brasilianische Verfassungsvorschrift[686], wonach der Mindestgehalt vom Gesetzgeber dergestalt festgelegt werden muss, dass die grundlegenden Lebensbedürfnisse des Arbeitnehmers und die seiner Familie – wie z.B. Unterkunft, Nahrung, Bildung, Gesundheit, Freizeit, Bekleidung, Hygiene, Beförderung und Sozialversicherung – erfüllt sind[687]. Das heißt nicht, dass diese vier Steuern auf den Konsum zur Erreichung anderer Verfassungszwecke nicht in Anspruch genommen werden können, sei es zur Ergebnisoptimierung eines bestimmten verfassungsrechtlich verankerten politischen Zieles, sei es zur Milderung unerwünschter sozial-, wirtschafts-, gesundheits- oder umweltpolitischer Konsequenzen[688].

Die hier untersuchten Steuern auf den Verbrauch sind also auf das Merkmal der *Selektivität* der Steuersätze (in der Regel) nach dem Maßstab der *Wesentlichkeit* der Produkte bzw. Ware und Dienstleistungen stark angelegt. Bevor auf die Umsatzsteuergerechtigkeit durch die Besteuerung nach der Konsumleistungsfähigkeit eingegangen wird, ist der vom brasilianischen Schrifttum genannte *Grundsatz der Selektivität gemäß der Wesentlichkeit* zu betrachten.

---

685 J. Lang, in: Tipke/Lang, Steuerrecht, § 8 Rz. 21.

686 Das Beispiel wurde von J. Soares de Melo vorgegeben. Vgl. J. Soares de Melo, IPI, S. 212.

687 Art. 7 IV CF.

688 Zur Anwendbarkeit des Leistungsfähigkeitsprinzips bei den Lenkungszwecksteuern siehe im 2. Kapitel unter A.III.

B. Das Prinzip der Selektivität entsprechend der Wesentlichkeit

B.I. Inhalt und Zweck

(i) Der Grundsatz der Selektivität entsprechend der Wesentlichkeit findet in den Rechtssystemen der meisten westlichen Länder keinen Ausdruck. Er wird in der Regel von der Steuergesetzgebung nicht vorgesehen. Das Steuerrechtschrifttum der meisten westlichen Länder behandelt den Grundsatz *implizit*, und er verbleibt im Hintergrund der Ausgestaltung der Steuerbemessungsgrundlage bzw. Steuersätze. Es handelt sich eigentlich um eine *Besteuerungstechnik*, nach der die Bemessungsgrundlage bzw. die Steuersätze der Verbrauchsteuern das Merkmal der Selektivität entfalten sollen. Maßstab der Differenzierung und insbesondere der in den meisten Rechtssystemen auftretenden Abstufung der Steuersätze ist die *Wichtigkeit* bzw. die *Unerlässlichkeit* des zu besteuernden Rechtsgutes für den Endverbraucher. Diese Wichtigkeit bzw. Unerlässlichkeit der Produkten (IPI), Waren (ICMS) und Dienstleistungen (ICMS und ISS) wird im brasilianischen Steuerrecht als *Wesentlichkeit* genannt.

Gesetzestechnisch gesehen sollen die Verbrauchsteuersätze dem Wesentlichkeitsgrad des Gegenstandes bzw. der Leistung *umgekehrt verhältnismäßig* wirken. So sollen einerseits *theoretisch* Lebensmittel – zumindest diejenigen des Warenkorbs -, Medikamente, Leitungswasser, Kleidung, Wohnung und existenzsichernde Vorsorgeaufwendungen steuerbefreit oder ermäßigt besteuert werden. Andererseits sind die sogenannten „überflüssigen“[689] Produkte wie Kosmetik und „Luxusgüter“ wie Yachten hoch zu besteuern[690]. Der Grundsatz der selektiven Gestaltung der Sätze der Steuern auf den Umsatz gemäß der Wesentlichkeit setzt *keine progressiven* Steuersätze voraus[691]. Der Steuergesetzgeber ist nicht dazu verpflichtet, Autos nach dem Modell und der Motorleistung

---

689 C. Menke teilt die Rechtsgüter im Rahmen der Herstellung einer minimalen Wirksamkeit der Grundrechte in drei Kategorien: a) wesentliche Güter; b) wichtige Güter und c) überflüssige Güter. Die Würdigung der Wesentlichkeit eines Rechtsguts liegt darin, ob er den Wesensgehalt des damit verbundenen Grundrechts integriert oder nicht. Im Rahmen des Verbots beschlagnahmender Wirkungen im Steuerrecht sind insbesondere das menschenwürdige Dasein, die Freiheitsrechte und die Eigentumsgarantie zu beachten. Vgl. C. Menke, Efeitos de Confisco, S. 52ff. und 129.

690 Zu den expliziten und impliziten Grundlagen zur Definition der Wesentlichkeit siehe unten umfassend unter B.III.

691 Zur Zulässigkeit einer progressiven Besteuerung nach der Konsumleistungsfähigkeit siehe unten unter C.II.6.

bzw. flüssige Milch und Milch in Pulverform mit unterschiedlichen Steuersätzen zu belegen[692]. Das Prinzip besagt lediglich, dass die Steuern auf den Umsatz selektiv sein müssen, und zwar nach dem ausdrücklichen vorgesehenen Maßstab der Wesentlichkeit des Gegenstandes oder der Leistung, nicht entsprechend der mechanischen bzw. chemischen Komposition.

Obwohl die *Progression* der Steuersätze innerhalb verschiedener qualitäts- bzw. funktionsbezogener Kategorien eines Gegenstands bzw. einer Leistung in keiner Voraussetzung des Grundsatzes besteht, soll der Steuergesetzgeber sich immer bemühen, um dem Grundsatz die bestmögliche Wirksamkeit nach den Vorgaben der Verfassung sicherzustellen. Stets muss der Gesetzgeber die Abstufung der Bemessungsgrundlagen bzw. der Steuersätze nach dem gegebenen Kriterium der Wesentlichkeit des Gegenstandes und der Leistung im Auge behalten[693]. Dazu kann und soll er unterschiedlich handeln. Ein und dasselbe (intermediäre) Produkt kann beispielsweise nach seiner Anwendbarkeit unterschiedlich versteuert werden. Der *Formaldehyd* z.B. (IPI – 0%) wird sowohl an der Herstellung von Medikamenten (IPI – 0%) als auch an der Produktion von Kosmetikern (IPI – 20%) verwendet; Linsen (IPI – 0%) können an Brillen (IPI – 5%), Feldstechern (IPI – 15%) und Filmkameras (IPI – 30%) verwendet werden[694]. Eine unterschiedliche Abstufung der Steuersätze desselben Produkts nach unterschiedlichen anwendungsbezogenen Kategorien lässt sich verfassungsrechtlich hinreichend rechtfertigen, wenn der Abstufungsmaßstab in der Wesentlichkeit des Gegenstandes zum menschlichen Bedarf besteht[695].

(ii) Das Prinzip hat als obersten Zweck die Erfüllung der menschlichen Lebensbedürfnisse. Im Allgemeinen sollen grundlegende Lebensbedürfnisse des

---

692 Vgl. dennoch den hier dargestellten Lösungsansatz dazu unten unter C.II.6.

693 Nach der Meinung A. Barretos verlange das Leistungsfähigkeitsprinzip, dass der Gesetzgeber keine unterschiedlichen Steuersätze der ISS für ähnliche Leistungen festlegt. Eventuelle Unterscheidungen sind nur durch mit dem Gleichheitssatz und dem Leistungsfähigkeitsprinzip vereinbare Maßstäbe (z.B. den der Wesentlichkeit) zulässig. Vgl. A. Barreto, ISS, S. 13.

694 J. Soares de Melo, IPI, S. 212ff. Die IPI ist in diesen Fällen von intermediären Produkten vom Abnehmer (Unternehmer) abziehbar. Die Beispiele sollen zeigen, dass ein und dasselbe Produkt nach seiner Anwendbarkeit und entsprechenden Wesentlichkeit zum menschlichen Bedarf unterschiedlich besteuert werden kann und soll. Im Fall z. B. von Kosmetikern muss der Endkonsument zurzeit einen IPI-Steuersatz in der Höhe von zwischen 5 % und 22 % tragen. Vgl. hierzu die Verordnung Nr. 7.660/2011.

695 H. de Brito Machado vertritt die Auffassung, wonach Autos nach dem entsprechenden Preis unterschiedlichen Verbrauchsteuersätzen (ICMS und IPI) unterliegen könnten. So könnte der Steuergesetzgeber die (vermutete) Leistungsfähigkeit des Käufers im Auge behalten. Vgl. H. de Brito Machado, Direitos Fundamentais, S. 90f. Siehe näher dazu unten unter C.II.6 u. C.II.7.

Bürgers und die seiner Familienangehörigen[696] – wie z.B. Unterkunft, Nahrung, Bildung, Gesundheit, Freizeit, Bekleidung, Hygiene, Beförderung und Sozialversicherung – erfüllt werden[697]. In dieser Konstellation von Verfassungszielen[698] sind die damit verbundenen Gegenstände und Leistungen nach dem entsprechenden Unerlässlichkeitsgrad zu ihrer Erfüllung ermäßigt zu besteuern oder steuerfrei zu lassen[699]. Diese Beurteilung liegt im gesetzgeberischen Spielraum[700], *sollte* aber von der richterlichen Gewalt in gewissem Maße überprüfbar sein. *Ungleichbehandlungen* im Rahmen der Festlegung der Steuersätze ähnlicher oder demselben Zweck dienender Produkte[701] und Leistungen sollten von der richterlichen Gewalt kontrolliert werden, wenn die Begünstigung der bloßen Befriedigung von Interessengruppen dient[702]. Dieser Kontrolle sollten Ungleich-

---

696 Die Selektivität ergibt sich aus Verfassungswerten. Jenseits der im Art. 7 IV CF vorgesehenen grundsätzlichen Lebensbedürfnisse des Arbeitnehmers - Unterkunft, Nahrung, Bildung, Gesundheit, Freizeit, Bekleidung, Hygiene, Beförderung und Sozialversicherung -, die zugleich als Sozialrechte im Art. 6 CF mit einbezogen sind, hat der Gesetzgeber die Menschenwürde (Art. 1 III CF), die Nationalentwicklung (Art. 3 II CF), die Beseitigung der Armut und der Marginalisierung und die Verringerung der sozialen Ungleichheiten (Art. 3 III CF) stets zu beachten. Siehe hierzu J. Soares de Melo, ICMS, S. 329.

697 Art. 7 IV CF. Die Vorschrift hat als Gegenstand grundsätzliche Lebensbedürfnisse des Arbeitnehmers. Trotzdem sind die aufgelisteten Lebensbedürfnisse auch als Sozialrechte im Art. 6 CF vorgesehen. R. Lobo Torres ist der Meinung, die Grundsätzlichkeit der Sozialrechte beschränke sich auf das Existenzminimum, einerseits gegen die Besteuerung minimaler Sozialrechte und andererseits durch positive staatliche Leistungen zugunsten der Armen. Vgl. R. Lobo Torres, Mínimo Existencial, S. 80f.

698 J. Soares de Melo ist der Auffassung, die Wesentlichkeit ergebe sich aus dem angemessenen Begreifen der von der Verfassung aufgenommenen Werte. Vgl. J. Soares de Melo, IPI, S. 212. Für R. Lobo Torres befinden sich einige Immunitäten implizit in der Verfassung. Sie seien ein Prädikat der Freiheitsrechte, und ihre Grundlage sei „prekonstitutionell“. Vgl. R. Lobo Torres, Mínimo Existencial, S. 186f.

699 Ähnlich R. Carrazza, Direito Constitucional Tributário, S. 91 und H. Ávila, Sistema Constitucional Tributário, S. 380.

700 Siehe näher dazu unten unter B.III, B.III.1 und B.III.2. Die essentiellen Leistungen bzw. Tätigkeiten im Rahmen des Wesensbedarfs der Gesellschaft sind im Art. 10 des Gesetzes Nr. 7.783/89 (Streikgesetz) aufgelistet worden. Einsehbar unter http://www.planalto.gov.br/ccivil_03/Leis/L7783.htm. Abfrage am 01.07.2013. Das Gesetz Nr. 8.078/90 (Verbraucherschutzgesetzbuch) sieht im Art. 22 vor, Behörden, öffentliche Unternehmen und Konzessionäre seien dazu verpflichtet, essentielle Leistungen ununterbrochen zu erbringen.

701 Zur Rechtfertigung einer sachgerechten Differenzierung der Steuersätze desselben Produkts innerhalb verschiedener Kategorien siehe unten unter C.II.6.

702 Die Vergünstigungen seien nur im Interesse der Verbraucher, nicht im Interesse einzelner Unternehmensgruppen systemgerecht. Siehe hierzu BVerfGE 101, 132-141, in An-

behandlungen unterliegen, unabhängig davon, ob sie zur Zeit der Festlegung der Steuersätze bereits prognostizierbar waren. Der Gleichheitssatz wirkt hier „als verfassungsrechtliches Bollwerk gegen politisch opportune Befriedigung von Partikularinteressen[703]".

(iii) Nichtsdestoweniger sind viele Autoren der Meinung, dass der Grundsatz[704] der Selektivität nach der Wesentlichkeit die bereichsspezifische Konkretisierung des Leistungsfähigkeitsprinzips im Verbrauchsteuerrecht entfaltet[705]. Unbeschadet der ausdrücklichen Erwähnung der Abstufung der Steuern nach der wirtschaftlichen Leistungsfähigkeit des Steuerpflichtigen als ein Allgemeinprinzip des nationalen Steuerrechtssystems, hat der Verfassungsgeber den Grundsatz der Selektivität für die IPI und die ICMS als bereichsspezifisches Leitprinzip vorgesehen[706]. Aufgrund der Schwierigkeiten oder sogar der Unmöglichkeit einer Ausgestaltung der Verbrauchsteuern orientiert an den persönlichen Verhältnissen des Endkonsumenten, vornehmlich in Bezug auf einen Mehraufwand bzw. die Knappheit der persönlichen und finanziellen Ressourcen der Finanzverwaltung für eine *personen*bezogene Kontrolle der Entrichtung der Verbrauchsteuern, halten diese Autoren den Grundsatz der Selektivität für den *Wegweiser* einer leistungsfähigkeitsorientierten Anpassung der indirekten Steuern auf den Verbrauch[707]. Der Grundsatz der Selektivität weist auf die Steuerbefreiung bzw. die ermäßigte Besteuerung der Produkte und Leistungen nach dem

---

lehnung an die Begründung zum 2. Haushaltsstrukturgesetz, BTDrucks 9/842, S. 74; vgl. auch UR 2000, 72, 73.

703 J. Englisch, in: FS für J. Lang, 167 (177).

704 R. Esturilio versteht die Selektivität nach der Wesentlichkeit als verfassungsrechtliche Regel und Besteuerungstechnik. Vgl. R. Esturilio, Seletividade, S. 103 und 165.

705 Vgl. H. de Brito Machado, Princípios, S. 127f.; J. Soares de Melo, ICMS, S. 331. Für H. Ávila sei die Selektivität die steuerrechtliche Konkretisierung der Gleichbehandlung nach dem Maßstab der Menschenwürde. Sie ergebe sich nicht aus dem Leistungsfähigkeitsprinzip. Vgl. H. Ávila, Sistema Constitucional Tributário, S. 380f. Für J. Soares de Melo sei das Subprinzip der Selektivität mit dem obersten Prinzip der Leistungsfähigkeit verbunden. Siehe hierzu J. Soares de Melo, IPI, S. 214. M. Derzi vertritt die Auffassung, wonach der Grundsatz der Selektivität eine Milderung der Gleichheit sei, dass eigentlich einen verfassungsrechtlich zugelassenen Ausdruck der Praktikabilität verkörpert. Angesichts der Schwierigkeiten - wenn nicht der Unmöglichkeit -, die IPI und die ICMS nach der wirtschaftlichen Leistungsfähigkeit des Endkonsumenten abzustufen, hat der Verfassungsgeber das Prinzip der Selektivität für die IPI und für die ICMS als Ersatzgrundsatz festgelegt. Vgl. M. Derzi, Notas, in: A. Baleeiro, Limitacoes, S. 890f. und 1097. Zur Frage der Funktion als Ersatzgrundsatz siehe unten unter B.VII.

706 Zur verfassungsrechtlichen Verankerung des Prinzips siehe unten unter B.II.

707 Siehe auch A. Pitten Velloso, Isonomia Tributária, S. 208f.

jeweiligen Unerlässlichkeitsgrad hin[708]. So könnte das Prinzip *theoretisch* die Besteuerung bzw. eine erhöhte Besteuerung unvermeidbarer Verbrauchsaufwendungen verhindern und sich als zusätzlicher Garant des persönlichen und familiären Existenzminimums darstellen[709]. *K. Tipke* hat andererseits zutreffend darauf hingewiesen: „ein Gesetzgeber indessen, der einerseits lebensnotwendige Güter besteuert, wie Salz und Zucker, andererseits Luxusgüter nicht erfasst, handelt gewiss nicht konsequent im Sinne des Leistungsfähigkeitsprinzips"[710].

Dieser Teil des brasilianischen steuerrechtlichen Schrifttums gibt infolge der dargestellten Ansichten zum Grundsatz der Selektivität zu, dass

a) er das bereichsspezifisch sachgerechte Leitprinzip der IPI und der ICMS (neben dem Prinzip der Nichtkumulation) sei;

b) er als Konkretisierung des Leistungsfähigkeitsprinzips im Verbrauchsteuerrecht gelte;

c) sein oberstes Ziel den Schutz des unantastbaren Existenzminimums mittels einer Graduierung der Bemessungsgrundlage und insbesondere der Steuersätze der IPI und der ICMS sei;

d) wenn er eine wesentliche existenzminimumschonende Dimension entfalte und die bereichsspezifisch sachgerechte Konkretisierung des Leistungsfähigkeitsgrundsatzes im Verbrauchsteuerrecht liege, dann entfalte *auch* das Leistungsfähigkeitsprinzip als Fundamentalprinzip des nationalen Steuerrechtssystems diese materielle Dimension und gelte dementsprechend als bereichsspezifischer Garant des Existenzminimums im Verbrauchsteuerrecht[711]. Zutreffend weist *J. Englisch* darauf hin, dass das Leistungsfähigkeitsprinzip soweit als möglich aus verfassungsrechtlichen Wertungen zu entwickeln sei und darum nicht neben den Wertungen der Art. 1 I, 20 I GG stehe, sondern diese in sich aufnehme[712].

(iv) Es gibt bisher in der deutschen Steuerrechtswissenschaft kein Pendant zum brasilianischen Grundsatz der Selektivität entsprechend der Wesentlichkeit. Nichtsdestoweniger vertreten einige Autoren die Umsatzsteuerentlastung der dem Existenzminimum zuzurechnenden Güter und Leistungen[713]. Damit steht auch das einkommensteuerrechtliche subjektive Nettoprinzip in Verbindung, das

---

708 Ähnlich R. Lobo Torres, Direito Constitucional Tributário, S. 320ff.

709 Zum unzureichenden Schutz des Existenzminimums siehe noch unten unter B.VI.

710 Vgl. K. Tipke, Steuergerechtigkeit, S. 108.

711 Die steuerliche Nichtbelastbarkeit des Existenzminimums entspricht dem Leistungsfähigkeitsprinzip. Siehe hierzu K. Tipke, StRO II, S. 798.

712 Vgl. J. Englisch, Wettbewerbsgleichheit, S. 595 FN 172.

713 Vgl. L. Schemmel, Entlastung, S. 11ff.; J. Englisch, UR 2010, 400 (404); K. Löhr, Optionsrecht, S. 262, 280f.; K. Tipke, FS für Karl Friauf, S. 755; ders., StuW 1992, 103 (114ff.); D. Birk, in: M. Rose (Hrsg.), Konsumorientierte Neuordnung, S. 362.

auf den Abzug persönlicher und familiärer existenzsichernder Ausgaben angelegt ist[714]. Trotzdem halten andere Autoren – vornehmlich Ökonomen[715] – die Verschonung existenzsichernder Aufwandspositionen *nicht* für verfassungsrechtlich geboten bzw. *nicht* als eine notwendige Folge des steuerlichen Leistungsfähigkeitsprinzips[716]. Andere Entlastungsinstrumente, die nach der Meinung dieser Autoren im Einkommensteuerrecht und im sozialen Leistungsrecht zielgenauer und effizienter wirken können, werden als Lösungsansätze zur gegenwärtigen Streitfrage der Umsatzsteuerentlastung insbesondere von ärmeren Haushalten in die Diskussion eingebracht[717]. Aus dem derzeitigen Katalog umsatzsteuerrechtlich befreiter und ermäßigt besteuerter Güter und Leistungen folgt keine klare Logik, die in der Praxis als Ausdruck des Grundsatzes der Selektivität nach der Wesentlichkeit angesehen werden könnte[718].

B.II. Verfassungsrechtliche Verankerung

B.II.1. Bei der Steuer auf Warenlieferung, Beförderungs- und Kommunikationsdienstleistungen

Wie bereits an früherer Stelle dargestellt worden ist[719], sieht die brasilianische Verfassung ausdrücklich vor, die ICMS *könne* gemäß der Wesentlichkeit der Waren und der Dienstleistungen *selektiv* sein (Art. 155 § 2 III CF). Zu fragen ist, ob dieses *Können* nicht als ein *Müssen* zu verstehen ist und dementsprechend ob der Steuergesetzgeber nicht verpflichtet ist, die Steuersätze bzw. die Bemessungsgrundlage selektiv zu gestalten.

Zunächst ist zu betonen, dass der brasilianische Verfassungsgeber die Selektivität nach der Wesentlichkeit der Güter und Leistungen ebenfalls für die IPI vorgesehen hat. In diesem Fall *muss* – und nicht *kann* - die Steuer selektiv sein. In der Gesamtbetrachtung wurden diese zwei wichtigsten Steuern auf den Handel von Gegenständen im Rahmen der sozialstaatlichen Verteilungsziele vom Verfassungsgeber anders behandelt. Ausgehend von der Meinung vieler Autoren[720], wonach der Grundsatz der Selektivität gemäß der Wesentlichkeit die be-

---

714 Vgl. J. Lang, in: Tipke/Lang, Steuerrecht, § 4 Rz. 113, § 9 Rz. 42 u. 68ff.

715 Siehe dazu unten unter C.II.7.c)cc.

716 Vgl. R. Ismer, A. Kaul, W. Reiß, UR 2010, 837 (843).

717 Siehe dazu unten unter D.

718 Dazu siehe näher unten unter C.II.7.a.

719 Siehe oben unter B.I.

720 Siehe oben unter B.I.

reichsspezifische Konkretisierung[721] des Leistungsfähigkeitsprinzips im Verbrauchsteuerrecht vertritt, *soll* der Steuergesetzgeber auch bei Ausgestaltung der ICMS das Merkmal der Selektivität nach dem Maßstab der Wesentlichkeit stets beachten. Wenn er diesen Grundsatz nicht beachten soll, dann soll er auf andere Weise die ICMS nach der steuerlichen Leistungsfähigkeit des Steuerpflichtigen abstufen. Dies kommt in der Allgemeinnorm des Art. 145 § 1 CF zum Ausdruck, die die dem Leistungsfähigkeitsprinzip inhärente freiheitsrechtliche Dimension des Schutzes eines menschenwürdigen Daseins betont und zugleich der Verwirklichung sozialstaatlicher Verteilungsziele dient[722]. Es gebietet einen möglichst weitgehenden Schutz des menschlichen Existenzminimums bei der umsatzsteuerrechtlichen Tatbestandsausgestaltung[723].

Die Entscheidung des Verfassungsgebers bezüglich der ICMS im Rahmen einer *möglichen* selektiven Gestaltung nach der Wesentlichkeit der Waren und Leistungen lässt sich nach der hier vertretenen Ansicht nicht sachlich hinreichend rechtfertigen. Es gibt keine Vorschrift und keinen besonderen Rechtfertigungsgrund in der Verfassung, wonach nur die IPI selektiv sein muss bzw. die ICMS nicht selektiv gestaltet werden kann. Darüber hinaus sind IPI, ICMS und ISS in der Verfassung systematisch zu betrachten, als die Einheit einer Steuer*teil*rechtsordnung, die sich in drei verschiedene *Ausdrucksformen* als die zum Endverbraucher überwälzbare Steuerlast auf Lieferungen und Leistungen darstellt. Diese drei Arten indirekter Steuern auf den Verbrauch müssen, unabhängig von den unterschiedlichen Tatbeständen und dem Entstehungszeitpunkt des Steueranspruchs, gleichheits- und freiheitsrechtlich vornehmlich aus der Sicht des Endkonsumenten gemeinsam verstanden werden, denn es geht um Belastungs- und Gestaltungswirkungen, die im Endeffekt von ihm hinzunehmen sind[724]. Dieses *Können* in der verfassungsrechtlichen Regulierung der ICMS ist also als ein *Sollen* in der Konzeption einer *Verfassungssteuerrechtsordnung* systematisch nachzuvollziehen[725]. Der brasilianische Bundesgerichtshof (STJ) hat

---

721 R. Helena Costa hält die Merkmale der Nichtkumulation und der Selektivität der Steuersätze bei der IPI und der ICMS für echte Anwendungen des Leistungsfähigkeitsgrundsatzes. Vgl. R. Helena Costa, Capacidade Contributiva, S. 99.

722 Dazu siehe oben unter C.IX.

723 Vgl. J. Englisch, UR 2011, 401 (406); ders., UR 2010, 400 (408). Siehe noch dazu unten unter C.II.6 u. C.II.7.

724 J. Soares de Melo ist der Auffassung, die Selektivität der ICMS müsse auch die verfassungsrechtlichen Vorgaben für die IPI beachten, obwohl die Selektivität bei der ICMS nicht zwingend sei. Vgl. J. Soares de Melo, ICMS, S. 331.

725 Für R. Helena Costa sei die Regel der Selektivität sowohl bei der IPI als auch bei der ICMS zwingend, denn die Konzeption von Können im öffentlichen Recht entspreche immer einem staatlichen Sollen. Vgl. R. Helena Costa, Capacidade Contributiva, S. 99. Vgl. auch R. Carrazza, ICMS, S. 458; ders., Direito Constitucional Tributário, S. 89.

bereits entschieden, der Gesetzgeber dürfe *nicht* die Verfassungsnorm zur Selektivität bei der ICMS vollständig missachten, nur weil die ICMS selektiv sein *könne*[726]. Dennoch sei der gesetzgeberische Spielraum bei der ICMS höher als der bei der IPI („die Steuer wird selektiv sein")[727]. Diese Feststellung beschränke die richterliche Würdigung auf Fälle unzweifelhafter Verstöße gegen den Grundsatz der Selektivität[728]. Eine angemessene Beurteilung eines möglichen Verstoßes gegen diesen Grundsatz könne lediglich durch die Vergleichung mit anderen Steuerobjekten und ihren jeweiligen Steuersätzen durchgeführt werden[729].

B.II.2. Bei der Steuer auf industrialisierte Produkte

Nach dem Wortlaut der brasilianischen Verfassung *wird* die IPI gemäß der Wesentlichkeit des Produkts selektiv *sein* (Art. 153 § 3 I CF). Zwei Anmerkungen dazu sind hier darzustellen.

Zum Einen weicht die bereichsspezifische Norm des Art. 153 § 3 I CF von der Allgemeinnorm des Art. 145 § 1 CF ab. Die Erste legt die Wesentlichkeit des Produkts als zwingenden Maßstab zur (selektiven) Abstufung der IPI fest; die Zweite gilt als Allgemeingrundsatz des nationalen Steuerrechtssystems und als technische Richtlinie zur gleichmäßigen Gestaltung und Erhebung der Steuern und legt dazu die *wirtschaftliche* Leistungsfähigkeit des Steuerpflichtigen als Fundamentalkriterium fest. Wie bereits erwähnt worden ist, sind viele Autoren der Meinung, dass die Norm der Selektivität der bereichsspezifischen Verwirklichung des Leistungsfähigkeitsprinzips bei der IPI entspreche oder das in diesem Fundamentalgrundsatz enthaltene Gebot des Schutzes des Existenzminimums

---

Anders R. Lobo Torres, Direito Constitucional Tributário, S. 320f., für wen die ICMS nur in den vom Gesetzgeber ausgewählten Tatbeständen selektiv sein werde. Allerdings müsse der Maßstab die Wesentlichkeit der Güter und Leistungen sein, sobald der Gesetzgeber sich für die Selektivität entschieden habe. Anders M. Continentino, für wen der Gesetzgeber die Steuersätze der ICMS auf den Stromverbrauch nach der wirtschaftlichen Leistungsfähigkeit des Steuerpflichtigen (Art. 145 § 1 CF) progressiv abstufen kann. Vgl. M. Continentino, RDDT 141, 109 (118f.).

726 Vgl. STJ, RMS Nr. 28.227, Berichterstatter: Richter Herman Benjamin, Zweite Kammer, DJe v. 20.04.2009.

727 Vgl. STJ, RMS Nr. 28.227, Berichterstatter: Richter Herman Benjamin, Zweite Kammer, DJe v. 20.04.2009.

728 Vgl. STJ, RMS Nr. 28.227, Berichterstatter: Richter Herman Benjamin, Zweite Kammer, DJe v. 20.04.2009.

729 Vgl. STJ, RMS Nr. 28.227, Berichterstatter: Richter Herman Benjamin, Zweite Kammer, DJe v. 20.04.2009.

verkörpere[730]. Andere wiederum sehen den Fundamentalgrundsatz des nationalen Steuerrechtssystems nicht in der Norm der Selektivität verankert und rechtfertigen deshalb die unterschiedliche Festlegung der Steuersätze nach der Wichtigkeit des Produkts zur sozialen Nutzbarkeit lediglich mit dem eigenständigen Gehalt des Schutzes eines menschenwürdigen Daseins[731].

Nach der hier vertretenen Ansicht kann die in einer ersten Betrachtungsebene nur für den Gesetzgeber gerichtete (programmatische) *Regel* der Selektivität eine ganz beschränkte bereichsspezifische Konkretisierung des Leistungsfähigkeitsgrundsatzes ermöglichen. Dies findet in der existenzminimumschonenden Dimension des Fundamentalprinzips statt, wenn der Grundsatz der Differenzierung der Steuersätze oder sogar der Steuerbefreiung die Tendenz einer Verschonung oder zumindest einer ermäßigten Besteuerung existenzsichernder Güter und Leistungen aufweist. Abgesehen davon erweist sich das Prinzip der Selektivität als ungeeignet, der vollständigen gleichheits- und freiheitsrechtlichen Dimension des Leistungsfähigkeitsprinzips Rechnung zu tragen[732].

Zum Zweiten beschränkt das Prinzip der Selektivität den gesetzgeberischen Spielraum in Form eines Gebots zur Differenzierung der Steuersätze bzw. der Bemessungsgrundlage nach dem vorgegebenen Maßstab der Wesentlichkeit des Produkts zum menschlichen Bedarf. Dennoch lassen die entsprechende Vorschrift und der gesamte Teil des nationalen Steuerrechtssystems offen, nach welchen spezifischen menschlichen Bedürfnissen bzw. *Verfassungswerten* und unter welchen zeitlichen und örtlichen Umständen[733] den Umfang des Kriteriums der Wesentlichkeit nachzuvollziehen ist. Der Gesetzgeber hat hier dementsprechend *im Prinzip* nach seinen eigenen juristischen und ethischen Werten einen weitgehenden Spielraum zur Feststellung des Umfangs des *Wesentlichen*[734]. Allerdings muss er im gesamten Verfassungstext[735] und darüber hinaus

---

730 Siehe oben unter B.I.

731 Siehe oben unter B.I.

732 Das wird noch bis zum Enden des Punktes B zu zeigen sein.

733 Die Vorstellung von wesentlichem Produkt ändere sich gemäß den zeitlichen und örtlichen Bedingungen. Vgl. R. Lobo Torres, Direito Constitucional Tributário, S. 323; ders., RDDT 18, 94 (97).

734 Für Adam Smith seien die Verbrauchsgüter entweder notwendige Güter (necessaries) oder Luxusartikel (luxuries). Notwendige Güter seien nicht nur die sogenannten unerlässlichen bzw. lebensnotwendigen Güter, sondern auch alle diejenigen, die nach den Landessitten für die Menschen, die sie nicht haben, unwürdig seien, selbst für diejenigen von den niedrigsten Sozialschichten. Schließlich legt der Autor die Allgemeinrahmen fest: „Under necessaries therefore, I comprehend, not only those things which nature, but those things which the established rules of decency have rendered necessary to the lowest rank of people. All other things I call luxuries…“. Vgl. A. Smith, Wealth of nations, Bk. V, Ch. II, Pt. II, Art. IV, S. 399f. Nach der Meinung R. Lobo Torres struk-

im Lichte des Verfassungsgeistes diese sachlichen Bestandteile zur Definition des Wesentlichen systematisch erkennen[736].

B.II.3. Bei der Steuer auf Dienstleistungen

Anders als bei der ICMS und der IPI hat der brasilianische Verfassungsgeber das Merkmal der Selektivität der Steuersätze bzw. der Bemessungsgrundlage nach dem Maßstab der Wesentlichkeit der Dienstleistungen für die ISS nicht vorgesehen. In der brasilianischen Verfassung heißt es nur, dass der Komplementärgesetzgeber zuständig sei, die niedrigsten und höchsten[737] Steuersätze festzulegen (Art. 156 § 3 I CF). Darüber hinaus sei es dem Bund, den Bundesländern, dem Bundesbezirk und den Gemeinden verwehrt, Steuern auf Vermögen, Einkommen bzw. *Dienstleistungen* der politischen Parteien (einschließlich ihrer Stiftungen), der Arbeitnehmergewerkschaften, der Bildungs- und Sozialhil-

---

turiere die Verordnungsanlage der IPI („Tabelle der IPI") die aus dem gesetzgeberischen Spielraum sich ergebende Bewertungsskala der Wesentlichkeit der Güter. Vgl. R. Lobo Torres, RDDT 18, 94 (98); ders., Direito Constitucional Tributário, S. 322f.

735 Art. 15 § 1 der brasilianischen Verfassung von 1946 (CF/46) sah vor: "Befreit von der Verbrauchsteuer sind die Güter, die das Gesetz als das minimale Unerlässliche für Wohnung, Bekleidung, Ernährung und ärztliche Behandlung der Menschen mit geringer wirtschaftlicher Leistungsfähigkeit einordnet". Einsehbar unter http://www.planalto.gov.br/ccivil_03/Constituicao/Constitui%C3%A7ao46.htm. Abfrage am 28.07.2011. Das Gesetz Nr. 494/48 und die Verordnung Nr. 26.149/49 listen diese Güter auf. Einsehbar unter http://www6.senado.gov.br/legislacao/ListaNormas.action?numero=494&tipo_norma=LEI&data=19481126&link=s. http://www6.senado.gov.br/legislacao/ListaNormas.action?numero=26149&tipo_norma=DEC&data=19490105&link=s. Abfrage am 28.07.2011. Dazu siehe noch unten unter B.III.

736 Die Selektivität ergibt sich aus Verfassungswerten. Jenseits der im Art. 7 IV CF vorgesehenen grundsätzlichen Lebensbedürfnisse des Arbeitnehmers - Unterkunft, Nahrung, Bildung, Gesundheit, Freizeit, Bekleidung, Hygiene, Beförderung und Sozialversicherung -, die zugleich als Sozialrechte im Art. 6 CF mit einbezogen sind, hat der Gesetzgeber die Menschenwürde (Art. 1 III CF), die Nationalentwicklung (Art. 3 II CF), die Beseitigung der Armut und der Marginalisierung und die Verringerung der sozialen Ungleichheiten (Art. 3 III CF) stets zu beachten. Vgl. hierzu J. Soares de Melo, ICMS, S. 329.

737 Der höchste Steuersatz beträgt 5%. Vgl. das Komplementärgesetz Nr. 116/2003, Art. 8 II.

feeinrichtungen ohne Gewinnerzielungsabsicht zu erheben, wenn die Gesetzesvoraussetzungen erfüllt sind (Art. 150 VI „c" CF)[738].

Nichtsdestoweniger ist bei der ISS mittels systematischer Auslegung[739] zu verfahren. Als allgemeines rechtsethisches Prinzip zur Gestaltung und Erhebung der ISS gilt ohne Weiteres der Leistungsfähigkeitsgrundsatz: erstens aus der Sicht einer möglichst weitgehenden Gestaltung dieser fiskalzweckorientierten Steuer unter Berücksichtigung der persönlichen und familiären Verhältnisse des intendierten Steuerträgers; zweitens unter Beachtung einer gebotenen ermäßigten Besteuerung oder sogar einer vollständigen Entlastung bestimmter Dienstleistungen je nach der Wesentlichkeit zum menschlichen Leben. Das heißt, dass auch bei der ISS die sozialstaatlichen Steuerlastverteilungsanforderungen *zunächst* bei der steuerrechtlichen Tatbestandsausgestaltung zu erfüllen sind. Als bereichsspezifischer Grundsatz im System der brasilianischen Steuern auf den Umsatz gilt der Grundsatz der Selektivität gemäß der Wesentlichkeit, obwohl er nicht bei den Vorschriften der ISS niedergelegt worden ist[740]. So lässt sich die Differenzierung der Steuersätze sogar unter ähnlichen, aber mit anderen Zwecken erbrachten Dienstleistungen nach dem jeweiligen Unerlässlichkeitsgrad rechtfertigen[741]. Beispielsweise sollte nach hier vertretener Ansicht die Schönheitsoperation gegenüber der plastisch-rekonstruktiven Chirurgie umsatzsteuerlich unterschiedlich behandelt werden.

Darüber hinaus ergibt sich aus der gesamten Konzeption der brasilianischen fiskalzweckorientierten Verbrauchsteuern die Gültigkeit des Prinzips der Selektivität auch bei der ISS. Es gibt ferner keinen verfassungsrechtlich tragfähigen Grund dafür, die der ISS unterliegenden (sonstigen) Dienstleistungen unter Beachtung der Selektivität nicht nach der Wesentlichkeit zu behandeln[742]. Wie bei

---

738 Die Verwehrung bezieht sich lediglich auf das Vermögen, das Einkommen und die Dienstleistungen, die in Verbindung mit den grundsätzlichen Zwecken der erwähnten Organen bzw. Einrichtungen stehen (Art. 150 § 4 CF).

739 Siehe dazu im 1. Kapitel unter B.III.

740 Ob und inwieweit der Grundsatz der Selektivität das Leistungsfähigkeitsprinzip bei der ISS konkretisieren kann, ist fraglich. Siehe dazu unten unter B.VII.

741 Nach der Meinung A. Barretos sei die Differenzierung der Steuersätze der ISS für ähnliche Dienstleistungen nur zulässig, wenn mit dem Gleichheitssatz und mit dem Leistungsfähigkeitsprinzip vereinbare Maßstäbe in Anspruch genommen werden, wie z.B. der der Wesentlichkeit oder andere, die Verfassungswerte (Bildung, Gesundheit, etc.) zu verwirklichen beanspruchen. Vgl. A. Barreto, ISS, S. 13.

742 Das STF hat bereits im Fall der Einfuhr eines Tomografiegeräts durch Leasingvertrag aus der Sicht der Dienstleistungserbringung im Gesundheitswesen ausgesprochen, der Grundsatz der Selektivität verlange der öffentlichen Gewalt, die Steuerlast nach der Wesentlichkeit der Transaktion oder des Produkts abzustufen. Dies bedeute nicht zwingend eine Steuerbefreiung (in diesem Fall eine Steuerimmunität), selbst wenn die

der ICMS und der IPI wäre zu fragen, ob und inwieweit sich das rechtsethische Fundamentalprinzip der gesamten Steuerrechtsordnung durch eine *bloße* selektive Gestaltung der Steuersätze der ISS rechtfertigen lässt[743] und ob und inwieweit diese *Gestaltungstechnik* in der Lage ist, erhebliche Verluste an Einzelfallgerechtigkeit zu vermeiden und gegebenenfalls rechtzeitig auszugleichen[744].

B.III. Wesentlichkeit der Güter und Dienstleistungen

Eine der entscheidendsten Fragen im Rahmen der Feststellung des steuerlich zu verschonenden Existenzminimums betrifft den begrifflichen Umfang und die entsprechenden Ausgangspunkte zur Bestimmung der wesentlichen Güter und Leistungen zum menschlichen Bedarf. Es ist zunächst kritisch zu hinterfragen, wovon auszugehen ist, um die Bestandteile des physischen und sozio-kulturellen Existenzminimums soweit wie möglich erkennen und die Umsatzsteuervergünstigungen sachlich hinreichend rechtfertigen zu können, ohne dass sie als bloße bereichsspezifische Subventionen wirken. Um zielgenau auf das Thema eingehen zu können, sollen zunächst die *expliziten* und die *impliziten* Grundlagen zur Definition des Wesentlichen dargestellt und erörtert werden.

B.III.1. Explizite Grundlagen zur Definition der Wesentlichkeit

(i) Die brasilianische Verfassung sieht im Art. 7 IV vor, dass der nationale Mindestlohn vom Gesetzgeber festgelegt werden muss, so dass die grundlegenden Lebensbedürfnisse des Arbeitnehmers und die seiner Familie – wie z.B. *Unterkunft, Nahrung, Bildung, Gesundheit, Freizeit, Bekleidung, Hygiene, Beförderung* und *Sozialversicherung* – erfüllt seien. Es muss insofern ein *menschenwürdiges Entgelt* sichergestellt werden, das zum in der Rechtsordnung vorgesehenen sozialen Programm des Staates gehört[745].

Der brasilianische Gesetzgeber hat 1936 zum ersten Mal den Mindestlohn eingeführt[746]. Das ursprüngliche Ziel war, ein bestimmtes Entgelt für den Ar-

---

Transaktion bzw. der Produkt zum menschlichen Leben wesentlich sei. Zuvorderst seien die Grundsätze der steuerlichen Leistungsfähigkeit und der Wettbewerbsfreiheit zu berücksichtigen. Vgl. RE Nr. 429.306, Berichterstatter: Richter Joaquim Barbosa, Zweite Kammer, DJe v. 16.03.2011.

743 Siehe hierzu unten unter B.VII.

744 Diese Frage wird noch unten unter C und D behandelt.

745 Vgl. ADI Nr. 1.442, Berichterstatter Richter Celso de Mello, Plenum, DJ 29/4/2005.

746 Vgl. das Gesetz Nr. 185/1936.

beitnehmer festzulegen, das seine grundlegenden Bedürfnisse mit Nahrung, Wohnung, Bekleidung, Hygiene und Beförderung je nach dem Ort und der Zeit erfüllen könnte[747]. 1938 wurde eine *Formel* zum Mindestlohn dargestellt, wonach der Mindestlohn die *Summe* der unvermeidbaren täglichen Ausgaben eines erwachsenden Arbeitnehmers für Nahrung, Wohnung, Bekleidung, Hygiene und Beförderung entsprach[748]. Die Mindestlohnausschüsse haben 1938 lediglich eine *Lebensmittelliste* mit den jeweiligen Quantitäten je nach den Landesgebieten vorgelegt (nationaler Warenkorb)[749]. Seit 1955 berechnet die DIEESE[750] den *notwendigen Mindestlohn* ausgehend von Forschungen, die den durchschnittlichen Prozentsatz der familiären Ausgaben für Lebensmittel widerspiegeln[751].

Hinsichtlich der Lebensbedürfnisse eines Arbeitnehmers wurde bis heute nur eine Auflistung der Lebensmittel vorgenommen. Dennoch sah die brasilianische Verfassung von 1946 vor, dass die Aufwandspositionen von der Verbrauchsteuer befreit waren, die das Gesetz als das *unentbehrliche Minimum* für Wohnung, Bekleidung, Nahrung und ärztliche Behandlung der Menschen mit beschränkter wirtschaftlicher Leistungsfähigkeit einordnet (Art. 15 § 1 CF/46). Diese Vorschrift ist in Einklang mit dem Ideal der Steuergerechtigkeit des Art. 202 nachzuvollziehen, wonach die Abgaben soweit wie möglich persönlichen Charakter haben und nach der wirtschaftlichen Leistungsfähigkeit des Steuerpflichtigen abgestuft werden. Zutreffend hat *J. Souto Maior Borges* darauf hingewiesen, die Verfassung könne den Steuergesetzgeber entsprechend dem Ideal der Abstufung der Abgaben nach der wirtschaftlichen Leistungsfähigkeit auf die Festsetzung bestimmter Steuerbefreiungen *„programmieren“*[752]. Das bedeutet, dass der Steuergesetzgeber von verfassungsrechtlich vorgegebenen relevanten sozialen Umständen ausgehen muss, wenn er die Gestaltung der Verbrauchsteuerbefreiungen handhabt[753]. Es geht um ein zusätzliches Instrument der Verteilungsgerechtigkeit[754].

---

747 Vgl. Art. 1 des Gesetzes Nr. 185/1936.

748 Vgl. Art. 6 der Durchführungsverordnung der Gesetzesverordnung Nr. 399/1938.

749 Vgl. DIEESE, Cesta Básica Nacional – Metodologia, 1993, S. 2. Einsehbar unter http://www.dieese.org.br/rel/rac/metodologia.pdf. Abfrage am 07.07.2012.

750 DIEESE ist die Abkürzung für „Abteilung der brasilianischen Gewerkschaften für Statistik und sozio-wirtschaftliche Studien“.

751 Der von der DIEESE berechnete (notwendige) Mindestlohn beträgt im Mai 2013 R$ 2.873,56 (=EUR 990,88). Der gesetzliche Mindestlohn beträgt zurzeit R$ 678,00 (=EUR 233,79). Umrechnung am 01.07.2013.

752 Vgl. J. Souto Maior Borges, Isenção Tributária, S. 52.

753 In der Richtung J. Souto Maior Borges, Isenção Tributária, S. 52.

754 Vgl. J. Englisch, in: Tipke/Lang21, Steuerrecht, § 17 Rz. 201. J. Souto Maior Borges wiederum ist der Ansicht, es gehe um ein deutliches Instrument der sozialen Politik zu-

Das Gesetz Nr. 494/1948 und die Verordnung Nr. 26.149/1949 haben die minimalen unentbehrlichen Aufwandspositionen für Wohnung, Bekleidung, Nahrung und ärztliche Behandlung aufgelistet. Zu betonen ist, dass der Steuergesetzgeber den entsprechenden Preis als Abgrenzungsmaßstab für viele der ausgewählten steuerbefreiten Gegenstände festgesetzt hat. Der Auflistung kann entnommen werden, dass die steuerliche (Konsum)Leistungsfähigkeit *auch* durch eine unterschiedliche Verbrauchsbesteuerung nach qualitätsbezogenen Kategorien und nach dem Preis der Gegenstände folgerichtig beachtet werden kann[755].

Die derzeitige Bundesverfassung hat Bildung, Gesundheit, Nahrung, Arbeit, Unterkunft, Freizeit, Sicherheit, Sozialversicherung, Mutterschaft- und Kindheitsschutz und Sozialhilfe als Sozialrechte eingeordnet (Art. 6 CF). In diesem Rahmen hat die richterliche Gewalt im Fall der Nichtverwirklichung der Sozialrechte die Befugnis, dem Staat die Umsetzung verfassungsrechtlich vorgegebener öffentlicher Politiken zu verlangen, ohne dass dies einen Eingriff in das Ermessen des Exekutiven bedeutet[756]. So hat das Supremo Tribunal Federal zutreffend entschieden, im Gesundheitswesen müsse der Staat dem HIV-infizierten Mittellosen z.B. die kostenlose Lieferung von Medikamenten und die Krankenhausleistungen sicherstellen[757].

(ii) Der für die Gewährleistung des Existenzminimums notwendige Lebensunterhalt wird im deutschen Verfassungsrecht *nicht explizit* vorgegeben, sondern nur in einfachen Gesetzen. Aus verfassungsrechtlicher Sicht und nach der Ansicht des Bundesverfassungsgerichts sind nur den Art. 1 Abs. 1 GG und Art. 20 Abs. 1 GG die *Maßstäbe* für die Bemessung des Existenzminimums im Sozialrecht zu entnehmen[758]. Andere Grundrechte, wie z. B. der Gleichheitssatz und der Familienschutz, vermögen keine weiteren Maßstäbe zu setzen[759]. Es bedürfe hier nicht eines Rückgriffs auf weitere Grundrechte[760].

---

gunsten der Einkommensschwachen und Mittellosen im Steuersystem. Vgl. J. Souto Maior Borges, Isenção Tributária, S. 52.

755 Siehe näher dazu unten unter C.II.6 u. C.II.7.b.

756 Siehe RE Nr. 559.646-AgR, Berichterstatter: Richter Ellen Gracie, Zweite Kammer, DJe v. 24.6.2011.

757 Vgl. hierzu RE Nr. 271.286 AgRg, Berichterstatter: Richter Celso de Mello, Zweite Kammer, RTJ 175, S. 1.212ff.

758 Vgl. BVerfG, 1 BvL 1/09, 1 BvL 3/09, 1 BvL 4/09 v. 9.2.2010, NJW 2010, 505, 509.

759 BVerfG, 1 BvL 1/09, 1 BvL 3/09, 1 BvL 4/09 v. 9.2.2010, NJW 2010, 505, 509.

760 BVerfG, 1 BvL 1/09, 1 BvL 3/09, 1 BvL 4/09 v. 9.2.2010, NJW 2010, 505, 509.

Nach dem deutschen SGB XII umfasse der für die Gewährleistung des Existenzminimums notwendige Lebensunterhalt[761] *insbesondere Ernährung, Kleidung, Körperpflege, Hausrat, Haushaltsenergie* ohne die auf Heizung und Erzeugung von Warmwasser entfallenden Anteile, *persönliche Bedürfnisse des täglichen Lebens* sowie *Unterkunft* und *Heizung* (§ 27a Abs. 1 S. 1)[762]. Auch eine Teilhabe am sozialen und kulturellen Leben in der Gemeinschaft gehöre in vertretbarem Umfang zu den persönlichen Bedürfnissen des täglichen Lebens (§ 27a Abs. 1 S. 2)[763]. Nach gegenwärtiger Ansicht des Bundesverfassungsgerichts

---

761 Der notwendige Lebensunterhalt im Rahmen der Hilfe zum Lebensunterhalt nach dem SGB XII setze sich ohne Sonder- oder Mehrbedarfe aus den folgenden Komponenten zusammen: 1) Regelbedarfe, die insbesondere Leistungen für Ernährung, Kleidung, Körperpflege, Hausrat, Haushaltsenergie ohne die auf die Heizung und Erzeugung von Warmwasser entfallenden Anteile sowie für persönliche Bedürfnisse des täglichen Lebens umfassen; 2) Für Kinder Bildungs- und Teilhabebedarfe, sofern sie typische Bedarfspositionen darstellen; 3) Kosten der Unterkunft (Bruttokaltmiete und vergleichbare Aufwendungen für Haus- oder Wohnungseigentum) sowie 4) Heizkosten (einschließlich der Kosten für Warmwasserbereitung). Neben diesen Komponenten seien Aufwendungen für den Erwerb eines Versicherungsschutzes für den Krankheits- und Pflegefall auf sozialhilferechtlich gewährtem Leistungsniveau eine weitere Komponente des sozialhilferechtlichen Mindestbedarfs. Vgl. hierzu den Bericht über die Höhe des steuerfrei zu stellenden Existenzminimums von Erwachsenen und Kindern für das Jahr 2014 (Neunter Existenzminimumbericht), S. 3. Einsehbar unter http://www.bundesfinanzministerium.de/Content/DE/Pressemitteilungen/Finanzpolitik/2012/11/2012-11-07-PM 74-anlage.pdf?__blob=publicationFile&v=2. Abfrage am 01.07.2013. Siehe auch den Monatsbericht des Bundesfinanzministeriums vom Oktober 2005 „Zehn Jahre Existenzminimumbericht – eine Bilanz“, einsehbar unter http://www.bundesfinanzministerium.de/nn_39808/DE/BMF__Startseite/Publikationen/Monatsbericht__des __ BMF/ 2005/10/051019agmb003,templateId=raw,property=publicationFile.pdf. Abfrage am 19.10.2011.

762 Zwölftes Buch Sozialgesetzbuch – Sozialhilfe – (Artikel 1 des Gesetzes vom 27. Dezember 2003, BGBl. I S. 3022, 3023), das zuletzt durch Artikel 2 des Gesetzes vom 7. Mai 2013 (BGBl. I S. 1167) geändert worden ist. Die vorherige Fassung lautete: „Der notwendige Lebensunterhalt umfasst insbesondere Ernährung, Unterkunft, Kleidung, Körperpflege, Hausrat, Heizung und persönliche Bedürfnisse des täglichen Lebens. Zu den persönlichen Bedürfnissen des täglichen Lebens gehören in vertretbarem Umfang auch Beziehungen zur Umwelt und eine Teilnahme am kulturellen Leben“ (§ 27 Abs. I S. 1 und 2). Zu bemerken ist, dass der Gesetzgeber bei dieser Veränderung den Zweck des unbestimmten notwendigen Lebensunterhalts („für die Gewährleistung des Existenzminimums“) eingefügt hat. Außerdem hat er die Haushaltsenergie und „eine Teilhabe am sozialen und kulturellen Leben in der Gemeinschaft“ mit einbezogen, aber hat die Beziehungen zur Umwelt weggenommen.

763 Dies gelte in besonderem Maß für Kinder und Jugendliche. Für Schülerinnen und Schüler umfasse der notwendige Lebensunterhalt auch die erforderlichen Hilfen für den

erstrecke sich der unmittelbar verfassungsrechtliche Leistungsanspruch auf Gewährleistung eines menschenwürdigen Existenzminimums nur auf diejenigen Mittel, die zur Aufrechterhaltung eines menschenwürdigen Daseins *unbedingt erforderlich* seien[764]. Es handelt sich um eine einheitliche grundrechtliche Garantie, die sowohl die physische Existenz des Menschen als auch die Sicherung der Möglichkeit zur Pflege zwischenmenschlicher Beziehungen und zu einem Mindestmaß an Teilhabe am gesellschaftlichen, kulturellen und politischen Leben umfasse[765]. Zur physischen Existenz des Menschen zählen Nahrung, Kleidung, Hausrat, Unterkunft, Heizung, Hygiene und Gesundheit[766]. Auch Versicherungsbeiträge für die Kranken- und Pflegeversorgung können Teil des einkommensteuerrechtlich zu verschonenden Existenzminimums sein[767].

Die im § 27a Abs. 1 S. 1 SGB XII vorgenommene Aufzählung ist keineswegs abschließend[768]. Der unbestimmte Rechtsbegriff des notwendigen Lebensunterhaltes ist interpretationsfähig und für jeden Einzelfall neu ausfüllungsbedürftig[769]. Der notwendige Lebensunterhalt beschränkt sich nicht auf das physiologisch Notwendige, auf das reine Existenzminimum, sondern soll den Leistungsberechtigten ermöglichen, grundsätzlich so zu leben, wie vergleichbare Menschen in unteren Einkommensgruppen ebenfalls leben[770]. Hinsichtlich der Teilnahme am sozialen und kulturellen Leben werden als notwendiger Bedarf anerkannt: Ausgaben für Verkehrsleistungen, Brief- und Postgebühren, Telefonkosten, Zeitungen und Zeitschriften, Bücher, Besuch von Kino-, Theater-, Sportveranstaltungen, Blumen und Zimmerpflanzen; in geringem Umfang werden ebenfalls Ausgaben für Genussmittel, etwa Zigaretten, alkoholische Getränken usw. anerkannt[771]. Rundfunk- und Fernsehgebühren sind auch zu den Be-

---

Schulbesuch. Vgl. hierzu § 27a Abs. 1 Sätze 2 u. 3 SGB XII. Die vorherige Fassung (§ 27 Abs. 1 SGB XII) sah hinsichtlich der persönlichen Bedürfnisse „Beziehungen zur Umwelt und eine Teilnahme am kulturellen Leben" vor.

764 BVerfGE 125, 175, 223 („Hartz-IV"-Urteil).

765 BVerfGE 125, 175, 223 („Hartz-IV"- Urteil).

766 BVerfGE 125, 175, 223 („Hartz-IV"- Urteil). Vgl. auch BVerfGE 120, 125, 155f.

767 BVerfGE 120, 125, 156.

768 Vgl. K. Hauck, W. Noftz, Sozialgesetzbuch – Kommentar - SGB XII, K § 27, Rz. 2; G. Wenzel, in: O. Fichtner, G. Wenzel, Kommentar zum SGB XII, § 27, Rz. 3; C. Grube, in: C. Grube, V. Wahrendorf, SGB XII – Kommentar, § 27, Rn. 1.

769 Siehe K. Jahn, Sozialgesetzbuch (SBG XII), § 27, Rn. 5. Was die Würde des Menschen in diesem Fall betrifft, kann nicht abstrakt, sondern nur einzelfallbezogen entschieden. Vgl. hierzu die Auffassung von P. Scheider, in: W. Schellhorn, K. H. Hohm, SGB XII – Sozialhilfe, § 27, Rn. 8.

770 G. Wenzel, in: O. Fichtner, G. Wenzel, Kommentar zum SGB XII, § 27, Rz. 1.

771 G. Wenzel, in: O. Fichtner, G. Wenzel, Kommentar zum SGB XII, § 27, Rz. 10.

dürfnissen des täglichen Lebens zu zählen, fallen jedoch in der Regel nicht an, denn die Leistungsberechtigten sind von dieser Gebührenpflicht befreit[772].

(iii) Im Rahmen der Festlegung der Umsatzsteuerbefreiungen und –ermäßigungen und unter Beachtung des Grundsatzes der Selektivität gemäß der *Wesentlichkeit* der Güter und der Dienstleistungen ist von verfassungsrechtlich vorgegebenen relevanten sozialen Umständen auszugehen. Diese Umstände sind zunächst den Sozialrechten (Art. 6 CF) und den grundlegenden Lebensbedürfnissen des Arbeitnehmers und den seiner Familie (Art. 7 IV CF) zu entnehmen. So bilden *Unterkunft, Nahrung, Bildung, Gesundheit, Freizeit, Bekleidung, Hygiene, Beförderung, Sozialversicherung, Arbeit, Sicherheit, Mutterschaft- und Kindheitsschutz und Sozialhilfe* die Ausgangspunkte für die gestaltende Tätigkeit des Umsatzsteuergesetzgebers, der ein menschenwürdiges Dasein im physiologischen und sozio-kulturellen Bereich zu gewährleisten erzielt. Sie bestehen in den expliziten verfassungsrechtlichen Grundlagen zur *sozialgerechtigkeitskonformen* Auswahl der *Mindest*aufwandspositionen, die keine oder eine sehr geringe (Konsum)Leistungsfähigkeit ausdrücken. Dabei hat der Steuergesetzgeber einen weiten Gestaltungsspielraum, darf aber den Wesensgehalt dieser *Sozialrechte* (Art. 6 CF) nicht antasten. Er muss darüber hinaus stets die entsprechende minimale Wirksamkeit sicherstellen, ohne die das Sozialrecht keinen Bestand mehr hat. Hier verknüpft sich der Wesensgehalt jedes Sozialrechts - als Grundrecht anerkannt – mit dem Gehalt der Menschenwürde, der sich auch als wesentlicher Kern der Grundrechte erkennen lässt[773]. Es gibt *Mindest*aufwandspositionen, die den Wesensgehalt jedes Sozialrechts bzw. jedes grundlegenden Lebensbedürfnisses des Arbeitnehmers und seiner Familienangehörigen verkörpern und folglich auch nicht von der Besteuerungsgewalt angetastet werden dürfen. Insofern sind z. B. die Lebensmittel des Warenkorbs (Nahrung) und ein monatlicher Mindestverbrauch von Strom, Gas und Wasser (Unterkunft) von den Verbrauchsteuern freizustellen. Der Wesensgehalt jedes Sozialrechts bzw. das unentbehrliche Minimum für jedes Sozialrecht hat auch das Bundesverfassungsgericht im „Hartz-IV"-Urteil betont, als es „diejenigen Mittel" erwähnt hat, „die zur Aufrechterhaltung eines menschenwürdigen Daseins *unbedingt erforderlich* sind"[774].

Im deutschen Umsatzsteuerrecht sind die Ausgangspunkte zur Definition des Wesentlichen im Rahmen der Befreiungen und Ermäßigungen den sozialhilferechtlichen Vorgaben zu entnehmen. Genauer gesagt liegt der für die Gewähr-

772 Vgl. § 6 Abs. I S. 1 RGebStV.

773 Siehe hierzu I. W. Sarlet, Dignidade, S. 141ff.; ders., Direitos Fundamentais e Estado Constitucional, 213 (216ff.).

774 BVerfGE 125, 175, 223 („Hartz-IV"- Urteil).

leistung des Existenzminimums notwendige Lebensunterhalt, der *insbesondere Ernährung, Kleidung, Körperpflege, Hausrat, Haushaltsenergie, persönliche Bedürfnisse des täglichen Lebens* sowie *Unterkunft* und *Heizung* (§ 27a Abs. 1 S. 1 SGB XII) umfasst, der Definition der Wesentlichkeit zugrunde. Zu Recht ist dabei auch der Versicherungsschutz hinsichtlich der existentiellen Risiken Krankheit und Pflege als eine weitere Komponente des sozialhilferechtlichen Mindestbedarfs mit einzubeziehen. Das vom Bundesverfassungsgericht aus der Menschenwürdegarantie und dem Sozialstaatsprinzip hergeleitete Grundrecht auf Gewährleistung eines menschenwürdigen Existenzminimums gilt „für das gesamte Sozialrecht wie für das gesamte Steuerrecht einheitlich“[775]. Hierzu sollte auch gelten: es gibt *Mindest*aufwandspositionen, die den Wesensgehalt jedes grundlegenden Lebensbedürfnisses des Arbeitnehmers und seiner Familienangehörigen verkörpern und folglich auch nicht von der Besteuerungsgewalt angetastet werden dürfen[776].

B.III.2. Implizite Grundlagen zur Definition der Wesentlichkeit

Die oben erwähnte Aufzählung der Grundlagen zur Definition der Wesentlichkeit sowohl aus der brasilianischen Verfassung als auch aus dem deutschen Sozialhilferecht schließt die Einbeziehung weiterer Grundlagen nicht aus, die den von der brasilianischen Verfassung aufgenommenen Grundsätzen und dem anpassungsbedürftigen (notwendigen) Lebensunterhaltsbegriff zu entnehmen sind.

In der brasilianischen Verfassung ist davon auszugehen, dass die ausdrücklich vorgesehenen Rechte und Verbürgungen weitere (ungeschriebene) Rechte und Verbürgungen nicht ausschließen, die sich aus den von der Verfassung aufgenommenen Grundsätzen und Regime ergeben (Art. 5 § 2 CF). Es ist ebenfalls darauf hinzuweisen, dass völkerrechtliche Verträge über Menschenrechte, denen der brasilianische Bundestag und Bundesrat zugestimmt haben, den Gesetzen zur Änderung des Grundgesetzes (*emendas constitucionais*) gleichgestellt werden (Art. 5 § 3 CF). Zum Beispiel ist die Verordnung Nr. 6.949 vom 25. August 2009 zu nennen, die den völkerrechtlichen Vertrag über die Rechte von Behinderten, unterschrieben am 30. März 2007 in New York, aufnimmt. Dieser Vertrag sieht unter anderem bestimmte Allgemeingrundsätze vor, die zur Vollziehung von Maßnahmen für die Sicherstellung der Menschenrechte und Freiheitsrechte der Behinderten von Bedeutung sind. Ein spezielles Prinzip ist das der

775 Zutreffend J. Englisch, UR 2010, 400 (402).

776 Siehe dazu unten umfassend unter C.II.6 u. C.II.7.

Zugänglichkeit, wonach die Vertragsbeteiligten die geeigneten Maßnahmen ergreifen müssen, um den Behinderten den Zugang sowohl zu Gebäuden, Autobahnen, Verkehrsmitteln, inneren und äußeren Räumen - unter anderen von Schulen, Arbeitsplätzen, Wohnungen und Arztpraxen -, Information und Kommunikation – einschließlich zur Technologie der Information, als auch zu anderen der Öffentlichkeit zur Verfügung gestellten Dienstleistungen und Einrichtungen, in städtischen und ländlichen Gebieten, sicherzustellen[777]. Abgesehen von anderen Rechten und Verbürgungen, die sich aus den von der Verfassung aufgenommenen Grundsätzen ergeben und demnach ebenfalls als implizite bzw. ableitbare Grundlage zur Definition der Wesentlichkeit eingeordnet werden können, besteht die Zugänglichkeit für Behinderte in einem hochrangigen Rechtfertigungsgrund für Entlastungen im Rahmen der Steuern auf den Umsatz. Darüber hinaus hat die auf die Aufwertung der menschlichen Arbeit und die Freiinitiative gegründete brasilianische Wirtschaftsordnung das Ziel, allen nach den Postulaten der Sozialgerechtigkeit ein menschenwürdiges Dasein sicherzustellen (Art. 170 CF).

Obwohl einige hochrangige Rechte wie das auf Zugänglichkeit für Behinderte weder in der Aufzählung der Sozialrechte noch unter den grundlegenden Bedürfnissen des Arbeitnehmers und den seiner Familie nicht ausdrücklich erwähnt worden sind[778], sind der verfassungsrechtlichen Wirtschaftsordnung, dem offenen Grundrechtskatalog und im Übrigen dem gesamten Verfassungstext weitere Fundamente zur Festlegung der Wesentlichkeit im Rahmen der Rechtfertigung von Steuerentlastungen zu entnehmen. Das ist auch ohne weiteres eine Folge der gebotenen systematischen Auslegung in Verbindung mit dem Postulat der Einheit der Verfassung[779].

Schließlich ist zu bemerken, dass die in der brasilianischen Verfassung erwähnten „grundlegenden Bedürfnisse des Arbeitnehmers und die seiner Familie“ (Art. 7 IV CF) und der unbestimmte Rechtsbegriff „notwendiger Lebensunterhalt“ vom deutschen SGB XII (§ 27a Abs. 1 S. 1) eine ständige Anpassung an die wirtschaftliche und gesellschaftliche Entwicklung ermöglichen[780]. Diese Begriffsanpassung setzt z.B. wegen der Inflation nicht nur eine Erhöhung des

777 Art. 9 I „a“ des internationalen Vertrags über die Rechte von Behinderten unterschrieben am 30. März 2007 in New York.

778 Die brasilianische Verfassung sieht außerhalb des Grundrechtskatalogs, der Sozialrechteaufzählung und der grundlegenden Bedürfnisse des Arbeitnehmers besondere zu ergreifende Maßnahmen zur Verwirklichung der Rechte der Behinderte vor. Siehe dazu Art. 7 XXXI; 23 II; 24 XIV; 37 VIII; 40 § 4 I; 201 § 1; 203 IV und V; 208 III; 227 § 1 II und § 2; 244 CF.

779 Siehe dazu im 1. Kapitel unter B.III.

780 Vgl. P. Scheider, in: W. Schellhorn, K. H. Hohm, SGB XII – Sozialhilfe, § 27, Rn. 9.

Mindestgehalts bzw. der Regelsätze im Sozialhilferecht voraus, sondern auch die Erfüllung weiterer menschlichen Bedürfnisse, die sich aus der wirtschaftlichen und gesellschaftlichen Entwicklung heraus ergeben. Der Umsatzsteuergesetzgeber hat diese Entwicklung beim Überarbeiten des Katalogs befreiter und ermäßigter Gegenstände und Leistungen zu beachten[781].

B.IV. Selektive Gestaltung der Steuersätze der indirekten Steuern auf den Umsatz

Ziel dieses Teils der Arbeit ist zunächst, die Steuersätze einiger bedeutsamer Gegenstände und Leistungen im Rahmen der IPI, der ICMS und der ISS darzustellen und in Frage zu stellen, ob und inwieweit sich diese Steuersätze im Lichte der oben dargelegten Grundlagen zur Definition der Wesentlichkeit rechtfertigen lassen. Es wird zu zeigen sein, dass sich zahlreiche Aufwandspositionen außerhalb der Ordnung der minimalen Sozialrechte befinden, aber ebenso von einer (ungerechtfertigten) extrafiskalischen Politik begünstigt sind. Es geht um Beispiele, die die Annahme verstärken wonach - außerhalb des Kontexts der Erfüllung sozialrechtlicher Mindeststandards durch Verschonung der entsprechenden Mindestaufwandspositionen vor staatlichem Zugriff (negatives Abwehrrecht) - direkte, zeitbegrenzte Subventionen außerhalb des Steuerrechts[782] zielgenauer wirken, besser zu kontrollieren sind[783] und die leistungsfähigkeitsmäßige Ausgestaltung des Umsatzsteuerrechts nicht verzerren. Hier soll die Erörterung letztlich zum Gegenstand haben, ob das Gebot der Selektivität gemäß der Wesentlichkeit als *Ersatzgrundsatz* für das Leistungsfähigkeitsprinzip bei den indirekten Steuern auf den Umsatz gelten kann.

Der brasilianische Verfassungsgeber hat unter den Beschränkungen zur Besteuerungsgewalt vorgesehen, dass es dem Bund, den Ländern, dem Bundesbezirk und den Gemeinden verwehrt ist, Steuern auf Vermögen, Einkommen und

781 Vgl. hierzu die Anregung des Bundesrechnungshofs zur regelmäßigen Evaluierung des ermäßigten Umsatzsteuersatzes, Bundesrechnungshof, Bericht über den ermäßigten Umsatzsteuersatz, S. 6 u. 35.

782 Es ist auch Grundanliegen des von P. Kirchhof vorgelegten Bundessteuergesetzbuches, „Ausnahmen auf ein Mindestmaß zu beschränken, Subventionen außerhalb des Steuerrechts zu regeln“. P. Kirchhof ist auch der Auffassung, dass Befreiungen im Interesse der Verbraucher sich rechtfertigen lassen. Trotzdem hat er unentbehrliche Gegenstände und Leistungen – wie z. B. Lebensmittel, Bücher, Zeitschriften und ein Mindestmaß an Verbrauch von Strom, Gas und Wasser – außerhalb seiner Aufzählung steuerbefreiter Aufwandspositionen gelassen. Vgl. P. Kirchhof, Bundessteuergesetzbuch, S. 818 Rz. 23 u. S. 888, § 111 u. Rz. 5.

783 Vgl. FiFo, CE, ZEW, Evaluierung von Steuervergünstigungen, Bd. 1, S. 39 u. 45.

Dienstleistungen der Kirchen und der ohne Gewinnabsicht handelnden Bildungs- und Sozialhilfeeinrichtungen zu erheben (Art. 150 VI „b“ und „c“ CF). Diese Verwehrung gilt ohne weiteres auch im Rahmen der Umsatzbesteuerung der erwähnten Einrichtungen und Kirchen vorausgesetzt, dass der Umsatz unbedingt zur Verwirklichung ihrer wesentlichen Zwecken verwendet wird[784]. Der Steuergesetzgeber sämtlicher Ebenen der Föderation darf auch nicht Bücher, Zeitungen, Zeitschriften und das jeweilige Druckpapier besteuern (Art. 150 VI „d“ CF). Zu bemerken ist, eine deutliche Absicht des Verfassungsgebers, Einrichtungen ohne Gewinnabsicht zu entlasten und insbesondere bildungs- und sozialhilfebezogene Betätigungen, die ursprünglich dem Staat zuzurechnen sind, auch steuerlich zu fördern.

Abgesehen von den oben dargestellten verfassungsrechtlichen Vorgaben ist auf der Gesetzgebungsebene der IPI zunächst darzustellen, dass die derzeitigen Steuersätze von 0% bis 300% variieren. Im Bereich des Gesundheitswesens werden z.B. medizinische Geräte und Instrumente mit 2% bzw. 8%, Brillen, ärztliche und zahnärztliche Röntgengeräte mit 5% besteuert. Kondome unterliegen zurzeit einem 0%igen Steuersatz. Die meisten Nahrungsmittel werden nicht oder mit höchstens 5% besteuert[785]. Nicht besteuert werden ebenfalls in der Regel die unterschiedlichen Fleischarten, das natürliche Mineralwasser, Salz und Erdgas für den Haushalt. Unter den Getränken sind zu nennen Malzbier (40%), Sekt (20%), Schnaps und Whisky (60%), Wein (10%, mit Ausnahme vom Madeirawein, Portwein und Sherry - 40%). Bekleidung im Allgemeinen – unter anderem Mäntel, Anoraks, Jacken, Anzüge, Sakkos, Hosen, Hemden und Schuhe – unterliegt zurzeit einem 0%igen Steuersatz. Eine Ausnahme besteht für Bekleidung aus Pelzen (40%, aber nur 10% auf die mit Pelzen von Vieh, Schaf, Ziege, Hase oder Kaninchen). Im Bereich des Bauwesens unterliegen Türen und Fenster zurzeit einem 0%igen Steuersatz; Zement (4%) und Badewannen (5%) werden ermäßigt besteuert. Unter den Haushaltsgeräten werden Herde mit 5%, Telefongeräte mit Kabel mit 10%, Rundfunk- und Fernsehgeräte und Kühlschränke mit 15%, Klimaanlagen mit 20% und Mikrowellenherde mit 30% besteuert. Schließlich sind noch aufzulisten: Rollstühle und Kriegswaffen (0%); Personenkraftwagen bis 1.000 Zylinder (7%); Fahrräder, Hubschrauber, Flugzeuge, Textilteppiche, Yachten (10%); Gummitaschen für Eis oder heißes Wasser (gegen muskuläre Schmerzen), Sonnenbrillen und Binokulare (15%); Personenkraftwa-

784 Vgl. Emb. Div. RE Nr. 210.251, Berichterstatter für die Entscheidung: Richter Gilmar Mendes, Plenum, DJ v. 28.11.2003.

785 5%: einige getrocknete bzw. gesalzene Fische (z.B. Bacalhau und Arenque), Zucker, Schokolade und Eis.

gen zwischen 1.500 und 3.000 Hubraum (25%); Revolverkanonen und Pistolen (45%); Zigaretten (300%).

Laut brasilianischer Bundesverfassung ist der Komplementärgesetzgeber befugt, den Umfang und die Dauer der Befreiungen, Förderungen und Vergünstigungen im Bereich der ICMS zu regulieren (Art. 155 § 2 XII „g“ CF). Die sogenannten ICMS-Abkommen (*Convênios ICMS*), die zwischen den Vertretern der Finanzbehörden der Länder und des Bundesbezirks abgeschlossen werden, normieren insbesondere die ICMS-Befreiungen[786]. Um gültiges Landesrecht zu werden, müssen die ICMS-Abkommen anschließend durch gesetzgeberische Verordnung (*decreto legislativo*) in jedem Bundesland und im Bundesbezirk ratifiziert werden. Diese Anforderung zur Gewährung und Aufhebung der ICMS-Befreiungen erzielt die Beseitigung und Vermeidung des sogenannten *Fiskalkriegs* zwischen den Ländern und dem Bundesbezirk vornehmlich aufgrund der bestehenden unterschiedlichen Entwicklungsniveau und Wirtschaftserfolge[787]. Obwohl die zwingende Beachtung dieses besonderen Gesetzgebungsverfahrens die Befugnis der Länder und des Bundesbezirks im Rahmen der Befreiungen auf erhebliche Weise beschränkt, müssen die Vertreter der jeweiligen Finanzbehörden dem Gebot der Selektivität gemäß der Wesentlichkeit stets Rechnung tragen.

786 Vgl. das Komplementärgesetz Nr. 24/75, Art. 1. Einsehbar unter http://www.planalto.gov.br/ccivil_03/Leis/LCP/Lcp24.htm. Abfrage am 03.07.2013. Zu nennen sind z. B. die Befreiungen für: Medikamente für die Behandlung von AIDS (ICMS-Abkommen Nr. 10/02); Geräte und Zubehöre zur Behandlung von Behinderten (ICMS-Abkommen Nr. 38/91); PKW bis 127 HP für Behinderte, die normale PKW-Modelle nicht fahren können (ICMS-Abkommen Nr. 35/99); Zuwendungen von gebrauchten Computern zu speziellen öffentlichen Schulen und Berufsschulen, zu Einrichtungen zur Behandlung von Behinderten und zu armen Gemeinden (ICMS-Abkommen Nr. 43/99). Unter den vom Bundesland von Rio Grande do Sul in der ICMS-Durchführungsverordnung umgesetzten Befreiungen (Buch I Art. 9 und 10) sind zu nennen: a) Blumen; b) Nahrung: Mahlzeitenlieferung zu Gefangenen, von Gewerben direkt zu ihren Mitarbeitern und von Studentenwerken, Universitäten und Schulen direkt zu ihren Mitarbeitern, Professoren und Studierenden bzw. Schülern; Eier, Obst, Gemüse, Milch, Brötchen; c) Sozialhilfe: Rollstühle, Prothesen, Hörgeräte; d) Kultur: Kunst-, Handwerkgegenstände; e) Gesundheit: Medikamente für die Behandlung von AIDS und Krebs; von einer natürlichen Person eingeführte Medikamente; Kondome; von der Oswaldo Cruz Stiftung hergestellte pharmazeutische Erzeugnisse, die den am „Programm Volksapotheke Brasiliens“ beteiligten Apotheken geliefert werden; medizinische Geräte und Ausrüstungen.

787 Vgl. R. Carrazza, Direito Constitucional Tributário, S. 809.

Bei der Besteuerung von Waren und Dienstleistungen von der ICMS des Bundeslandes von Rio Grande do Sul[788] sind auch zahlreiche Aufwandspositionen zu erkennen, die klarstellen, dass das System von Befreiungen und Ermäßigungen dem Gebot der Selektivität nach der Wesentlichkeit *nicht* hinreichend Rechnung trägt. Unter anderem sind die Produkte des sogenannten *Warenkorbs* zu nennen. Im Bundesland von Rio Grande do Sul unterliegen Reis, Fisch, Geflügel-, Rind-, Schaf-, Büffel-, Schweine- und Ziegenfleisch, sowie Würstchen, Kartoffeln, Kaffee, Zwiebeln, Weizenmehl, Bohnen, Gemüse, Obst (mit Ausnahme von Mandeln, Nüssen, Haselnüssen, Nusskernen), Milch, Nudeln, Kekse, Brot, Kuchen, Eier und Weizen einem 12%igen Steuersatz. Der Medikamentenkorb[789] unterliegt zurzeit einem 17%igen Steuersatz. Stromverbraucher, die über 50 KW Strom pro Monat in der Wohnung konsumieren, müssen 25% ICMS auf den konsumierten Strom bezahlen.

Im Bereich der Steuer auf Dienstleistungen (ISS) beträgt der Höchststeuersatz 5%[790]. Er ist beispielsweise auch der Regelsteuersatz in der Gemeinde von Porto Alegre[791]. Zu Recht hat der Gesetzgeber der Gemeinde von Porto Alegre Steuerbefreiungen für folgende Tätigkeiten vorgesehen: von Behinderten; von Freiberuflern während der ersten drei Jahre nach dem Abschluss des Studiums[792]; von sportlichen[793], studentischen, kulturellen, freizeitlichen, gemeinnützigen, erziehenden und gewerkschaftlichen Einrichtungen ohne Gewinnerzie-

---

788 Wie bereits an früherer Stelle dargestellt worden ist, sind die Länder und der Bundesbezirk in Brasilien befugt, die ICMS einzuführen und zu regulieren. Angesichts der Komplexität der Gesetzgebung und der unterschiedlichen Steuersätze der Waren und Dienstleistungen jedes Bundeslandes wird hier lediglich die Gesetzgebung der ICMS des Landes Rio Grande do Sul als Beispiel dargestellt und erörtert. Diese Beispiele im Bereich der ICMS genügen der Darstellung und Diskussion des Problems, das Gegenstand dieses Teils der Arbeit ist. Die Gesetzgebung der ICMS anderer Länder Brasiliens stellen ebenfalls unter Selektivitätsgesichtspunkten ähnliche Probleme dar.

789 Zu nennen sind z.B. Acetylsalicylsäure, Ampicillin, Cimetidin, Cynarin, Erythromycin, Furosemid, Hydrochlorothiazid, Insulin, Isosorbid, Nifedipin, Penicillin, Propranolol, Salbutamol, Sulfamethoxazol + Trimethoprim, Methyldopa und Verapamil.

790 Art. 8 Komplementärgesetz Nr. 116/2003.

791 Vgl. Komplementärgesetz Nr. 7/73 von der Gemeinde Porto Alegre, Rio Grande do Sul. Es werden hier lediglich Beispiele der Gesetzgebung der Gemeinde Porto Alegre genannt, denn, wie bereits dargestellt worden ist, geht es um eine Gemeindesteuer.

792 Heutzutage bezahlen die Freiberufler nach dem dritten Jahr nach dem Abschluss des Studiums 160 UFM pro Jahr als ISS in Porto Alegre (1 UFM in 2013 = R$ 2,93 = € 1,00. Umrechnung am 03.07.2013); Immobilien-, Versicherungs- und Aktienmakler und Handelsvertreter bezahlen 110 UFM pro Jahr; Freiberuflergesellschaften und Gesellschaften bürgerlichen Rechts bezahlen 35 UFM pro Freiberufler und pro Monat.

793 Tanzkurse, Kampfkunste und die verschiedenen Sportarten: 3%.

lungsabsicht; von Bildungseinrichtungen, wenn sie der Gemeinde 5% ihrer Bildungsplätze durch die Gewährung von Stipendien für arme Auszubildende zur Verfügung stellen[794]; von Krankenhäusern ohne Gewinnerzielungsabsicht[795]; Personenbeförderungsdienstleistungen vom Taxifahrer innerhalb der Gemeinde[796]; Dienstleistungen im Bauwesen, einschließlich Architekturdienstleistungen, wenn sie in Verbindung mit dem Programm der Bundesregierung „Mein Haus, Mein Leben" erbracht werden[797]. Im Hintergrund der Verschonung dieser Tätigkeiten steht, abgesehen von eventuellen Lobbyarbeiten bestimmter Kategorien, der verfassungsrechtlich gebotene Schutz von Sozialrechten, nämlich von der Arbeitsförderung, der Freizeit, der Gesundheit, der Bildung und der Wohnung (Art. 6 CF).

Diese Aufzählung ist keineswegs erschöpfend und hat nicht den Anspruch ein vollständiges Panorama der Steuersätze der IPI, der ICMS und der ISS darzustellen. Es ist lediglich beabsichtigt, anhand dieser Beispielsliste zu zeigen, inwieweit der Steuergesetzgeber den Anforderungen des Grundsatzes der Selektivität gemäß der Wesentlichkeit der Produkte, Waren und Dienstleistungen zum menschlichen Bedarf tatsächlich Rechnung trägt.

Anhand dieser Beispielsliste können die entsprechenden Aufwandspositionen systematisiert werden[798]:

794 Bildungsdienstleistungen von Universitäten: 2%.

795 Ärztliche, zahnärztliche sowie andere Gesundheitsleistungen und Krankenversicherungsdienstleistungen: 2%.

796 Ansonsten bezahlen die Taxifahrer als ISS 15 UFM pro Taxi und pro Monat. Schultransport: 15 UFM pro Wagen und pro Monat; Personenbeförderung durch Busse und selektive Beförderungsdienstleistung: 2,5%.

797 Das Programm hat in der Gemeinde von Porto Alegre als Gegenstand die Förderung und Finanzierung unterschiedlicher Maßnahmen gezielt auf den Bau neuer Wohnungen in der Gemeinde für Familien, die bis zu drei Mindestgehalte erzielen. Ansonsten werden Dienstleistungen im Bauwesen, Sanierung und Entkernung von Gebäuden, Autobahnen, Brücken, etc. heutzutage mit 4% besteuert. Abgesehen von der Verschonung der Dienstleistungen im Bauwesen, welche auf den Bau von Wohnungen für arme Familien zielen, wäre ein 2%iger Steuersatz verhältnismäßiger, denn die Kosten solcher Leistungen sind nicht selten sehr hoch und spiegeln Aufwendungen wider, die zur Sicherstellung und Aufrechterhaltung der Unterkunft unvermeidbar sind.

798 Siehe noch zu den hier vertretenen Waren- und Dienstleistungskategorien unten unter C.II.7.b.

B.IV.1. Existenznotwendige Gegenstände und Leistungen, die (hoch) besteuert werden

B.IV.1.a) Im Bereich der IPI

Es ist zu bemerken, dass Produkte im Bereich des Gesundheitswesens selbst dann besteuert werden, wenn sie für zahlreiche Menschen lebensnotwendig sind, z.B. Brillen (5%), die für diejenigen lebensnotwendig sind, wenn sie sich wegen Bluthochdruck oder einer Augenkrankheit nicht operieren lassen können. Darüber hinaus gibt es noch zahlreiche Produkte, die sich unter Selektivitätsgesichtspunkten schwerlich rechtfertigen lassen. Zu nennen sind z. B. Sonnenbrillen (15%). Seit Jahrzehnten ist bereits nachgewiesen worden, dass Sonnenbrillen zum Augenschutz gegen Ultraviolettstrahlung täglich, sogar an bewölkten Tagen, benutzt werden sollten. Jede Krankheitsvorsorgemaßnahme, die mit niedrigen Kosten beim größten Teil der Bevölkerung umgesetzt werden kann, ist gesundheitspolitisch zu fördern und steuerlich zu begünstigen. Sonnenbrille sollten folglich mit höchstens 5% IPI besteuert werden.

B.IV.1.b) Im Bereich der ICMS des Bundeslandes von Rio Grande do Sul

Zu nennen sind zunächst die Produkte des sogenannten *Warenkorbs*. Im Bundesland von Rio Grande do Sul unterliegen Reis, Fisch, Geflügel-, Rind-, Schaf-, Büffel-, Schweine- und Ziegenfleisch, sowie Würstchen, Kartoffeln, Kaffee, Zwiebeln, Weizenmehl, Bohnen, Gemüse, Obst (mit Ausnahme von Mandeln, Nüssen, Haselnüssen, Nusskernen), Milch, Nudeln, Kekse, Brot, Kuchen, Eier und Weizen einem 12%igen Steuersatz. Auf der anderen Seite besteht zurzeit eine Bemessungsgrundlagensenkung von 58,33%. Das bedeutet, dass der Steuersatz im Endeffekt 7% beträgt. Zucker, Mate-Strauch, Schweinefett, Obstkonserven, Margarine, Pflanzenöl und Salz, die auch zum Warenkorb gehören, und der Medikamentenkorb[799] unterliegen zurzeit einem 17%igen Steuersatz. Auch hier gibt es eine Bemessungsgrundlagesenkung von 41,176%, was im Endeffekt auch zu einem 7%igen Steuersatz führt. Für die Lieferung von Leitungswasser ist die Bemessungsgrundlage seit September 1997 auf null gesunken.

Diese Produkte spiegeln ohne weiteres einen existenziellen Bedarf wider, der verfassungsrechtlich geschützt ist. Ein 7%iger Steuersatz auf eine einzelne Ware kann tatsächlich keine erhebliche finanzielle Auswirkung auf den

799 Zu nennen sind z.B. Acetylsalicylsäure, Ampicillin, Cimetidin, Cynarin, Erythromycin, Furosemid, Hydrochlorothiazid, Insulin, Isosorbid, Nifedipin, Penicillin, Propranolol, Salbutamol, Sulfamethoxazol + Trimethoprim, Methyldopa und Verapamil.

Verbraucher haben. Allerdings kann diese finanzielle Auswirkung beträchtlich sein, wenn von den jährlichen Gesamtaufwendungen für Produkte des Warenkorbs ausgegangen wird, vornehmlich wenn dieser jährliche Steueraufwand zu dem Aufwand für andere Güter und Dienstleistungen des existenziellen Bedarfs addiert wird. Obwohl eine solche ermäßigte Umsatzbesteuerung des Warenkorbs allein unter wirtschafts- bzw. haushaltspolitischen Gesichtspunkten vertretbar sein könnte, würde sie trotzdem gegen die gesamte Konzeption des - von Verfassungs wegen vor steuerlichem Zugriff unantastbaren - Existenzminimums verstoßen[800]. Eventuell erforderliche Steuereinnahmen- bzw. haushaltsbezogene Ausgleiche können im Bereich der Lebensmittel vorgenommen werden und zwar bei den Lebensmitteln des gehobenen Bedarfs[801].

Noch weitere Beispiele können noch aufgeführt werden, um zu dem Schluss zu gelangen, wonach das hier in Frage gestellte Prinzip vernachlässigt werden kann. Im Bauwesen werden Dachziegel und Backsteine unter anderen mit 12% besteuert und verursachen folglich eine Erhöhung des Immobilienpreises[802]. Die mit einer eventuellen Verschonung verbundenen Abgrenzungsschwierigkeiten im Rahmen der notwendigen Differenzierung zwischen den Bauten für Wohnungs- und den für Unternehmenszwecke bzw. zwischen Bauten für Gering- und den für Besserverdiener können im Wege der Anmeldung der Bauunternehmer[803] in sozialen Programmen der Bundesregierung beseitigt werden, die

---

800 Darüber hinaus bietet eine solche Besteuerung, selbst wenn sie mit ermäßigtem Steuersatz umgesetzt ist, dem Gesetzgeber Anreiz dazu, kleine (manchmal nicht spürbare) Steuersatzerhöhungen vorzunehmen, sei es um das Umsatzsteueraufkommen zu erhöhen, sei es um eine Steuereinnahmeminderung bestimmter Branchen auszugleichen. Das heißt, es wird dem Steuergesetzgeber einfacher, wenige Prozentpunkte bei den Steuersätzen zu erhöhen als bisher befreite Güter und Dienstleistungen zu besteuern. Zumindest wird der Gesetzgeber prinzipiell keinem großen Widerstand seitens der Bevölkerung begegnen müssen.

801 J. Englisch schlägt zwecks gewisser Berücksichtigung von sozialpolitischen Verteilungswirkungen einen 10%igen Steuersatz für Lebensmittel vor. Elementare Grundnahrungsmittel sollen umsatzsteuerrechtlich verschont verbleiben. Vgl. hierzu J. Englisch, UR 2011, 401 (407); ders., UR 2010, 400 (408). Siehe näher dazu unten unter C.II.6 u. C.II.7.

802 Im Kontext eines Schwellenlandes wie Brasilien, wo zahlreiche Erwerbstätige noch bei ihren Eltern bzw. in einer kleinen Wohnung im Hinterhof des Grundstücks der Eltern leben müssen, weil sie sich den Erwerb der eigenen Wohnung aus eigenen Mitteln noch nicht leisten können, lässt sich eine solche Besteuerung von Baumaterialien unter Gesichtspunkten der Förderung zum Erwerb der eigenen Wohnung schwerlich rechtfertigen.

803 Der Bauunternehmer ist kein Steuerpflichtiger im Bereich der ICMS, denn er unternimmt in der Regel weder Lieferungen von Waren noch Beförderungs- oder Kommunikationsdienstleistungen. Dementsprechend darf er nicht die ICMS auf die für eine Bau-

zur Förderung und Erleichterung des Erwerbs der eigenen Wohnung eingerichtet wurden[804].

Im Bereich der Energieversorgung ist die Besteuerung von der ICMS des Landes Rio Grande do Sul ebenfalls problematisch. Nicht außer Acht zu lassen sind die Fälle von Kranken, die eher zu Hause bleiben und dort ggf. durch spezielle stromversorgte Geräte intensiv gepflegt werden müssen. Diese Stromverbraucher müssen die in Rechnung gestellte ICMS bezahlen, selbst wenn die entsprechenden Aufwendungen existenzieller Natur sind[805]. Diese Verbraucher haben keinen Anspruch auf ein Vorsteuerabzugsrecht und ein damit verknüpfendes Verrechnungsrecht mit seiner Einkommensteuerschuld bzw. eine genau quantifizierbare Umsatzsteuererstattung zwecks Ausgleichs einer außergewöhnlichen Belastung[806]. Dazu kommt noch eine Erhöhung des Stromverbrauchs und folglich der zu zahlenden ICMS wegen der Klimaanlage, deren Benutzung im Süden während des Sommers und sogar im ganzen Jahr in vielen Gebieten Brasiliens unvermeidlich ist. Im Bundesland von Rio Grande do Sul müssen die Stromverbraucher, die über 50 KW Strom pro Monat in der Wohnung konsu-

---

stelle gelieferten Baustoffe abziehen (vgl. Art. 20 § 3 II Komplementärgesetz Nr. 87/96). Die auf Baustoffe fallende ICMS wird in voller Höhe auf den Endverbraucher überwälzt. Der Bauunternehmer ist Steuerpflichtiger im Bereich der ISS, denn er erbringt Baudienstleistungen, die der ISS unterliegen (vgl. die Nr. 7.02 des Anhangs des Komplementärgesetzes Nr. 116/2003). Abgesehen davon unterliegen die Umsätze aus der Lieferung von Baustoffen der ICMS, wenn sie – z. B. Dachziegel bzw. Betonpfeiler – außerhalb der Baustelle hergestellt werden. Vgl. hierzu auch die Entscheidung des Supremo Tribunal Federal, AgRegRE Nr. 559.936, Berichterstatter: Richter Ricardo Lewandowski, Erste Kammer, DJe 25.11.2010, mit weiteren Nachweisen.

804 Dienstleistungen im Bauwesen, einschließlich Architekturdienstleistungen, werden zurzeit von der ISS von Porto Alegre befreit, wenn sie in Verbindung mit dem Programm der Bundesregierung „Mein Haus, Mein Leben“ erbracht werden. Das Programm hat in der Gemeinde von Porto Alegre die Förderung und Finanzierung unterschiedlicher Maßnahmen zum Gegenstand, die den Bau neuer Wohnungen in der Gemeinde für Familien, die bis zu drei Mindestlöhne beziehen, ermöglichen.

805 Der Landesabgeordnete vom Bundesland Rio de Janeiro, Alessandro Molon, hat am 03.08.2010 einen Gesetzesentwurf vorgelegt, worin er die Umsatzsteuerbefreiung der Stromlieferung für die Wohnungen von kranken Verbrauchern vorschlägt, deren Behandlung die ununterbrochene Nutzung stromversorgter Geräte erfordert. Einsehbar unter: http://www.molon1313.com.br/isencao-de-icms-garante-tratamento-mais-humano/. Abfrage am 11.07.2011.

806 Siehe dazu oben unter B.I. und unten unter C.II.7.c)cc)α u. C.II.7.c)cc)β. Art. 80 der Verordnung Nr. 3.000/99 (Einkommensteuerdurchführungsverordnung) sieht keine Möglichkeit eines Vorsteuerabzugsrechts bzw. einer Minderung der Einkommensteuerbemessungsgrundlage aufgrund von stromverbrauchbezogenen Aufwendungen vor, die mit Gesundheitsaufwendungen unmittelbar in Verbindung stehen.

mieren, 25% ICMS auf den konsumierten Strom zahlen. Der Gesetzgeber unterscheidet nicht nach dem *Zweck* des privaten Stromverbrauchs.

B.IV.2. Nicht existenznotwendige Gegenstände und Leistungen, die befreit bzw. niedrig besteuert werden

B.IV.2.a) Im Bereich der IPI

Weder die Besteuerung der Bekleidung mit Pelzen im Allgemeinen (40%) noch die ermäßigte Besteuerung der Bekleidung mit Pelzen von Vieh, Schaf, Ziege, Hase oder Kaninchen (10%) lässt sich unter umweltschonenden und lebensunterhaltsbezogenen Gesichtspunkten rechtfertigen. Darüber hinaus kann die ermäßigte Besteuerung der zweiten Gruppe indizieren, dass diese Tiere nicht so wichtig oder schutzwürdig sind wie die anderen. Es ist nicht auszuschließen, dass diese ungerechtfertigte Ermäßigung sogar als Anreiz für Jäger gelten kann.

Ebenfalls sollte zwischen den als Lufttaxi und den für Rettungszwecke benutzten Hubschraubern (beide 10%) unterschieden werden. Die Ersten sind ohne weiteres *noch* als *Luxus*verkehrsmittel anzusehen und dementsprechend höher zu besteuern[807].

Spezielle und moderne Fahrräder (10%), die z.B. gezielt für Fahrradwettbewerbe und Bergtouren hergestellt werden, sollten unterschieden werden von denjenigen Fahrrädern, die die Mindestanforderungen für den Straßenverkehr erfüllen. Hier ist nochmals der Zweck des Produkts zur Erfüllung des Lebensbedürfnisses zu betonen. Selbstverständlich kann auch ein Fahrrad, das mit Spitzentechnologie hergestellt wurde, im Straßenverkehr benutzt werden, so wie ein *Ferrari* auch für die Fahrten zwischen Wohn- und Arbeitsort gefahren werden. Dennoch ist davon auszugehen, dass die befreiungs- und ermäßigungswürdigen Produkte diejenigen sind, die die *Mindest*anforderungen zur Erfüllung ihres Zweckes darstellen. Die darüber hinausgehenden Extrafunktionalitäten und mögliche Zubehöre, obwohl sie nützlich sein können, bilden Merkmale, die eine (zusätzliche bzw. erhöhte) Besteuerung anhand der Existenzminimumtheorie hinreichend rechtfertigen können.

807 Hierzu werden im brasilianischen steuerrechtlichen Schrifttum auch andere Ansichten vertreten. Siehe das Gutachten von R. Lobo Torres, RDDT 18, S. 94ff. Seiner Meinung nach erfülle die Inanspruchnahme von Luftfahrzeugen mit weniger als 15.000 kg Gewicht als Lufttaxi wesentliche Ziele des populären Verbrauchs. Der Autor verteidigte damals (1997) die Gleichbesteuerung von Flugzeugen des öffentlichen Flugverkehrs unabhängig vom Gewicht und von der Regularität der kommerziellen Flugstrecke.

Binokulare (15%) sollten höher besteuert werden. Vom Regelfall könnten diejenigen ausgeschlossen werden, die zu Militärzwecken benutzt werden. Eine solche Begünstigung ist ebenfalls bei der Besteuerung von Kriegswaffen (0%) zu bemerken. Schnaps und Whisky wiederum, die gesundheitsschädlich sind, werden mit einem - für diesen Fall - niedrigen Steuersatz in der Höhe von 60% besteuert. Schließlich wurde bisher kein Grund präsentiert, der eine derart niedrige Besteuerung von Yachten (10%) im Lichte der bereits hier erörterten Lebensbedürfnisse begründen könnte.

B.IV.2.b) Im Bereich der ICMS des Bundeslandes von Rio Grande do Sul

Im Bereich des Nah- und Fernverkehrs sollen die ICMS-Steuersätze ebenfalls gemäß der Wesentlichkeit selektiv, nach der jeweiligen Wichtigkeit zur *öffentlichen* und *kollektiven* Personenbeförderung abgestuft werden. Hier ist es zulässig, insbesondere den öffentlichen Flugverkehr anders zu behandeln als den Hobbyflugverkehr[808]. Der derzeitige 12%ige Steuersatz auf alle Flugzeug- und Hubschraubermodelle, sowohl für Privatzwecke, als auch für kollektive Personenbeförderung, vernachlässigt den Grundsatz der Selektivität. Trotzdem hat der Landesgesetzgeber Flugzeugen ausländischer Herkunft für nichtkommerzielle Nutzung den Steuersatz von 25% zu Recht zugeordnet. Andererseits wird der Personen- und Sachenluftverkehr zwischen den Bundesländern mit 4% besteuert[809], was der Wesentlichkeit des öffentlichen Luftverkehrs hinreichend Rechnung trägt.

Darüber hinaus sind noch Boote zu erwähnen (25%). Sie sollten nicht mit einem so niedrigen Steuersatz besteuert werden, es sei denn, dass sie zur öffentlichen (kollektiven) Personenbeförderung bzw. für Rettungsdienstleistungen benutzt werden.

B.IV.2.c) Im Bereich der ISS der Gemeinde von Porto Alegre

Die Personenbeförderung durch Taxi innerhalb der Gemeinde stellt kein Sozialrecht und stellt nicht zwingend eine Ableitung eines Sozialrechtes dar. Trotzdem wird die Beförderung als ein grundlegendes Lebensbedürfnis des Arbeitnehmers und seiner Familie aufgezählt (Art. 7 IV CF)[810].

---

808 Vgl. K. Tipke, StuW 1988, 262 (277).

809 Vgl. Bundesratsbeschluss Nr. 95 v. 13.12.1996, DOU v. 16.12.1996 S. 27.030.

810 Obwohl es um kein kollektives Personenbeförderungsmittel geht, kann die Verschonung der Personenbeförderungsdienstleitung durch Taxi z.B. in Verknüpfung mit der

B.IV.3. Nicht existenznotwendige Gegenstände und Leistungen, die ermäßigt besteuert werden sollten

B.IV.3.a) Im Bereich der IPI

Auch im Bereich des Nah- und Fernverkehrs sollten Steuersätze gemäß der Wesentlichkeit selektiv, d.h. nach der jeweiligen Wichtigkeit zur *öffentlichen* und *kollektiven* Personenbeförderung abgestuft werden. Hier ist es zulässig, insbesondere den öffentlichen Flugverkehr anders zu behandeln als den Hobbyflugverkehr[811]. Der derzeitige Steuersatz (10%) auf Flugzeuge und Hubschrauber des öffentlichen Flugverkehrs lässt sich unter *Selektivitätsgesichtspunkten* hinreichend rechtfertigen und ist folglich verfassungsrechtlich vertretbar, was nicht der Fall bei Flugzeugen und Hubschraubern des Hobbyflugverkehrs oder derjenigen für private Zwecke ist; diese sollten deshalb höher belastet werden.

Insbesondere Rotwein (10%), der wegen der hohen Konzentration von verschiedenen Antioxidanten für das Funktionieren des Herzes und für die Krebsvorsorge empfohlen wird, sollte mit einem niedrigeren Steuersatz belegt werden. Zum Ausgleich des damit verbundenen Steuereinnahmeausfalls könnte der Gesetzgeber den Steuersatz für andere Arten von Wein erhöhen, wie es er beim Madeirawein, Portwein und Sherry (40%) bereits getan hat[812]. Eventuelle Wettbewerbsverzerrungen und etwaiger Umsatzrückgang beispielsweise seitens der Weißweinhersteller könnten durch direkte Subventionen bzw. arbeitsrechtliche Entlastungen für eingestellte Mitarbeiter kompensiert werden.

B.IV.3.b) Im Bereich der ICMS des Bundeslandes von Rio Grande do Sul

Im Bereich der Kommunikationsmittel werden Informatikprodukte mit 12% besteuert. Die brasilianische Verfassung sieht die vollständige steuerliche Verschonung („steuerliche Immunität") von Büchern, Zeitungen, Zeitschriften und dem jeweiligen Druckpapier vor (Art. 150 VI „d" CF). Es handelt sich um den Schutz der Kommunikationsmittel von Ideen, Kenntnissen und Informationen,

---

Sicherheitspolitik im Verkehr begründet werden insoweit, als Alkoholkonsumenten angeleitet werden mit dem Taxi zu fahren.

811 Vgl. K. Tipke, StuW 1988, 262 (277).

812 Für weitere Beispiele einer zulässigen progressiven Besteuerung nach der Konsumleistungsfähigkeit siehe unten unter C.II.6.

also um den Schutz der Meinungsfreiheit[813]. Neben der Verwirklichung der Meinungsfreiheit und damit einer Art der Demokratieausübung ist nicht auszuschließen, dass der Verfassungsgeber durch die Beschränkungen der Besteuerungsgewalt beabsichtigte, den Zugang der Bevölkerung zu Kultur, Informationen und Bildung zu erleichtern[814]. Dementsprechend hat er auch das jeweilige Druckpapier, das heißt den entsprechenden *Datenträger*, steuerlich begünstigt. Nach herrschender Meinung erstreckt sich die steuerliche Immunität auf alle notwendigen Produktionsmittel und Dienstleistungen, die der Herstellung von Büchern, Zeitungen und Zeitschriften dienen[815]. Aufgrund einer subjektiven Bewertung der Inhaltsqualität bzw. des pädagogischen Wertes der Veröffentlichung soll der Anwender der Verfassungsnorm die Steuervergünstigung nicht verneinen. Ausgehend davon hat das Supremo Tribunal Federal die Steuerfreiheit für Stickeralben bejaht[816].

Hinzu kommen die Fragen, ob und inwieweit die steuerliche Verschonung z.B. von Computern, Druckern und Routern unter bildungs- und kulturbezogenen Gesichtspunkten geboten ist. Wie das Supremo Tribunal Federal zu Recht bereits ausgesprochen hat, umfasst die Steuerfreiheit bezogen auf Bücher, Zeitungen und Zeitschriften *jedes Mittel oder Werkzeug*, das zum Herausgeben von Kommunikationsmittel unentbehrlich ist[817]. Das Verfassungsgericht hat daher im Wege einer *teleologischen Auslegung* die Steuerfreiheit über das Druckpapier hinaus erstreckt. In Verbindung damit ist nicht außer Acht zu lassen, dass immer mehr Bücher[818], Zeitungen, Zeitschriften, Aufsätze, Lehrmaterialien, Enzyklopädien usw. sowohl zum Kaufen bzw. Abonnieren als auch zum Herunterladen elektronisch zur Verfügung gestellt werden. Darüber hinaus gibt es unterschiedliche Websites und Blogs, in denen Artikel, Kommentare, Diskussionen usw. mit verschiedenen Inhalten veröffentlicht werden, was eine Form der Meinungs- und Pressefreiheit und im Endeffekt der Demokratieausübung darstellt. Wenn Computer, Drucker und Router unter anderem als *Mittel* für den Zugang

813 Vgl. A. Baleeiro, Limitações, S. 597.

814 In dieser Richtung hat das Supremo Tribunal Federal sich auch zum Thema geäußert. Siehe RE Nr. 221.239, Berichterstatter: Richter Elle Gracie, DJ v. 06.08.2004.

815 Das ist die Schlussfolgerung Misabel Derzis. Vgl. Notas, in: A. Baleeiro, Limitações, S. 590.

816 Siehe RE Nr. 221.239, Berichterstatter: Richterin Ellen Gracie, DJ v. 06.08.2004.

817 In der Entscheidung ist unter anderen die Pressefreiheit betont worden. Vgl. RE Nr. 202.149, Berichterstatter für die Entscheidung: Richter Marco Aurélio, Erste Kammer, DJe v. 11.10.2011.

818 Vgl. H. Ávila, Revista Diálogo Jurídico 2001. Einsehbar unter http://www.direitopublico.com.br. Abfrage am 10.11.11. "Um die grundlegenden Prinzipien der Verfassung von 1988 vorzuziehen, soll eine Auslegung angenommen werden, die zur steuerlichen Immunität der elektronischen Bücher führt", so der Autor. Vgl. hierzu S. 31.

zu Kultur, Kenntnissen und Informationen und sogar zum Lernen, zur Verbreitung von Kenntnissen und wissenschaftlichen Diskussionen benutzt werden, dann ist die umsatzsteuerliche Verschonung der entsprechenden Erwerbsaufwendungen verfassungsrechtlich *zumindest* vertretbar. Aus der Sicht einer analytischen, detaillierten Verfassung, wie der brasilianischen, die Beschränkungen der Besteuerungsgewalt relativ ausführlich vorsieht, und aus der Perspektive einer vom Supremo Tribunal Federal für geboten gehaltenen teleologischen Auslegung, sollten die Produkte der Informatik von der Steuerfreiheit geschützt werden[819]. Aber abgesehen von einer vertretbaren „Immunität" gilt die hier vertretene Ansicht[820], wonach Mindestaufwandspositionen betreffend diese Produkte, etwa im Rahmen eines *Informatik-Warenkorbs*, von der Umsatzsteuer freizustellen wären[821]. Gegenstände im Bereich der Informatik, die außerhalb dieses Warenkorbs liegen, sollten ermäßigt besteuert werden. Zu denken wäre eine progressive Umsatzbesteuerung der über den *Informatik-Warenkorb* hinausgehenden Produkte je nach Preis[822].

Schließlich spiegeln Kommunikationsdienstleistungen (25%) *eine regelmäßige Deckung eines existentiellen Bedarfs* wider[823], vornehmlich die Internetzu-

819 Anhand der Zunahme der Verkaufsanzahl von Waren per Internet hat der ehemalige brasilianische Bundesverfassungsrichter Eros Grau betont: „Die Bewegung des Lebens und der Wirklichkeit gibt die normative Bedeutung der Texte". Siehe hierzu ADI-MC Nr. 1.945, Berichterstatter für die Entscheidung: Richter Gilmar Mendes, Plenum, DJe v. 14.03.11. Für J. Englisch sei die umsatzsteuerliche Verschonung von Aufwendungen für gebrauchte Kommunikationsmittel verfassungsrechtlich vertretbar, aber nicht zwingend. Vgl. J. Englisch, UR 2010, 400 (410).

820 Dazu siehe oben unter B.III.1.

821 Siehe dazu noch unten unter C.II.7.b. Zur Umsatzsteuervergütung an Endverbraucher siehe unten unter C.II.7.c)cc)β.

822 Dazu siehe unten unter C.II.6. Zuletzt ist eine umsatzsteuerliche Verschonung der Informationstechnologie ebenfalls unter umweltschonenden Gesichtspunkten vertretbar insofern, als der Zugang zu Informationen durch elektronische Mittel ein erhebliches Sparen von Druckpapier mit sich bringt.

823 So J. Englisch, UR 2010, 400 (408). Nach dem im Auftrag des Bundesministeriums der Finanzen erstellten interdisziplinären Forschungsgutachten vom R. Ismer, A. Kaul und W. Reiß sei allein unter dem Aspekt der Verteilungsgerechtigkeit die Steuersatzermäßigung für Lebensmittel geeignet, fortgeführt zu werden. Abgesehen davon sei eine Berücksichtigung im Rahmen von einkommensteuerlichen Freibeträgen und/oder Sozialtransfers sowohl zielgerichteter als auch administrativ einfacher möglich. Vgl. R. Ismer, A. Kaul und W. Reiß, UR 2010, 837 (849); ders., Analyse und Bewertung der Strukturen von Regel- und ermäßigten Sätzen bei der Umsatzbesteuerung unter sozial-, wirtschafts-, steuer- und haushaltspolitischen Gesichtspunkten, Saarbrücken 2010, einsehbar unter http://www.bundesfinanzministerium.de/nn_54192/DE/Presse/Pressemitteilungen/Finanzpolitik/2010/09/20100923-PM33-Gutachten,templateId=raw,property=

gangsdienstleistung, die heutzutage eine der wesentlichsten und günstigsten Dienstleistungen zum Zugang zu Kultur, Kenntnissen und Informationen darstellt[824]. Insofern ist die umsatzsteuerliche Verschonung von Mindestaufwandspositionen bzw. von einem Mindestkonsum betreffend diese Dienstleistungen, die ebenfalls einem gedachten *Kommunikationsdienstleistungskorb* zuordnungsfähig sind, verfassungsrechtlich vertretbar. Der darüber hinausgehende Verbrauch wäre dann progressiv und nach Konsumentenkategorien zu besteuern[825].

B.IV.3.c) Im Bereich der ISS der Gemeinde von Porto Alegre

Theateraufführungen, Tanz- und Musikveranstaltungen – wenn sie in Veranstaltungsplätzen für höchstens 700 Zuschauer veranstaltet werden -, Zirkus und Freizeitparken werden von der ISS von Porto Alegre verschont. Obwohl diese Tätigkeiten zum Sozialrecht auf Freizeit gehören – und zugleich grundlegende Lebensbedürfnisse des Arbeitnehmers und seiner Familie widerspiegeln können – stellen sie nach der hier vertretenen Auffassung keine zwingend zu verschonenden Tätigkeiten dar. Dem Mindestmaß an Teilhabe am gesellschaftlichen, kulturellen und politischen Leben[826] – das vom sogenannten „sozio-kulturellen Existenzminimum" umgefasst wird – kann schwerlich das gleiche Gewicht zukommen, wie es die grundlegenden Lebensbedürfnissen Gesundheit, Nahrung und Unterkunft haben. Eine verhältnismäßige Alternative wäre, solche freizeitbezogene Tätigkeiten ermäßigt zu besteuern[827]. Zumindest würde der Gesetzgeber auf diese Weise der Verschonung eines *notwendigen* Bedarfs des Endverbrauchers *teilweise* Rechnung tragen[828].

Es könnte der Einwand erhoben werden, solche freizeitbezogenen Tätigkeiten ermäßigt zu besteuern, da vielfach ein gehobener Anspruch befriedigt würde. Dies wäre z.B. der Fall bei häufigen Besuchen. Nach der hier vertretenen An-

---

publicationFile.pdf. Abfrage am 18.11.2011. Zur hier vertretenen Ansicht diesbezüglich siehe unten unter C.II.6, C.II.7 und C.II.7.c)cc.

824 Zu bemerken sind ebenfalls die zahlreichen Ausbildungs- bzw. Fortbildungskurse und sogar die Studiums, die grundsätzlich per Internet angeboten und veranstaltet werden.

825 Dazu siehe unten umfassend unter C.II.6.

826 Siehe hierzu BVerfGE 125, 175.

827 Das ist zurzeit der Fall von Freizeit- und Musikveranstaltungen für bis 2.000 Besucher, die mit 2% besteuert werden. Kinoaufführung wird mit 3% belegt. Vgl. unten unter C.II.7.b die hier vertretene Waren- und Dienstleistungskategorie des nützlichen Konsums, die zwischen der Kategorie des unentbehrlichen Konsums und der des überflüssigen Konsums liegt.

828 Vgl. BVerfG, Beschl. v. 6.12.2007, 1 BvR 2129/07, UR 2008, 159 (160).

sicht und im Rahmen der gesetzgeberischen Typisierungsbefugnisse kann nicht davon ausgegangen werden, dass der ständige Besuch von Theateraufführungen bzw. Musikveranstaltungen ein gewichtiger Grund dafür ist, die partielle Entlastung einer dem Sozialrecht auf Freizeit zuzuordnenden Tätigkeit abzuschaffen. Einerseits sind die oben erwähnten Dienstleistungen der Kultur und sogar der Bildung ohne weiteres zurechnungsfähig und förderungswürdig, und die Ermäßigung lässt sich folglich verfassungsrechtlich hinreichend rechtfertigen. Andererseits ist anhand des Verhältnismäßigkeitsvorbehalts der Förderung von Kultur und Bildung - auch im Rahmen einer Freizeittätigkeit - der Vorrang zu verleihen, nicht dem Verbot einer Umsatzsteuervergünstigung möglicher leistungsfähigerer Besucher z. B. von Theateraufführungen und Musikveranstaltungen[829]. Der Einwand einer möglichen Verletzung der vertikalen Steuergerechtigkeit im Fall der Begünstigung von Besuchern, die zur förderungswürdigen Gruppe *prinzipiell* nicht gehören, wird unter Selektivitätsgesichtspunkten geschwächt.

B.V. Kritik zur im brasilianischen Schrifttum vertretenen Ansicht

Die oben erwähnten Autoren des brasilianischen Schrifttums, die den Grundsatz der Selektivität nach der Wesentlichkeit als die bereichsspezifische Konkretisierung des Leistungsfähigkeitsprinzips im Verbrauchsteuerrecht ansehen[830], vernachlässigen einige bedeutende Schwachpunkte bzw. Defizite des Grundsatzes der Selektivität nach der Wesentlichkeit:

Erstens ist der Grundsatz ein sachbezogener[831] und kein personenbezogener Grundsatz[832]. Er knüpft an den Wichtigkeits- bzw. Unerlässlichkeitsgrad des Produktes bzw. der Leistung zu den menschlichen Lebensbedürfnissen an. Die steuerliche Leistungsfähigkeit ist jedoch eher ein personenbezogener Maßstab[833].

829 Siehe noch dazu und zu den sogenannten Mitnahmeeffekten unten unter C.II.7.c)bb.

830 Vgl. oben unter B.I.

831 „Die Fokussierung liegt auf dem Produkt, nicht auf dem Steuerpflichtigen". Vgl. hierzu L. Schoueri, Direito Tributário, S. 374.

832 R. Lobo Torres vertritt die Auffassung, wonach die Steuersatzanlage der IPI die Quantifizierung juristischer Werte nach Maßstäbe der Verteilungsgerechtigkeit verkörpere. Diese juristische Bewertung nehme die Person des Konsumenten stets in Betracht und nicht die des Steuerschuldners oder die Eigenschaften des Produkts. Die Steuerentlastungen werden zugunsten des Endverbrauchers und gemäß der Nutzbarkeit des Produkts gewährt. Vgl. R. Lobo Torres, Direito Constitucional Tributário, S. 322f.

833 So F. Kirchhof, StuW 2002, S. 185 (188).

Zweitens nimmt er bloß *verallgemeinernd* menschliche Bedürfnisse in Betracht ohne die persönlichen Verhältnisse (die Besonderheiten des Einzelfalls) des Steuerdestinatärs und der seiner Familienangehörigen zu berücksichtigen[834]. Der intendierte Steuerträger hat keinen Anspruch auf ein Vorsteuerabzugsrecht und ein damit verknüpfendes Verrechnungsrecht mit seiner Einkommensteuerschuld bzw. eine genau quantifizierbare Umsatzsteuererstattung zwecks Ausgleichs einer außergewöhnlichen Belastung[835]. Zu nennen wäre z.B. der Fall von Kranken, die eher zu Hause verbleiben müssen und dort durch spezielle stromversorgte medizinische Geräte intensiv gepflegt werden und ebenso die in Rechnung gestellte ICMS wegen dem erhöhten Stromverbrauch bezahlen müssen[836].

Drittens sind die einkommensteuerrechtlichen Abzugsmöglichkeiten für den Endkonsument in Brasilien sehr eingeschränkt und bieten zur Zeit keinen ausreichenden Ausgleich zur Umsatzsteuermehrbelastung, die z.B. darin besteht, dass kinderreiche Familien stärker belastet werden als Alleinstehende[837]. Gesundheitsausgaben und ein sehr eingeschränkter Betrag von Ausbildungs- und Fortbildungsausgaben beispielsweise dürfen von der Einkommensteuer*bemessungsgrundlage* abgezogen werden[838]. Dennoch darf der Einkommensteuerpflichtige die in die Verbraucherpreise eingegangenen ICMS und IPI, die nicht

---

834 Zu Recht hat T. Sampaio Ferraz Junior darauf hingewiesen, der Begriff der Durchschnittsmenschen oder der Durchschnittsfamilie stelle ein Abstraktum dar, „das zur Erfassung des Grades der Verwirklichung der Gerechtigkeit bezüglich der Bedürfnisse unzureichend ist". Vgl. T. Sampaio Ferraz Junior, FS für Karl Beusch, S. 228.

835 Siehe näher dazu unten unter C.II.7.c)cc)α u. C.II.7.c)cc)β.

836 Dazu kommt noch eine Erhöhung des Stromverbrauchs und folglich der zu zahlende ICMS wegen der Klimaanlage, deren Nutzung im Sommer und sogar im ganzen Jahr in vielen Gebieten Brasiliens sehr hoch ist. Im Bundesland von Rio Grande do Sul müssen die Stromverbraucher, die über 50 KW von Strom pro Monat in der Wohnung konsumieren, 25% ICMS auf den konsumierten Strom bezahlen. Der Gesetzgeber macht keinen Unterschied hinsichtlich des Zweckes des privaten Stromverbrauchs. Vgl. hierzu Verordnung Nr. 37.699/97 (Durchführungsverordnung der ICMS), Buch I, Art. 27 I und Anlage I Abschnitt I. Einsehbar unter: http://www.legislacao.sefaz.rs.gov.br/Site/Document.aspx?inpKey=109362&inpCodDispositive=&inpDsKeywords=. Abfrage am 11.07.2011. Der Landesabgeordnete vom Bundesland Rio de Janeiro, Alessandro Molon, hat am 03.08.2010 einen Gesetzesentwurf vorgelegt, worin er die Umsatzsteuerbefreiung der Stromlieferung zu den Wohnungen von kranken Verbrauchern vorschlägt, deren Behandlung die ununterbrochene Nutzung stromversorgter medizinischer Geräte erfordert. Einsehbar unter: http://www.molon1313.com.br/isencao-de-icms-garante-tratamento-mais-humano/. Abfrage am 11.07.2011.

837 Vgl. BVerfG, Beschl. v. 23.08.1999, 1 BvR 2164/98, NJW 1999, S. 3478.

838 Siehe hierzu die brasilianische Einkommensteuerdurchführungsverordnung (Verordnung Nr. 3.000/99), Art. 80 und 81.

selten diese und andere lebensnotwendige Aufwandspositionen (ungerecht) belasten, von der Einkommensteuer*schuld* nicht abziehen, so dass die gegenwärtige Kompensation nur *partiell* wirkt[839].

Viertens haben nichteinkommensteuerpflichtige Geringverdiener bzw. Minijobber und Arbeitslose keinen Anspruch auf eine Verbrauchsteuerrückerstattung. Einerseits kann der brasilianische arbeitslose Umsatzsteuerzahler Arbeitslosengeld lediglich für maximal fünf Monate beziehen[840]. Andererseits beziehen Arbeitslose, die sich in einer Situation von extremer Armut befinden, monatliche Leistungen vom Programm *Bolsa Família*[841]. Die monatliche Grundleistung beträgt zurzeit ca. EUR 24; zusätzliche Leistungen betragen ca. EUR 11[842]. In 2009 betrug die monatliche höchste Summe der Leistungen pro Familie EUR 80[843]. Zu betonen ist, dass sowohl Geringverdiener als auch Arbeitslose und die sogenannten *Miserabel* ebenso die ICMS z.B. auf die Produkte des Warenkorbs[844] (12% im Bundesland von Rio Grande do Sul) und auf Strom (25% im Bundesland von Rio Grande do Sul) bezahlen müssen[845].

B.VI. Unzureichender Schutz des Existenzminimums bei den Steuern auf den Umsatz

Zunächst sei klargestellt, dass es nicht Gegenstand dieser Untersuchung ist einen auf den hier gewonnenen Erkenntnissen gestützten Katalog der befreiten und

839 Zur partiellen Entlastung im Einkommensteuerrecht siehe noch unten unter C.II.7.c)cc)α.

840 Art. 2 des Gesetzes Nr. 8.900/94. In der Regel wird das Arbeitslosengeld (die sogenannte Arbeitslosenversicherung) nach dem Durchschnitt des Gehalts der letzten drei Monaten berechnet.

841 Das Gesetz Nr. 10.836/2004 hat das Programm Bolsa Família eingeführt, wonach früher Familien mit monatlichem pro köpfigem Einkommen bis R$ 60,00 (sechzig reais) den monatlichen Grundbetrag von R$ 58,00 (achtundfünfzig reais) beziehen (Art. 2 § 2). Am 04.07.2013 gleichen 58,00 reais 19,80 Euro.

842 Vgl. Art. 19 der Verordnung Nr. 5.209/2004.

843 Vgl. Instituto de Pesquisa Econômica Aplicada, Programa Bolsa Família, S. 11. Einsehbar unter http://www.ipea.gov.br/sites/000/2/publicacoes/tds/td_1654.pdf. Abfrage am 03.07.2012.

844 Die Nahrungsmittel wurden bundesgesetzlich in der Gesetzesverordnung Nr. 399/38 aufgelistet. Damals wurden sie als Ration-Typ genannt. Einsehbar unter http://www6.senado.gov.br/legislacao/ListaPublicacoes.action?id=12746. Abfrage am 14.07.2011. Für M. Greco sei die Festlegung ermäßigter Steuersätze für Produkte des Warenkorbs keine Steuervergünstigung, sondern die Abstufung nach dem ihnen innewohnenden Wesentlichkeitsgrad. Vgl. M. Aurélio Greco, RDDT 187, 146 (153).

845 Zu den Steuersätzen siehe unten unter B.IV.

ermäßigten Güter und Leistungen zu erstellen. Vielmehr ist in den letzten Punkten zum Grundsatz der Selektivität gemäß der Wesentlichkeit ermittelt worden, welche die expliziten und impliziten Grundlagen zur Definition der Wesentlichkeit sind und wo genau die jeweilige normative Verankerung liegt[846]. Diese Betrachtung hat nach der hier vertretenen Ansicht Vorrang vor einem bloßen Vorschlag eines Güter- und Leistungskatalogs nach den Steuersätzen bzw. Bemessungsgrundlagen. Die Entscheidung über die im Rahmen der Steuern auf den Umsatz begünstigten Güter und Leistungen liegt im gesetzgeberischen Spielraum. Dennoch muss der Gesetzgeber die verfassungsrechtliche Werteordnung immer vor Augen haben[847], um diese Entscheidung *kohärent* treffen und *folgerichtig* umsetzen zu können[848]. Hierzu ist hervorzuheben, dass der deutsche Gesetzgeber einen breiteren Spielraum hat als der brasilianische Gesetzgeber. Wie bereits dargestellt worden ist, hat der brasilianische Steuergesetzgeber bei der Abstufung der Sätze der Steuern auf den Umsatz die Wesentlichkeit der Güter und Leistungen nach Maßgabe der gegenwärtigen Anforderungen der Sozialrechte (Art. 6 CF) und der grundlegenden Lebensbedürfnisse des Arbeitnehmers (Art. 7 IV CF) stets zu beachten[849]. Abweichungen davon bedürfen nach hier vertretener Auffassung eines gewichtigeren, ebenfalls *verfassungsrechtlichen* sachlichen Grundes.

Obwohl wichtige Bereiche der menschlichen Grundbedürfnisse in der brasilianischen Verfassung und im deutschen Sozialgesetzbuch vorgesehen wurden, ist es bisher weder dem brasilianischen noch dem deutschen Steuergesetzgeber gelungen, dem Schutz des umsatzsteuerrechtlichen Existenzminimums hinreichend Rechnung zu tragen[850]. Anhand der oben untersuchten Güter und Leistungen der brasilianischen Steuergesetzgebung lässt sich feststellen, dass in Brasilien zahlreiche Güter und Leistungen, die ohne weiteres zu einem der sachlichen Bestandteile des menschlichen Existenzminimums zugerechnet werden könnten,

---

846 Siehe hierzu oben unter B.III.1 und B.III.2.

847 Siehe hierzu im ersten Kapitel unter A und B.

848 Siehe hierzu im ersten Kapitel unter B.I.

849 Siehe hierzu oben unter B.III.1.

850 Vgl. im deutschen Steuerrecht K. Tipke, StRO II, S. 1004f; ders., StuW 1992, 103 (114ff.); ders., Steuergerechtigkeit in Theorie und Praxis, S. 108; W. Reiß, FS für Joachim Lang, S. 871ff.; J. Englisch, Wettbewerbsgleichheit, S. 599. Siehe auch den Vorschlag von J. Lang zur Vergütung der Umsatzsteuerbelastung des existenznotwendigen Bedarfs in: Entwurf eines Steuergesetzbuchs, S. 198, Rz. 705 und S. 334, § 473. Vgl. im brasilianischen Steuerrecht R. Lobo Torres, Mínimo Existencial, S. 186; R. Carrazza, ICMS, S. 459ff. (Er verteidigt sogar die gerichtliche Kontrolle des Grundsatzes der Selektivität zwecks Beachtung der Wesentlichkeit der Güter und Leistungen nach einem dem Wesentlichkeitsbegriff immanenten Mindestgehalt. Siehe hierzu S. 462f.); J. Soares de Melo, IPI, S. 213 (Mineralwasser mit 27% IPI-Satz).

noch besteuert werden. Dies zeigt einerseits deutliche Abgrenzungsschwierigkeiten aber auch andererseits die Ergebnisse „vergangener politischer Verhandlungen“[851].

Die brasilianische Erfahrung durch die verfassungsrechtliche Verankerung des Grundsatzes der Selektivität der Steuersätze nach Maßgabe der Wesentlichkeit der Güter und Dienstleistungen hat gezeigt, dass kein vollständiger Schutz des Existenzminimums im Bereich der Steuern auf den Umsatz *lediglich* mittels der Abstufung der Steuersätze bzw. der Bemessungsgrundlage erreicht werden kann. Auch die Richter von zwei Kammern des Supremo Tribunal Federal haben *zu Recht* bemerkt, dass der Grundsatz der Selektivität in seiner derzeitigen verfassungsrechtlichen Gestaltung und in seinem bisher verstandenen und vertretenen Sinne im steuerrechtlichen Schrifttum nicht unbedingt die Folgen einer Steuerimmunität mit sich bringt[852]. Das heißt auch, dass der vom brasilianischen Schrifttum so bezeichnete Grundsatz der Selektivität nicht unbedingt zur vollständigen Entlastung des Existenzminimums im Bereich der Steuern auf den Umsatz führt, selbst wenn bestimmte Güter und Leistungen dem Menschen wesentlich sind[853].

Sicher ist, dass der Grundsatz der Selektivität nach der Wesentlichkeit keine Steuerfreiheit bedeutet. Er entfaltet insofern einen defizitären Charakter hinsichtlich des Schutzes der Erwerbstätigkeit und des Existenzminimums, als er gegen eine Besteuerung erwerbs- und existenzsichernder Güter und Leistungen nicht hinreichend schützt. Es lässt sich sogar im Gegenteil anhand der zahlreichen erwähnten Beispiele der Besteuerung von solchen Gütern und Leistungen deutlich nachweisen, dass der Grundsatz der Selektivität weder den Status eines Gerechtigkeitsgrundsatzes noch eines systemtragenden Prinzips hat. Er besteht in einer Besteuerungstechnik, die dem gesetzgeberischen Spielraum überlassen

851 So die Feststellung der Europäischen Kommission über die Struktur der Mehrwertsteuersätze: „Sie ist einfach nur das Ergebnis vergangener politischer Verhandlungen“. Vgl. Mitteilung der Kommission über vom Normalsatz abweichende Mehrwertsteuersätze, S. 11.

852 Vgl. RE Nr. 429.306, Berichterstatter: Richter Joaquim Barbosa, Zweite Kammer, DJe 15.03.2011. Das ist auch die Ansicht der Ersten Kammer. Vgl. hierzu Emb. Decl. Ag. Reg. AI Nr. 515.168, Berichterstatter: Richter Cezar Peluso, Erste Kammer, DJ 21.10.2005.

853 Zu nennen ist nochmals das Beispiel der Besteuerung von Rohrzucker in der Höhe von 18%. Die Erste Kammer des Supremo Tribunal Federal vertritt die Ansicht, der 18%ige Steuersatz verstoße nicht gegen den Grundsatz der Selektivität nach der Wesentlichkeit. Vgl. hierzu Emb. Decl. Ag. Reg. AI Nr. 515.168, Berichterstatter: Richter Cezar Peluso, Erste Kammer, DJ v. 21.10.2005.

ist und die „Immunität" des Existenzminimums im Rahmen der hier dargestellten Wesentlichkeitsgrundlagen[854] nicht sicherstellt.

Insofern ist der Grundsatz der Selektivität *nicht* als Vertreter des Leistungsfähigkeitsprinzips bei den Steuern auf den Umsatz einzuordnen. Letzteres erlangt vornehmlich in seiner sozialstaatlichen und freiheitsschonenden Dimension unabhängig von der Besteuerungstechnik seine Geltung[855]. Hervorzuheben ist, dass das Supremo Tribunal Federal die Abstufung der Steuersätze dem Ermessen des Gesetzgebers vollständig überlässt. Zu nennen ist nochmals der Fall des Rohrzuckers. Der 18%ige Steuersatz verstoße nach der Ansicht der Ersten Kammer des Supremo Tribunal Federal *nicht* gegen den Grundsatz der Selektivität nach der Wesentlichkeit[856].

Der Mechanismus der Graduierung der Tarife lässt sich anhand von Gründen der Praktikabilität[857] und der Verwaltungsökonomie rechtfertigen. Dennoch ist im brasilianischen Steuerrecht kein Grundsatz zu finden, der diese Gründe trägt und zugleich den Vorrang vor dem Grundrecht auf Gewährleistung eines menschenwürdigen Daseins genießt[858]. Der Grundsatz der Selektivität - selbst wenn er verfassungsrechtlichen Rang genießt - erfüllt auf *unzureichende* Weise sowohl die Anforderungen der Praktikabilität bzw. der Verwaltungsökonomie als auch die Anforderungen des Schutzes des Existenzminimums im Umsatzsteuerrecht.

B.VII. Ersatzgrundsatz für das Leistungsfähigkeitsprinzip bei den indirekten Steuern auf den Umsatz?

Der Grundsatz der Selektivität nach der Wesentlichkeit der Güter und Dienstleistungen ist nach den hier gewonnenen Erkenntnissen kein „Ersatzgrundsatz"

---

854 Siehe hierzu oben unter B.III.

855 Zur Besteuerungstechnik siehe unten unter C.II.4.

856 Vgl. hierzu Emb. Decl. Ag. Reg. AI Nr. 515.168, Berichterstatter: Richter Cezar Peluso, Erste Kammer, DJ v. 21.10.2005.

857 M. Derzi ist der Auffassung, der Grundsatz der Selektivität sei eine weitere Milderung der Gleichheit und bestehe eigentlich in einem verfassungsrechtlichen Ausdruck der Praktikabilität. Vgl. M. Derzi, Notas, in: A. Baleeiro, Limitações Constitucionais, S. 890.

858 Vgl. K. Tipke, StRO, S. 1000: "Die Verletzung des Existenzminimums lässt sich weder mit Finanzbedarfsgesichtspunkten noch mit Praktikabilitätserwägungen rechtfertigen"; ders., StuW 1992, 103 (114). Siehe näher zum Schutz des Existenzminimums unten unter C.II.7.

für das Leistungsfähigkeitsprinzip bei den indirekten Steuern auf den Umsatz[859]. Der Leistungsfähigkeitsgrundsatz gewährleistet, dass die Steuerzahlungsfähigkeit erst beginnt, wenn die Bestreitung der existenznotwendigen Aufwendungen bereits sichergestellt ist. Die Besteuerung darf nur auf den darüber hinausgehenden Teil des Einkommens entfallen (auf das disponible Einkommen). Wie an früherer Stelle festgestellt wurde, ist nach der hier vertretenen Auffassung die Konzeption des Schutzes des Existenzminimums dem Leistungsfähigkeitsbegriff inhärent und von ihm untrennbar[860]. Der Grundsatz der Selektivität wiederum unterliegt zahlreichen Abgrenzungsschwierigkeiten und ist sehr anfällig für Lobbyarbeiten und politische Verhandlungen. Er erfüllt die Anforderungen des Schutzes des Existenzminimums im Umsatzsteuerrecht auf unzureichende Weise und sichert keine Besteuerung nach der steuerlichen Leistungsfähigkeit des Endkonsumenten zu.

Obwohl es im deutschen Steuerrecht kein Pendant zum Grundsatz der Selektivität nach der Wesentlichkeit der Güter und Leistungen gibt, hat *K. Tipke* vertreten, die Leistungsfähigkeit sei eher „an der Quantität des Aufgewendeten zu messen, nicht an der Art des Gegenstandes oder der Leistung“[861]. Der Gesetzgeber könne im Rahmen einer möglichen Einführung einer progressiven Verbrauchsbesteuerung[862] „den Konsum von Gütern des lebensnotwendigen Bedarfs von der Steuer freistellen und die übrigen Güter, je nach dem Grad ihrer Entbehrlichkeit, unterschiedlich besteuern“[863]. Auch *K. Tipke* hat bemerkt, eine solche Gestaltungstechnik unterliege erheblichen praktischen Schwierigkeiten[864].

---

859 Anders M. Derzi, Notas, in: A. Baleeiro, Limitações Constitucionais, S. 891 und 1097.

860 Siehe hierzu im zweiten Kapitel unter C.IX. Ähnlich K. Tipke, Steuergerechtigkeit in Theorie und Praxis, S. 102: „Unter dem Leistungsfähigkeitsaspekt lässt es sich rechtfertigen, lebensnotwendige Leistungen, Luxusleistungen und andere Leistungen zu unterscheiden“; S. 108: „Ein Gesetzgeber indessen, der einerseits lebensnotwendige Güter besteuert, wie Salz und Zucker, andererseits Luxusgüter nicht erfasst, handelt gewiss nicht konsequent im Sinne des Leistungsfähigkeitsprinzips“. Dies erleuchtet eine existenzminimumschonende Dimension des Leistungsfähigkeitsprinzips.

861 Vgl. K. Tipke, StRO, S. 1052. Der Leistungsfähigkeitsgrundsatz ist ohne weiteres ein qualitatives Prinzip, das sich auch an der Art des Gegenstandes und der Leistung verknüpft ist. Es besteht in keiner bloßen quantitativen Besteuerungstechnik. Siehe näher dazu unten unter C.

862 Zur Progressivität siehe unten unter C.II.6.

863 K. Tipke, StRO, S. 1053.

864 Siehe K. Tipke, StRO, S. 1053: „Was Luxusgüter sind, lässt sich überhaupt nicht rechtssicher und sachgerecht bestimmen“. Siehe dazu unten unter C.II.6 und C.II.7.

Die Erste Kammer des Supremo Tribunal Federal hat bereits bemerkt, die verfassungsrechtliche Selektivität der IPI stelle sich nicht mit der *Immunität*[865] gleich[866]. Die Produkte dürften besteuert werden, vorausgesetzt, die Besteuerung werde gemäß der Wesentlichkeit abgestuft. Die Erste Kammer vertritt die Ansicht, der Höchststeuersatz auf den Rohrzucker in der Höhe von 18% verstoße *nicht* gegen die Wesentlichkeit[867]. Rohrzucker ist jedoch nach der hier vertretenen Ansicht ohne weiteres dem lebensnotwendigen Bedarf zuzurechnen und sollte dementsprechend vollständig verschont werden. Auch die Zweite Kammer des Supremo Tribunal Federal ist der Meinung, „der Grundsatz der Selektivität gebietet, dass die öffentliche Gewalt die Besteuerungslast nach der Wesentlichkeit der Lieferung bzw. des Produkts abstuft. Dies bedeutet nicht, dass es Immunität gibt, selbst wenn die Lieferungen bzw. die Güter dem Menschen wesentlich seien“[868].

Zu nennen sind noch einige der oben erwähnten Beispiele, nämlich das der Besteuerung des Warenkorbs in Rio Grande do Sul und das der niedrigen Tarife auf einige Güter des gehobenen Bedarfs, wie z. B. auf Boote[869]. Beispiele wie diese verstärken die Feststellung, wonach die Abstufung der Tarife der Steuern auf den Umsatz in Brasilien und in Deutschland nicht immer einer klaren Logik folgt. Arbeitslose, die in Brasilien das Arbeitslosengeld lediglich für maximal fünf Monate erhalten können[870], müssen immer die ICMS auf den Warenkorb

---

865 „Immunität“ ist ein Begriff des brasilianischen Steuerrechts und besteht in einer Verfassungsregel, die die Besteuerungsgewalt hinsichtlich bestimmter besonderer Tatbestände einschränkt. Die Immunität kann ebenfalls als die steuerliche Entlastung verstanden werden, die im Verfassungstext vorgesehen wird. Diese besonderen steuerlichen Entlastungen lassen sich auch von bestimmten Grundprinzipien der Verfassung ableiten. Vgl. hierzu M. Derzi, Notas, in: A. Baleeiro, Limitações Constitucionais, S. 372ff.

866 Vgl. Emb. Decl. Ag. Reg. AI Nr. 515.168, Berichterstatter: Richter Cezar Peluso, Erste Kammer, DJ v. 21.10.2005.

867 Vgl. Emb. Decl. Ag. Reg. AI Nr. 515.168, Berichterstatter: Richter Cezar Peluso, Erste Kammer, DJ v. 21.10.2005.

868 Siehe RE Nr. 429.306, Berichterstatter: Richter Joaquim Barbosa, Zweite Kammer, DJe v. 15.03.2011. Zu einer ausführlichen Betrachtung dieser Entscheidungen siehe unten unter C.II.3.b.

869 Siehe hierzu oben unter B.IV: Warenkorb (Endsteuersatz: 7% ICMS); Booten (25% ICMS).

870 Art. 2 des Gesetzes Nr. 8.900/94. In der Regel wird das Arbeitslosengeld (die sogenannte Arbeitslosenversicherung) nach dem Durchschnitt des Gehalts der letzten drei Monaten berechnet. Das Gesetz Nr. 10.836/2004 hat das Programm Bolsa Família eingeführt, wonach Familien mit monatlichem pro köpfigem Einkommen bis R$ 60,00 (sechzig reais) den monatlichen Betrag von R$ 58,00 (achtundfünfzig reais) bekommen (Art. 2 § 2). Am 04.07.2013 gleichen 58,00 reais 19,80 Euro.

und auf Strom je nach dem Verbrauch bezahlen, obwohl dies nicht der steuerlichen Leistungsfähigkeit entspricht. Millionäre bezahlen die ICMS in der Höhe von 25%, wenn sie ein Boot kaufen, obwohl sie wirtschaftlich und steuerlich leistungsfähiger sind[871].

Das Prinzip der Selektivität besteht in einem Versuch auf der Verfassungsebene, einen bereichsspezifischen Maßstab zur Abstufung der Tarife der ICMS und der IPI einzuführen. Dieser Maßstab ist kein personenbezogener, sondern ein sachbezogener, der mit dem Maßstab der steuerlichen Leistungsfähigkeit häufig in Konflikt gerät, wie oben nachgewiesen worden ist. Dies verstärkt die Annahme, dass Wesentlichkeit und steuerliche Leistungsfähigkeit unterschiedliche bereichsspezifische Kriterien zum Vergleich unterschiedlicher Gegenstände und Leistungen sind. Dass die Wesentlichkeit als bereichsspezifischer Maßstab im Umsatzsteuerrecht tatsächlich nach den anerkannten Grundbedürfnissen des Menschen auf gewisse Weise angewendet werden kann, ist nicht zu bestreiten. Das ist eher eine Frage der Beachtung der dargestellten Grundlagen zur Definition der Wesentlichkeit und der Vermeidung der Unterwerfung einer bloßen politischen Verhandlung. Aber selbst wenn dies dem Steuergesetzgeber gelingt, besteht noch keine Garantie, dass eine bereichsspezifische umsatzsteuerrechtliche Gerechtigkeit erreicht wird. Die Konkretisierung der beabsichtigten Umsatzsteuergerechtigkeit bedarf nicht nur durchweg einer kohärenteren und folgerichtigeren Graduierung der Steuersätze nach der Wesentlichkeit der Güter und Dienstleistungen, sondern auch einer Besteuerung nach der *Konsum*leistungsfähigkeit, wie im Folgenden aufgezeigt wird.

871 Siehe hierzu oben unter B.IV: Booten (25% ICMS).

C. Umsatzsteuergerechtigkeit im Rahmen einer Besteuerung nach der Konsumleistungsfähigkeit

C.I. Der Konsum als rechtsethisch vertretbarer Leistungsfähigkeitsindikator

Wie bereits an früherer Stelle dargestellt wurde, besteht das Leistungsfähigkeitsprinzip in dem rechtsethischen Fundamentalprinzip einer gleichmäßigen, proportionalen Verteilung der Steuerlasten zwischen den Bürgern[872]. Seine Konkretheit hängt von den Wertentscheidungen des Verfassungsgebers ab, die in den Grundrechten ihre besondere Ausprägung finden. Es findet folglich seine verfassungsrechtlichen Grundlagen im Sozialstaatsprinzip, im Gleichheitssatz und in den Freiheitsgrundrechten in Verbindung mit dem Übermaßverbot[873].

Sowohl dem Art. 134 der Weimarer Reichsverfassung[874] als auch dem Grundgesetz ist kein Leistungsfähigkeitsindikator zu entnehmen[875]. Der Reichsverfassungsgeber hat als „Maßstab" des Beitrags zu allen öffentlichen Lasten „die Mittel des Staatsbürgers" ausdrücklich niedergelegt. *Wie* bzw. *in welchem Zeitpunkt* dem Bürger ein Teil seiner Mittel zu entziehen ist, und, ob der Entzug anlässlich des Vermögenszuwachs, des Vermögensbestands oder des Vermögensverbrauchs stattzufinden hat, hat der Reichsverfassungsgeber allerdings offengelassen. Der gegenwärtige Steuergesetzgeber wiederum hat immer noch eine anspruchsvolle Aufgabe vor sich, und zwar das Leitprinzip einer Besteuerung nach der individuellen steuerlichen Leistungsfähigkeit an solchen Indikatoren auszurichten, „die sich einerseits freiheitsschonend und gleichmäßig vollziehen lassen, andererseits aber den sozialstaatlich vorgegebenen Vermögensbezug der solidarischen Lastentragungsfähigkeit nicht aus dem Blick verlieren"[876]. Abgesehen von den erwähnten vermögensbezogenen Maßgrößen sind weitere nicht ersichtlich, die die individuelle Leistungsfähigkeit freiheitsschonend und gleichmäßig erfassen können[877].

872 Siehe oben im 2. Kapitel unter C.IX.

873 Dazu siehe im 2. Kapitel unter C.

874 Art. 134 Abs. 1 WRV: „Alle Staatsbürger ohne Unterschied tragen im Verhältnis ihrer Mittel zu allen öffentlichen Lasten nach Maßgabe der Gesetze bei".

875 Ähnlich J. Englisch, Wettbewerbsgleichheit, S. 583.

876 So J. Englisch, Wettbewerbsgleichheit, S. 582.

877 Vgl. J. Englisch, Wettbewerbsgleichheit, S. 582.

Der brasilianische Verfassungsgeber hat der Steuerverwaltung gestattet, das Vermögen, die Einkünfte und die wirtschaftlichen Tätigkeiten der Steuerpflichtigen zu ermitteln, um die Steuern nach ihrer wirtschaftlichen Leistungsfähigkeit *effektiv* abzustufen[878]. Die Leistungsfähigkeitsindikatoren *Vermögensbestand* und *Vermögenszuwachs* sind ohne weiteres vorgesehen worden. Allerding ist mit der Erwähnung des Ausdrucks „wirtschaftliche Tätigkeiten des Steuerpflichtigen" nicht der Konsum des Endverbrauchers, sondern die unterschiedlichen Tätigkeiten von Dienstleistungserbringern, Herstellern und Lieferanten gemeint. Die *Einkommensverwendung* für private und endgültige Konsumzwecke ist verfassungsrechtlich außer Acht gelassen. Nach hier vertretener Ansicht hat der brasilianische Verfassungsgeber bei der Ausgestaltung der unterschiedlichen Steuerarten den Steuerpflichtigen, aber nicht immer den intendierten Steuerträger im Auge behalten. Das führt zur Annahme, dass im brasilianischen System der Steuern auf den Umsatz der Verbraucher als *Einkommensverwender* im Hintergrund geblieben ist. Es spielt im System der Steuern auf den Umsatz nach den Vorschriften der Verfassung keine Rolle, unter welchen Umständen und nach welchem Zweck der Endkonsument Geld ausgegeben hat. Es ist nochmals zu betonen, dass die Allgemeinvorschrift zum Leistungsfähigkeitsprinzip (Art. 145 § 1 CF) und die bereichsspezifischen Vorschriften zur IPI (Art. 153 § 3 I CF) und ICMS (Art. 155 § 2 III CF) widersprüchlich sein können, wenn sie nicht systematisch-teleologisch ausgelegt werden[879]. Die erste gebietet eine (persönliche) Gestaltung der Steuern nach der wirtschaftlichen Leistungsfähigkeit des Steuerzahlers, wobei seine individuellen Rechte zu beachten sind; die zweite und die dritte sehen vor, dass die IPI und die ICMS nach der Wesentlichkeit des Produkts und der Ware bzw. Dienstleistung selektiv abzustufen sind. Eine systematische-teleologische Auslegung der Allgemeinnorm in Verbindung mit den bereichsspezifischen Normen und eine mögliche daraus sich ergebende technische konsumleistungsfähigkeitskonforme Konfigurierung der Steuern auf den Umsatz wurden selten kritisch hinterfragt.

Herrschend ist die Meinung, dass der Verbrauch ein wichtiger Indikator steuerlicher Leistungsfähigkeit ist[880]. Inwieweit die Umsatzsteuerbelastung auch

---

878 Siehe Art. 145 § 1 CF. In derselben Vorschrift ist bei der Erkennung dieser Maßgröße auch der Vorbehalt einer Beachtung individueller Rechte des Steuerzahlers vorgesehen worden.

879 Zur systematischen Auslegung siehe im 1. Kapitel unter B.III.

880 Vgl. J. Englisch, Wettbewerbsgleichheit, S. 583ff.; J. Lang, in: Tipke/Lang, Steuerrecht, § 4 Rz. 95; ders., in: M. Rose, Konsumorientierte Neuordnung des Steuersystems , 291 (312); ders., Entwurf eines Steuergesetzbuchs, S. 103, Rz. 377, K. Tipke, UR 1972, 2 (3); ders., FS für Wolfram Reiss, 9 (14); D. Birk, in: M. Rose, Konsumorientierte Neu-

an dem Leistungsfähigkeitsgrundsatz gemäß dem (Indikator) *Konsum* ausrichtungsfähig wäre, ist im Anschluss zu untersuchen.

C. I. 1. Das Einkommen als für gewöhnlich gerecht betrachteter Leistungsfähigkeitsindikator

G. Schanz hat 1896 darauf hingewiesen, man bräuchte einen Begriff, „der ersehen lässt, was in einem Zeitabschnitt einer Person derart zugeflossen ist, dass dieselbe darüber disponieren kann, ohne ihr bisheriges Vermögen selbst zu mindern“[881]. Dieser Einkommensbegriff entfaltet nach der Auffassung von *G. Schanz* die einer Person in einem bestimmten Zeitabschnitt zugeführte Leistungsfähigkeit[882]. Nicht nur der Reinvermögenszugang, sondern auch die Nutzungen und geldwerten Leistungen Dritter sind nach dieser Theorie mit einbezogen[883]. Für *R. Haig* ist Einkommen der Geldwert des Reinvermögenszugangs in jemands wirtschaftliche Dispositionskraft während einer gegebenen Periode[884]. Auch *G. Schmoller* versteht unter Einkommen die verwendbare Summe von Mitteln zur Befriedigung der Bedürfnisse des Einzelnen und dessen Familie in einer Wirtschaftsperiode[885].

Das Verständnis vom Einkommen nach brasilianischem Recht ist der Verfassung und der Abgabenordnung zu entnehmen. Laut brasilianischer Verfassung ist der Bund befugt, Steuer auf das Einkommen und Einnahmen jeglicher Art zu erheben (Art. 153 III CF). Die Progressivität ist als Sondermaßstab zur Abstufung der Einkommensteuer vorgesehen (Art. 153 § 2 I CF) und ist in Ver-

---

ordnung des Steuersystems, 351 (352ff.); W. Reiß, DStJG 13, 3 (19f.); H. de Brito Machado, Direitos Fundamentais, S. 90.

881 G. Schanz, FinArch. 13, Bd. 1, 1 (23).

882 G. Schanz, FinArch. 13, Bd. 1, 1 (23).

883 G. Schanz, FinArch. 13, Bd. 1, 1 (23).

884 Vgl. R. Haig, The concept of income, S. 7 u. 27. Siehe auch H. Simons, Personal income taxation, University of Chicago Press, 1938; G. Schanz, FinArch. 39, Bd. 2, 505 (522), FN 2: "Der Begriff erweist sich als Reinvermögenszugang eines bestimmten Zeitabschnitts"; ders., FinArch. 13, Bd. 1, 1 (87): „... dass der Begriff, der in dem Einkommen den Reinvermögenszugang einer Bestimmten Periode sieht, allein zu einer befriedigenden Abgrenzung führt, ..., dass der Begriff eine vorzügliche Grundlage für das Steuerwesen gibt, eine Menge Widersprüche und Unklarheiten da selbst beseitigt und den Gesichtspunkt der Leistungsfähigkeit erst voll und ganz in den Vordergrund schiebt“.

885 Es wird ebenfalls betont, dass es um eine Summe von Mitteln geht, die der Einzelne verwenden kann, ohne sein Vermögen zu verringern. Vgl. G. Schmoller, Zeitschrift für die gesamte Staatswissenschaft 1863, 1 (52).

bindung mit dem Fundamentalgrundsatz der wirtschaftlichen Leistungsfähigkeit zu verstehen (Art. 145 § 1 CF). Der Schutz der Menschenwürde und das Freiheitsrecht auf Ausübung wirtschaftlicher Tätigkeiten bilden die vorzugswürdigen Schranken zur Erhebung der Einkommensteuer. Daraus ergeben sich die Postulate des Schutzes des Existenzminimums und der Erwerbstätigkeit. Diese Postulate wiederum bilden die Ausgangspunkte zur Definition und Abgrenzung abziehbarer Aufwendungen (subjektives und objektives Nettoprinzip). Entsprechend der Abgabenordnung fällt die Steuer auf das *Einkommen* und *Einnahmen jeglicher Art* an, wobei *Einkommen* als das Ergebnis, das aus dem Kapital, der Arbeit bzw. der Kombination von beiden entsteht, zu verstehen ist (Art. 43 I CTN). *Einnahmen jeglicher Art* sind alle weiteren Vermögenszugänge, die nicht bereits unter die Einkommensdefinition fallen (Art. 43 II CTN)[886].

Die Anwendung der Reinvermögenszugangstheorie ist auf das *Erwerbseinkommen* zu beschränken[887]. Unter dem Einkommensbegriff dürfen die der Erbschaft- und Schenkungssteuer unterliegenden Erbschaften und Schenkungen nicht mit einbezogen werden. Sie können tatsächlich die persönliche *wirtschaftliche* Leistungsfähigkeit des Einzelnen erhöhen, aber verkörpern keinen am Markt erwirtschafteten Vermögenszuwachs. Es ist klarzustellen, dass die von *G. Schanz* dem Einkommensbegriff zugerechneten Nutzungen und geldwerten Leistungen Dritter unter beträchtlichen wirtschaftlichen Bewertungsschwierigkeiten und dem Mangel an Administrierbarkeit leiden[888]. Sie sind also auch aufgrund von Praktikabilitätsgründen aus dem Einkommensbegriff auszuschließen.

Das am Markt erwirtschaftete Einkommen ist ein sowohl in Deutschland als auch in Brasilien anerkannt *sicherer* Leistungsfähigkeitsindikator. Es erweist sich als eine *theoretisch* unkompliziert feststellbare und administrierbare Bemessungsgrundlage und genießt als steuerbare Quelle seit langen eine beträchtliche soziale Akzeptanz. Ferner ist das Erwerbseinkommen auch ein sicherer Indikator zur Erläuterung der weitverbreiteten Konzeption der vertikalen und der horizontalen Steuergerechtigkeit[889].

---

886 Zum verfassungsrechtlichen Einkommensbegriff siehe H. Ávila, Conceito de Renda, S. 73ff.; ders., Sistema Constitucional Tributário, S. 365ff.

887 Vgl. J. Englisch, Wettbewerbsgleichheit, S. 583f.; J. Lang, in: Tipke/Lang, Steuerrecht, § 8 Rz. 33.

888 J. Lang hat zutreffend darauf hingewiesen, dass „nicht alle Nutzungen von privaten Konsumgütern und alle Wertschöpfungen in der privaten Konsumsphäre einschließlich des Werts der Hausfrauenarbeit erfasst werden können“. Siehe J. Lang, in: Tipke/Lang, Steuerrecht, § 8 Rz. 33.

889 Nach der horizontalen Steuergerechtigkeit sind Steuerpflichtige, die gleiches Einkommen beziehen, gleich hoch zu besteuern; nach der vertikalen Steuergerechtigkeit sind

Dennoch ist das Erwerbseinkommen als *einziger* Leistungsfähigkeitsindikator unter Vorbehalt zu sehen[890]. Die Rechtspraxis hat seit langen gezeigt, dass es den bisher erlassenen Einkommensteuergesetzen nicht gelungen ist, eine vollständige und effiziente Besteuerung des Einkommens zu erfassen. Zu nennen sind zumindest einige Beispiele der Schattenwirtschaft, nämlich der Handwerker, der Haushaltshilfen, der Gastronomie und einiger Freiberufler, an die Honorare in bar ausgezahlt werden. Diese Vorgänge sind von der Finanzverwaltung schwer zu kontrollieren. Die Versuchung eines Steuerpflichtigen, eine *ohne nachvollziehbare Herkunft* vereinnahmte Geldsumme nicht auf das Bankkonto einzuzahlen, ist groß. Dies zeigt die Wichtigkeit einer komplementären Besteuerung, deren Fokussierung auf der Einkommensverwendung liegt[891]. Früher oder später wird jedes Einkommen für Konsumzwecke verwendet[892], und das ist nach Effizienzgesichtspunkten genau der Moment, in dem die Besteuerung - sogar auf das in der Schattenwirtschaft bezogene Einkommen - zugreifen könnte. Der Konsum erweist sich dementsprechend sowohl aus der Sicht eines gezielten höheren Steueraufkommens[893] als auch unter Umsatzsteuergerechtigkeitsgesichtspunkten als ein nicht zu vernachlässigender Leistungsfähigkeitsindikator, wie unten zu zeigen sein wird.

C. I. 2. Der Konsum als Alternative

Es ist zunächst zu untersuchen, *welche Konsumarten* Leistungsfähigkeit indizieren können. Anschließend ist kritisch zu hinterfragen, *wer* bei einem Verbrauchsvorgang *steuerliche* oder lediglich *wirtschaftliche* Leistungsfähigkeit entfaltet, und, *ab welchem Zeitpunkt* der Erwerb von Gütern und Dienstleitungen eine Fähigkeit zur solidarischen steuerlichen Lastentragungspflicht darstellen kann.

---

diejenigen, die unterschiedliches Einkommen beziehen, auch unterschiedlich zu besteuern. Vgl. BVerfGE 107, 27, 47; 112, 268, 279, jeweils m.w.N.

890 Nach der Auffassung L. E. Schoueris seien nicht nur das Erwerbseinkommen, sondern auch beispielsweise der Grundstücks- und der Autobesitz objektive Leistungsfähigkeitsindikatoren. Vgl. L. E. Schoueri, Direito Tributário, S. 314.

891 Von der Verteilungswirkung hat H. Ruppe vertreten, Umsatzsteuer und Einkommensteuer seien als Einheit zu betrachten, soweit die gegenwärtige Umsatzsteuer „nach der Höhe des verfügbaren Einkommens, nach Unterhaltsbelastungen und nach besonderem Existenzbedarf nicht differenziert". Vgl. H. Ruppe, UStG Kommentar, Einf. Rz. 39. Vgl. auch W. Reiß, DStjG 13, 3 (37). Dazu siehe unten unter C.II.7.c)cc)α.

892 Vgl. K. Tipke, StRO, S. 507.

893 Auch wer keinen Reinvermögenszugang erziele, könne dennoch umsatzsteuerlich leistungsfähig sein. So J. Englisch, Wettbewerbsgleichheit, S. 584 FN 121.

C. I. 2.a) Konsumarten, die Leistungsfähigkeit indizieren

Als erstes ist der bloße Verzehr bzw. Besitz von Gütern und der Empfang von Dienstleistungen zu betrachten. Dem ersten Anschein nach könnte behauptet werden, dass jemand, der ein teures Auto fährt, eine höhere Konsumleistungsfähigkeit entfaltet. So wäre beispielweise auch zu beurteilen, wenn jemand eine Fremdsprache zu Hause mit einem Privatlehrer erlernt. Diese und weitere unzählbare Beispiele ähnlicher Art können eine (vermutete) Konsumleistungsfähigkeit indizieren, sie sind jedoch nie ein sicherer Indikator. So kann beispielsweise das erwähnte Auto einem Dritten gehören, der entsprechend steuerlich leistungsfähig ist. Der private Sprachunterricht könnte vom Arbeitgeber finanziert werden. In der Verbrauchsbesteuerung wird die Finanzierungsquelle des Erwerbs regelmäßig nicht berücksichtigt[894], jedoch ist der bloße Akt des Verzehrs bzw. der Besitz von Gütern oder des Empfangs von Dienstleistungen – wie anhand der Beispiele aufgezeigt - kein sicheres Zeichen zur Erkennung steuerlicher Konsumleistungsfähigkeit[895].

Der Konsum im umsatzsteuerrechtlichen Sinne ist als *Einkommensverwendung* zu verstehen[896]. Der Indikator *Einkommensverwendung* kann den oben erwähnten Anforderungen genügen oder mindestens für den Indikator *Einkommenserwerb* eine Komplementärfunktion darstellen[897]. Das Bundesverfassungsgericht war hinsichtlich der Aufwandsteuern seit 1963 der Auffassung, es handele sich um „Steuern auf die in der Einkommensverwendung für den persönlichen Lebensbedarf zum Ausdruck kommende wirtschaftliche Leistungsfähig-

---

894 So auch das Bundesverfassungsgericht in BVerfGE 65, 325 (Zweitwohnungsteuer).

895 So auch K. Löhr, Optionsrecht, S. 251ff.; J. Englisch, Wettbewerbsgleichheit, S. 585 FN 126.

896 Vgl. J. Lang, in: Tipke/Lang, Steuerrecht, § 4 Rz. 96; ders., in: M. Rose, Konsumorientierte Neuordnung, S. 315f.; K. Tipke, StRO, S. 979ff.; H. Weber-Grellet, Steuern im modernen Verfassungsstaat, S. 90f.; K. Löhr, Optionsrecht, S. 252, 262, 266 u. 393. J. Englisch spricht über Vermögensverbrauch. Siehe hierzu Wettbewerbsgleichheit, S. 582. W. Reiß spricht über Vermögensverwendung. Siehe hierzu DStJG 13, 3 (20); ders., in: Tipke/Lang, Steuerrecht, § 14 Rz. 1 (Einkommensverwendung). P. Kirchhof wiederum versteht als Verbrauch im umsatzsteuerrechtlichen Sinne „die am Markt eingesetzte Kaufkraft, die Vermögensverwendung“ des Verbrauchers. Siehe hierzu P. Kirchhof, USt-Gesetzbuch, S. 20 Rn. 2. L. E. Schoueri nennt als Leistungsfähigkeitsindikatoren lediglich den Vermögensbestand und den Einkommenserwerb. Vgl. L. E. Schoueri, Direito Tributário, S. 314; R. H. Costa erwähnt das Einkommen, das Vermögen und den Verbrauch als Leistungsfähigkeitsindikatoren, aber untersucht nicht, ob und in wieweit der Verbrauch als Einkommensverwendung zu verstehen ist. Vgl. R. H. Costa, Capacidade Contributiva, S. 30.

897 Zur Abstimmung beider Maßstäbe siehe unten unter C. I. 3.

keit“[898]. Nach dem Wesensmerkmal der Aufwandsteuer soll die in der Einkommensverwendung zum Ausdruck kommende wirtschaftliche Leistungsfähigkeit besteuert werden[899]. Der Konsum sei „typischerweise Ausdruck und Indikator der wirtschaftlichen Leistungsfähigkeit, ohne dass es darauf ankäme, von wem und mit welchen Mitteln dieser finanziert wird und welchen Zwecken er des Näheren dient“[900]. Wer Geld für Konsumzwecke ausgibt, zeigt nicht nur, dass er wirtschaftlich in der Lage ist, Güter zu erwerben bzw. Dienstleistungen zu empfangen, sondern erfüllt auch seine Steuertragungspflicht in der Solidargemeinschaft[901].

C. I. 2. b) Subjekt des Verbrauchsvorgangs für Zwecke der Feststellung der Konsumleistungsfähigkeit

Ausgehend von der Ansicht des Bundesverfassungsgerichts zu den Aufwandsteuern[902] sind folgende Anmerkungen darzustellen:

Erstens ist lediglich die Einkommensverwendung zu *privaten* Konsumzwecken zu berücksichtigen[903]. Ausgeschlossen sind unternehmerische Investitionen[904] bzw. Erwerbe, die als Kostenfaktor der Produktion bzw. der Dienstleistungserbringung anzusehen sind und in der Regel als Preisbestandteil auf den Endverbraucher verdeckt überwälzt werden. Solche unternehmerischen Einkommensverwendungen verkörpern keinen endgültigen Konsum. Sie dienen der Wertschöpfung und dem Generieren von Einkommen[905]. Diese Aufwendungen erfolgen zu erwerbswirtschaftlichen Zwecken und sind folglich nach dem objektiven Nettoprinzip von der Einkommensteuerbemessungsgrundlage abzuziehen. Der umsatzsteuerrechtliche Leistungsfähigkeitsindikator ist also der Privatsphäre aufgrund des endgültigen Konsumzweckes zu entnehmen.

Zweitens soll der Indikator erkennen lassen, ab welcher Höhe der Bürger *steuerlich* leistungsfähig ist. Hierzu ist zu berücksichtigen, dass beispielsweise

---

898 BVerfGE 16, 64 (Einwohnersteuer). Vgl. auch K. Tipke, StRO, S. 1048f.

899 BVerfGE 16, 64 (Einwohnersteuer). Vgl. auch bezugnehmend auf die Verbrauchsteuern BVerfGE 98, 106, 124; 110, 274, 297 (Ökosteuer). Siehe auch K. Tipke, StRO, S. 1049. Nach seiner Meinung gelte die Anmerkung des Bundesverfassungsgerichts konsequenterweise sinngemäß auch für die Verbrauchsteuern im engeren Sinne.

900 BVerfGE 65, 325 (Zweitwohnungsteuer).

901 Ähnlich J. Englisch, Wettbewerbsgleichheit, S. 585f. FN 126.

902 Siehe dazu oben unter C.I.2.a.

903 Auch in diesem Sinne vgl. J. Englisch, Wettbewerbsgleichheit, S. 585f. FN 126; K. Löhr, Optionsrecht, S. 258ff.; W. Reiß, in: FS für Joachim Lang, S. 861 (868f.); H. Weber-Grellet, Steuern im modernen Verfassungsstaat, S. 90f.

904 So auch J. Englisch, Wettbewerbsgleichheit, S. 591.

905 Vgl. J. Englisch, Wettbewerbsgleichheit, S. 591.

jemand, der zwar ein hohes Einkommen erzielt, aber fast das gesamte Einkommen für Aufwendungen z. B. für häusliche Pflege oder Medikamente auszugeben hat, zwar eine *wirtschaftliche*, jedoch keine *steuerliche* Leistungsfähigkeit entfaltet[906]. Die Unterscheidung zwischen *wirtschaftlicher* und *steuerlicher* Leistungsfähigkeit ist im Binnenbereich des Umsatzsteuerrechts zulässig und nötig. Die Bereitschaft, Geld auszugeben, sogar für private Konsumzwecke, indiziert wirtschaftliche Leistungsfähigkeit, aber signalisiert nicht unbedingt die Fähigkeit, Steuern zu leisten.

J. Englisch ist der Auffassung, dass jemand, der zwar „ keinen Reinvermögenszugang erzielt, dennoch umsatzsteuerlich leistungsfähig sein" könne[907]. Das trifft nach hier vertretener Auffassung nicht immer zu. Der Sozialhilfeempfänger kann tatsächlich innerhalb des erzielten Arbeitslosengeldes für einige Güter und Dienstleistungen Geld aufwenden. Insofern entfaltet er *wirtschaftliche*, aber keine *steuerliche* Leistungsfähigkeit, denn er bezieht kein am Markt erwirtschaftetes Einkommen. Es ließe sich nicht rechtfertigen, wenn der Staat in derartigen Konstellationen an einem wirtschaftlichen *„Erfolg"* beteiligt werden würde, der eigentlich gar nicht existiert. Insofern wären *zumindest* die vom sozialhilferechtlichen Gesetzgeber in Berücksichtigung genommenen Güter und Dienstleistungen im Rahmen der Feststellung des Arbeitslosengeldes umsatzsteuerlich vollständig zu entlasten[908].

C. I. 2.c) Zeitpunkt des Erwerbs von Gütern und Dienstleistungen, worin die Konsumleistungsfähigkeit zum Ausdruck kommt

Bestimmte Umstände, die in den persönlichen Verhältnissen des Steuer*leistenden* liegen, sind von Verfassungs wegen zwingend zu berücksichtigen. Der weitverbreitete einkommensteuerrechtliche Leistungsfähigkeitsgrundsatz gebietet, die indisponiblen Einkommensteile aus der Bemessungsgrundlage auszugrenzen[909]. Indisponibel ist der steuerlich freizustellende Einkommensteil, den der Steuerdestinatär zu erwerbs[910]- bzw. existenzsichernden Zwecken benö-

---

906 Das Beispiel ist von L. E. Schoueri gegeben worden. Siehe hierzu L. E. Schoueri, Direito Tributário, S. 313. Siehe auch J. Englisch, Wettbewerbsgleichheit, S. 584 FN 121.

907 Vgl. J. Englisch, Wettbewerbsgleichheit, S. 584 FN 121.

908 Näher dazu siehe unten unter C.II.7.

909 Vgl. J. Lang, in: Tipke/Lang, Steuerrecht, § 4 Rz. 113.

910 Es ist hier nochmals hervorzuheben, dass die Untersuchung die Geltung und die Wirksamkeit des Leistungsfähigkeitsprinzips im Umsatzsteuerrecht aus der Sicht des Endverbrauchers zum Gegenstand hat, nicht des liefernden bzw. leistenden Unternehmers. Deswegen wird hier nicht untersucht, welche von der Umsatzsteuer vorbelasteten Aufwandspositionen dem erwerbssichernden Bereich bzw. „für" das Unternehmen des Leis-

tigt[911]. Hier kommen das objektive und das subjektive Nettoprinzip als Unterprinzipien des Leistungsfähigkeitsprinzips zum Ausdruck, selbst wenn das Bundesverfassungsgericht noch offen gelassen hat, ob das objektive Nettoprinzip Verfassungsrang hat[912]. Unbeschadet dessen entfaltet der zur Sicherung der Erwerbstätigkeit und des menschlichen Existenzminimums verwendete Einkommensteil keine *steuerliche* Leistungsfähigkeit[913]. Denn der Verfassungsstaat darf den Bürger zur solidarischen Steuerlastentragung erst zwingen, wenn er mit eigenen Kräften seine Erwerbstätigkeit aufrechterhalten und seine lebensnotwendigen Kosten mit eigenen Mitteln bestreiten kann[914]. Es gilt nach dem Menschenbild des deutschen Grundgesetzes[915] und der brasilianischen Verfassung[916], dass der Bürger sich durch die Ausübung seiner Freiheitsrechte mit eigenen Kräften und Mitteln entwickeln können soll[917].

Im Wege eines Umkehrschlusses gilt als disponibel in der Privatsphäre einer Person der der Einkommensteuer zu unterwerfende Einkommensteil, der über den erwerbs- und existenzsichernden Bedarf hinausgeht. Nach den im zweiten Kapitel[918] gewonnenen Erkenntnissen gewährleistet der Leistungsfähigkeitsgrundsatz, dass die Steuerzahlungsfähigkeit erst beginnt, wenn die Bestreitung

---

tungsempfängers wirtschaftlich unbedingt zuzuordnen sind und dementsprechend ein Vorsteuerabzugsrecht zulassen. Näher dazu, insbesondere zum kausalen und wirtschaftlichen Zusammenhang, vgl. H. Stadie, Umsatzsteuerrecht, S. 489ff. Im brasilianischen Steuerrecht, nämlich in den Fällen der IPI und der ICMS, herrscht neben dem Grundsatz der Selektivität nach der Wesentlichkeit der Güter und Leistungen der Grundsatz der Nichtkumulation (siehe dazu oben unter A.II.1 und A.II.3). Letzterer gewährleistet grundsätzlich das Vorsteuerabzugsrecht und das Vorsteuervergütungsrecht. Dennoch ist es bisher insbesondere in der Rechtsprechung noch umstritten, in wieweit vorbelastete erworbene Produkte und Waren unmittelbar „für" das Unternehmen des Leistungsempfängers zurechnungsfähig sind und folglich das Vorsteuerabzugsrecht bzw. Vorsteuervergütungsrecht sicherstellen. Vgl. hierzu R. Carrazza, ICMS, S. 417ff.; J. Soares de Melo, IPI, S. 171ff.

911 Vgl. J. Lang, in: Tipke/Lang, Steuerrecht, § 9 Rz. 54ff. u. Rz. 68ff.

912 So J. Lang, in: Tipke/Lang, Steuerrecht, § 9 Rz. 55.

913 So auch K. Löhr, Optionsrecht, S. 262; K. Tipke, StRO, S. 762ff.; vgl. auch S. 792: „Deckt das Einkommen gerade den Unterhaltsbedarf, so beträgt die steuerliche Leistungsfähigkeit 0". Zutreffend betont F. Neumark: „Dass Personen, die nicht mehr als das bare Existenzminimum besitzen, keine Steuerfähigkeit haben, ist evident". Vgl. F. Neumark, Grundsätze, S. 124.

914 Ähnlich K. Tipke, StRO, S. 795.

915 Dies wird vornehmlich von der freien Entfaltung der Persönlichkeit abgeleitet (Art. 2 I GG).

916 Dies wird von den Freiheitsrechten des Art. 5 CF abgeleitet.

917 Zur Bedeutung des Subsidiaritätsprinzips siehe unten unter C.II.7.c)aa.

918 Dazu siehe im 2. Kapitel unter C.IX.

der erwerbs- und existenznotwendigen Aufwendungen bereits sichergestellt ist. Die Besteuerung darf nur auf den darüber hinausgehenden Teil des Einkommens fallen (auf das disponible Einkommen). Insofern weist das Sozialstaatsprinzip eine *leistungsfähigkeitsbezogene Doppelfunktion* auf. Nach der hier vertretenen Auffassung ist die Konzeption des Existenzminimums dem Leistungsfähigkeitsbegriff inhärent und von ihm untrennbar[919].

Im Binnenbereich des Umsatzsteuerrechts ist ohne weiteres das aus der Menschenwürde und dem Sozialstaatsprinzip abgeleitete Existenzminimum zu schützen[920]. Güter und Leistungen, die nach der brasilianischen Verfassung den grundlegenden Lebensbedürfnissen des Arbeitnehmers und den seiner Familienangehörigen (Art. 7 IV CF) zuzurechnen sind bzw. den Sozialrechten (Art. 6 CF) eine minimale Wirksamkeit ermöglichen, sind nach Grund und Höhe umsatzsteuerlich zu entlasten[921]. Gleiches gilt für die den sozialhilferechtlichen grundlegenden Lebensbedürfnissen zuzuordnenden Güter und Leistungen. Die Bestreitung der Aufwendungen zum Erwerb dieser Güter und Leistungen indiziert unabhängig von der Finanzierungsquelle *wirtschaftliche* Leistungsfähigkeit, aber entfaltet keine *steuerliche* Leistungsfähigkeit[922]. Insofern gelten als Leistungsfähigkeitsindikator nur diejenigen konsumtiven Einkommensverwendungen, die zur Befriedigung des über die existenz- und erwerbssichernden Bedürfnisse hinausgehenden privaten Konsums dienen[923].

---

919 Ähnlich K. Tipke, Steuergerechtigkeit in Theorie und Praxis, S. 102: „Unter dem Leistungsfähigkeitsaspekt lässt es sich rechtfertigen, lebensnotwendige Leistungen, Luxusleistungen und andere Leistungen zu unterscheiden". Vgl. auch S. 108: „Ein Gesetzgeber indessen, der einerseits lebensnotwendige Güter besteuert, wie Salz und Zucker, andererseits Luxusgüter nicht erfasst, handelt gewiss nicht konsequent im Sinne des Leistungsfähigkeitsprinzips". Dies erleuchtet die existenzminimumschonende Dimension des Leistungsfähigkeitsprinzips.

920 Vgl. K. Tipke, StRO, S. 1000ff.; P. Kirchhof, UR 2002, 541 (543); W. Reiß, in: FS für Joachim Lang, 861 (872f.); J. Lang, in: Tipke/Lang, Steuerrecht, § 4 Rz. 111; ders., Entwurf eines Steuergesetzbuchs, S. 101 Rz. 371. Anders C. Leipold, UR 2009, 584 (587, 590ff.).

921 Hierzu hat der Gesetzgeber einen weiten Spielraum, aber darf von einer minimalen Wirksamkeit der Sozialrechte und der Lebensbedürfnisse des Arbeitnehmers und der seiner Familienangehörigen nicht abweichen. Der minimalen Wirksamkeit bzw. dem Schutz des Wesensgehalts dieser Sozialrechte kann auch dadurch Rechnung getragen werden, wenn Güter und Leistungen, die diesen Rechtspositionen als ihre Bestandteile unausweichlich zuzuordnen sind, umsatzsteuerlich entlastet werden. Im Fall von Abgrenzungsschwierigkeiten, die im Rahmen einer gedachten Kategorienzuordnung häufig auftreten, ist eine ermäßigte Umsatzbesteuerung - höchstens auf 7% - zu empfehlen. Näher dazu siehe unten unter C.II.7.

922 So auch L. E. Schoueri, Direito Tributário, S. 313.

923 So auch K. Löhr, Optionsrecht, S. 262, 266 u. 393.

Anhand dieser letzten Feststellung ist ein Beispiel zu nennen. Wer sich freiwillig dafür entscheidet, ein Luxusauto für Privatzwecke zu erwerben[924], zeigt nicht nur, dass er wirtschaftlich in der Lage ist, für dieses Gut zu zahlen. Vielmehr entfaltet er die Absicht, einen gehobenen Bedarf befriedigen zu wollen, der keinesfalls unvermeidbar ist. Diese *Bedarfs*befriedigung lässt sich im Regelfall unter Gesichtspunkten der Sicherung der Existenz und der Erwerbstätigkeit nicht rechtfertigen. Selbstverständlich könnte jemand den Einwand erheben, dass der Erwerber im Beispielsfall aufgrund seines beruflichen Status und seines Kundenstamms ein Luxusauto fahren sollte. Gemeint ist, dass ein Freiberufler z.B. vor den vom ihm beratenen großen Unternehmen bzw. wohlhabenden Mandanten erhöhten Sozialstatus kenntlich machen sollte, denn das Verlangen von hohen Honoraren lässt sich anhand derartiger äußerlich erkennbarer Zeichen, die auf beruflichen Erfolg schließen lassen, womöglich besser rechtfertigen. Ein privates Luxusauto zu fahren, kann zwar durchaus signalisieren, dass der Fahrer bei seiner wirtschaftlichen Tätigkeit erfolgreich und kompetent ist, dennoch braucht dieser Freiberufler das Luxusauto nicht unbedingt, um beruflichen Erfolg zu haben und seine Erwerbstätigkeit zu sichern. Insofern besteht der Konsum von Gütern und Dienstleistungen des *gehobenen Bedarfs* in einem sicheren Leistungsfähigkeitsindikator[925], unabhängig davon, „von wem und mit welchen Mitteln dieser finanziert wird und welchen Zwecken er des Näheren dient“[926].

In Ausnahmefällen kann der Erwerbszweck eines bestimmten Gutes bzw. einer bestimmten Dienstleistung von Bedeutung sein und soll einer besonderen steuerlichen Regulierung unterliegen. Zu nennen ist das Beispiel der Krankenbehandlung im häuslichen Umfeld in Brasilien, die noch eine *Luxus*dienstleistung darstellt[927]. Es ist aber denkbar, dass ein Kranker notwendigerweise zu

---

924 Es geht hier nicht um das Beispiel eines Firmenwagens, worin es fraglich sein könnte, ob überhaupt "Einkommensverwendung zu privaten Konsumzwecken“ vorliegt.

925 So auch H. de Brito Machado, Princípios, S. 75.

926 BVerfGE 65, 325 (Zweitwohnungsteuer). In der Entscheidung „Zweitwohnungsteuer“ hat das Bundesverfassungsgericht ausgesprochen, der Konsum sei „typischerweise Ausdruck und Indikator der wirtschaftlichen Leistungsfähigkeit, ohne dass es darauf ankäme, von wem und mit welchen Mitteln dieser finanziert wird und welchen Zwecken er des Näheren dient“. Dem Verfassungsgericht kann man sich nicht vollständig anschließen, denn es kommt nach hier vertretener Meinung darauf an, welchen Zwecken die Einkommensverwendung dient. Der Erwerb existenz- und erwerbssichernder Güter und Leistungen entfaltet keine steuerliche Leistungsfähigkeit und sollte folglich keinen Zugriff auf Vermögensverhältnisse zwecks solidarischer Lastentragungspflicht erlauben.

927 In Brasilien bieten ca. 73% der Krankenkassen die Krankenbehandlung im häuslichen Umfeld an (Stand: Januar 2010). Es geht um eine zusätzliche Leistung, die den monatli-

Hause behandelt werden muss, da sein körperliches Abwehrsystem stark angeschlagen ist und eine krankenhäusliche Infektion für ihn tödlich sein kann. Unter diesen Umständen ist die Inanspruchnahme dieser noch als *Luxus* eingeordneten Dienstleistung eine unausweichliche Aufwendung. Sie stellt keine steuerliche Konsumleistungsfähigkeit dar, denn sie dient ohne weiteres der Existenzsicherung. Gleiches gilt im Fall des erhöhten Stromverbrauchs wegen der Inanspruchnahme von medizinischen Geräten im häuslichen Umfeld. Die Erhebung der Umsatzsteuer auf den Erwerb von *Homecare*dienstleistungen und auf den Stromverbrauch unter diesen (außergewöhnlichen) Umständen verletzt demnach das Konsumleistungsfähigkeitsprinzip[928].

Als Fazit ergibt sich somit, dass als Leistungsfähigkeitsindikator nur die Einkommensverwendungen zu Konsumzwecken im privaten Bereich gelten. *Einkommensverwender* soll dementsprechend lediglich der private Endkonsument sein. Er entfaltet umsatzsteuerliche Leistungsfähigkeit nur insoweit, als er Güter und Leistungen erwirbt, die über die existenz- und erwerbssichernden Bedürfnisse hinausgehen.

C. I. 3. Abstimmung beider Maßstäbe

Wie bereits im zweiten Kapitel festgestellt worden ist, soll das Gesamtsteuersystem aus der Sicht der austeilenden Gerechtigkeit ein fundamentales, systemtragendes Prinzip beinhalten, das die Gesamtsteuerverteilung sachgerecht leitet. Der Leistungsfähigkeitsgrundsatz gilt als das Fundamentalprinzip der Gesamtsteuerrechtsordnung insofern, als er eine gleichmäßige Gesamtsteuerbelastung der Bürger nach der persönlichen steuerlichen Leistungsfähigkeit gebietet. Unter der Perspektive der fiskalischen Ergiebigkeit kann die partielle Ineffizienz einer bestimmten gesetzgeberischen steuerlichen Belastungsentscheidung durch eine weitere (ergänzende) Besteuerung ausgeglichen werden, vorausgesetzt, das Fundamentalprinzip des Gesamtsteuersystems in seinen bereichsspezifischen

---

chen Beitrag verteuert. Vgl. hierzu http://www.hospitalarhomecare.com.br/comunicacao_noticias_FEV09-1.html. Abfrage am 10.02.12. Im August 2011 hat die Bundespräsidentin Dilma Rousseff verkündet, die Bundesregierung beabsichtige die Einführung der Krankenbehandlung im häuslichen Umfeld (homecare) auch im öffentlichen Bereich. Damit werden mehr Plätze in den Krankenhäusern freigestellt und die damit verbundenen Aufwendungen wesentlich verringert. Vgl. hierzu http://www.redebrasilatual.com.br/temas/saude/2011/08/dilma-diz-que-sus-adotara-sistema-de-atendimento-home-care. Abfrage am 10.02.12.

928 Zu den möglichen Ausgleichen im Einkommensteuerrecht für außergewöhnliche Belastungen siehe unten unter C.II.7.c)cc)α.

Konkretisierungen findet Beachtung[929]. Dazu sind folgende Anmerkungen zu geben.

Ausgehend von einer intendierten Einheit der Steuerrechtsordnung ist jede Steuer nur als eine *Teil-Steuer* einer systematischen Steuerordnung anzusehen[930]. Teleologisch gesehen dient der Steuerzugriff sowohl auf die Einkommenserzielung als auch auf die Einkommensverwendung der Finanzierung der staatlichen Ausgaben[931]. Insofern sind beide Steuerarten notwendigerweise nach dem bereichsspezifischen Wirksamkeitsumfang des Leistungsfähigkeitsgrundsatzes gleichmäßig aufzuerlegen. Insbesondere wenn von der Ansicht einiger Autoren ausgegangen wird, wonach der Leistungsfähigkeitsgrundsatz im Umsatzsteuerrecht nur typisierend Anwendung findet[932], kann eine Kombination beider Maßstäbe zwecks einer umfangreicheren Erfassung der persönlichen steuerlichen Leistungsfähigkeit von Bedeutung sein[933].

Derzeitige Defizite des geltenden deutschen und brasilianischen Umsatzsteuerrechts aus der Sicht der Berücksichtigung der Privatsphäre des Endverbrauchers können *zum Teil* einen Ausgleich in den jeweiligen Einkommenssteuergesetzen haben[934]. Die ausgesprochene Nichterfassung der persönlichen und familiären Verhältnisse des Steuerpflichtigen bei der Besteuerung der Einkommensverwendung kann in den Einkommensteuerschuldverhältnissen kompensiert werden[935]. So ist beispielsweise den Erhöhungen des Umsatzsteuersatzes einkommensteuerrechtlich hinreichend Rechnung zu tragen[936], möglicher-

---

929 Insofern bemerkt H. Ávila zutreffend, das Leistungsfähigkeitsprinzip habe eine bestimmte Dimension von Gewicht, das eben in der Abwägung mit Gegenargumenten zu aufrechterhalten ist. Vgl. H. Ávila, Teoria da Igualdade, S. 87.

930 Vgl. K. Tipke, StRO, S. 94ff.

931 Soweit es nicht um Lenkungszwecksteuern geht.

932 Vgl. P. Kirchhof, Umsatzsteuergesetzbuch, S. 20; ders., Besteuerung im Verfassungsstaat, S. 25 („vermutete Kaufkraft“, „vermutete Leistungsfähigkeit“); H. Kruse, DStJG (1982), S. 77f.; ders., Lehrbuch des Steuerrechts (Allgemeiner Teil), S. 52.

933 Ähnlich F. Kirchhof, Doppelbelastung der Zigaretten, S. 25: “Im Gegenteil bildet es eine systemprägende Einheit unseres Steuersystems, die Leistungsfähigkeit eines Steuerbürgers zumindest an zwei Stellen, nämlich bei der Einkommenserzielung (…) und bei der Vermögensverwendung – in erster Linie durch die Umsatzsteuer -, zu erfassen, um die Leistungsfähigkeit adäquat und gleich ausschöpfen zu können“.

934 Zu den möglichen und nötigen Kompensationen im Einkommensteuerrecht siehe unten unter C.II.7.c)cc)α.

935 Näher dazu siehe unten unter C.II.

936 So das Bundesverfassungsgericht in Anlehnung an P. Kirchhof, in: Essener Gespräche, S. 117 (122 u. 133). Vgl. hierzu BVerfG, Beschl. v. 23.8.1999 – 1 BvR 2164/98, NJW 37 (1999), S. 3478.

weise durch Anpassungen des Grundfreibetrags und des Kinderfreibetrags[937]. Die im Einkommensteuerrecht vorgesehenen privaten Abzüge von der Bemessungsgrundlage können ebenfalls, aber *nur teilweise* eine Kompensation zur Umsatzsteuerbelastung der grundlegenden Lebensbedürfnisse anbieten[938].

Vollzugsdefizite und Abgrenzungsschwierigkeiten des geltenden deutschen und brasilianischen Einkommensteuerrechts aus der Sicht der fiskalischen Ergiebigkeit können ohne weiteres einen *partiellen* Ausgleich anlässlich der Besteuerung der Einkommensverwendung haben. Der Verlust an Steueraufkommen aufgrund z.B. von Steuerhinterziehungen und -missbräuchen kann im Zeitpunkt der Besteuerung des Konsums kompensiert werden, denn früher oder später wird jedes Einkommen, sogar das gesparte, für Konsumzwecke verwendet[939].

Es widerspricht dennoch der Einheit der Steuerrechtsordnung, wenn zwei oder mehrere Fiskalzwecksteuern[940] nicht aufeinander abgestimmt sind. Die von der Einheit der Steuerrechtsordnung verlangten gleichen Wertungen innerhalb einer leistungsfähigkeitsorientierten Ausgestaltung der Fiskalzwecksteuern wird z. B. widersprochen, wenn einerseits das Einkommensteuergesetz durch einen Freibetrag (§ 32a I Nr. 1 EStG) die notwendigen Lebenshaltungskosten berücksichtigt; andererseits die Wohnungsmieten (§ 4 Nr. 12a UStG), nicht aber die lebensnotwendigen Grundnahrungsmittel von der Umsatzsteuer befreit werden[941]. Es ist auch im brasilianischen Steuerrecht systematisch und teleologisch nicht nachzuvollziehen, dass einerseits z. B. die Leistungen erziehender Einrichtungen ohne Gewinnabsicht von der ISS der Gemeinde von Porto Alegre befreit werden[942], andererseits jedoch das Einkommensteuergesetz den Erziehungsaufwand nur sehr eingeschränkt zum Abzug von der Bemessungsgrundlage zulässt[943]. Der kommunale Steuergesetzgeber wertet die Bildung als eine der för-

---

937 Dazu siehe unten unter C.II.7.c)cc)α.

938 Dazu siehe unten unter C.II.7.c)cc)α.

939 Vgl. K. Tipke, StRO, S. 507.

940 Dazu siehe im 2. Kapitel unter A.II.2.c.

941 Das ist einer der von K. Tipke gegebenen Beispiele. Vgl. hierzu K. Tipke, StRO, S. 98. Es ist systematisch und teleologisch auch nicht nachzuvollziehen, wenn die Wohnungsmieten von der Umsatzsteuer entlastet werden, nicht aber von der Grundsteuer und der Vermögensteuer (Das ist auch ein Beispiel von K. Tipke, StRO, S. 98).

942 Dazu siehe oben unter B.IV.

943 Vgl. das Gesetz Nr. 9.250/1995, Art. 8 II "b" u. die Verordnung Nr. 3.000/1999, Art. 81 (Einkommensteuerdurchführungsverordnung). Die Gesetzgebung lässt den jährlichen Abzug von Erziehungsaufwendungen in der Höhe von bis R$ 3.230,46 zu (= 1.113,95 EUR. Umrechnung am 04.07.2013). Der Kinderfreibetrag wiederum beträgt zurzeit monatlich R$ 171,97 pro Kind (= 59,30 EUR. Umrechnung am 04.07.2013). Vgl. Art. 77 der Verordnung Nr. 3.000/1999 u. Art. 4 III des Gesetzes Nr. 9.250/1995.

derungswürdigsten und steuerlich voll zu entlastenden Leistungen; der Bundesgesetzgeber will hingegen der Bildung kein großes Gewicht zurechnen.

Die Umsatzsteuer kann zur Einkommensteuer bezüglich des gesamten Steueraufkommens eines Landes tatsächlich ergänzend wirken. In wieweit dies geschehen soll, ist dem gesetzgeberischen Ermessen überlassen[944]. Die Abstimmung der Indikatoren *Einkommenserwerb* und *Einkommensverwendung* lässt sich dennoch verfassungsrechtlich nur insoweit rechtfertigen, als dem Leistungsfähigkeitsprinzip bereichsspezifisch hinreichend Rechnung getragen wird. Weder der Grundsatz der fiskalischen Ergiebigkeit noch der Grundsatz der Ausreichendheit der Steuererträge dürfen „auf Kosten einer völligen Missachtung der Steuergerechtigkeitspostulate angestrebt werden“[945]. Wie bereits an früherer Stelle festgestellt wurde und wie wiederholt hervorzuheben ist, entfaltet der Leistungsfähigkeitsgrundsatz in der Dimension eines Steuergerechtigkeitspostulats[946] stets ein Minimum an Wirksamkeit (bzw. Gewicht), das in der Abwägung mit widerstreitenden Grundsätzen[947] nicht völlig unbeachtet gelassen werden darf[948]. Es gibt angesichts dessen ein bestimmtes Gewicht, das aufgrund des grundlegenden rechtsethischen Charakters des Prinzips aufrechtzuerhalten ist. Und dies gilt ohne weiteres auch bei der prinzipienbezogenen Gewichtszurechnung im Umsatzsteuerrecht, wie im Folgenden zu zeigen sein wird.

---

944 Vgl. J. Englisch, Wettbewerbsgleichheit, S. 588. Nach der Meinung P. Kirchhofs sollte der Gesetzgeber „dieses System von Einkommen- und Mehrwertsteuer so weiterentwickeln, dass beide Steuern in sich stimmig und möglichst mit einem ähnlichen Gesamtertrag erhoben werden“. Vgl. hierzu P. Kirchhof, Das Gesetz der Hydra, S. 287.

945 Vgl. F. Neumark, Grundsätze, S. 53, der lediglich über den Grundsatz der Ausreichendheit der Steuererträge folgert.

946 K. Tipke bemerkt zu Recht, das Leistungsfähigkeitsprinzip sei ein auf Dauer angelegtes Prinzip. Und das gelte für alle Gerechtigkeitsprinzipien. Vgl. hierzu K. Tipke, StRO, S. 498.

947 Auch in der Abwägung mit den in der Finanzwissenschaft entwickelten Grundsätzen der Effizienz darf der Grundsatz der steuerlichen Leistungsfähigkeit nicht völlig entfernt werden. Siehe hierzu unten unter C.II.7.c)cc.

948 In der Richtung siehe H. Ávila, Igualdade, S. 87. Der Autor bezieht sich auf die objektive steuerliche Leistungsfähigkeit, die sich wiederum nach seiner Konzeption auf die realen und indirekten Steuern bezieht.

C.II. Zur Möglichkeit und zum Umfang der Anwendbarkeit des Leistungsfähigkeitsprinzips als Lastenausteilungsmaßstab im Umsatzsteuerrecht

Wenn die indirekten Steuern, wie die direkten Steuern, auch der Bestreitung des öffentlichen Finanzbedarfs dienen, dann müssen sie auch einem rechtsethisch fundierten und systemtragenden Verteilungsmaßstab entsprechen, um dem in Art. 3 Abs. 1 GG verankerten Gebot materieller Sachgerechtigkeit Genüge zu tun[949]. Das Leistungsfähigkeitsprinzip wiederum gilt für *alle Fiskalzwecksteuern* und dies schließt auch die indirekten Steuern ein[950]. Wer das nicht akzeptieren will, muss mitteilen und rechtfertigen, von *welchem* anderen sachgerechten Prinzip die nicht vom Leistungsfähigkeitsprinzip erfassten Steuern getragen werden[951] und *inwieweit* das vorgezogene Prinzip die Anforderungen des Existenzminimums (Art. 1 Abs. 1 GG in Verbindung mit dem Sozialstaatsprinzip des Art. 20 Abs. 1 GG) und des Gleichheitssatzes (Art. 3 Abs. 1 GG) erfüllt.

Dennoch ist die Anwendbarkeit der steuerlichen Leistungsfähigkeit als sachgerechter Lastenverteilungsgrundsatz bei den indirekten Steuern umstritten, wie unten zu zeigen sein wird.

C.II.1. Die Ansicht Paul Kirchhofs und die einheitliche Betrachtung der Umsatzsteuer und der Einkommensteuer

Im Gegensatz zu den bisher erwähnten Vertretern, die die Anwendbarkeit bei den indirekten Steuern vertreten, steht die Auffassung von *Paul Kirchhof*, wo-

---

949 J. Englisch, Wettbewerbsgleichheit, S. 563f.

950 J. Lang, in: Tipke/Lang, Steuerrecht, § 4 Rz. 85; J. Englisch, Wettbewerbsgleichheit, S. 568ff; K. Tipke, StRO, S. 494; H. Weber-Grellet, Steuern im modernen Verfassungsstaat, S. 167; F. Kirchhof, StuW 2002, 185 (188); D. Birk, Leistungsfähigkeitsprinzip, S. 86. D. Birk ist der Auffassung, dass die Definition der effektiven Last des Einzelnen der Gegenstand einer verfassungsrechtlichen Verteilungsregel sein soll, wie diese Last sich aus der Saldierung der zwischen Staat und Einzelnen stattfindenden gegenläufigen Transferströme ergibt. Das Leistungsfähigkeitsprinzip muss als Verteilungsgrundsatz auf Steuern anwendbar sein. Vgl. hierzu D. Birk, Leistungsfähigkeitsprinzip, S. 261 u. 65. Zutreffend bemerkt D. Birk, dass auch das Verbrauchs- und Verkehrssteuerrecht sich grundsätzlich am Leistungsfähigkeitsprinzip orientieren sollte. Andererseits lässt er zu, dass gerade weil Verbrauchsteuern regelmäßig indirekte Steuern seien, könne auf die individuelle Leistungsfähigkeit keine Rücksicht genommen werden. Vgl. hierzu D. Birk, Steuerrecht, S. 54.

951 K. Tipke, StRO, S. 494.

nach die Umsatzsteuer den Nachfrager in der Anonymität des Marktes erfasse und sich nicht nach seiner individuellen Leistungsfähigkeit richte. Maßgeblich sei nur eine durch den Leistungstausch *vermutete* Leistungsfähigkeit[952]. Folglich sei die Umsatzsteuer auf grobe Typisierungen und Vereinfachungen konzipiert und trage insbesondere nicht den Einkommens-, Familien- und Vermögensverhältnissen des Konsumenten Rechnung[953]. Auf der anderen Seite meint *P. Kirchhof* aber auch, dass die Umsatzsteuer an der Gewährleistung der *Gleichheit vor dem Gesetz* (Art. 3 Abs. 1 GG) und dem Übermaßverbot der Eigentumsgarantie (Art. 14 Abs. 1 GG) zu messen sei[954]. Für die allgemeine indirekte Besteuerung zieht er Voraussetzungen insbesondere aus den Grundsätzen der Wettbewerbsneutralität und der Sozialstaatlichkeit[955]. Auf einer Gedankenlinie mit *P. Kirchhof* hält *H. Kruse* den Leistungsfähigkeitsgrundsatz als Lastenausteilungsmaßstab im Bereich der Verbrauchsteuern ebenfalls für untauglich[956]. Die indirekten Steuern nehmen auf die Leistungsfähigkeit des Steuerpflichtigen keine Rücksicht[957].

Zur Ansicht *P. Kirchhofs* sind zwei Anmerkungen darzustellen:

Zum Einen vernachlässigt der Autor, dass Fiskalzwecksteuern am Leistungsfähigkeitsprinzip, Lenkungszwecksteuern eher am Verhältnismäßigkeitsmaßstab auszurichten sind[958]. Die Umsatzsteuer dient, wie die Einkommensteuer, vornehmlich der Finanzierung der staatlichen Aufwendungen bzw. Aufgaben. Der (partielle) Entzug der bürgerlichen Freiheit durch die Teilhabe des Staates - mit fiskalischem Zweck - am privaten wirtschaftlichen Erfolg muss

---

952 P. Kirchhof, UR 2002, 541 (544); ders., StuW 1985, 319 (324); ders., Umsatzsteuer-Gesetzbuch, S. 20 Rz. 2; ders., StuW 2006, 3 (7); ders., StuW 2000, 316 (326); ders., Besteuerung im Verfassungsstaat, S. 25. In der Richtung vertritt C. Fischer die Ansicht, wonach „auch wenn das Leistungsfähigkeitsprinzip für die indirekte Umsatzbesteuerung Geltung beanspruchen kann, kann es dennoch nicht ausreichender Rechtfertigungsgrund sein, sondern nur tragender, maßgeblicher Ausgestaltungsgrund der Umsatzbesteuerung". (...) „Festgehalten werden kann zunächst, dass die Umsatzbesteuerung erstens eine Leistungsfähigkeit des am betreffenden Umsatzgeschäft beteiligten Nachfragers typisierend annimmt, zweitens gerade dessen eigene, nicht abgeleitete Leistungsfähigkeit". Vgl. C. Fischer, Rechtfertigung einer Umsatzbesteuerung, S. 91.

953 P. Kirchhof, UR 2002, 541 (544); ders., HbStR IV, § 88 Rz. 120. Vgl. auch Rz. 122: „Indirekte Steuern folgen nicht dem Leistungsfähigkeitsprinzip, sondern dem Grundsatz unmerklicher Verteuerung von Wirtschaftsgütern". Siehe auch ders., in: H. Marré/J. Stüting, Essener Gespräche 21, S. 122.

954 P. Kirchhof, UR 2002, 541 (544).

955 P. Kirchhof, StuW 1985, 319 (324).

956 H. Kruse, DStJG 1982, 71 (77f.).

957 H. Kruse, Lehrbuch des Steuerrechts, S. 52.

958 Siehe dazu im 2. Kapitel unter A.III.

einem rechtsethischen Fundamentalgrundsatz unterliegen. Insofern ist die Verteilung auch der umsatzsteuerlichen Last nach der *individuellen* steuerlichen Leistungsfähigkeit jedes Bürgers vorzunehmen. Der Gebrauch der Umsatzsteuer zu Lenkungszwecken bildet einen Fremdkörper[959] im Steuersystem, der besonderer Rechtfertigung bedarf. Diese Rechtfertigung findet in der Verwirklichung eines vorrangigen Gemeinwohlziels, nämlich im gesundheits-, wirtschafts-, sozial- oder umweltpolitischen Bereich, seinen Ausdruck. Ebenso muss der nicht verwehrte, aber *außergewöhnliche,* Gebrauch der Umsatzsteuer mit lenkender Funktion der Verhältnismäßigkeitskontrolle unterliegen und stets ein Mindestmaß an steuerlicher Leistungsfähigkeit beachten. Denn, wie bereits oben festgestellt worden ist, entfaltet der Leistungsfähigkeitsgrundsatz in der Dimension eines Steuergerechtigkeitspostulates immer ein Minimum an Wirksamkeit (bzw. Gewicht), das in der Abwägung mit widerstreitenden Grundsätzen – oder sogar mit Gemeinwohlzielen - *nicht* völlig unbeachtet gelassen werden darf[960]. Selbst *P. Kirchhof* ist der Auffassung, die Steuerlenkung kollidiere „mit fast allen das Steuerrecht prägenden Verfassungsprinzipien"[961]. So ist „der zentrale Ort der Steuergerechtigkeit von Lenkungsnormen frei zu halten"[962].

Zum Zweiten kann der Grundsatz der Wettbewerbsneutralität als umsatzsteuerrechtlicher Lastenausteilungsmaßstab nicht gelten[963]. Erstens schützt dieser Grundsatz Wettbewerber vor einer durch die Erhebung der Steuern veranlassten Beeinträchtigung ihrer Wettbewerbslage. Der Grundsatz zielt auf den Schutz einer freiheitsrechtlichen Position des liefernden bzw. leistenden Unternehmers ab. Der Endverbraucher, der die überwälzte Umsatzsteuerlast tragen soll, steht nicht in einer Wettbewerbssituation[964]. Rein ökonomisch betrachtet und aus der Sicht einer Förderungspolitik im Konsumbereich könnte eingewendet werden, dass die Gewährleistung von Wettbewerbsgleichheit durch die Erhebung von indirekten Steuern auch dem intendierten Steuerträger Vorteile bringen könnte, weil wegen der Konkurrenz mehrere günstigere Angebote am Markt verfügbar wären. Aber selbst durch eine prinzipielle, zugunsten des Verbrauchers erzielte Preissenkung lässt sich diese Annahme anhand seiner schutzwürdigen grundrechtlichen Positionen nicht rechtfertigen. Denn der Steuerdestinatär, der keinen Anspruch auf das Vorsteuerabzugsrecht und die Steuerüberwälzung hat, wird ohne Rücksicht auf seine steuerliche Leistungsfähigkeit

959 Zur „Steuerlenkung als Fremdkörper" siehe auch P. Kirchhof, StuW 2006, 3 (16).

960 In der Richtung siehe H. Ávila, Igualdade, S. 87.

961 Vgl. P. Kirchhof, StuW 2006, 3 (16).

962 So J. Lang, in: FS für H. Schaumburg, 45 (61).

963 So auch K. Löhr, Optionsrecht, S. 241f.

964 Zutreffend weist K. Tipke darauf hin: „Leistungsfähigkeit und Wettbewerbsneutralität gehören nicht auf die gleiche Ebene". Vgl. StuW 1992, 103 (113).

belastet, obwohl er im Einkommensverwendungsvorgang zur Erreichung eines fiskalischen Zweckes beiträgt. Sogar der ärmste Verbraucher wird in seinem Existenzminimum berührt, wenn er z.B. umsatzsteuerlich belastete Grundnahrungsmittel sowohl in Brasilien als auch in Deutschland erwirbt, auch wenn die Sicherstellung einer Wettbewerbsneutralität zu einer *(vermuteten)* Preissenkung führen kann.

F. Neumark hat die Ansicht vertreten, wonach das untersuchte Verteilungsprinzip *nach Möglichkeit* für *jede Einzelsteuer* gelten sollte, *faktisch* aber in erster Linie unter dem Blickwinkel des *Gesamtsteuersystems* betrachtet werden muss[965]. *H. G. Ruppe* ist in Anlehnung an *W. Reiß*[966] der Auffassung, dass „die Umsatzsteuer sich unter dem Aspekt einer leistungsfähigkeitsorientierten Besteuerung nur neben einer auf die individuellen Verhältnisse Bedacht nehmenden Einkommensteuer rechtfertigen lässt". *H. G. Ruppe* verteidigt aus der Sicht der Verteilungswirkung eine einheitliche Betrachtung der Einkommensteuer und der Umsatzsteuer[967].

H. G. Ruppe kann man nicht voll zustimmen. Er schließt sich im Endeffekt der Ansicht von *P. Kirchhof* und des Bundesverfassungsgerichts an und vernachlässigt die notwendige bereichsspezifische (eigenständige) Konkretisierung des Leistungsfähigkeitsprinzips im Umsatzsteuerrecht. Er akzeptiert insofern, dass die Umsatzbesteuerung des persönlichen und familiären Existenzminimums hinzunehmen ist oder, wie das Bundesverfassungsgericht ausgesprochen hat, dass die Mehrbelastung der Familien mit indirekten Steuern im jeweiligen Binnensystem unvermeidlich und gesetzessystematisch folgerichtig ist[968].

C.II.2. Die brasilianische Umsatzsteuerrechtsdogmatik und die Wesentlichkeit als Lastenausteilungsmaßstab

Die brasilianische Umsatzsteuerrechtsdogmatik hat bis heute die in dieser Arbeit erörterte und gerade in diesem Teil vorgestellte Problematik noch nicht hinreichend gewürdigt. Die Hauptfragen nach der Möglichkeit und dem Umfang der tatsächlichen Anwendung des Leistungsfähigkeitsprinzips bei den indirekten Steuern verbleiben immer noch unvollständig beantwortet. Seit dem Erlass der

---

965 F. Neumark, Grundsätze, S. 129f: „Bei Verbrauchsteuern, insbesondere allgemein, ist das (die persönliche Berücksichtigung der Leistungsfähigkeit des Steuerpflichtigen) wenigstens grundsätzlich zu einem gewissen Grade möglich".

966 W. Reiß, DStJG 13 (1990), 3 (37 u. 250).

967 Vgl. hierzu H. G. Ruppe, UStG Kommentar, S. 18 Rz. 39.

968 Vgl. BVerfG, Beschl. v. 23.8.1999 – 1 BvR 2164/98, NJW 37 (1999), S. 3478. Siehe noch dazu unten unter C.II.7.c)cc)α.

brasilianischen Verfassung von 1988 setzen sich Rechtsprechung[969] und Schrifttum mit *drei* Aspekten der Problematik auseinander, die zusammenfassend so dargestellt werden können:

C.II.2.a) Möglichkeitsvorbehalt

Wie bereits an früherer Stelle dargestellt wurde[970], setzt der Ausdruck „*in allen Fällen, in denen dies möglich ist*" die persönliche Gestaltung der Steuern und ihre Abstufung nach der wirtschaftlichen Leistungsfähigkeit des Steuerzahlers *nach Möglichkeit* voraus. Der Ausdruck verstärkt den der Rechtswissenschaft immanenten Möglichkeitsvorbehalt, wonach insbesondere vom Gesetzgeber nicht verlangt werden kann, was *faktisch* nicht möglich ist[971]. Zwei Anmerkungen dazu sind darzustellen:

Zum Ersten könnte der Verfassungsgeber die Rechtsanwender zu glauben verleitet haben, dass *im Prinzip* nicht alle Steuern persönlichen Charakter haben und nach der wirtschaftlichen Leistungsfähigkeit des Steuerpflichtigen abgestuft werden könnten. Mit anderen Worten: der Verfassungsgeber selbst hat schon darauf hingewiesen, dass es nicht immer möglich sei, Steuern persönlich und leistungsfähigkeitskonform zu gestalten. Dementsprechend sei dieser Gedanke Ausgangspunkt einer *verengten* leistungsfähigkeitsorientierten Ausgestaltung und Auslegung der indirekten Steuern auf den Verbrauch.

Zum Zweiten wurde der Ausdruck am Anfang der Vorschrift vorgesehen dergestalt, dass die Bemerkung sowohl für das Merkmal (*persönlich*) als auch für den Maßstab (die *wirtschaftliche Leistungsfähigkeit*) Geltung findet. Das heißt, dass die Steuern persönlichen Charakter *nicht immer* haben können *und* nach der wirtschaftlichen Leistungsfähigkeit des Steuerpflichtigen *nicht immer* abgestuft werden können. *I. Gandra* ist der Meinung, dass der erste Teil der Vorschrift so lauten könnte: „die Steuern werden persönlichen Charakter haben, *in allen Fällen, in denen dies möglich ist*, und werden gemäß der wirtschaftlichen Leistungsfähigkeit des Steuerzahlers abgestuft werden "[972]. Syntaktisch

969 Zur Ansicht des brasilianischen Supremo Tribunal Federal siehe unten unter C.II.3.b.

970 Siehe dazu im 2. Kapitel unter A.I.3.

971 Wie schon erwähnt wurde, könnte der Ausdruck sogar als überflüssig angesehen werden. Siehe hierzu H. Ávila, Beschränkungen, S. 225ff. R. Carrazza ist der Auffassung, wonach die Steuer das Leistungsfähigkeitsprinzip unbedingt gehorchen muss, wenn die in der Verfassung vorgesehene materielle Tatbestandsstruktur dies erlaubt. Siehe R. Carrazza, Direito Constitucional Tributário, S. 95.

972 I. Gandra, Sistema Tribuário, S. 76-78. H. de Brito Machado ist auch der Ansicht, wonach nicht in allen Fällen möglich ist, den Steuern persönlichen Charakter zu gewähren. Dennoch ist die Steuerabstufung nach der wirtschaftlichen Leistungsfähigkeit immer

gesehen gilt der Ausdruck in diesem Satzaufbau lediglich für den vorangegangenen Satz, und folglich muss die wirtschaftliche Leistungsfähigkeit als Abstufungsmaßstab aller Steuerarten Beachtung finden. So stellt *I. Gandra* fest, dass es die angemessenste Vorschriftsauslegung wäre, die Bemerkung allein dem Merkmal des persönlichen Charakters der Steuern zuzuordnen[973].

C.II.2.b) Faktisch-technische Unmöglichkeiten und der Vorrang des bereichsspezifischen Maßstabs des Art. 153 § 3 I CF und des Art. 155 § 2 III CF

Die Verfassungsvorschriften über die IPI und über die ICMS enthalten die Formulierung, wonach die erste *selektiv* sein *muss* (Art. 153 § 3 I CF) und die zweite *selektiv* sein *kann* (Art. 155 § 2 III CF), gemäß der Wesentlichkeit des Produkts bzw. der Ware oder Dienstleistung. Beide Formulierungen legen deutlich fest, dass beide Steuern nach den Eigenschaften der *Sache*, nicht der *Person*, ausgestaltet werden müssen, und zwar *nach dem Maßstab der Wesentlichkeit*[974]. Anders ausgedrückt: der diesbezügliche Verfassungs*text* hat vom Anfang an klargestellt, dass die IPI und die ICMS nach anderen Kriterien eingeführt und erhoben werden müssen bzw. können, die eigentlich dem Merkmal der Persönlichkeit und dem Maßstab der wirtschaftlichen Leistungsfähigkeit nicht entsprechen. So hätten die Vertreter der Nichtanwendung des Leistungsfähigkeitsprinzips bei den indirekten Steuern auf den Verbrauch einen *offensichtlich* unzweifelhaften verfassungsrechtlichen Rechtfertigungsgrund, der eigentlich als spezifischere Regel gälte und folglich den Vorrang vor der allgemeinen programmatischen Norm des Art. 145 § 1 CF hätte[975]. Der anscheinende Konflikt zwischen der allgemeinen steuerrechtlichen Norm des Art. 145 § 1 CF und den Normen des Art. 153 § 3 I CF und des Art. 155 § 2 III CF wäre schon vom Verfassungs*text* her aufgrund des Spezifizitätsmaßstabs aufgelöst. Und der Gesetzgeber wiederum sollte sich *theoretisch* nicht darum kümmern, um allen Steuerarten persönlichen Charakter zu gewähren und alle Steuerarten nach der *persönlichen* steuerlichen Leistungsfähigkeit abzustufen.

---

möglich, und zwar nicht nur bei den persönlichen Steuern. Siehe H. de Brito Machado, Princípios, S. 90.

973 I. Gandra, Sistema Tribuário, S. 78.

974 Dazu siehe oben unter B.

975 Vgl. hierzu R. Binhara Esturilio, Seletividade, S. 73-86; M. Derzi, Notas, in: A. Baleeiro, Limitações, S. 1097f.; R. Carrazza, Direito Constitucional Tributário, S. 91 ("selektive Steuern").

C.II.2.c) Keine rechtsethische Gebotenheit

Im Fall der IPI hätte der Gesetzgeber nach der brasilianischen Umsatzsteuerrechtsdogmatik nur die Möglichkeit, die IPI nach der Wesentlichkeit der Produkte unbedingt selektiv auszugestalten, da der Verfassungsgeber in dieser Richtung ein eindeutiges Gebot vorgesehen hätte. Im Fall der ICMS hätte der Gesetzgeber kein verfassungsrechtliches Gebot zu verfolgen, sondern eine Erlaubnis, die ICMS nach der Wesentlichkeit der Waren und der Dienstleistungen selektiv einzuführen und zu erheben. Es wird häufig die Ansicht vertreten, dass das Vorhandensein eines bereichsspezifischen Differenzierungskriteriums – wie das der Wesentlichkeit - im Verfassungstext dem Gesetzgeber erlaube, von den Anforderungen des Art. 145 § 1 CF abzuweichen[976].

Nach der Auffassung *H. Ávilas* legt die brasilianische Verfassung fest, dass „einige Produkte oder Dienstleistungen wegen ihrer Wichtigkeit entlastet werden sollen (Art. 153 § 3 I – IPI - und Art. 155 § 2 III - ICMS), aber diese Entlastung folgt nicht aus der wirtschaftlichen Leistungsfähigkeit der Steuerpflichtigen, die nur zur Proportionalität führt, sondern aus den verfassungsrechtlichen Rechtsnormen“[977]. Genauer betrachtet wäre die Selektivität bei diesen bedeutendsten indirekten Steuern die steuerrechtliche Konkretisierung der Gleichbehandlung nach dem Maßstab der Menschenwürde, aber keine notwendige Konsequenz des Leistungsfähigkeitsprinzips[978]. *H. de Brito Machado* vertritt die Ansicht, dass die Anwendung des Leistungsfähigkeitsprinzips auf die IPI und auf die ICMS nicht ausgeschlossen werden dürfe, wobei das Selektivitätsprinzip in gewisser Weise die steuerliche Leistungsfähigkeit verwirkliche[979]. *R. Carrazza*

976 Vgl. hierzu oben unter B.I. zum Inhalt und Zweck des Prinzips der Selektivität nach der Wesentlichkeit im brasilianischen steuerrechtlichen Schrifttum.

977 H. Ávila, Beschränkungen, S. 242.

978 H. Ávila, Beschränkungen, S. 243. In seiner Untersuchung „Teoria da Igualdade Tributária“ hat er festgelegt, dass das Leistungsfähigkeitsprinzip kein prima facie Prinzip sein könne, da es so den Vorrang im Vergleich mit einem anderen Prinzip verlieren könne, wenn der Rechtsanwender diesem anderen Prinzip im Einzelfall ein höheres Gewicht beimäße. Ein prima facie Prinzip könne also komplett entfernt werden. Das Leistungsfähigkeitsprinzip sollte vielmehr als ein aus den Kompetenzregeln sich ergebender Maßstab verstanden werden, der bei der Gleichheitsanwendung benutzt werden solle. Und dieser Maßstab bestehe in einem verfassungsrechtlichen Grund, der nicht vollständig entfernt werden könne, denn er erhalte ein Gewicht, das sich aufrechterhalte. Vgl. hierzu H. Ávila, Igualdade, S. 87.

979 H. de Brito Machado, Princípios, S. 74ff. Nach seiner Auffassung müssen die Steuern nach der wirtschaftlichen Leistungsfähigkeit des Steuerzahlers abgestuft werden und müssen in allen Fällen, in denen dies möglich ist, persönlichen Charakter haben. Vgl. hierzu die S. 81. Eine Alternative wäre seiner Meinung nach die Feststellung unter-

betont, dass, mit Ausnahme der IPI und der ICMS, alle übrigen Steuern progressiv sein sollten, um persönlichen Charakter haben zu können und nach der wirtschaftlichen Leistungsfähigkeit des Steuerpflichtigen abgestuft werden zu können[980]. Im Übrigen hebt er hervor, dass das Selektivitätsprinzip das Ziel habe, wesentliche Güter und Dienstleistungen einer bevorzugten Besteuerung zu unterwerfen oder sogar von der Besteuerung zu befreien und folglich den Endverbraucher, der die Steuerlast tatsächlich trägt, zu bevorzugen[981].

Dennoch ist der Grundsatz der Selektivität nach der Wesentlichkeit der Güter und Dienstleistungen nach den hier gewonnenen Erkenntnissen kein Ersatzgrundsatz für das Leistungsfähigkeitsprinzip als Lastenausteilungsmaßstab bei den indirekten Steuern auf den Umsatz[982]. Das Leistungsfähigkeitsprinzip entfaltet in seiner sozialstaatlichen und freiheitsschonenden Dimension und zugleich als rechtsethisches systemtragendes Prinzip stets ein Mindestgewicht, das in der Abwägung mit widerstreitenden Grundsätzen nicht völlig ausgehebelt werden darf[983].

Um die oben dargestellten Ansichten und Argumente der brasilianischen und deutschen Steuerrechtslehre ausführlich und kritisch würdigen zu können, wird die Problematik der *Möglichkeit* und des *Umfangs* der Anwendbarkeit des untersuchten Fundamentalprinzips anhand der nachfolgenden Punkten systematisch dargestellt werden.

---

schiedlicher Steuersätze nach der im Konsum regelmäßig ausgedrückten wirtschaftlichen Leistungsfähigkeit. Im Fall der Kraftfahrzeuge sollten der IPI-Satz und der ICMS-Satz niedriger festgelegt werden, wenn das Modell Steuerpflichtige mit niedriger Leistungsfähigkeit als Destinatar hätte. Im Gegensatz dazu sollten diese Steuersätze höher abgestuft werden, wenn das Modell leistungsfähigere Destinatare hätte. Vgl. hierzu H. de Brito Machado, Direitos Fundamentais, S. 90f.

980 R. Carrazza, Direito Constitucional Tributário, S. 82 FN 46. J. E. Soares de Melo weist darauf hin, dass die Struktur der Steuernorm die Intensität der wirtschaftlichen Last auf den Steuerpflichtigen stets aufweise und folglich immer möglich sei, den persönlichen Charakter und die wirtschaftliche Leistungsfähigkeit des Steuerzahlers zu erfassen. Der überwiegende persönliche Charakter und die genaue wirtschaftliche Leistungsfähigkeit seien mit absoluter Sicherheit und Gewissheit nicht immer möglich zu erfassen. Vgl. hierzu J. E. Soares de Melo, IPI, S. 162. Siehe auch R. Binhara Esturilio, Seletividade, S. 73ff.; P. Caliendo, Direito Tributário, S. 294ff.

981 R. Carrazza, Direito Constitucional Tributário, S. 91.

982 Siehe dazu oben unter B.VII.

983 In der Richtung siehe H. Ávila, Igualdade, S. 87.

C.II.3. Die Ansicht der Verfassungsgerichte

C.II.3.a) In Deutschland

Die Rechtsprechung des Bundesverfassungsgerichts steht einer Anwendung des Leistungsfähigkeitsprinzips im Bereich der indirekten Verbrauchsteuern *nicht* entgegen[984]. *Zumindest* für die direkten Steuern – so das Bundesverfassungsgericht - fordert das Gebot der Steuergleichheit eine Belastung nach der finanziellen Leistungsfähigkeit[985]. Auf der anderen Seite hat es mehrmals ausgeführt, dass die Ausrichtung der Besteuerung an der wirtschaftlichen Leistungsfähigkeit *insbesondere* im Einkommensteuerrecht gelte[986], das auf die Leistungsfähigkeit des einzelnen Steuerpflichtigen hin angelegt sei[987].

Immer wieder hat das Bundesverfassungsgericht entsprechend der Ansicht von *P. Kirchhof* betont, dass die Verbrauchsteuern die im Konsum *vermutete* Leistungsfähigkeit des Verbrauchers erfassen[988]. Als indirekte Steuern nehmen sie die *Individualität* des Verbrauchers nicht in Betracht, sondern belassen ihn in der Anonymität des Marktes[989], denn wichtig für die Belastungsentscheidung sei das besteuerte Gut seiner Wesentlichkeit nach, nicht der Konsument seinen Besonderheiten nach[990]. Im Rahmen der Aufwandsteuern war das Gericht der Auffassung, die Erhebung einer Steuer, die an der Verwendung des Einkommens anknüpfte, wäre nicht praktikabel, wenn in jedem Fall die wirtschaftliche Leistungsfähigkeit des Steuerpflichtigen festgestellt werden müsste, angesichts der Vielfalt der wirtschaftlichen Vorgänge und rechtlichen Gestaltungsmöglichkeiten[991].

Im Rahmen der Umsatzsteuerbelastung von *Familien* hat das Bundesverfassungsgericht 1999 ebenfalls in Anlehnung an die Ansicht von *P. Kirchhof*[992] Stellung genommen. Die Mehrbelastung von Familien mit Kindern (in dem Fall, sechs Kinder) sei „im Binnensystem der indirekten Steuern unvermeidlich und

---

984 So auch K. Löhr, Optionsrecht, S. 241.

985 BVerfGE 99, 216, 232.

986 BVerfGE 66, 214, 223; 61, 319, 344; 105, 73, 125; 107, 27, 46.

987 BVerfGE 82, 60, 86.

988 BVerfGE 98, 106, 125: „Die Umsatzsteuer erfasst die beim Konsumenten vermutete Belastbarkeit“. Das spiegelt im Wesentlichen die Meinung P. Kirchhofs wider.

989 BVerfGE 110, 274, 297 (Ökosteuer). Das spiegelt nochmals die Meinung P. Kirchhofs wider.

990 Nach der Ansicht P. Kirchhofs knüpfen Differenzierungen an das Produkt, nicht an die Person des Konsumenten an. Vgl. P. Kirchhof, in: Essener Gespräche Bd. XXI, 117 (133).

991 Vgl. BVerfGE 65, 325, 347 (Zweitwohnungssteuer).

992 Siehe hierzu P. Kirchhof, in: Essener Gespräche Bd. XXI, 117 (122, 133).

gesetzessystematisch folgerichtig"[993]. Entsprechende kompensierende Entlastungen müssen bei der Einkommensbesteuerung durchgeführt werden[994], beispielsweise bei einer Erhöhung des Kinderfreibetrags[995].

Dennoch hat 2004 der Erste Senat des Bundesverfassungsgerichts zur Verfassungsmäßigkeit der sogenannten *Ökosteuern* (Strom- und Mineralölsteuer) entschieden, dass bei indirekten Steuern „nicht nur dem Gedanken einer möglichst gleichmäßigen Belastung des Steuerschuldners durch gleichheitsgerechte Ausformung des Belastungsgrundes Rechnung zu tragen" sei[996]. Hierin hat der Erste Senat betont, auch der End- oder Letztverbraucher – der die indirekte Steuerlast tragen soll, sei in den Blick zu nehmen[997]. Dies verstärkt die Annahme, wonach bei der Ausformung der indirekten Steuern auf den Verbrauch der Endverbraucher – in seinen persönlichen und vielleicht sogar in seinen familiären Verhältnissen – nicht außer Acht gelassen werden darf. Diese Feststellung steht in Einklang mit der Aussage der dritten Kammer des Ersten Senats des Bundesverfassungsgerichts in einem Nichtannahmebeschluß, wonach „der Endverbraucher materiell mit der Umsatzsteuer belastet ist, deshalb stellt sich, wenn überhaupt allenfalls bei ihm die Frage der Steuerfreiheit des Existenzminimums auch im Bereich der indirekten Steuern"[998]. Zur damit in Verbindung stehenden Frage der Zulässigkeit der Umsatzsteuervergünstigungen hat sich auch das Bundesverfassungsgericht mehrmals geäußert. Die Vergünstigungen seien „nur im Interesse der Verbraucher, nicht im Interesse einzelner Unternehmensgruppen systemgerecht"[999].

Als Ergebnis ist festzuhalten, dass das Bundesverfassungsgericht die Anwendbarkeit des Leistungsfähigkeitsprinzips im Bereich der indirekten Steuern auf den Verbrauch nicht ablehnt. Die ständige Rechtsprechung zur Anwendung *zumindest* oder *insbesondere* im Einkommensteuerrecht, und die seit 2004 noch bestehende Auffassung des Ersten Senats führen zu dem Schluss, dass eine Aus-

---

993 Vgl. 1 BvR 2164/98, NJW 1999, 3478. Der Beschluss betraf damals die Erhöhung des Umsatzsteuernormalsatzes von 15% auf 16%.

994 Vgl. 1 BvR 2164/98, NJW 1999, 3478.

995 Im Beschluss gegen die mit Wirkung vom 1. Januar 2007 erfolgte Erhöhung der Umsatzsteuer hat die 2. Kammer des Ersten Senats des Bundesverfassungsgerichts 2007 wiederholt darauf hingewiesen, dass eine relativ stärkere Belastung der Familien im System der Umsatzsteuer notwendig angelegt und gesetzessystematisch folgerichtig sei. Vgl. hierzu 1 BvR 2129/07, UR 2008, 159-160. Die Richter haben sich auf den Beschluss von 1999 gestützt.

996 BVerfGE 110, 274, 292 (Ökosteuer).

997 BVerfGE 110, 274, 292 (Ökosteuer).

998 Vgl. 1 BvR 201/97, NJW 1997, 3368.

999 Siehe hierzu BVerfGE 101, 132, 141, in Anlehnung an die Begründung zum 2. Haushaltsstrukturgesetz, BTDrucks 9/842, S. 74; vgl. auch UR 2000, 72, 73.

richtung der Umsatzsteuer am Leistungsfähigkeitsprinzip nicht ausgeschlossen ist.

C.II.3.b) In Brasilien

Das Supremo Tribunal Federal hat sich in wenigen Entscheidungen zur Anwendbarkeit des Leistungsfähigkeitsgrundsatzes bei den indirekten Steuern auf den Konsum explizit geäußert. Aus diesen Entscheidungen können jedoch bedeutende Schlussfolgerungen zum Umfang der Konsumleistungsfähigkeit im Rahmen der hier entwickelten Thesen gezogen werden.

Das Plenum des Supremo Tribunal Federal hat 1999 die steuerliche Leistungsfähigkeit des Verbrauchers im Umsatzsteuerrecht ausdrücklich, allerdings allgemein erwähnt. Bei der Beurteilung der Verfassungsmäßigkeit der „Steuersubstitution nach vorne" (*substituição tributária para frente*) hat der Richter *Ilmar Galvão* darauf hingewiesen:

> „Es geht nicht um einen Verstoß gegen den Grundsatz der steuerlichen Leistungsfähigkeit, denn bei den indirekten Steuern, wie bei der ICMS, ist der Enderwerber oder Endverbraucher der Steuerträger, obwohl der Steuerschuldner derjenige ist, der kraft Gesetzes zur Steuerentrichtung verpflichtet ist. Der Steuerträger wird von der Steuerlast betroffen, unabhängig von der Steuersubstitution. Die steuerliche Leistungsfähigkeit des Endkonsumenten ist die einzige, die berücksichtigt wird"[1000].

Die Zweite Kammer hat im Februar 2011 bedeutende Schlussfolgerungen zum Grundsatz der Selektivität im Zusammenhang mit dem Grundsatz der steuerlichen Leistungsfähigkeit gezogen[1001]. Der Fall betraf die Einfuhr eines Tomografiegeräts durch Leasing und die entsprechenden steuerrechtlichen Folgen. Umstritten war, ob die Einfuhr des Tomografiegeräts durch Leasing, also rechtlich als eine Dienstleistungserbringung gesehen, der Einfuhrsteuer unterliegen sollte. Hintergrund war, dass aus teleologischer Sicht beanstandet wurde, die Besteuerung der in Rede stehenden Transaktion verstoße gegen die Verfassungsrichtlinie zum grundsätzlichen Gebot zur Erbringung von Gesundheitsleistungen (Art. 196 CF). Dennoch hat die Zweite Kammer wie folgt festgestellt:

> „Schließlich gibt es keinen Verstoß gegen das grundsätzliche Gebot zur Erbringung von Gesundheitsleistungen. Der Grundsatz der Selektivität gebietet, dass die öffentliche Gewalt die Besteuerungslast nach der Wesentlichkeit der Lieferung bzw. des Produkts abstuft. Dies bedeutet nicht, dass es Immunität[1002] gibt[1003], selbst wenn die

---

1000 RE Nr. 213.396, Berichterstatter: Richter Ilmar Galvão, Plenum, DJ v. 01.12.2000.

1001 RE Nr. 429.306, Berichterstatter: Richter Joaquim Barbosa, Zweite Kammer, DJe v. 15.03.2011.

1002 Zum Immunitätsbegriff im brasilianischen Steuerrecht siehe oben unter B.VII.

> Lieferungen bzw. die Güter dem Menschen wesentlich seien. Insbesondere müssen die Grundsätze der steuerlichen Leistungsfähigkeit, des Wettbewerbs und der freien Initiative berücksichtigt werden, unter Beachtung des Postulats der Solidarität bei der Finanzierung der staatlichen Aufgaben“[1004].

Im Oktober 2011 hat sich die Zweite Kammer des brasilianischen Verfassungsgerichts nochmals geäußert, diesmal generell zum *Umfang* der Anwendbarkeit des Leistungsfähigkeitsprinzips:

> „Sämtliche Abgaben unterliegen dem Leistungsfähigkeitsprinzip, (…), zumindest bezüglich eines seiner drei Aspekten (objektiv, subjektiv und proportional), unabhängig von einer von rein wirtschaftlichen Maßstäben entnommenen Einordnung“[1005].

Aus dem Zusammenhang dieser Entscheidungen sind folgende Anmerkungen darzustellen:

a) Aus der Sicht der Belastungskonzeption spielt es bei der Umsatzbesteuerung keine entscheidende Rolle, welcher Lieferant oder Dienstleistungserbringer der Steuerschuldner ist, und in welchem Zeitpunkt die Steuer zu entrichten ist. Vielmehr ist der Endverbraucher als Steuerträger in den Blick zu nehmen; seine steuerliche Leistungsfähigkeit ist die einzige, die berücksichtigt werden soll.

b) Die Besteuerung der Einfuhr eines Tomografiegeräts von einem Unternehmen mit Gewinnerzielungsabsicht verstößt nicht gegen ein prinzipielles Gebot steuerlicher Entlastung auf die Erbringung von Gesundheitsleistungen. Dies gilt, obwohl die Gesundheit nicht nur ein verfassungsrechtlich geschütztes Sozialrecht ist, sondern auch einen der vorrangigsten Bestandteile der verfassungsrechtlichen Werteordnung darstellt. Der Grund dafür ist, dass diese Kammer des Supremo Tribunal Federal *zu Recht* erkannt hat, dass das Prinzip der Selektivität nicht unbedingt bedeutet, dass es Steuerimmunität gibt[1006]. Das heißt auch, dass der Grundsatz der Selektivität nicht unbedingt zur vollständigen Entlastung des

---

1003 Das ist auch die Ansicht der Ersten Kammer. Vgl. hierzu Emb. Decl. Ag. Reg. AI Nr. 515.168, Berichterstatter: Richter Cezar Peluso, Erste Kammer, DJ 21.10.2005.

1004 RE Nr. 429.306, Berichterstatter: Richter Joaquim Barbosa, Zweite Kammer, DJe 15.03.2011.

1005 Ag. Reg. RE Nr. 406.955, Berichterstatter: Richter Joaquim Barbosa, Zweite Kammer, DJe 20.10.2011. Der Fall hatte als Gegenstand die Verfassungsmäßigkeit der Kraftfahrzeugsteuer des Bundeslandes Minas Gerais. Erwähnt wurden in diesem Fall andere Entscheidungen des Verfassungsgerichts zur Anwendbarkeit des Grundsatzes hinsichtlich Gebühren und des Beitrags zur Finanzierung der öffentlichen Beleuchtung. Die Vorinstanz war der Meinung, dass der in Rede stehende Grundsatz bei den Realsteuern keine Anwendung findet.

1006 Siehe dazu auch oben unter B.VII.

Existenzminimums im Bereich der Steuern auf den Umsatz führt, selbst wenn bestimmte Güter und Leistungen dem Menschen wesentlich sind[1007].

c) Nach den Feststellungen der Zweiten Kammer sind die Grundsätze der steuerlichen Leistungsfähigkeit, des Wettbewerbs und der freien Initiative, unter Beachtung des Postulats der Solidarität bei der Finanzierung der staatlichen Aufgaben, zu berücksichtigen. Der hier vertretenen Ansicht entsprechend ist aufgrund der bereits oben nachgewiesenen Unvollständigkeit und des reduzierten Geltungsumfangs des Grundsatzes der Selektivität das Leistungsfähigkeitsprinzip in seiner sozialstaatlichen und freiheitsschonenden Dimension als Steuerlastverteilungsmaßstab im Bereich der Steuern auf den Umsatz in den Vordergrund zu stellen.

d) Aus der Stellungnahme der Zweiten Kammer vom Oktober 2011 lässt sich deutlich erkennen, dass *sämtliche* Steuern, *einschließlich der Steuern auf den Umsatz*, dem Leistungsfähigkeitsprinzip unterliegen[1008]. Die Auswahl von wirtschaftlichen Maßstäben, die der Einordnung des Gegenstandes bzw. der Leistung unter eine bestimmte Kategorie und folglich unter einen bestimmten Steuersatz dient, ist am Leistungsfähigkeitsgrundsatz in der hier vertretenen Dimension auszurichten, nicht umgekehrt.

Als Ergebnis bleibt somit festzuhalten, dass das Supremo Tribunal Federal den Endverbraucher als Steuerträger der ICMS anerkannt und seine steuerliche Leistungsfähigkeit in den Vordergrund der Gesetzesgestaltung gestellt hat. Inwieweit es gesetzestechnisch möglich ist, die Steuern auf den Umsatz nach der persönlichen steuerlichen Leistungsfähigkeit des Endkonsumenten sachgerecht und folgerichtig zu gestalten, bleibt in der verfassungsrechtlichen Rechtsprechung noch offen.

1007 Zu nennen ist nochmals das Beispiel der Besteuerung von Rohrzucker in der Höhe von 18%. Die Erste Kammer des Supremo Tribunal Federal vertritt die Ansicht, der 18%ige Steuersatz verstoße nicht gegen den Grundsatz der Selektivität nach der Wesentlichkeit. Vgl. hierzu Emb. Decl. Ag. Reg. AI Nr. 515.168, Berichterstatter: Richter Cezar Peluso, Erste Kammer, DJ v. 21.10.2005.

1008 Es ist hier nochmals hervorzuheben, dass es kein Gegenstand dieser Arbeit ist, Gebühren, Sonderabgaben bzw. Beiträge im Lichte des Leistungsfähigkeitsprinzips zu untersuchen. Gegenstände sind eher die deutsche Umsatzsteuer und die brasilianischen Steuern auf den Umsatz.

C.II.4. Leistungsfähigkeitsprinzip und Besteuerungstechnik des Umsatzsteuerrechts

Die Umsatzsteuer ist vornehmlich eine Fiskalzwecksteuer und dient insoweit, dem Staat Geld zu bringen[1009]. Mit diesem Charakter müssen sich die deutsche Umsatzsteuer und die brasilianischen Steuern auf den Umsatz an einem rechtsethischen sachgerechten Steuerlastverteilungsmaßstab messen lassen. Von der Belastungskonzeption her sind diese Steuern auf den Umsatz Verbrauchsteuern, allgemeine Einkommensverwendungssteuern auf den Verbrauch von Gütern und Dienstleistungen durch Endkonsumenten[1010]. Darüber hinaus manifestiert die Umsatzbesteuerung in der Regel einen zweiten staatlichen Zugriff auf das (verwendete) Einkommen[1011] oder sogar den ersten staatlichen Zugriff, wenn das Einkommen beispielsweise in der Schattenwirtschaft erzielt wurde und erst im Konsumvorgang besteuert wird. Insofern entfaltet die Umsatzsteuer eine bedeutende (aufkommenserhöhende) Komplementärfunktion zur Einkommensteuer.

Wie die einmal getroffene gesetzgeberische Belastungsentscheidung hinsichtlich des Steuergegenstandes umzusetzen ist, ist eine Frage der Besteuerungstechnik. Sie steht in enger Verbindung mit Gründen der Praktikabilität, der Verwaltungsökonomie und der fiskalischen Ergiebigkeit[1012]. Gerade aus diesen Gründen halten sich das deutsche Umsatzsteuergesetz und die Struktur der

---

1009 So hat der BFH 1973 die Auffassung vertreten: „Die meisten Verkehrssteuern einschließlich der Umsatzsteuer haben keinen tieferen Sinn als den, dem Staat Geld zu bringen". Vgl. hierzu BFH II B 24/72, BStBl. II, 1973, 94, 96.

1010 Vgl. W. Reiß, in: Tipke/Lang, Steuerrecht, § 14 Rz. 1; H. Stadie, Umsatzsteuerrecht, S. 6f.

1011 Siehe W. Reiß, in: Tipke/Lang, Steuerrecht, § 14 Rz. 1; K. Tipke, StRO, S. 507.

1012 Zutreffend weist W. Reiß darauf hin, auch zur Rechtsanwendung dürfe der Fiskalzweck nicht herangezogen werden. Vgl. W. Reiß, in: Tipke/Lang, Steuerrecht, § 14 Rz. 1. Zu betonen ist, dass die Beachtung des Leistungsfähigkeitsprinzips bei der Gestaltung und Erhebung der Fiskalzwecksteuern zwecks Erzielung einer erhöhten fiskalischen Ergiebigkeit nicht gemildert werden darf, wie R. H. Costa vertreten hat (vgl. R. H. Costa, Praticabilidade, S. 124). Nach den im 2. Kapitel gewonnenen Erkenntnissen kann der rein fiskalische Zweck von staatlichen Einnahmeerhöhungen keine Durchbrechung des Leistungsfähigkeitsgrundsatzes rechtfertigen. Selbst eine bloße Milderung bzw. eine teilweise Vernachlässigung der Beachtung des sachgerechten Austeilungsmaßstabes aufgrund von Zielen finanziellen Mehrbedarfs des Staates führt schon zu einer unzulässigen Durchbrechung des Grundsatzes. Wenn diese vertretene Milderung dazu nicht führt, dann kann sie mindestens steuergesetzliche Gestaltungsmissbräuche zulasten der Belastungsgleichheit anreizen. Eine Tendenz wie diese soll im gegenwärtigen deutschen und brasilianischen Verfassungsstaat vermieden werden. Zu den möglichen Rechtfertigungsgründen einer Durchbrechung des Leistungsfähigkeitsprinzips siehe im 2. Kapitel unter D.I.

brasilianischen Steuern auf den Umsatz *technisch* an den Unternehmern, die wiederum auf der Grundlage des Neutralitätsprinzips entlastet werden sollen. Die ausgewählte Besteuerungstechnik sieht vor, den Unternehmen ein Vorsteuerabzugsrecht zu gewähren und die Steuerüberwälzung an den Endverbraucher zu gewährleisten. Gesetzliches Steuer*objekt* sind insbesondere die entgeltlichen Lieferungen und sonstigen Leistungen der Unternehmer; Steuer*gut* im Gegensatz sind die Einkommensverwendungen der Verbraucher[1013]. Wie *W. Reiß* zu Recht bemerkt, „die Steuertypologie, der Steuerartenvergleich und die Gesetzesauslegung sind nicht an einem technischen Tatbestand, sondern teleologisch am Steuergut zu orientieren“[1014].

Dieses *Telos* kann ebenfalls dem Art. 1 Abs. 2 der MwStSystRL entnommen werden. Die Vorschrift sieht vor, dass das gemeinsame Mehrwertsteuersystem auf dem Grundsatz beruht, dass auf Gegenstände und Dienstleistungen eine allgemeine, zum Preis der Gegenstände und Dienstleistungen genau proportionale *Verbrauchsteuer* anzuwenden ist. Dies bestätigt die Annahme, dass Steuer*gut* der Verbrauch von Gütern und Dienstleistungen ist. Obwohl das Steuergut dem Steuerobjekt in diesem Fall aus technischen Gründen nicht entspricht, darf der Gesetzgeber nicht aus dem Blick verlieren, dass alle Steuerarten einen Indikator steuerlicher Leistungsfähigkeit belasten wollen[1015]. Es gilt hierzu immer noch der Hinweis von *K. Tipke*: „die einfachen Steuergesetze sind am Leistungsfähigkeitsprinzip – als *tertium comparationis* des Gleichheitssatzes – zu messen, nicht umgekehrt“[1016]. Entscheidend für den Gerechtigkeitsaspekt der Umsatzsteuer sei die Belastungswirkung, nicht die technische Einkleidung[1017].

Schließlich ist die obenerwähnte Argumentationskette von *P. Kirchhof* gegen die Anwendbarkeit des Leistungsfähigkeitsprinzips im Umsatzsteuerrecht aufgrund von technischen Schwierigkeiten nicht zu verfolgen. Die prinzipielle technische Nichterfassung persönlicher und familiärer Verhältnisse des Steuerpflichtigen in Einkommensverwendungsvorgängen kann nach dem Vorschlag von *K. Tipke* gelöst werden, wonach jeder Verbraucher für einen Monat die Belege für alle Einkommensverwendungen sammeln könnte[1018]. So könnte eine

---

1013 Vgl. W. Reiß, in: Tipke/Lang, Steuerrecht, § 14 Rz. 1; H. Stadie, Umsatzsteuerrecht, S. 6f.

1014 Vgl. W. Reiß, in: Tipke/Lang, Steuerrecht, § 14 Rz. 1. So auch K. Tipke, StRO, S. 979.

1015 Vgl. J. Lang, in: Tipke/Lang, Steuerrecht, § 7 Rz. 24.

1016 Vgl. K. Tipke, StRO, S. 485.

1017 So K. Tipke, StRO, S. 975. K. Löhr weist zutreffend darauf hin: “Die Art der für die steuerliche Erfassung des Leistungsfähigkeitsindikators gewählten Besteuerungstechnik ist dagegen sekundär”. Siehe hierzu K. Löhr, Optionsrecht, S. 237.

1018 Siehe hierzu M. Balke, StuW 1996, 192 (199).

Individualisierung der Belastung des Verbrauchs durch persönliche Zurechnung des tatsächlichen Verbrauchs verwirklicht werden[1019].

C.II.5. Umfang des Gerechtigkeitsgehalts der Konsumleistungsfähigkeit

C.II.5.a) Der Konsum als notwendiger freiheitsschonender Sachgerechtigkeitsmaßstab

Das periodisch erzielte Einkommen als einziger Indikator für die Verteilung der Gesamtsteuerlast auf den Bürger sichert keine gleichmäßige Besteuerung[1020]. Wie oben bereits dargelegt, sprechen zahlreiche Abgrenzungsschwierigkeiten und Vollzugsdefizite der deutschen und brasilianischen Einkommensteuergesetze gegen eine Ausrichtung allein am erzielten Einkommen. In zahlreichen Fällen liegt es in der Hand des Steuerträgers, ob er sich einer periodisch erhobenen Einkommenserwerbssteuer bzw. einer nur im Zeitpunkt der persönlichen und familiären Bedürfnisbefriedigung anfallenden Einkommensverwendungssteuer unterwerfen wird[1021]. Der steuerliche Zugriff im Moment der Einkommensverwendung kompensiert die einkommensteuerrechtliche Nichterfassung bestimmter Einkommen, die in der Schattenwirtschaft, durch Gesetzesmissbrauch oder Hinterziehung erzielt worden sind bzw. sogar aufgrund rechtlich zulässiger Steuerplanung dem Einkommensteuergesetz nicht unterliegen. Diese ergänzende Funktion der Steuern auf die Einkommensverwendung trägt zu einer gleichmäßigeren Verteilung der Gesamtsteuerlast insoweit bei, als diese Steuern eine größere Zahl von Bürgern und diese zugleich proportional nach der persönlichen Bedürfnisbefriedigung in Konsumvorgängen erfassen können. Darüber hinaus zeigt sich die Besteuerung des Verbrauchs aus *vertikaler* Sicht[1022] vorteilhaft, wenn sie aufgrund des Prinzips der Selektivität nach der Wesentlichkeit Güter und Dienstleistungen des gehobenen Bedarfs höher besteuert und folglich Bes-

---

1019 So K. Löhr, Optionsrecht, S. 235. Zum Ausblick für gesetzespolitische Alternative, nämlich zur Geltendmachung von Umsatzsteueraufwendungen in der Einkommensteuererklärung und zur Umsatzsteuervergütung außerhalb des Einkommensteuerschuldverhältnisses siehe unten unter C.II.7.c)cc.

1020 So auch J. Englisch, Wettbewerbsgleichheit, S. 589.

1021 Vgl. J. Englisch, Wettbewerbsgleichheit, S. 589.

1022 Auch nach dem von M. Rose vertretenen Konsumsteuersystem, wobei jeder entsprechend seiner Leistungsentnahme belastet werde, könne ein progressiver Tarif „der Forderung nach einer vertikal gerechten Steuerlastverteilung entsprochen werden“. Vgl. M. Rose, StuW 1989, 191 (192). Zur progressiven Besteuerung siehe unten unter C.II.6.

serverdienende, die für solche Güter und Service leisten können, auch proportional höher belasten. So kann ebenfalls in Konsumvorgängen die vertikale Steuergerechtigkeit erreicht werden.

Eine Besteuerung *auch* nach der Konsumleistungsfähigkeit lässt sich freiheitsrechtlich hinreichend rechtfertigen. Die Freiheitsgrundrechte (Art. 2 I, 12 und 14 GG) – die der Steuerlast Grenzen setzen -, der Gleichheitssatz (Art. 3 GG) und das Sozialstaatsprinzip (Art. 20 I GG) bilden für das Steuerrecht die relevanten Gerechtigkeitsgrundsätze[1023]. Ein konsumorientierter steuerlicher Zugriff wirkt freiheitsschonender,[1024] weil er dem Bürger die Entscheidung überlässt, *wann* und *in welchem Umfang* er sich einer auf die Einkommensverwendung fallenden Besteuerung unterwerfen wird[1025]. Freiheitsrechtliche Positionen des Bürgers werden nur eingeschränkt, wenn er sich für Konsumaufwendungen *freiwillig* entscheidet. Der freiheitsschonenden Dimension des Leistungsfähigkeitsprinzips wird nicht nur dadurch Rechnung getragen, dass sie den Steuerpflichtigen gegen übermäßige steuerliche Eingriffe in die Berufs- und Eigentumsfreiheit schützt, sondern auch dadurch, dass sie die freiwillige Entscheidung seitens des Bürgers zu einem Beitrag zur Finanzierung der staatlichen Aufwendungen gestattet. Eine Besteuerung nach der in Konsumvorgängen ausgedrückten Leistungsfähigkeit schont darüber hinaus die Privatnützigkeit des Vermögenserwerbs und nimmt keinen Einfluss auf Investitionsentscheidungen[1026]. Insofern sei der Verlust der ökonomischen Handlungsfreiheit wesentlich geringer[1027].

Es darf schließlich nicht außer Acht gelassen werden, dass gerade diese freiheitsschonend wirkende Dimension der Besteuerung im Zeitpunkt des Verbrauchs und ihre Kombination mit dem weitanerkannten leistungsfähigkeitsmäßigen Zugriff auf das erzielte Einkommen Steuerwiderstände erfahrungsgemäß vermeiden können. Wie den oben gewonnenen Erkenntnissen zu

---

1023 K. Tipke, StRO, S. 240.

1024 Vgl. J. Englisch, Wettbewerbsgleichheit, S. 586.

1025 Zutreffend weist K. Tipke darauf hin: „Zur Handlungsfreiheit i. S. des Art. 2 I GG gehört nicht nur die freie Entfaltung der Persönlichkeit (Art. 2 I GG), nicht nur die Berufsfreiheit (Art. 12 GG), sondern auch die Freiheit des Konsumenten, selbst bestimmen zu können, für welche Güter er sein Geld verwenden möchte, es sei denn, er schädigte dadurch andere“. Vgl. K. Tipke, StRO, S. 1052.

1026 So J. Englisch, Wettbewerbsgleichheit, S. 586. N. Kaldor hat zu Recht bemerkt: „A tax assessed on expenditure does not discriminate against either saving or risk bearing; and it alleviates, even if it does not remove, the disincentive effects of progressive taxation on work”. Vgl. N. Kaldor, Expenditure Tax, S. 14.

1027 So J. Lang, in: M. Rose, Konsumorientierte Neuordnung, S. 315.

entnehmen ist, ist die Rechtsanwendungsgleichheit im Steuerwesen durch einen einzigen Sachgerechtigkeitsmaßstab nicht gewährleistet[1028].

C.II.5.b) Kein Gerechtigkeitsgehalt im Nutzenprinzip

Es vermag nicht zu überzeugen, dass der Gerechtigkeitsgehalt bei der Umsatzbesteuerung im Äquivalenz - bzw. Nutzenprinzip seinen Ausdruck findet[1029]. Zumindest drei Argumente stehen entgegen dieser Ansicht:

Das erste Argument gegen diese Annahme besteht darin, dass Einkommensschwache – oftmals mit unterhaltsberechtigten Familienangehörigen - in der Regel mehr staatliche Leistungen in Anspruch nehmen[1030]. Nach dem Äquivalenzprinzip müssten sie proportional mehr Umsatzsteuer zahlen als Einkommensstarke, die normalerweise auf öffentliche Leistungen weniger angewiesen sind[1031]. Abgesehen vom Verständnis einer eindeutigen Besteuerung entgegen der Leistungsfähigkeit[1032] ist festzustellen, dass die nutzentheoretische Rechtfertigung und folglich die nutzenmäßige Gestaltung der Umsatzsteuer – wenn überhaupt möglich – zu einer wesentlichen Subversion des Sozialstaatsprinzips[1033] und einem eindeutigen Verstoß gegen die Menschenwürde[1034] führen würde. Der vom Äquivalenzgrundsatz gelieferte Verteilungsmaßstab würde die Leistungs*unfähigen* noch stärker zum Sozialhilfefall machen. Dies würde dann einen Systemwiderspruch mit sich bringen: Einkommensstarke, die nicht so stark auf staatliche Leistungen angewiesen sind und folglich weniger Umsatzsteuer bezahlen müssten, müssten dann *entgegen* der Besteuerung nach dem Äquivalenzprinzip stärker zur Finanzierung des Sozialstaates beitragen, obwohl sie davon nicht unmittelbar profitieren[1035]. Denn der Sozialstaat müsste, um alle Sozialhilfefälle finanziell ausreichend decken zu können, auf die Einkommensstarken zurückgreifen, möglicherweise durch eine stärkere Einkommensbesteuerung.

1028 So J. Englisch, Wettbewerbsgleichheit, S. 590.

1029 Wie J. Lang 2009 vertreten hat: „In diesem Bereich alter Steuern herrscht bei genauer Betrachtung immer noch das herkömmliche Nutzenprinzip: Steuern sind der Preis für staatliche Ordnung und Sicherheit, die der Konsument in Anspruch nimmt“. Vgl. J. Lang, in: FS für Schaumburg, S. 52.

1030 Vgl. K. Tipke, StRO, S. 476.

1031 Denn „die Einbuße an Bedürfnisbefriedigungspotenzial durch die Auferlegung der Abgabe und der Nutzenempfang in Form öffentlicher Leistungen sollen sich entsprechen“. Vgl. D. Birk, Steuerrecht, § 1 Rn. 29.

1032 Zutreffend K. Tipke, StRO, S. 476.

1033 Siehe D. Birk, Steuerrecht, § 1 Rn. 32; K. Tipke, StRO, S. 476.

1034 Vgl. K. Tipke, StRO, S. 476.

1035 In dieser Richtung D. Birk, Steuerrecht, § 1 Rn. 32.

Zum Zweiten lassen sich Lenkungszwecksteuern, wie die Mineralölsteuer, die Tabaksteuer und die Alkoholsteuern theoretisch einfacher nach dem Nutzenprinzip rechtfertigen[1036]. Solche Steuern verkörpern den Preis der Kompensation zu den verursachten Schäden bzw. dienen der Abgeltung der entstandenen zusätzlichen öffentlichen Kosten im Umwelt- oder Gesundheitsbereich[1037]. Sie werden in der Regel zweck- und gruppenmäßig erhoben und lassen sich deswegen besser nach dem Ausmaß der Schäden bzw. der bereichsspezifischen Wiederherstellungskosten gestalten, die die Gruppe verursacht hat[1038]. Problematisch ist eher das in § 3 I AO und Art. 16 CTN enthaltene grundsätzliche Verbot der Inanspruchnahme der Steuern als Gegenleistung einer determinierten staatlichen Leistung. Dieses im Steuerbegriff enthaltene Verbot sollte sowohl für mit lenkungs- als auch für mit fiskalzwecken eingeführte Steuern gelten[1039]. Als angemessene Alternative – die in Brasilien verfassungsmäßig ist - tauchen die zweck- und gruppenbezogenen *Sonderabgaben* auf, deren Gerechtigkeitsgehalt im Äquivalenzprinzip seinen Ausdruck findet[1040].

Zum Schluss ist die von *J. Lang* erwähnte Besteuerung von Touristen nicht das Hauptproblem[1041]. Aber selbst wenn Touristen das Hauptproblem wären,

1036 So auch F. Neumark, Grundsätze, S. 140; K. Tipke, StRO, S. 478.

1037 Zu Recht J. Lang, in: FS für Schaumburg, S. 52.

1038 So müssten nach der Ansicht K. Tipkes die Veranstalter von Fußball- oder Eishockeyspielen die Kosten tragen, die aufgrund des Zuschauerverhaltens verursacht würden. Vgl. K. Tipke, StRO, S. 478.

1039 Obwohl das Bundesverfassungsgericht die Verfassungsmäßigkeit der Einführung der Stromsteuer und der Erhöhung der Mineralölsteuer im Rahmen einer ökologischen Steuerreform bestätigt hat. Nach der Ansicht des Gerichts seien diese Abgaben Verbrauchsteuern im Sinne von Art. 106 Abs. 1 Nr. 2 GG. Darüber hinaus stehe „die Verknüpfung von Steueraufkommen und Senkung der Rentenversicherungsbeiträge der Einordnung der Strom- und der Mineralölsteuer als Steuer nicht entgegen“. Schließlich sei die Zweckbindung von (Steuer)Einnahmen verfassungsrechtlich zulässig. Vgl. BVerfGE 110, 274, 294f. (Ökosteuer).

1040 Es geht eigentlich um Sonderbeiträge, die in Art. 149 CF vorgesehen sind. Hierzu dienen die sogenannten „Beiträge aufgrund des Eingriffs in den Wirtschaftsbereich“. Sie dürfen nur von denjenigen Gruppen erhoben werden, die wegen des Eingriffs in einen bestimmten Wirtschaftsbereich unmittelbar davon profitieren bzw. der Kollektivität Schäden und die entsprechenden Wiederherstellungskosten verursachen. Diese Beiträge müssen folglich stets zweck- und gruppengebunden sein. Vgl. R. Carrazza, Direito Constitucional Tributário, S. 544f.; L. E. Schoueri, Direito Tributário, S. 216f.; G. Fossati, in: Revista Jurídica Tributária Nr. 7, 95 (104f. u. 111).

1041 J. Lang ist davon überzeugt, es sei gerecht, Touristen, in dessen Land sie weilen, zu besteuern. Vgl. J. Lang, in: FS für Schaumburg, S. 52. Es besteht dennoch die Möglichkeit einer Umsatzsteuererstattung für Touristen, die ihren Wohnsitz außerhalb der Europäischen Union haben und in Deutschland Waren erwerben und exportieren wollen. Sie

würde es sich auch schwerlich argumentieren lassen, dass die Besteuerung von Touristen in Konsumvorgängen im Lichte des Nutzenprinzips gerechtfertigt werden könnte. Es könnte sogar angenommen werden, dass auch Touristen die staatliche Ordnung und Sicherheit *prinzipiell* genießen, in dem Land in dem sie weilen. Dennoch müssten sie dann *äquivalenz*theoretisch gesehen nach dem entsprechenden *zeit*mäßigen Nutzen der öffentlichen Infrastruktur die Umsatzsteuer zahlen, was schwerlich praktikabel wäre. Staatliche Leistungen wiederum sind nur schwer zu quantifizieren. Die Gebühren sind hierfür das angemessenste abgabenrechtliche Instrument[1042]. Darüber hinaus würde dies zumindest zu einer damit verbundenen Frage führen, ob es wegen des Äquivalenzprinzips nicht auch geboten wäre, die Einwohner entsprechend der Dauer ihres Aufenthalts in der Stadt und folglich den Umfang der Inanspruchnahme lokal erbrachter Leistungen zu besteuern und ihnen gegebenenfalls die bereits bezahlte Umsatzsteuer mindestens partiell zu erstatten, falls sie die Stadt unfreiwillig vor der beabsichtigten Aufenthaltszeit verlassen müssten[1043].

C.II.6. Zulässigkeit einer progressiven Besteuerung nach der Konsumleistungsfähigkeit

Eine progressive Besteuerung nach der Konsumleistungsfähigkeit ist ausgehend von den oben gewonnenen Erkenntnissen nicht ausgeschlossen. Inwieweit diese Gestaltungstechnik im deutschen und im brasilianischen Recht zulässig ist, ist noch im Folgenden zu untersuchen.

(i) Es ist aber zunächst zu unterscheiden zwischen der *progressiven* und der *selektiven* Gestaltung der Steuersätze nach Maßgabe der Wesentlichkeit der Güter und der Leistungen. Der in der brasilianischen Verfassung vorgesehene Grundsatz der Selektivität gebietet, die Steuersätze bzw. die Bemessungsgrundlagen von Produkten (IPI), Waren und Dienstleistungen (ICMS) gemäß der Wichtigkeit bzw. dem Grad der Entbehrlichkeit zum menschlichen Lebensbedarf *selektiv* abzustufen[1044]. So sind nach hier vertretener Auffassung z. B. die Aufwandspositionen des Warenkorbs von Verfassungs wegen steuerlich zu entlasten und Schmuck und Boote aufgrund ihrer Entbehrlichkeit hoch zu besteu-

---

können sich die Umsatzsteuer bei der Ausreise zurückerstatten lassen. Vgl. § 6 Abs. 3(a) i.V.m. § 4 Abs. 1 lit. „a" UStG.

1042 Siehe hierzu D. Birk, Steuerrecht, § 1 Rn. 32.

1043 Zur Umsatzsteuererstattung für Touristen siehe oben die FN 1028.

1044 Dazu siehe oben unter B.I.

ern. Die Progressivität wiederum ist eher *quantitativ*, nicht *qualitativ* bedingt[1045]. Sie setzt voraus, dass je höher die Indikation wirtschaftlicher Leistungsfähigkeit ist, desto legitimer ist die graduelle Erhöhung der Steuersätze.

Die Steuerprogression lässt sich insofern auch sozialstaatlich hinreichend rechtfertigen. Durch die Progression kann ein höherer Grad der Umverteilung erreicht werden[1046]. Zu Recht bemerkt *K. Tipke*, das gesamte Progressionsaufkommen komme kleineren Einkommensbeziehern durch Transfers sicher nicht zugute, aber wirke sich auch dadurch aus, dass „kleinere Einkommensbezieher weniger Steuern zu zahlen haben, wenn die Gutverdienenden mehr zahlen"[1047]. Die Progressivität bestehe zugleich in einem Ausfluss sozialer Gerechtigkeit[1048] und in einer geeigneten Gestaltungstechnik zur Zweckerreichung der vertikalen Steuergerechtigkeit.

Das Leistungsfähigkeitsprinzip verlangt aus quantitativer Sicht grundsätzlich, dass die Gesamtsteuerlast der Fiskalzwecksteuern entsprechend[1049], *proportional*[1050] zum Einkommen wächst. Unter der finanzwissenschaftlichen Perspektive vertritt *F. Neumark* sogar die Bezeichnung *Verhältnismäßigkeitsgrundsatz oder das Prinzip der Besteuerung nach der persönlich-individuellen Leistungsfähigkeit*[1051]. *A. Smith* hat bereits 1776 festgestellt, dass die Bürger jedes Staates zur Finanzierung der Regierung so nahe wie möglich *im Verhältnis* zu ihren jeweiligen Fähigkeiten beitragen müssen, das heißt *im Verhältnis* zum Einkommen, das sie unter dem Schutz des Staates genießen[1052]. Auch Art. 134 der Weimarer Reichsverfassung sah vor: „Alle Bürger ohne Unterschied tragen *im Verhältnis* ihrer Mittel zu allen öffentlichen Lasten nach Maßgabe der Gesetze bei"[1053]. Ausgehend davon ist es überzeugend, sich der Ansicht von *K. Tipke* anzuschließen, wonach das Leistungsfähigkeitsprinzip nicht zwingend nach

1045 Sowie K. Tipke bemerkt hat, die Leistungsfähigkeit sei an der Quantität des Aufgewendeten zu messen, nicht an der Art des Gegenstandes oder der Leistung. Vgl. K. Tipke, StRO, S. 1052.

1046 Vgl. K. Tipke, StRO, S. 403. Siehe auch H. Weber-Grellet, Steuern im modernen Verfassungsstaat, S. 91.

1047 Vgl. K. Tipke, StRO, S. 404. Ähnlich M. Derzi, Notas, in: A. Baleeiro, Limitações, S. 1165.

1048 Vgl. K. Tipke, StRO, S. 405.

1049 Vgl. K. Tipke, StRO, S. 480.

1050 Siehe dazu im 2. Kapitel unter C.IX.

1051 Siehe F. Neumark, Grundsätze, S. 121ff.

1052 "... in proportion to their respective abilities...". Siehe hierzu A. Smith, Wealth of Nations, Bk. V, Ch. II, Pt. II, S. 350.

1053 Hervorhebung durch den Verfasser. Siehe auch BVerfGE 84, 239, 270.

Steuerprogression verlange, es der Progression aber auch nicht im Wege stehe[1054].

(ii) Die brasilianische Verfassung sieht die Progressivität in den Fällen der Einkommensteuer (Art. 153 § 2 I CF), der ländlichen Grundsteuer (Art. 153 § 4 I CF) und der Grundsteuer (Art. 156 § 1 I CF) ausdrücklich vor. Nach ständiger Rechtsprechung des Supremo Tribunal Federal ist die Progressivität nur insoweit zulässig, als die Verfassung sie ausdrücklich zulässt[1055]. Diese Ansicht ist auch im Fall der Selektivität als Gestaltungstechnik anzunehmen.

Zum Wesenscharakter der Progressivität hat die Zweite Kammer des Supremo Tribunal Federal kürzlich folgende Ansicht vertreten:

> „*Progressivität* beschränkt sich nicht auf die Abstufung der Abgabe nach der Zeit, aber umfasst auch die Ausformung der Steuerlast gemäß der wirtschaftlichen Leistungsfähigkeit, der Selektivität, der Wesentlichkeit bzw. der Sozialfunktion des Eigentums“[1056].

Der Feststellung dieser Kammer des Supremo Tribunal Federal ist zu entnehmen, dass die Progressivität dem Leistungsfähigkeitsgrundsatz nicht entgegensteht. Vielmehr kann sie als Gestaltungstechnik nicht nur die wirtschaftliche Leistungsfähigkeit, sondern auch die Ideale der Selektivität, der Wesentlichkeit und der Sozialfunktion des Eigentums mit sich bringen. Diese Festlegung schließt darüber hinaus die Annahme nicht aus, dass eine progressive Gestaltung der Steuersätze *a)* nach Kategorien von Konsumenten und *b)* nach der jeweiligen Höhe des Konsums möglich bzw. sogar geboten sein kann. Diese Annahme kann ohne weiteres der Entscheidung des Plenums des Supremo Tribunal Federal zur Verfassungsmäßigkeit der COSIP[1057] einer bestimmten Gemeinde entnommen werden:

1054 Vgl. K. Tipke, StRO, S. 480 u. 403. Ähnlich H. Ávila, Sistema Constitucional Tributário, S. 379.

1055 Vgl. beispielsweise AgRegRE Nr. 396.411, Berichterstetter: Richter Joaquim Barbosa, Zweite Kammer, DJe v. 11.11.2010; Súmula STF 668. Vor der Einführung der Progressivität für die Grundsteuer durch die Verfassungsänderung von 2000 (EC Nr. 29/2000) hat das Supremo Tribunal Federal die Ansicht vertreten, die Grundsteuer sei eine Realsteuer, die die wirtschaftliche Leistungsfähigkeit des Steuerpflichtigen nicht unter Berücksichtigung nehme. Die Progressivität bei der Grundsteuer sei nur insoweit zulässig, als sie dem Lenkungszweck der Erfüllung der Sozialfunktion des Eigentums diene. Vgl. RE Nr. 248.892, Berichterstetter: Richter Maurício Correa, Zweite Kammer, DJ v. 31.03.2000.

1056 AgRegRE Nr. 396.411, Berichterstetter: Richter Joaquim Barbosa, Zweite Kammer, DJe v. 11.11.2010.

1057 COSIP ist der Beitrag zur öffentlichen Beleuchtungsdienstleistung (Art. 149-A CF).

„Diese Summe (die monatlichen Kosten der öffentlichen Beleuchtung in der Gemeinde) wird zwischen den Beitragszahlern aufgeteilt, und zwar nach Maßgabe von Steuersätzen, die nach der Kategorie des Dienstleistungsempfängers – primärer Verbraucher, häuslicher Verbraucher, kaufmännischer Verbraucher, gewerblicher Verbraucher und öffentliche Hand – und nach dem jeweiligen Stromverbrauch schwanken.

Unzweifelhaft hat das Komplementärgesetz Nr. 7/2002 auf diese Weise ohne Verstoß gegen das Gleichheitsprinzip und unter Beachtung der wirtschaftlichen Leistungsfähigkeit der Endkonsumenten ein progressives Steuersatzsystem eingeführt“[1058].

In Brasilien ist eine progressive Besteuerung des Konsums nach der Rechtsprechung des Supremo Tribunal Federal *im Prinzip* unzulässig, weil der brasilianische Verfassungsgeber die Progressivität für die Steuern auf den Umsatz nicht vorgesehen hat[1059]. Trotzdem hat das Plenum im Fall der Verfassungsmäßigkeit der COSIP bereits darauf hingewiesen, dass eine progressive Besteuerung nach Kategorien von Konsumenten und dem jeweiligen privaten Stromverbrauch nicht ausgeschlossen ist. Vielmehr trägt ein progressiver steuerlicher Zugriff auf den Verbrauch insofern zur gleichmäßigen Besteuerung nach der steuerlichen Leistungsfähigkeit bei. Jedenfalls hat das Supremo Tribunal Federal die Möglichkeit eröffnet, die Steuersätze zumindest im Fall des Schweigens des Verfassungsgebers betreffend Sonderbeiträge progressiv zu gestalten. Obwohl das Plenum den Charakter eines *sui generis* Beitrags betont hat, hat es ausgesprochen, es sei zulässig zu vermuten, dass wer einen höheren Konsum habe, auch wirtschaftlich leistungsfähiger sei [1060].

1058 Bemessungsgrundlage der COSIP war der monatliche Stromverbrauch innerhalb der jeweiligen Kategorien von Konsumenten (primär, häuslich, kaufmännisch, gewerblich oder öffentliche Hand). Vgl. RE Nr. 573.675, Berichterstatter: Richter Ricardo Lewandowski, Plenum, DJe v. 21.05.2009. In Deutschland wird die Umsatzsteuer auf die Stromlieferung an private Haushalte derzeit in der Höhe von 19% erhebt. Es wird kein progressives Steuersatzsystem nach Kategorien von Konsumenten und nach dem entsprechenden Konsum vorgesehen. Die Energie- und Stromsteuergesetze beinhalten einige Steuerbefreiungen und –ermäßigungen. Von diesen profitieren generell die Unternehmen des „produzierenden Gewerbes“. Vgl. hierzu J. Englisch, in: Tipke/Lang19, Steuerrecht, § 16 Rz. 12. Energie- und Stromsteuer nehmen den „Charakter einer Produktionsmittelsteuer“ an. Vgl. hierzu J. Englisch, in: Tipke/Lang[19], Steuerrecht, § 16 Rz. 24.

1059 Vgl. unter anderen in Bezug auf die Grundsteuer die AgReg RE Nr. 437.107, Berichterstatter: Richter Joaquim Barbosa, Zweite Kammer, DJe v. 23.04.2010 und die Súmula Nr. 668 des Supremo Tribunal Federal.

1060 Vgl. RE Nr. 573.675, Berichterstatter: Richter Ricardo Lewandowski, Plenum, DJe v. 21.05.2009.

Der Gedanke lässt sich auf den Bereich der Steuern auf den Konsum übertragen[1061], obwohl es in dem oben erwähnten Fall um einen *sui generis* Beitrag ging. Der Entscheidung lässt sich entnehmen, dass der Verbrauch ein sicherer Leistungsfähigkeitsindikator ist und einer progressiven Besteuerung nicht entgegensteht. Selbst wenn davon ausgegangen wird, wie bereits oben dargestellt wurde, dass die Progressivität eher in einer quantitativen als in einer qualitativen Technik besteht, ist die Progression der Steuersätze sogar auf demselben Produkt, aber nach verschiedenen qualitätsbezogenen Kategorien verfassungsrechtlich zulässig und geboten[1062]. Denn eine höhere Qualität bzw. ein höheres Leistungspotenzial betreffend den gleichen Gegenstand veranlasst normalerweise finanzielle Auswirkungen auf den Preis, für den in der Regel nur leistungsfähigere Konsumenten leisten können. Im Endeffekt bleibt die Progressivität quantitativ bedingt. Ein Verstoß gegen die ständige Rechtsprechung des Supremo Tribunal Federal hinsichtlich der Zulässigkeit der Progression nur in den Fällen der Einkommensteuer, der ländlichen Grundsteuer und der Grundsteuer ist nicht ersichtlich. Denn auch im Rahmen einer intendierten selektiven Besteuerung desselben Produkts nach der entsprechenden Wesentlichkeit sind die Wirkungen einer progressiven Besteuerung zu bemerken.

(iii) Auch im Rahmen einer möglichen persönlichen Konsumausgabensteuer[1063] ist der progressive Tarif vorgesehen worden. *M. Rose* hat die Einführung eines progressiven Tarifs im Rahmen einer konsumorientierten Neuordnung der persönlichen Besteuerung vertreten[1064]. Seiner Meinung nach sind – gegebenenfalls progressiv – „nur jene Konsumausgaben eines Jahres, die den familienbezogenen Konsumgrundfreibetrag übersteigen", zu besteuern[1065]. Zu Recht hat *M.*

1061 A. Baleeiro ist der Auffassung, reale und indirekte Steuern können progressiv gestaltet werden, wenn sie auf verschiedene Bemessungsgrundlage je nach dem Charakter des Konsums fallen. Vgl. A. Baleeiro, Limitações, S. 1161. R. H. Costa hat die Meinung vertreten, die Steuerprogression sei die geeignetste Technik zur Erreichung der sachlichen Gleichheit. Trotzdem gilt es ihrer Meinung nach, die Steuerprogression solle sich auf das Steuersystem, nicht auf eine bestimmte Steuer beziehen. Vgl. R. H. Costa ,Capacidade Contributiva, S. 78f.

1062 Siehe bezüglich der Verfassungsmäßigkeit der progressiven Besteuerung des Stroms in Brasilien M. Continentino, RDDT Nr. 141, 109 (119); dagegen Vgl. H. de Brito Machado Segundo, RDDT Nr. 62, 70 (74f.).

1063 T. Hobbes war der Meinung, die Besteuerungsgleichheit bestehe eher in der Gleichheit nach Maßgabe des Konsums als des Reichtums. Vgl. T. Hobbes, Leviathan, Ch. XXX, S. 158. In Anlehnung auch an T. Hobbes hat vor allem N. Kaldor in Theorie und Praxis die Idee der persönlichen Konsumausgabensteuer entwickelt. Vgl. N. Kaldor, Expenditure tax.

1064 Vgl. M. Rose, StuW 1989, 191ff.

1065 M. Rose, StuW 1989, 191 (193).

Rose bemerkt, die Besteuerung des privaten Konsums durch einen progressiven Tarif (einer Verbrauchseinkommensteuer) der Forderung nach einer vertikalen gerechten Steuerlastverteilung entspreche[1066]. *J. Lang* hat ebenfalls für eine progressive Belastung durch eine Konsumeinkommensteuer plädiert[1067].

(iv) Die progressive Gestaltung der Steuersätze im Bereich der Verbrauchsteuern ist zumindest betreffend Güter und Leistungen des gehobenen Bedarfs technisch möglich[1068] und verfassungsrechtlich geboten[1069]. Der Erwerb von Gütern und Leistungen, die typischerweise von finanziell bessergestellten Personenkreisen nachgefragt werden, entfaltet eine erhöhte steuerliche Leistungsfähigkeit des Konsumenten[1070]. Um Abgrenzungsschwierigkeiten zu vermeiden ist die progressive Tarifierung am besten auf hochpreisige Luxusartikel umzusetzen[1071]. Ein geeignetes Beispiel wäre der progressive steuerliche Zugriff auf Personenkraftwagen[1072] je nach Motorleistung bzw. Modell. In diesem Fall lassen sich die unterschiedlichen Bemessungsgrundlagen nach den Modellen nicht schwerlich festlegen. Eine solche progressive Konsumbesteuerung lässt sich nicht nur unter umweltpolitischen lenkenden Gesichtspunkten genügend rechtfertigen, sondern auch trägt zu einer in der vertikalen Ebene zu betrachtenden sachgerechteren Besteuerung nach der Konsumleistungsfähigkeit bei.

(v) Der deutsche Gesetzgeber kann theoretisch eine Verbrauchsbesteuerung einführen, die progressive Elemente mit einschließt[1073]. Diese Ansicht wird von

---

1066 M. Rose, StuW 1989, 191 (192); ders., in: M. Rose, Konsumorientierte Neuordnung, S. 28.

1067 J. Lang hat einen progressiven Tarif verteidigt, den ab einem bestimmten Einkommen beginnen sollte, das Sparen überhaupt zulassen würde. Voraussetzung war, dass die Bemessungsgrundlage der Konsumeinkommensteuer zunächst so gestaltet werden müsste, dass indisponibles Einkommen und Unterhaltsverpflichtungen in vollem Umfang berücksichtigt wären. Idealerweise sollte das zu versteuernde Einkommen die Konsumleistungsfähigkeit des Steuerpflichtigen realitätsgerecht berücksichtigen. Vgl. J. Lang, in: M. Rose, Konsumorientierte Neuordnung, S. 335f.

1068 Nach der Meinung J. Englischs sind progressive Elemente bei der indirekten Verbrauchsbesteuerung nicht ausgeschlossen. Vgl. J. Englisch, Wettbewerbsgleichheit, S. 592f. Siehe auch R. Ismer, A. Kaul, W. Reiß, UR 2010, 837 (844). Für diese Autoren wäre nicht auszuschließen, solche Lebensmittel, „die voraussichtlich sehr langfristig in der Gruppe der Luxuslebensmittel verbleiben", mit dem Regelsatz zu besteuern. Als objektiver und zuverlässiger Faktor zur Bestimmung der Kategorien könnte eine Preis-Gewicht-Relation, etwa einen Preis von mehr als 50 € pro Kilogramm, erwägt werden.

1069 Vgl. H. De Brito Machado, Princípios, S. 75; ders., Direitos Fundamentais, S. 90f.

1070 Siehe J. Englisch, Wettbewerbsgleichheit, S. 593.

1071 So die Auffassung J. Englischs, Wettbewerbsgleichheit, S. 593.

1072 So das Beispiel von H. de Brito Machado, Direitos Fundamentais, S. 90f. Vgl. auch A. Barreto, Capacidade Contributiva, S. 80.

1073 Vgl. J. Englisch, Wettbewerbsgleichheit, S. 592f.; K. Tipke, StRO, S. 1053.

einigen Steuerrechtlern zutreffend vertreten, aber eigentlich sprechen die Vertreter der Progressivität bei der Konsumbesteuerung im Wesentlichen über eine mögliche technische Gestaltung der Umsatzsteuersätze je nach dem Grad der Entbehrlichkeit der Güter und Leistungen[1074]. Alternativ wäre der steuerliche Zugriff durch besondere Verbrauchsteuern auf Güter des gehobenen Bedarfs[1075]. Eine so gedachte *Luxusbesteuerung* wäre mit dem Konsumleistungsfähigkeitsprinzip vereinbar. Es wird zugleich die Auffassung vertreten, der Gesetzgeber sollte in diesem Rahmen die Güter des lebensnotwendigen Bedarfs von der Steuer freistellen und den Luxuskonsum hingegen höher belasten[1076]. Es geht andererseits aus der quantitativen Sicht der erwähnten „Progression" darum, eine besondere, gesteigerte Leistungsfähigkeit zu erfassen[1077]. In der Finanzwissenschaft ist bereits bewiesen worden, dass die Fähigkeit zur Finanzierung des öffentlichen Bedarfs beizutragen mit wachsendem Einkommen überproportional – progressiv - zunimmt [1078].

(vi) Abgesehen von klaren Beispielen bei hochpreisigen Luxusgütern wie Luxusautos, die sich im Vergleich mit anderen Autos leicht in verschiedene Kategorien einordnen lassen - obwohl es um den gleichen Gegenstand geht -, ist im Folgenden zu fragen, ob auch ein differenzierter steuerlicher Zugriff auf lebensnotwendige Güter verfassungsrechtlich begründet werden kann.

Zunächst ist der Fall der Milch in Brasilien zu betrachten. Seit Jahrzehnten gibt es in Brasilien Milch in Pulver und mindestens zwei anderen Arten von flüssiger Milch, nämlich die der Kategorie „a" und die der Kategorie „b". Im Wesentlichen besteht der Unterschied zwischen den zwei Kategorien von flüssiger Milch in den Herstellungskosten - vornehmlich betreffend die Pasteurisierung – und in der sich daraus ergebenden Qualität je nach dem Herstellungsprozess. Die Milch „a" wird aufgrund ihrer besseren Qualität in der Regel von über eine höhere Konsumleistungsfähigkeit verfügenden Personenkreisen konsumiert; die Milch „b" hingegen von ärmeren Menschen.

Gestaltungstechnisch gesehen kann der Gesetzgeber z.B. die unterschiedlichen Kategorien von Milch progressiv besteuern[1079]. Das Landesgericht von Santa Catarina hat entschieden, die unterschiedliche Einordnung der Milch in Pulver und der Milch der Kategorie „a" und der der Kategorie „b" zwecks Anwendung der Steuersätze der ICMS nach der Wesentlichkeit des Gegenstandes

1074 Vgl. K. Tipke, StRO, S. 1053.

1075 Vgl. J. Englisch, Wettbewerbsgleichheit, S. 592f.

1076 Vgl. K. Tipke, StRO, S. 1053.

1077 Vgl. K. Tipke, StRO, S. 1049.

1078 So F. Neumark, Grundsätze, S. 177.

1079 Siehe z.B. zu einer Preis-Gewicht-Relation hinsichtlich der „Luxuslebensmittel" R. Ismer, A. Kaul, W. Reiß, UR 2010, 837 (844).

verstoße nicht gegen das Gleichheitsprinzip und sei dementsprechend zulässig[1080].

Der Ansicht des Landesgerichts von Santa Catarina kann gefolgt werden. Es ist in dieser Arbeit bisher als eine der Hauptprämissen zum Ausdruck gebracht worden, dass dem menschlichen Existenzminimum zuzurechnende Güter und Leistungen steuerfrei bleiben müssen. Die Milch ist ohne weiteres als essentielle Nahrungsmittel einzuordnen, sie gehört dem Warenkorb an und ist nach hier vertretener Ansicht steuerlich vollständig zu verschonen. Dennoch führt dies nicht unbedingt zur Annahme, dass es nicht verschiedene Kategorien desselben Gegenstandes je nach den Herstellungskosten bzw. dem Qualitätsgrad geben kann. Ausgeschlossen ist es auch nicht, dass das Produkt gezielt nur auf eine bestimmte Verbrauchergruppe nach spezifischen Anforderungen hergestellt wird. So kann eine bestimmte Art von Milch durch einen besonderen und teuren Herstellungsprozess geschaffen werden, um z. B. die Erholungsanforderungen von Hochleistungssportlern besser zu erfüllen.

Eine so gedachte progressive Besteuerung der Milch nach Maßgabe von qualitätsbezogenen Kategorien verstößt nicht gegen die wirtschaftliche Handlungsfreiheit. Dem Verbraucher bleibt noch die Freiheit, sich für die (günstigste) Milch „b“ oder für die Milch für Hochleistungssportler zu entscheiden. Der Freiheitsstaat verbietet weder den Hochleistungssportler noch den Besserverdienenden, die günstigste Milch zu erwerben. Marktwirtschaftlich gesehen ist in diesem Fall davon auszugehen, dass das Angebot der Milch „b“ der jeweiligen Nachfrage, und sogar einer möglichen Nachfrage seitens der wirtschaftlich besser gestellten Personenkreisen entspricht. Denn leistungsfähigere Konsumente sollen die günstigste Milch ebenfalls erwerben dürfen.

Der progressive Tarif auf die Milch ist auch mit dem Gleichheitssatz vereinbar. Erhöhte Steuersätze je nach möglichen qualitäts- bzw. leistungsbezogenen Kategorien und den jeweiligen erhöhten Preisen entsprechen den Zielen der vertikalen Steuergerechtigkeit, die in diesem Fall durch eine gleichmäßige Besteuerung nach einer erhöhten Konsumleistungsfähigkeit erreicht wird[1081]. Wer sich *freiwillig* für eine sogenannte „Luxusmilch“ entscheidet, entfaltet unmittelbar und unabhängig von der Finanzierungsquelle eine erhöhte Konsumleistungsfähigkeit. Eine mögliche ärztliche Vorschreibung zum Erwerb lediglich einer bestimmten Art von Milch bildet einen *Ausnahme*fall, wozu *Ausgleichs*mechanismen im Einkommensteuerrecht und gegebenenfalls im Verfahren einer mögli-

1080 Zitiert von M. Continentino, RDDT 141, 109 (117f.).

1081 F. Neumark bemerkt zu Recht, die Fähigkeit des Beitrags zur Finanzierung der öffentlichen Bedarfe nehme mit wachsendem Einkommen überproportional zu. Vgl. F. Neumark, Grundsätze, S. 177.

chen Umsatzsteuervergütung nicht ausgeschlossen sind[1082]. Darüber hinaus können die Anbieter der „Luxusmilch" die Ungleichbehandlung aufgrund von Wettbewerbsverzerrungen nicht beanstanden. Sie zielen auf einen leistungsfähigeren Personenkreis, dessen Zugehörige sich für ein Produkt des gehobenen Bedarfs bereits entschieden und folglich auf das traditionelle Produkt verzichtet haben.

(vii) Anschließend kommt der Fall der Strombesteuerung in Brasilien in Betracht. Der Strom wird in vielen Bundesländern Brasiliens mit einem 25%igen Regelsatz besteuert. Dennoch sehen viele Bundesländer einen progressiven Tarif je nach der Kategorie von Konsumenten und dem jeweiligen Konsum vor[1083]. Zu Recht hat *M. Continentino* festgestellt, die progressive Besteuerung des Stroms nach Maßgabe der Verbraucherkategorie und des jeweiligen Konsums entspreche dem Ideal des steuerlichen Zugriffs nach der wirtschaftlichen Leistungsfähigkeit der Steuerzahler[1084]. Darüber hinaus gewährleiste der progressive Tarif die Stromlieferung zu armen Familien und fördere einen reduzierten Stromverbrauch[1085]. Insofern erfüllt die Progression zugleich umweltpolitische Ziele. Diese Auffassung steht in vollem Einklang mit der Stellungnahme des Plenums des Supremo Tribunal Federal im oben erwähnten Fall der COSIP und lässt sich ebenfalls mit Konsumleistungsfähigkeitsgesichtspunkten hinreichend rechtfertigen.

(viii) Schließlich ist der bereits an früherer Stelle dargestellte Fall der unterschiedlichen Besteuerung von Flugzeugen in Betracht zu ziehen[1086]. *R. Lobo Torres* verteidigte 1997 die steuerliche Gleichbehandlung von Flugzeugen des öffentlichen Flugverkehrs unabhängig vom Gewicht und von der Regularität der kommerziellen Flugstrecke[1087]. Seiner Meinung nach erfüllte die Inanspruchnahme von Luftfahrzeugen mit weniger als 15.000 kg Gewicht als Lufttaxi ein wesentliches Ziel des populären Verbrauchs, und zwar des öffentlichen Luftverkehrs von Passagieren insbesondere in kleineren Städten, die in der Regel von den größeren kommerziellen Fluglinien nicht bedient werden[1088]. Aus der Sicht der Auswahl des sachgerechten Maßstabes zur Abstufung der Steuersätze ist *R. Lobo Torres* zu folgen. Zutreffend hält er es für verfassungsrechtlich geboten, die Steuersätze der IPI betreffend Luftfahrzeugen nach einem Kriterium zu gra-

---

1082 Vgl. hierzu unten unter C.II.7.c)cc)α u. C.II.7.c)cc)β.

1083 Siehe hierzu z.B. Art. 25 I „a" 2 der Verordnung Nr. 14.876/91 des Bundeslandes von Pernambuco.

1084 Vgl. M. Continentino, RDDT Nr. 141, 109 (119).

1085 Vgl. M. Continentino, RDDT Nr. 141, 109 (119).

1086 Siehe oben unter B.IV.

1087 Siehe das Gutachten von R. Lobo Torres, in: RDDT Nr. 18, S. 94ff.

1088 R. Lobo Torres, in: RDDT Nr. 18, 94 (100).

duieren, das dem Ziel der Erfüllung der Nachfrage des öffentlichen Flugverkehrs optimal entspricht. Das vom Gesetzgeber herangezogene Kriterium „Gewicht“ ist unverhältnismäßig, denn auch kleine Luftfahrzeuge können diesen Zweck erfüllen. Ohne weiteres sind ebenfalls kleine Luftfahrzeuge zu entlasten oder ermäßigt zu besteuern, die dem Transport von Kranken bzw. Verletzten dienen. Jedoch ist es zulässig, „den öffentlichen Flugverkehr anders zu behandeln als den Hobbyflugverkehr“[1089].

Allerdings ist die Ansicht des brasilianischen Steuerrechtwissenschaftlers vor dem Hintergrund einer möglichen progressiven Besteuerung nach der Konsumleistungsfähigkeit verfehlt. Denn der Autor vernachlässigt die Tatsache, dass im Fall der öffentlichen Personenbeförderung sogar zu den kleinsten Städten andere Verkehrsmittel in der Regel zur Verfügung gestellt werden. Das bedeutet, dass der Staat – vor allem hier die Gemeinde – dem Bürger mit der *erforderlichen* Verkehrsmittelinfrastruktur versorgt. Der Staat erfüllt dadurch seine Aufgabe, die Personenbeförderung als einer der grundlegenden Lebensbedürfnisse des Arbeitnehmers zu konkretisieren (Art. 7 IV CF). Durch die Bereitstellung von Verkehrsmitteln erfüllt der Staat zugleich eine der wichtigsten Bedingungen zur Förderung der Arbeit (Art. 6 CF). Die Inanspruchnahme von kleinen Luftfahrzeugen – vornehmlich als Lufttaxi - zur regulären Personenbeförderung insbesondere in Kurzstrecken aufgrund der Sicherheit und der Schnelligkeit bildet *in der Regel* immer noch einen Luxuskonsum; diese Verbraucher verfügen über eine höhere Konsumleistungsfähigkeit. Insofern ist im Fall von Lufttaxis eine umsatzsteuerliche Verschonung unverhältnismäßig. Zu denken wäre an eine Ermäßigung bzw. eine direkte Subvention für kleine Luftfahrzeuge bzw. Wasserflugzeuge, die speziell zur Erreichung bestimmter isolierter Gebiete im amazonischen Wald hergestellt werden. Gründe der wissenschaftlichen Forschung im Rahmen der Entwicklung neuer Medikamente[1090] und Impfungen bzw. der

1089 Vgl. K. Tipke, StuW 1988, 262 (277).

1090 Vom Lenkungszweck her betrachtet ist ebenfalls der Alkohol nach dem Verwendungszweck unterschiedlich zu besteuern. Soweit er zur Herstellung von Arzneimitteln verwendet wird, sollte er umsatzsteuerlich verschont bleiben. Denn die brasilianische Verfassung sieht im Fall der ICMS vor, dass die Steuerbefreiung bzw. die Nichterhebung die Versagung des Vorsteuerabzugs der Eingangsleistungen impliziert, es sei denn, dass die Gesetzgebung das Vorsteuerabzugsrecht zulässt (Art. 155 § 2 II „b“ CF). Folglich darf der Hersteller der Arzneimittel die ICMS auf Alkohol nicht abziehen und wird in der Regel sie als Kostenbestandteil auf den Endkonsumenten verdeckt überwälzen. Im Fall der IPI sieht die brasilianische Verfassung keine Einschränkung zum Vorsteuerabzugsrecht vor (Art. 153 § 3 II CF). Art. 11 des Gesetzes Nr. 9.779/99 sieht vor, dass die Vorsteuer der Eingangsleistungen – Rohstoff, intermediärer Produkt und Verpackungsmaterial -, die in der Herstellung steuerbefreiter bzw. nullbesteuerter Erzeugnisse verwendet werden, mit anderen Bundesabgaben verrechnet bzw. erstattet werden darf. Im

Überwachung des Waldes gegen illegale Abholzung bilden hier bedeutende Gemeinwohlziele und können die steuerliche Bevorzugung rechtfertigen.

(ix) Die erwähnte Konzeption einer *progressiven* Besteuerung je nach dem Grad der Entbehrlichkeit der Güter und Leistung nähert sich sehr an den in der brasilianischen Verfassung verankerten Grundsatz der Selektivität nach der Wesentlichkeit der Güter und Dienstleistungen an.

Zu bemerken ist, dass die Vertreter dieser Konzeption im deutschen Steuerrecht die Progressivität eher als eine *qualitäts*bezogene Technik betrachten, aber ihre Annahme aus *quantitativer* Sicht und anhand einer erhöhten Konsumleis-

---

deutschen Umsatzsteuerrecht führt die Versagung des Vorsteuerabzugsrechts für steuerfrei liefernde und leistende Unternehmer hinsichtlich der besteuerten Eingangsleistungen in der Regel dazu, dass der Unternehmer die Vorsteuer als Kostenbestandteil seines Produktes bzw. seiner Leistung einkalkuliert und sie auf den Endkonsumenten überwälzt. Siehe noch dazu unten unter C.III. Im Rahmen der Erhöhung der Branntweinsteuer kann der Begründung des Beschlusses des Bundesverfassungsgerichts nicht gefolgt werden (vgl. BVerfG-Beschluss v. 2.10.1984, HFR 1984, 587). Der in Frage gestellte Maßstab des Alkoholgehalts in Verbindung mit der Beschaffenheit der einzelnen Erzeugnisse ist kein sachgerechter Maßstab zur unterschiedlichen Besteuerung. Gegen die Auffassung des Bundesverfassungsgerichts und nach der hier vertretenen Meinung erlaubt der Unterschied zwischen Schaumwein und Branntwein von der Beschaffenheit her bzw. nach dem Alkoholgehalt keine abweichende steuerliche Belastung. Die Unterscheidung ist eher nach dem Verwendungszweck durchzuführen. Siehe auch K. Tipke, StRO, S. 1069ff.; J. Lang, Entwurf eines Steuergesetzbuchs, S. 203 Rn. 735. Im Rahmen des Urteils des Bundesfinanzhofs v. 26.6.1984, BFHE 141, 369 zur Besteuerung vom Alkohol für Riech- und Schönheitsmittel ist festzustellen, dass aus der Sicht des Lenkungszweckes der für die Herstellung von Kosmetika verwendete Alkohol mit einer besonderen Verbrauchsteuer nicht belastet werden darf, weil dieser Alkohol kein gesundheitsschädlicher Trinkalkohol ist. In diesem Sinne zutreffend K. Tipke, StRO, S. 1075. Dennoch ist die Inanspruchnahme von Steuern für Lenkungszwecke, die einer strengen Verhältnismäßigkeitsprüfung unterliegt, eher die Ausnahme. Wenn sich in diesem Fall eine erhöhte bzw. gesonderte Belastung des Alkohols nicht rechtfertigen lässt, weil es um nicht gesundheitsschädlichen Alkohol handelt, muss man auf das Prinzip der gleichmäßigen Besteuerung nach der steuerlichen Leistungsfähigkeit zurückgreifen. Auch in diesem Zusammenhang ist auf den Grundsatz der Selektivität nach der Wesentlichkeit zurückzugreifen, obwohl er in keinem Ersatzgrundsatz für das Leistungsfähigkeitsprinzip im Verbrauchsteuerrecht besteht. Aus der Sicht einer Besteuerung nach der Konsumleistungsfähigkeit, die ebenfalls eine Dimension des Schutzes des Existenzminimums mit einschließt, ist der für die Herstellung von Kosmetika verwendeten Alkohol höher bzw. mit einer besonderen Verbrauchsteuer zu belasten. Denn dieser Alkohol dient in der Regel nicht der Herstellung lebensnotwendiger Produkte. Darüber hinaus entfalten ihre Konsumenten eine höhere Konsumleistungsfähigkeit, die aus der Perspektive der vertikalen Steuergerechtigkeit einen höheren Steuerzugriff zulässt, wie oben dargelegt wurde.

tungsfähigkeit, die beim Erwerb von Gütern und Leistungen des gehobenen Bedarfs zum Ausdruck kommt, begründen. Die manifestierte Absicht besteht eigentlich in einer *selektiven* Besteuerung nach der Wesentlichkeit der Güter und Leistungen zum menschlichen Bedarf, die nicht unbedingt progressive Elemente mit sich bringt. Isoliert betrachtet kann der Grundsatz der Selektivität nach der brasilianischen Konzeption die progressive Gestaltung der Steuersätze auf dasselbe Produkt nach preisbedingten Kategorien *nicht* rechtfertigen. Nur auf der Basis dieses Prinzips ist keine unterschiedliche, nach Maßgabe der Konsumleistungsfähigkeit durchzuführende Besteuerung zulässig, denn Milch z.B. ist unabhängig von möglichen qualitätsbezogenen Kategorien stets ein lebensnotwendiges Nahrungsmittel. Insofern wären differenzierte Steuersätze auf die Milch gleichheitswidrig. Aus der Sicht einer damit verbundenen Progressivität ist das Beispiel anders zu betrachten, als oben dargelegt. Abgesehen von einer Verbrauchsbesteuerung mit reinen *selektiven* Elementen lässt sich eine preisbedingte *progressive* Besteuerung innerhalb desselben Produkts aufgrund unterschiedlicher Niveaus von im Konsum manifestierter Leistungsfähigkeit verfassungsrechtlich hinreichend rechtfertigen.

C.II.7. Schutz des Existenzminimums

C.II.7.a) Zum System der Befreiungen und Ermäßigungen im deutschen Umsatzsteuerrecht nach derzeitigem Meinungsstand

Der derzeitige Katalog von Umsatzsteuerbefreiungen und –ermäßigungen wird hart kritisiert und im Wesentlichen als reformbedürftig angesehen. Von den jüngsten finanzwissenschaftlichen Studien zum Thema sind zumindest zwei zu nennen. Zum ermäßigten Umsatzsteuersatz ist der *Bundesrechnungshof* der Auffassung, die Anwendung des ermäßigten Umsatzsteuersatzes führe vielfach zu Abgrenzungsschwierigkeiten, Mitnahmeeffekten und missbräuchlichen Gestaltungen (a); der Katalog der begünstigten Gegenstände sei unübersichtlich und teilweise widersprüchlich (b); die Gründe für die Einführung verschiedener Steuerermäßigungen seien mittlerweile überholt (c)[1091]. Der Katalog der Begünstigungen soll im Lichte der angestrebten Ziele grundlegend überarbeitet werden[1092]. Eine Weitergabe der Steuersatzermäßigung über Preissenkungen und damit eine Entlastung des Endverbrauchers sei nicht gewährleistet[1093]. Die Er-

1091 Siehe Bundesrechnungshof, Bericht über den ermäßigten Umsatzsteuersatz, S. 34ff.

1092 Vgl. Bundesrechnungshof, Bericht über den ermäßigten Umsatzsteuersatz, S. 35.

1093 Dies ist wenigstens beim Kauf von Kunstgegenständen, Sammlungsstücken, Renn- und Reitpferden sowie bei Restaurations- und Beherbergungsleistungen festzustellen. Der

mäßigung für kulturelle und unterhaltende Leistungen sollte nach der Untersuchung der *ZEW Mannheim* aufgrund nicht ausreichender Rechtfertigung abgeschafft werden[1094]. Überarbeitet werden sollte die Ermäßigung für die Personenbeförderung im öffentlichen Nahverkehr[1095]. Als Ergebnis der Untersuchung in diesem Bereich sei die Einführung des Normalsatzes zu empfehlen, vorausgesetzt, dass eine Kompensation für die überproportionale Belastung ärmerer Haushalte durch die Einkommensteuer und Transfers unternommen wird[1096]. Im Gesundheitswesen sei die Ermäßigung für Umsätze der Zahntechniker beizubehalten[1097]. Als problematisch bewertet gelten generell Steuersubventionen, denn sie seien schlechter zu kontrollieren und wegen ihrer gesetzlichen Verankerung oftmals langlebiger als ausgabenseitige Transfers und zudem werden sie von einer Administration verwaltet, die zur Subventionssteuerung nicht ausgestattet und ausgebildet sei[1098].

Auf der Ebene der unionsrechtlichen Regulierung der Mehrwertsteuersätze bestehen ebenso zahlreiche Bedenken. Die Europäische Kommission hat auf objektive Weise festgestellt, die derzeitige Struktur der Mehrwertsteuersätze keiner klaren Logik folge und „für den Binnenmarkt und die Wettbewerbsfähigkeit der EU-Wirtschaft aufs Ganze gesehen eindeutig nicht effizient“ sei; sie sei „einfach

---

Bundesrechnungshof hat zu Recht bemerkt, Umsatzsteuerermäßigungen seien nur systemgerecht, wenn sie einer Entlastung beim Endverbraucher dienen (in Anlehnung an dem Beschluss des BVerfG vom 10.11.99, 2 BvR 1820/92, BStBl. 2000 II, S. 158). Der ermäßigte Steuersatz sei wegen der kaum vorhersehbaren Auswirkungen auf das Preisniveau als politisches Steuerungselement ungeeignet. Direkte Subventionen, Änderungen bei den direkten Steuern oder Sozialtransfers wirken wesentlich zielgenauer. Zum Schluss können die Abschaffung einzelner Ermäßigungstatbestände und die daraus sich ergebenden Mehreinnahmen gegebenenfalls zu einer Senkung des Regelsteuersatzes führen. Siehe hierzu die Stellungnahme des Bundesrechnungshofs, Bericht über den ermäßigten Umsatzsteuersatz, S. 35f.

1094 Siehe hierzu die vom Bundesfinanzministerium in Auftrag gegebene gemeinsame Studie des FiFo Köln, des Copenhagen Economics ApS und des ZEW Mannheim „Evaluierung von Steuervergünstigungen“ aus dem Jahre 2009, Bd. I, S. 13. Einsehbar unter http://www.fifo-koeln.org/pdf/P174_BAND-I_FinalVersion.pdf. Abfrage am 9.12.2011.

1095 FiFo Köln/Copenhagen Economics/ZEW, Evaluierung von Steuervergünstigungen, Bd. I, S. 15.

1096 FiFo Köln/Copenhagen Economics/ZEW, Evaluierung von Steuervergünstigungen, Bd. I, S. 15. Zu den erwähnten Kompensationen siehe näher unten unter C.II.7.c)cc.

1097 FiFo Köln/Copenhagen Economics/ZEW, Evaluierung von Steuervergünstigungen, Bd. I, S. 17.

1098 FiFo Köln/Copenhagen Economics/ZEW, Evaluierung von Steuervergünstigungen, Bd. I, S. 45.

nur das Ergebnis vergangener politischer Verhandlungen“[1099]. Nicht außer Acht zu lassen sind ebenfalls die Befolgungskosten, die den Unternehmen aufgrund der unterschiedlichen Mehrwertsteuersätze und im Allgemeinen wegen der Komplexität des Mehrwertsteuersystems und der damit verbundenen akzessorischen Steuerpflicht entstehen[1100]. Die Europäische Kommission schlägt vor, für Gegenstände und Dienstleistungen zur Deckung des Grundbedarfs, wie z.B. Nahrungsmittel, einen sehr niedrigen Satz zuzulassen[1101]. Darüber hinaus betont die Kommission, die Diskussion sollte sich auf die echten Grundbedürfnisse der Bürger wie medizinische Behandlungen und Sozialwohnungen erstrecken, aber ausschließlich auf Sozialgesichtspunkte beschränken[1102]. Anderen Bereichen, die zwar keine Grundbedürfnisse entfalten, aber eine Vorzugsbehandlung erfahren sollten – wie z.B. im Kultur- oder Bildungsbereich und bei den öffentlichen Verkehrsmitteln – könnte ein zweiter Steuersatz eingesetzt werden[1103].

Im deutschen Schrifttum wird die gegenwärtige Umsatzsteuersatzgestaltung im Wesentlichen als reformbedürftig angesehen. *R. Ismer, A. Kaul* und *W. Reiß* verteidigen die Steuersatzermäßigung lediglich für die Lieferung von Lebensmitteln[1104]. Ansonsten bestehen derzeit keine hinreichenden Gründe, die gegen-

---

1099 Vgl. die Mitteilung der Europäischen Kommission vom 5. Juli 2007 an den Rat und an das Europäische Parlament über vom Normalsatz abweichende Mehrwertsteuersätze, SEC (2007), 910, KOM (2007) 380 endgültig. Einsehbar unter http://ec.europa.eu/taxation_customs/resources/documents/taxation/vat/how_vat_works/rates/com(2007)380_de.pdf. Abfrage am 8.12.2011.

1100 Siehe hierzu den Bericht der schwedischen Bundessteuerverwaltung „Compliance costs of value-added tax in Sweden“, Report 2006: 3B, Skatteverket, einsehbar unter http://www.skatteverket.se/download/18.906b37c10bd295ff4880002550/rapport200603B.pdf. Abfrage am 8.12.2011. Nach Berechnung der schwedischen Bundessteuerverwaltung würde ein einheitlicher Mehrwertsteuersatz die Befolgungskosten um ca. SEK 500 Mio. (ca. 54 Mio. EUR) senken. Siehe dazu S. 79.

1101 Vgl. Mitteilung der Europäischen Kommission über vom Normalsatz abweichende Mehrwertsteuersätze, S. 12.

1102 Vgl. Mitteilung der Europäischen Kommission über vom Normalsatz abweichende Mehrwertsteuersätze, S. 12.

1103 Nach dem Vorschlag der Kommission: „Der erste Satz müsste recht niedrig sein und z.B. zwischen 0 und 5 % liegen. Der ‚mittlere‘ ermäßigte Satz könnte höher liegen, z.B. zwischen 10 und 12 %. Die Sätze könnten durch zwei Bandbreiten oder durch zwei Mindestsätze festgelegt werden“. Vgl. Mitteilung der Europäischen Kommission über vom Normalsatz abweichende Mehrwertsteuersätze, S. 12f.

1104 Vgl. R. Ismer, A. Kaul, W. Reiß, UR 2010, 837 (849); ders., Analyse und Bewertung der Strukturen von Regel- und ermäßigten Sätzen bei der Umsatzbesteuerung unter sozial-, wirtschafts-, steuer- und haushaltspolitischen Gesichtspunkten, Saarbrücken, 2010, einsehbar unter http://www.bundesfinanzministerium.de/nn_54192/DE/Presse/

wärtigen Ermäßigungen fortzuführen oder auf der Ebene des Unionsrechts für weitere Leistungen eine Steuersatzermäßigung einzuführen[1105]. Nach der Meinung von *J. Englisch* sei die Zahl der sozial- und kulturpolitisch motivierten Entlastungen deutlich zu reduzieren und die verbleibenden Tatbestände seien in den Katalog ermäßigt besteuerter Umsätze mit Vorsteuerabzugsberechtigung zu integrieren[1106]. Eine Entlastung existenznotwendiger Leistungen nach Grund und Höhe der getätigten Aufwendungen durch Nullbesteuerung unter Gewährung eines Vorsteuerabzugs statt durch eine unechte Befreiung wäre zu gewährleisten[1107]. Trotzdem sei eine umsatzsteuerliche Entlastung von Lebensmitteln aber nicht zwingend, da hier gewisse Mitnahmeeffekte bei Lebensmitteln des gehobenen Bedarfs und verwaltungsaufwendige Abgrenzungsschwierigkeiten drohen [1108]. Zwingend festzuhalten sei an der Steuerermäßigung für die Lieferung von Wasser sowie für medizinische Geräte, Hilfsmittel und Zeitungen[1109]. *C. Leipold* wiederum vertritt die Auffassung, wonach der ermäßigte Umsatzsteuersatz für Nahrungsmittel überdacht werden sollte[1110]. Er ist davon überzeugt, es gebe keinen Wertungswiderspruch, wenn der Staat Nahrungsmittel mit Umsatzsteuer

---

Pressemitteilungen/Finanzpolitik/2010/09/20100923-PM33-Gutachten,templateId=raw, property=publicationFile.pdf, S. 251. Abfrage am 12.12.2011.

1105 Vgl. R. Ismer, A. Kaul, W. Reiß, UR 2010, 837 (849). Die Einführung einer Steuersatzermäßigung auf die Leistungen einer bestimmten Branche könne zu einer Verlagerung von regulären Arbeitsplätzen aus anderen Bereichen in den geförderten Bereich führen. Vgl. hierzu S. 849.

1106 Siehe J. Englisch, UR 2011, 401 (403).

1107 J. Englisch, UR 2011, 401 (403).

1108 Denkbar wäre nach der Auffassung J. Englischs bei Lebensmitteln eine moderate Anhebung des ermäßigten Satzes, etwa auf 10%. Alle zwingend zu verschonenden Waren und Dienstleistungen wie z.B. Wasser oder sonstige vom Gesetzgeber als existenziell notwendig eingestuften Aufwendungen sollten „idealiter soweit wie möglich entlastet, d.h. mit dem geringsten richtlinienrechtlich zulässigen Satz – also mit 5% - besteuert werden". Vgl. hierzu J. Englisch, UR 2011, 401 (407). Zu nennen ist hier im Rahmen der Abgrenzungsschwierigkeiten auch das vor kurzem veröffentlichte Urteil des EuGH, Urt. v. 10.3.2011, Rs. C-497/09, C-499/09, C-501/09 und C-502/09 (Partyservice) über die Frage, ob verschiedene Tätigkeiten der Abgabe zubereiteter Speisen oder Nahrungsmittel zum sofortigen Verzehr eine Lieferung von Gegenständen (i.S.d. Art. 5 der 6. EG-Richtlinie) oder eine Dienstleistung (i.S.d. Art. 6 der 6. EG-Richtlinie) darstellen. Siehe näher dazu unten unter C.II.7.b.

1109 Apothekenpflichtige Arzneimittel seien neu in den Katalog aufzunehmen. Im Bereich der Dienstleistungen seien vor allem Straßenreinigung und Müllabfuhr, ferner Bücherverleih durch Büchereien sowie Leistungen der häuslichen Kranken- oder Altenpflege einer nur ermäßigten Besteuerung zu unterwerfen. Vgl. J. Englisch, UR 2011, 401 (406); ders., UR 2010, 400 (412).

1110 Vgl. C. Leipold, UR 2009, 584 (590).

besteuere und diese Belastung durch Sozialtransfers oder den Grundfreibetrag ausgleiche[1111]. *L. Schemmel* hat festgesellt, dass im deutschen Mehrwertsteuerrecht lebensnotwendige Güter und Dienstleistungen in sieben Bereichen seit Jahrzehnten höher belastet werden als es nach dem Gemeinschaftsrecht erforderlich ist[1112]. Aufwendungen für existentiell oder unvermeidbar notwendige Leistungen – wie „Lieferungen von Grundnahrungsmitteln, Arzt- und Krankenhausleistungen, Steuerberaterleistungen, Wohnungsvermietungen“ – müssen nach der Ansicht von *P. Kirchhof* aus der umsatzsteuerlichen Bemessungsgrundlage ausgenommen *oder* aber durch Kompensationen im Einkommensteuerrecht und im Sozialleistungsrecht aufgefangen werden[1113].

Es kann sowohl im deutschen steuerrechtlichen Schrifttum als auch in der deutschen Rechtsprechung *keine* Erwähnung eines entsprechenden *Grundsatzes der Selektivität nach der Wesentlichkeit* der Güter und Dienstleistungen gefunden werden. Trotzdem ist zu bemerken, dass prinzipiell ein Gebot überwiegt, wonach die zur Gewährleitung des physischen und sozio-kulturellen Existenzminimums zuzurechnenden Güter und Dienstleistungen umsatzsteuerlich zu verschonen sind. Das sogenannte Grundrecht auf Gewährleistung eines menschenwürdigen Daseins wird vom Bundesverfassungsgericht aus der Garantie der Menschenwürde (Art. 1 Abs. 1 GG) in Verbindung mit dem Sozialstaatsgebot (Art. 20 Abs. 1 GG) hergeleitet[1114]. Der darauf unmittelbar verfassungsrechtliche Leistungsanspruch erstrecke sich nur auf diejenigen Mittel, die zur Aufrechterhaltung eines menschenwürdigen Daseins *unbedingt erforderlich* seien[1115]. Aber inwieweit diese Mittel – Güter und Leistungen – praktisch betrachtet nach einer

---

1111 Vgl. C. Leipold, UR 2009, 584 (590f.). Seiner Meinung nach sei die Umsatzbesteuerung existenznotwendiger Güter hinnehmbar, weil das Existenzminimum in der Gesamtschau des Steuersystems ausreichend berücksichtigt werde. Die Weiterentwicklung des Sozial- und des Einkommensteuerrechts und das entsprechende Zusammenwirken haben ermöglicht, das Existenzminimum von Einkommenslosen und Einkommensschwachen zu decken. Der ermäßigte Steuersatz sollte abgeschafft werden, denn er begünstige nicht nur die Bedürftigen, sondern alle Konsumenten proportional zur eingesetzten Kaufkraft. Dazu siehe die hier vertretene Ansicht unten unter B.VI, C.II.6 und C.II.7.

1112 Vgl. L. Schemmel, Entlastung, S. 43. In den Bereichen von Zahnersatz, Arzneimittel, Instandhaltung von medizinischen Geräten, alkoholfreien Getränken, Leistungen von Bestattungsinstituten und Krematorien, Straßenreinigung sowie Abfuhr von Haushaltsmüll und Abfallbeseitigung durch Privatunternehmen sowie die Lieferung von Energie an Privathaushalte sei die deutsche Mehrwertsteuerbelastung nach der Feststellung Schemmels zumeist höher als in den anderen Mitgliedstaaten.

1113 Vgl. P. Kirchhof, UR 2002, 541 (543).

1114 Siehe BVerfGE 125, 175.

1115 Vgl. BVerfGE 125, 175.

gewissen Selektivität nach der Wesentlichkeit ihrer Nutzen zum menschlichen Bedarf *kohärent* und *folgerichtig* steuerentlastet oder –belastet werden, ist eine Frage des Umfangs des Schutzes des umsatzsteuerrechtlichen Existenzminimums, die im Anschluss erörtert wird.

C.II.7.b) Allgemeines

(i) Im zweiten Kapitel ist bereits festgestellt worden, dass die Konzeption des Schutzes des Existenzminimums dem Leistungsfähigkeitsbegriff inhärent und von ihm untrennbar ist[1116]. Nach der Auffassung des Bundesverfassungsgerichts ist das Existenzminimum des Steuerpflichtigen und seiner unterhaltsberechtigten Familie von Verfassungs wegen steuerlich zu verschonen[1117]. Hierzu gilt die Maxime *primum vivere, deinde tributum solvere.* Als bereichsspezifische *teilweise* Konkretisierung des Leistungsfähigkeitsprinzips im Verbrauchsteuerrecht gilt der Grundsatz der Selektivität nach der Wesentlichkeit der Güter und Leistungen[1118]. Dennoch bringt der Grundsatz der Selektivität in seiner derzeitigen verfassungsrechtlichen Gestaltung und in seinem bisher verstandenen und vertretenen Sinne im steuerrechtlichen Schrifttum nicht unbedingt die Folgen einer Steuerimmunität mit sich[1119]. Der vom brasilianischen Schrifttum so bezeichnete Grundsatz der Selektivität führt nicht unbedingt zur vollständigen Entlastung des Existenzminimums im Bereich der Steuern auf den Umsatz, selbst wenn bestimmte Güter und Leistungen für den Menschen wesentlich sind[1120].

Sowohl in Brasilien, wo der verfassungsrechtliche Grundsatz der Selektivität nicht unbedingt zur vollständigen Steuerentlastung führt, als auch in Deutschland, wo es keinen so bereichsspezifischen entsprechenden Grundsatz gibt, ist auf das Prinzip der steuerlichen Leistungsfähigkeit in seiner sozialstaatlichen und freiheitsschonenden Dimension *vorrangig* zurückzugreifen. Die herkömmliche Inanspruchnahme von Steuern mit fiskalischem Zweck muss ohne weiteres den Anforderungen des Sozialstaatsprinzips und des Schutzes der Men-

1116 Siehe im zweiten Kapitel unter C.IX. Ähnlich K. Tipke, Steuergerechtigkeit in Theorie und Praxis, S. 102 u. 108.

1117 Vgl. BVerfGE 112, 268, 281. Siehe auch in dieser Richtung L. Schemmel, Entlastung, S. 42f. u. 48f.

1118 Siehe oben unter B.

1119 Siehe oben unter C.II.3.b.

1120 Siehe oben unter C.II.3.b. Zu betonen ist nochmals das Beispiel der Besteuerung von Rohrzucker in der Höhe von 18%. Die Erste Kammer des Supremo Tribunal Federal vertritt die Ansicht, der 18%ige Steuersatz verstoße nicht gegen den Grundsatz der Selektivität nach der Wesentlichkeit. Vgl. hierzu Emb. Decl. Ag. Reg. AI Nr. 515.168, Berichterstatter: Richter Cezar Peluso, Erste Kammer, DJ v. 21.10.2005.

schenwürde soweit wie möglich Rechnung tragen. Darüber hinaus lässt sich anhand der verfassungsrechtlichen Werteordnung beider Rechtssysteme keine Bereichsausnahme für bestimmte Steuerarten erkennen. Hierzu wäre in Deutschland, wo die Sozialtransfers in gewissermaßen bereits konsistent eingeführt worden sind, der sozialhilferechtliche Waren- und Dienstleistungskorb ein sicherer Ausgangspunkt zur Bearbeitung des Katalogs der Umsatzsteuerbefreiungen[1121]. Die Aufrechterhaltung der Umsatzbesteuerung zumindest auf solche Konsumaufwendungen, die zur physischen und zu einer minimalen soziokulturellen[1122] Existenz des Menschen nicht schwerlich zugeordnet werden können, lässt sich anhand der verfassungsrechtlichen Werteordnung nicht rechtfertigen[1123].

(ii) Es ist zu fragen, ob eine Einteilung der Güter und Leistungen in mehr als zwei Kategorien den Schutz des umsatzsteuerlichen Existenzminimums nicht ersichtlicher machen würde[1124].

Soweit die Vorschläge unionsrechtlich zulässig sind[1125], wäre dies in Deutschland auch umsetzbar. Denn es gibt zurzeit zwei Umsatzsteuersätze und

---

1121 J. Englisch vertritt die Auffassung, die von Verfassungs wegen umsatzsteuerlich primär zu verschonenden Güter seien diejenigen, die vollumfänglich oder doch ganz überwiegend im sozialhilferechtlich maßgeblichen Waren- und Dienstleistungskorb enthalten seien. Vgl. J. Englisch, UR 2010, 400 (406). Zu betonen ist, dass nach hier vertretener Auffassung der Waren- und Dienstleistungskorb lediglich ein sicherer Ausgangspunkt zur Bearbeitung des Katalogs der Umsatzsteuerbefreiungen ist. Anders als J. Englisch vertreten hat, besteht die Zugehörigkeit zum Waren- und Dienstleistungskorb nicht in einem Kriterium für die Bestimmung der zu entlastenden Waren und Dienstleistungen. Die Zugehörigkeit zum Waren- und Dienstleistungskorb ist die gebotene Folge einer verhältnismäßigen Feststellung der Unentbehrlichkeit des Gutes zum menschlichen Konsum und des jeweiligen höchsten Grades zur Förderung der Wirksamkeit eines bestimmten Sozialrechts bzw. grundlegenden Bedürfnisses des Arbeitnehmers. Hierzu ist auf die expliziten Grundlagen zur Definition der Wesentlichkeit zu verweisen (siehe oben unter B.III.1). Siehe mehr dazu im Anschluss.

1122 Zutreffend hat I. W. Sarlet festgestellt, bestimmte positive Leistungen im Bereich der „kulturellen" Rechte – vornehmlich und unter anderen im Bereich der Grundbildung – müssen am Gehalt des Existenzminimums teilnehmen. Vgl. I. W. Sarlet, Direito Constitucional, S. 572.

1123 Siehe noch zum damit verbundenen Subsidiaritätsprinzip unten unter C.II.7.c.

1124 Ausgegangen wird hier vom Ansatz von J. Englisch, wonach drei Aufwandspositionen möglich wären: a) „regelmäßige Deckung eines existenziellen Bedarfs"; b) „sowohl qualitativ wie quantitativ überwiegende Deckung eines existenziellen Bedarfs"; c) „keine sowohl qualitativ wie quantitativ klar überwiegende Deckung eines existenziellen Bedarfs". Vgl. J. Englisch, UR 2010, 400 (408ff.).

1125 Die EU-Mitgliedstaaten haben im Bereich der Umsatzsteuerbefreiungen kaum steuerpolitischen Gestaltungspielraum. In Art. 132ff. MwStSystRL ist ein abschließender Kata-

die Steuerbefreiung, was die Einteilung in drei wesentlichkeitsbezogenen Kategorien von Gütern und Leistungen ermöglicht. Die sogenannten unvermeidbaren, dem physischen Existenzminimum zuzurechnenden Erwerbe gehören nach hier vertretener Ansicht der Kategorie der „echten“ Umsatzsteuerbefreiung, das heißt mit Vorsteuerabzugsrecht hinsichtlich der besteuerten Eingangsleistungen[1126]. Die Güter und Leistungen des sogenannten gehobenen Bedarfs unterliegen im Gegensatz dem Normalsteuersatz. Die dazwischenliegenden Aufwandspositionen, die weder einen grundlegenden Lebensbedarf noch einen Luxuskonsum widerspiegeln, sind ermäßigt zu besteuern. Die Erste Kategorie wäre also die des *unentbehrlichen* Konsums. Die Zweite wäre die des *überflüssigen* Konsums und die Dritte die des *nützlichen* Konsums[1127]. Jede Kategorie lässt sich nach dem jeweiligen Grad von Herstellung der Wirksamkeit jedes Sozialrechts bzw. jedes der grundlegenden Lebensbedürfnisse des Bürgers rechtfertigen. Ausgangspunkt der Einteilung ist immer noch der Waren- und Leistungskorb, der regelmäßig aufgrund außergewöhnlicher Umstände und der gesellschaftlichen Entwicklung überarbeitet werden muss[1128]. Die mittlere Kategorie des *nützlichen* Konsums dient ebenfalls der *Milderung* von Abgrenzungsschwierigkeiten. Eine strikte typisierende Zuordnung nur zum existentiellen und zum nicht-existentiellen Bedarf würde zwei weit weg voneinander liegende Extreme bilden und zu zahlreichen unverhältnismäßigen Zuordnungen führen[1129]. Der ermäßigte

log zwingender Befreiungstatbestände vorgegeben. Der Gestaltungsspielraum für den deutschen Gesetzgeber ist im Rahmen der Steuerermäßigungen relativ weit. In Art. 98 II i.V.m. Anhang III und daneben in Art. 102ff. MwStSystRL sind entlastungsfähige Güter und Dienstleistungen vorgesehen. Die Mitgliedstaaten können einen oder zwei ermäßigte Steuersätze anwenden (vgl. Art. 98 I MwStSystRL). Vgl. hierzu J. Englisch, in: Tipke/Lang21, Steuerrecht, § 17 Rz. 197 u. 273.

1126 Siehe noch dazu unten unter C.III.

1127 Ähnlich C. Menke, Efeitos de Confisco, S. 52ff. (Wesentliche, wichtige und überflüssige Rechtsgüter im Rahmen der Herstellung einer Minimalwirksamkeit der Grundrechte).

1128 Der Bundesrechnungshof hat im Juni 2010 Vorschläge für eine künftige Ausgestaltung der Steuerermäßigung im Umsatzsteuerrecht. Als Ergebnis hat er festgestellt, der Katalog der Begünstigungen in § 12 UStG sowie in der Anlage 2 zum UStG grundlegend zu überarbeiten. Der Katalog sei unübersichtlich und teilweise widersprüchlich. Darüber hinaus seien bei verschiedenen Steuerermäßigungen die Gründe für ihre Einführung mittlerweile überholt. Zum Schluss ist der Bundesrechnungshof der Auffassung, direkte Subventionen, Änderungen bei den direkten Steuern oder Sozialtransfers wirken wesentlich zielgenauer. Vgl. Bundesrechnungshof, Bericht über den ermäßigten Umsatzsteuersatz, 2010. Einsehbar unter http://bundesrechnungshof.de/veroeffentlichungen/sonderberichte/erm-umsatzsteuer.pdf. Abfrage am 12.04.2012.

1129 Anders J. Englisch, UR 2010, 400 (413).

Umsatzsteuersatz für die Kategorie des *nützlichen* Konsums entspricht zum Teil dem Ideal der verhältnismäßigen Gerechtigkeit[1130].

Die hier vertretene Einteilung wäre der brasilianischen Rechtsordnung nicht ganz fremd, denn eine ähnliche Klassifizierung existiert schon seit langem insbesondere im Mietrecht. Art. 96 des brasilianischen Bürgerlichen Gesetzbuchs sieht drei Kategorien von Verbesserungen vor. Die *Schönheitsreparaturen* (a) bestehen in denjenigen, die die herkömmliche Nutzung des Gegenstands nicht optimieren, selbst wenn sie von hohem Wert sind oder den Gegenstand angenehmer machen. *Nützliche Verbesserungen* (b) optimieren bzw. erleichtern die Nutzung des Gegenstands. Zuletzt haben die *notwendigen Verbesserungen* (c) den Zweck, den Gegenstand in Stand zu halten bzw. zu vermeiden, dass er untergeht. Die Einteilung geht auch von zwei Extremen aus – *Schönheitsreparaturen* und *notwendigen Verbesserungen* -, aber sieht eine dazwischenliegende Kategorie vor.

Jedenfalls muss ein Mindestmaß an Verwirklichung der Sozialrechte und der grundlegenden Lebensbedürfnisse des Arbeitnehmers und der seiner Familie bei der Konsumbesteuerung stets zugesichert werden[1131]. Wie an früherer Stelle festgestellt worden ist, gelten die expliziten Grundlagen zur Definition der Wesentlichkeit als Anhaltspunkte zur Festlegung der Umsatzsteuersätze[1132]. Art. 7 IV CF sieht vor, dass der nationale Mindestlohn vom Gesetzgeber festgelegt werden muss dergestalt, dass die grundlegenden Lebensbedürfnisse des Arbeitnehmers und die seiner Familie – wie z.B. *Unterkunft, Nahrung, Bildung, Gesundheit, Freizeit, Bekleidung, Hygiene, Beförderung* und *Sozialversicherung* – erfüllt seien. Es muss insofern ein *menschenwürdiges Entgelt* sichergestellt werden, das zum in der Rechtsordnung vorgesehenen sozialen Programm des Staates gehört[1133]. Darüber hinaus sind im Art. 6 CF *Bildung, Gesundheit, Nahrung, Arbeit, Unterkunft, Freizeit, Sicherheit, Sozialversicherung, Mutterschaft- und Kindheitsschutz* und *Sozialhilfe*, nach Maßgabe der Verfassung, als Sozialrechte eingeordnet[1134]. Diese Sozialrechte entfalten bereichsspezifische Teilkonkretisie-

---

1130 „Denn das Proportionale ist die Mitte, und das Gerechte ist das Proportionale. (…) Das Recht ist also dieses Proportionale, das Unrecht aber ist was wider die Proportionalität anläuft“. Vgl. Aristoteles, Nikomachische Ethik, S. 125ff.

1131 Die Sozialrechte entfalten gewisse Dimensionen des Existenzminimums, obwohl sie sich nicht auf bloße Konkretisierungen des Existenzminimums beschränken. Vgl. hierzu I. W. Sarlet, L. G. Marinoni, D. Mitidiero, Direito Constitucional, S. 572.

1132 Siehe oben unter B.III.1.

1133 Vgl. ADI Nr. 1.442, Berichterstatter: Richter Celso de Mello, Plenum, DJ v. 29.04.2005.

1134 Die expliziten Grundlagen der brasilianischen Verfassung schließen weitere (implizite) Grundlagen nicht aus, die der gesamten Wirtschaftsordnung, dem offenen Grundrechts-

rungen der Menschenwürde[1135]. Ihnen ist in der Regel durch *positive* staatliche Leistungen die höchstmögliche Wirksamkeit bereitzustellen[1136]. Dennoch gilt hier ohne weiteres, dass der Staat in bestimmten Fällen ebenfalls *negativ* handeln muss[1137]. Genauer: das Antasten des Wesensgehalts der Sozialrechte bzw. der grundlegenden Lebensbedürfnisse des Arbeitnehmers und der seiner Familie durch die Umsatzbesteuerung führt zu einem Systemwiderspruch und verstößt darüber hinaus gegen die Garantie der Unantastbarkeit des Wesensgehalts der Grundrechte[1138]. Die Umsatzbesteuerung z. B. des Waren- und Leistungskorbs lässt sich anhand der verfassungsrechtlichen Werteordnung nicht rechtferti-

---

katalog und dem gesamten Verfassungstext entnommen werden können. Diese Möglichkeit ergibt sich vor allem aus der systematischen Auslegung in Verbindung mit dem Grundsatz der Einheit der Verfassung. Siehe dazu oben unter B.III.2.

1135 Vgl. hierzu I. W. Sarlet, L. G. Marinoni, D. Mitidiero, Direito Constitucional, S. 572.

1136 P. Caliendo ist der Meinung, ein zumutbares Verständnis des Schutzes der sozialen Grundrechte setzt eine höchstmögliche Wirksamkeit voraus. Dabei sind die Kosten (der Vorbehalt des Möglichen) und die Komplexität (der Konsistenzvorbehalt) der Verwirklichung der Grundrechte ernst zu nehmen. Siehe P. Caliendo, Direito Tributário, S. 193. Es ist nochmals zu betonen, dass bloße technische bzw. personalbezogene Schwierigkeiten nicht ausreichen, eine Verletzung des Existenzminimums zu rechtfertigen. Auch ist die verfassungsrechtliche Verankerung des Leistungsfähigkeitsprinzips im brasilianischen Verfassungssteuerrecht so nachzuvollziehen, dass lediglich eine tatsächliche Unmöglichkeit hinreichend rechtfertigen darf, von der Gestaltung einer bestimmten Fiskalzwecksteuer nach der individuellen steuerlichen Leistungsfähigkeit abzuweichen. Siehe auch H. Ávila, Igualdade, S. 86.

1137 Auch die Sozialrechte entfalten nicht nur eine positive (leistende), sondern auch eine negative (abwehrende) Dimension. Vgl. I. W. Sarlet, in: Direitos Fundamentais e Estado Constitucional, 213 (218).

1138 Tatsächlich besteht hier ein Problem, „den absolut schützenswerten, jeder Abwägung des Gesetzgebers entrückten Wesensgehalt der (einzelnen) Grundrechte zu finden". Siehe hierzu M. Sachs, in: M. Sachs, GG, Art. 19 Rz. 43. Jedenfalls ist nach hier vertretener Auffassung kein steuerlicher Zugriff auf minimale sozialrechtliche bzw. grundrechtliche Positionen zulässig. So auch R. Lobo Torres, Mínimo Existencial, S. 80f. Diese minimale Dimension bzw. dieser minimale Wesensgehalt besteht in dem Kern, ohne den das Sozial- bzw. Grundrecht nicht ausgeübt werden kann. Was der sozialhilferechtliche Gesetzgeber als Minima definiert – die Mindestaufwandspositionen insbesondere im Bereich von Ernährung, Kleidung, Körperpflege, Hausrat, Haushaltsenergie ohne die auf Heizung und Erzeugung von Warmwasser entfallenden Anteile, persönlichen Bedürfnissen des täglichen Lebens sowie Unterkunft und Heizung (§ 27a Abs. 1 S. 1 SGB XII) – dürfte kein Gegenstand der Verbrauchsbesteuerung sein. Wie bereits oben dargelegt, sind die expliziten Grundlagen zur Definition der Wesentlichkeit im brasilianischen Recht in Art. 6 und 7 IV CF verankert. Siehe dazu oben unter B.III.1.

gen[1139]. Von der Umsatzsteuer und den Verbrauchsteuern freizustellen ist im häuslichen Umfeld z. B. einen Mindestkonsum von Strom, Gas und Wasser, die dem Wesensgehalt des Sozialrechts auf Wohnung unmittelbar zugerechnet werden können. Über dieses Mindestmaß hinaus kann der Verbrauch progressiv besteuert werden.

Im deutschen Sozialhilferecht umfasst der für die Gewährleistung des Existenzminimums notwendige Lebensunterhalt *insbesondere Ernährung, Kleidung, Körperpflege, Hausrat, Haushaltsenergie* ohne die auf Heizung und Erzeugung von Warmwasser entfallenden Anteile, *persönliche Bedürfnisse des täglichen Lebens* sowie *Unterkunft* und *Heizung* (§ 27a Abs. 1 S. 1 SGB XII)[1140]. Auch eine Teilhabe am sozialen und kulturellen Leben in der Gemeinschaft gehöre in vertretbarem Umfang zu den persönlichen Bedürfnissen des täglichen Lebens (§ 27a Abs. 1 S. 2 SGB XII)[1141]. Nach derzeitiger Ansicht des Bundesverfassungsgerichts erstrecke sich der unmittelbar verfassungsrechtliche Leistungsanspruch auf Gewährleistung eines menschenwürdigen Existenzminimums *nur* auf diejenigen Mittel, die zur Aufrechterhaltung eines menschenwürdigen Daseins *unbedingt erforderlich* sind[1142]. Es handelt sich um „eine einheitliche grundrechtliche Garantie, die sowohl die physische Existenz des Menschen (...) als auch die Sicherung der Möglichkeit zur Pflege zwischenmenschlicher Beziehungen und zu einem Mindestmaß an Teilhabe am gesellschaftlichen, kulturellen und politischen Leben“ umfasst[1143]. Zur physischen Existenz des Menschen zählen Nahrung, Kleidung, Hausrat, Unterkunft, Heizung, Hygiene und Gesundheit[1144]. Ebenfalls Versicherungsbeiträge für die Kranken- und Pflegeversorgung können Teil des einkommensteuerrechtlich zu verschonenden Existenzminimums sein[1145]. Dabei hat der Steuergesetzgeber einen weiten Gestaltungsspielraum,

---

1139 Im Bereich der Vermögensteuern wirke die Überwälzung der Grundsteuer auf die Mieter von Räumen zu nichtgewerblicher Nutzung wie eine „Wohnungsbesteuerung“ und sei insofern inkonsequent. Auch das Wohnen mit der Grundsteuer zu belasten, wenn die Vermietung und Verpachtung von Grundstücken umsatzsteuerfrei seien, widerspreche die Einheit der Steuerrechtsordnung. Vgl. K. Tipke, StRO, S. 97f., 1001; siehe auch Der wissenschaftliche Beirat beim BMF, S. 261.

1140 Siehe dazu oben unter B.III.1.

1141 Dies gelte in besonderem Maß für Kinder und Jugendliche. Für Schülerinnen und Schüler umfasse der notwendige Lebensunterhalt auch die erforderlichen Hilfen für den Schulbesuch. Vgl. hierzu § 27a Abs. 1 Sätze 2 u. 3 SGB XII. Die vorherige Fassung (§ 27 Abs. 1 SGB XII) hat hinsichtlich der persönlichen Bedürfnisse „Beziehungen zur Umwelt und eine Teilnahme am kulturellen Leben“ vorgesehen.

1142 BVerfGE 125, 175, 223 („Hartz-IV“- Urteil).

1143 BVerfGE 125, 175, 223 („Hartz-IV“- Urteil).

1144 BVerfGE 125, 175, 223 („Hartz-IV“- Urteil). Vgl. auch BVerfGE 120, 125, 155f.

1145 BVerfGE 120, 125, 156.

aber darf den Wesensgehalt dieser *Sozialrechte* (Art. 6 CF) nicht antasten. Hier verknüpft sich der Wesensgehalt jedes Sozialrechts - als Grundrecht anerkannt – mit dem Gehalt der Menschenwürde, der sich auch als wesentlicher Kern der Grundrechte bezeichnen lässt[1146].

Es ist hier nochmals zu betonen, dass es nicht Gegenstand dieser Untersuchung ist, eine präzise Auflistung der Güter und Leistungen darzustellen, die umsatzsteuerlich zu verschonen und ermäßigt zu besteuern sind[1147]. Welche genauen Lebensmittel z. B. dem Warenkorb zuzurechnen und folglich vollständig zu entlasten sind ist eher Aufgabe von Ausschüssen von Ernährungsberatern, nicht von Juristen[1148]. Vielmehr ist hier in Anlehnung an die Aussage des Bundesverfassungsgerichts festzustellen, dass es auch im Umsatzsteuerrecht gilt, die Gewährleistung des Existenzminimums nur auf diejenigen Mittel zu erstrecken, die zur Aufrechterhaltung eines menschenwürdigen Daseins *unbedingt erforderlich* sind[1149]. Die unentbehrlichen Aufwandspositionen sind diejenigen, ohne die eine Mindestwirksamkeit der Sozialrechte bzw. der grundlegenden Lebensbedürfnisse des Menschen nicht sichergestellt werden kann[1150]. Der Kerngehalt der Sozialrechte bzw. der grundlegenden Lebensbedürfnisse des Arbeitnehmers und der seiner Familie besteht aus bestimmten Gütern und Leistungen, die im Bereich des Sozialhilferechts durch positive finanzielle Leistungen sichergestellt und im Bereich des Umsatzsteuerrechts verschont werden sollen[1151].

(iii) Anschließend gilt es kritisch zu hinterfragen, ob und inwieweit Praktikabilitätsgründe Einschränkungen oder sogar eine Durchbrechung des Leistungsfähigkeitsprinzips in seiner sozialstaatlichen und freiheitsschonenden Dimension zulassen.

1146 Siehe hierzu I. W. Sarlet, Dignidade, S. 141ff.; ders., in: Direitos Fundamentais e Estado Constitucional, 213 (216ff).

1147 Ein Katalog von dem Existenzminimum zuzurechnenden Aufwandspositionen findet sich bei J. Englisch, UR 2010, 400 (408ff.). Zur Bewertung der großen Subventionen in Deutschland generell als problematisch siehe das gemeinsame Studie des Zentrums für Europäische Wirtschaftsforschung Mannheim, der dänischen Beratungsfirma Copenhagen Economics und, als Federführer, des Finanzwissenschaftlichen Forschungsinstituts der Universität zu Köln, Evaluierung von Steuervergünstigungen, Bd. 1, 2009, S. 44ff.

1148 Dazu sind auch die Ergebnisse der Einkommens- und Verbrauchsstichprobe hilfreich. Vgl. hierzu z. B. Statistisches Bundesamt, Ergebnisse der Einkommens- und Verbrauchsstichprobe 2008, einsehbar unter https://www.destatis.de/DE/PresseService/Presse/Pressekonferenzen/2010/evs/pressebroschuere_evs.pdf?__blob=publicationFile. Abfrage am 06.08.2012.

1149 BVerfGE 125, 175, 223 („Hartz-IV"- Urteil).

1150 Ähnlich C. Menke, Efeitos de Confisco, S. 52f.

1151 Ähnlich R. Lobo Torres, Mínimo Existencial, S. 80f.

Im deutschen Schrifttum wird nicht selten die Abschaffung der Umsatzsteuerermäßigungen um der Vermeidung von Abgrenzungsschwierigkeiten und Verwaltungsmehraufwand willen vertreten[1152]. Die Einordnung unterschiedlicher Gegenstände und Leistungen in die Ermäßigungstatbestände kann zu unverhältnismäßigem Verwaltungsmehraufwand führen[1153]. Zahlreiche Umsatzsteuerermäßigungen lassen sich nicht weiter rechtfertigen; der gegenwärtige Katalog im deutschen Umsatzsteuergesetz erweist sich als das Ergebnis von Lobbyarbeiten[1154] und politischen Verhandlungen und ist zumindest reformbedürftig[1155]. *R. Ismer, A. Kaul* und *W. Reiß* sind der Meinung, der Bestand der vorhandenen Umsatzsteuerermäßigungen sei nicht mehr begründbar; sie sollten dementsprechend abgeschafft werden[1156]. Einzige Ausnahme sei unter dem Aspekt der Verteilungsgerechtigkeit die Fortführung der Ermäßigung für die Liefe-

1152 Vgl. J. Lang, Steuergesetzbuch, Begründung Rz. 419f.; für eine Umsatzsteuerermäßigung nur für Lebensmittel vgl. A. Kaul, UR 2011, 410 (415); R. Ismer, A. Kaul, W. Reiß, UR 2010, 837 (842f. u. 849); R. Ismer, A. Kaul, W. Reiß, S. Rath, Umsatzbesteuerung, S. 251; zu den Wirkungen einer Abschaffung des ermäßigten Umsatzsteuersatzes siehe das Gutachten des Zentrums für Europäische Wirtschaftsforschung GmbH, Hrsg.: C. Böhringer, T. Büttner, M. Kraus, S. Boeters, Allokative und distributive Effekte einer Abschaffung des ermäßigten Umsatzsteuersatzes, Oktober 2004; zur Verringerung der Befolgungskosten aufgrund der Einführung eines uniformen Umsatzsteuersatzes in Schweden vgl. Compliance costs of value-added tax in Sweden, Report 2006: 3 B, Skatteverket, S. 63ff. u. 79; zur Bewertung der großen Subventionen in Deutschland generell als problematisch siehe das gemeinsame Studie des Zentrums für Europäische Wirtschaftsforschung Mannheim, der dänischen Beratungsfirma Copenhagen Economics und, als Federführer, des Finanzwissenschaftlichen Forschungsinstituts der Universität zu Köln, Evaluierung von Steuervergünstigungen, Bd. 1, 2009, S. 44ff.; zur Annahme, ein einziger Mehrwertsteuersatz rein wirtschaftlich betrachtet die beste Gestaltungsalternative darstelle, vgl. die Mitteilung der Kommission an den Rat und an das Europäische Parlament über vom Normalsatz abweichende Mehrwertsteuersätze, 2007, KOM (2007) 380 endgültig, S. 4; zur Annahme, ein einziger Mehrwertsteuersatz wirtschaftlich effizienter sei, aber es gebe gültige wirtschaftliche Argumente für eine Ermäßigung in bestimmten Wirtschaftsbranchen, vgl. Copenhagen Economics, Study on reduced VAT applied to goods and services in the Member States of the European Union - Final report, 2007, S. 4ff.

1153 Vgl. das Studie des Zentrums für Europäische Wirtschaftsforschung Mannheim, der dänischen Beratungsfirma Copenhagen Economics und, als Federführer, des Finanzwissenschaftlichen Forschungsinstituts der Universität zu Köln, Evaluierung von Steuervergünstigungen, Bd. 1, S. 45; Bundesrechnungshof, Bericht über den ermäßigten Umsatzsteuersatz, S. 34.

1154 Ähnlich R. Ismer, A. Kaul, W. Reiß, S. Rath, Umsatzbesteuerung, S. 2 u. 29.

1155 Vgl. Bundesrechnungshof, Bericht über den ermäßigten Umsatzsteuersatz, S. 5 u. 34.

1156 Siehe R. Ismer, A. Kaul, W. Reiß, UR 2010, 837 (838 u. 849).

rung von Lebensmitteln[1157]. Abgesehen davon seien Ausgleichsmechanismen im Einkommensteuerrecht – nämlich durch Anpassungen bei Freibeträgen - und im Sozialhilferecht – mittels direkter Transfers – effizienter und weniger aufwendig[1158]. *J. Lang* schlägt in seinem Entwurf eines Steuergesetzbuchs vor, auf Steuervergünstigungen zu verzichten und einen mittleren Normalsatz einzuführen[1159]. Im Lichte des „für die Führung eines menschenwürdigen Lebens notwendigen Bedarfs“ würde auf Antrag eine Steuervergütung zum Ausgleich der Umsatzsteuerbelastung gewährt werden[1160]. Das Bundesverfassungsgericht wiederum hat hinsichtlich der erforderlichen Typisierungen und Pauschalierungen im Steuerrecht wiederholt betont, das Maß der ungleichen Auswirkung solle durch die steuerlichen Vorteile der Typisierung ermittelt werden, die im rechten Verhältnis zu der mit der Typisierung notwendig verbundenen Ungleichheit der steuerlichen Belastung stehen[1161]. Die durch die Typisierung eintretenden Härten oder Ungerechtigkeiten dürfen nur eine verhältnismäßig kleine Zahl von Personen betreffen[1162].

Im brasilianischen Steuerrecht wird unter anderen von *R. H. Costa* zutreffend vertreten, die Anwendung von Praktikabilitätstechniken müssen stets die Grundrechte, die Gesetzmäßigkeit, das Leistungsfähigkeitsprinzip und die Klausel der *due process* beachten[1163]. Unter den in der brasilianischen Verfassung vorgesehenen allgemeinen Grundsätzen des nationalen Steuerrechtssystems gebe es nach der Auffassung *H. Ávilas* kein Prinzip, das zu Lasten des Leistungsfähigkeitsprinzips und zu Gunsten der Steuerverwaltungspraktikabilität wirke[1164].

Wie im zweiten Kapitel dargelegt ist Steuervereinfachung nur ein sekundäres, subsidiäres Gestaltungsprinzip, das nur im Rahmen der Wertungen des betreffenden Steuersystems bzw. Steuergesetzes zur Geltung kommen könne[1165].

1157 Siehe R. Ismer, A. Kaul, W. Reiß, UR 2010, 837 (849).

1158 Siehe R. Ismer, A. Kaul, W. Reiß, UR 2010, 837 (849). Für eine Kritik zu den sogenannten Ausgleichsmechanismen siehe noch näher unten unter C.II.7.c)cc.

1159 Vgl. J. Lang, Steuergesetzbuch, Begründung Rz. 419.

1160 Vgl. J. Lang, Steuergesetzbuch, § 473. Zur hier vertretenen Ansicht hinsichtlich einer möglichen Umsatzsteuervergütung siehe unten unter C.II.7.c)cc.

1161 BVerfGE 21, 12, 27.

1162 BVerfGE 63, 119, 128; 84, 348, 360.

1163 Vgl. R. H. Costa, Praticabilidade, S. 220. Verfehlt ist allerdings ihr Ansatz zur fiskalischen Ergiebigkeit als einer der möglichen Rechtfertigungsgründe einer Durchbrechung des Leistungsfähigkeitsprinzips (S. 124). Siehe dazu im 2. Kapitel unter D.I.1.

1164 H. Ávila, Igualdade, S. 86.

1165 H. G. Ruppe, DStJG 21 (1998), S. 30.

Steuervereinfachung und Praktikabilität haben nicht die gleiche Wertigkeit wie ethische Prinzipien[1166].

Das ist genau der Schwerpunkt dieser Frage. Der deutsche und der brasilianische Verfassungsstaat, abgesehen von erheblichen Unterschieden bei der jeweiligen sozialstaatlichen Gestaltung, stützen sich auf den Hauptpfeiler der Garantie der Menschenwürde[1167]. Die vornehmste rechtsethische Wertung des Gesetzgebers bei der Gestaltung von Fiskalzwecksteuern in beiden Ländern soll darin bestehen, leistungsfähigkeitskonforme Steuern zu schöpfen. Dies soll ohne weiteres auch im Umsatzsteuerrecht gelten insofern, als einerseits eine Progressivität um der Verwirklichung der vertikalen Steuergerechtigkeit willen nach Möglichkeit eingeführt werden soll[1168] und andererseits die dem Existenzminimum zuzuordnenden Aufwandspositionen umsatzsteuerlich verschont werden müssen[1169]. Das hier in Betracht kommende rechtsethische und systemtragende Prinzip ist das Fundamentalprinzip der steuerlichen Leistungsfähigkeit, das in seiner freiheitsschonenden[1170] und sozialstaatlichen Dimension *auch* die umsatzsteuerliche Verschonung von existenzsichernden Aufwandspositionen gebietet[1171]. Das einkommensteuerrechtliche subjektive Nettoprinzip als Unterprinzip des Leistungsfähigkeitsprinzips strahlt in der fiskalzweckorientierten Konsumbesteuerung ebenfalls seine Wirkungen aus[1172]. Der zur Besteuerung *disponible*

1166 J. Lang, in: Tipke/Lang, Steuerrecht, § 4 Rz. 130.

1167 Vgl. hierzu die Präambel sowie die Art. 1 III, 3 I u. III, 170 CF. Siehe auch Art. 1 I, 20 I u. 28 I GG.

1168 Zur Zulässigkeit einer progressiven Besteuerung nach der Konsumleistungsfähigkeit siehe oben unter C.II.6.

1169 So auch L. Schemmel, Entlastung, S. 10ff.

1170 Vgl. A. Liesenfeld, Existenzminimum, S. 148ff. Die Autorin ist der Auffassung, dass dem ursprünglichen Verständnis des Leistungsfähigkeitsprinzips eine freiheitsrechtliche Wertung zugrunde lag, d.h. steuerliche Leistungsfähigkeit nur über den existenznotwendigen Betrag hinaus bestehe. Erst später wurden dem Fundamentalprinzip die gleichheitsrechtlichen Ansätze der Steuerverteilung hinzugefügt. Siehe auch R. Lobo Torres, Mínimo Existencial, S. 186f., wonach die steuerliche Entlastung von Verfassungs wegen (Immunität) dadurch charakterisiert wird, dass sie in einem Prädikat der Freiheitsrechte bestehe.

1171 In Verbindung damit siehe den Verbrauchsbegriff von K. Löhr, Optionsrecht, S. 262, 283 u. 393 („jede Einkommensverwendung eines Verbrauchers zur unmittelbaren Bedürfnisbefriedigung über den existenz- oder erwerbssichernden Bedarf hinaus").

1172 Ähnlich K. Löhr, Optionsrecht, S. 262, wonach die Freistellung der zur Befriedigung existenz- sowie erwerbssichernden Aufwandspositionen dienenden Einkommensteile nicht lediglich innerhalb der Einkommensteuer, sondern innerhalb sämtlicher Steuerarten zu gewährleisten sei. Vgl. auch J. Lang, in: Tipke/Lang, Steuerrecht, § 9 Rz. 42: „Für die Steuerzahlung nicht disponible ist das, was der Steuerpflichtige für seine eigene Existenz oder für die Existenz seiner Familie oder aus anderen Gründen aufwenden

Einkommensteil in Konsumvorgängen kommt lediglich bei solchen Aufwendungen zum Ausdruck, die über die existenzsichernden Erwerbe hinausgehen[1173].

Es darf andererseits nicht außer Acht gelassen werden, dass im Umsatzsteuerrecht „eine relativ höhere Gewichtung von Belangen der Verwaltungspraktikabilität möglich ist“[1174]. Aber selbst in Ländern wie Deutschland, wo es kein ausdrückliches Prinzip der Selektivität nach der Wesentlichkeit der Güter und Leistungen gibt[1175], darf der Gesetzgeber nach der Auffassung von *J. Englisch* von einer umsatzsteuerlichen Verschonung um bloßer Praktikabilitätserwägungen willen nicht abweichen, wenn bei einer größeren Personengruppe und nicht lediglich in atypischen Fällen leistungsfähigkeitswidrige Mehrbelastungen auftreten[1176]. Aufwendungen für Güter und Leistungen des lebensnotwendigen Bedarfs betreffen allenfalls die Mehrheit der Bevölkerung, unabhängig davon, ob einer Gruppe Sozialtransfers gewährt und einer anderen Gruppe Ausgleiche im Einkommensteuerrecht zur Verfügung gestellt werden. Abgrenzungs- bzw. Vollzugsschwierigkeiten in diesem Fall haben keinen Vorrang vor der Gewährleistung eines steuerfreien Existenzminimums[1177] und der Aufrechterhaltung der vertikalen Steuergerechtigkeit. Hierzu ist nochmals in Anlehnung an *K. Tipke* zu betonen, „die Verletzung des Existenzminimums lässt sich weder mit Finanzbedarfsgesichtspunkten noch mit Praktikabilitätserwägungen rechtfertigen“[1178].

(iv) Es soll hier nicht ausführlich auf Abgrenzungsfälle eingegangen werden. Erwähnenswert ist dennoch das Urteil des Europäischen Gerichtshofs von 10.3.2011 zur Qualifizierung der Abgabe von Mahlzeiten oder Speisen zum sofortigen Verzehr als Lieferung von Gegenständen oder als Dienstleistung[1179]. Entscheidend für die Beurteilung ist nach den Feststellungen des Gerichts, ob durch eine qualitative Prüfung in der Gesamtbetrachtung der Tätigkeit Dienst-

---

muss“. Isoliert betrachtet kann diese Aussage zur deutlichen Erstreckung der Wirkungen des subjektiven Nettoprinzips für alle Steuerarten führen.

1173 Siehe K. Löhr, Optionsrecht, S. 262; R. Lobo Torres, Mínimo Existencial, S. 80f. („Schutz gegen Abgaben auf minimale sozialrechtliche Positionen des Einzelnen“) u. S. 186f. („Implizite steuerliche Entlastung (Immunität) des Waren- und Dienstleistungskorbs“).

1174 So J. Englisch, UR 2010, 400 (407).

1175 Siehe dazu oben unter B.I.

1176 Vgl. J. Englisch, UR 2010, 400 (408).

1177 Ähnlich K. Tipke, StuW 1992, 103 (114).

1178 Vgl. K. Tipke, StRO, S. 1000.

1179 Vgl. EuGH, Urt. v. 10.3.2011, Rs. C-497/09, C-499/09, C-501/09 und C-502/09 (Partyservice), UR 2011, 272ff.

leistungselemente überwiegen[1180]. Als Abgrenzungskriterien für die Annahme als Restaurationsleistung gelten beispielsweise die Möglichkeit für den Kunden, das Menü zusammenzustellen und die Speisen nach seinen Wünschen zubereiten zu lassen, die Bereitstellung von Geschirr, Besteck oder sogar Mobiliar und das Vorhandensein eines gewissen personellen Einsatzes[1181]. Schließlich umfasse der Begriff „Nahrungsmittel" bei Lieferung von Gegenständen „auch Speisen oder Mahlzeiten, die durch Kochen, Braten, Backen oder auf sonstige Weise zum sofortigen Verzehr zubereitet worden sind"[1182].

Der Europäische Gerichtshof hat aus einer reinen (richtlinienkonformen) begrifflichen Sicht entschieden. Aus der im Vordergrund stehenden Perspektive dieser Arbeit ist nicht nur nach der richtlinienmäßigen Auslegung der oben erwähnten Tätigkeit zu fragen. Vielmehr hat der Rechtsanwender bei einem solchen Fall zu ermitteln, inwieweit die Lieferung bzw. die Leistung zur Gewährleistung eines menschenwürdigen Daseins unbedingt erforderlich ist. Obwohl es in diesem Fall um keine dem Regelsteuersatz unterliegende Dienstleistung geht, stellt die Abgabe frisch zubereiteter Speisen oder Nahrungsmittel zum sofortigen Verzehr an Imbissständen oder –wagen oder in Kinofoyers keinen unentbehrlichen Erwerb lebensnotwendiger Güter dar, der der Lieferung von Nahrungsmitteln zur Mitnahme im Supermarkt z. B. gleichgestellt werden könnte. Insofern lässt sich eine gleiche (ermäßigte) Umsatzbesteuerung nicht rechtfertigen, auch wenn es in beiden Fällen um eine Lieferung von Nahrungsmitteln geht. Damit zu berücksichtigen ist der Fall des „Essens auf Rädern". Wenn diese Lieferung von frisch zubereiteten Speisen oder Mahlzeiten auf die Bedürfnisse von alten und pflegebedürftigen Menschen zugeschnitten wird, die nicht mehr für sich selbst kochen bzw. einkaufen können, dann ist diese Tätigkeit nach den hier vertretenen Argumenten von der Umsatzsteuer zu befreien[1183]. Der Transport wiederum verkörpert hier eine untergeordnete Nebenleistung.

1180 EuGH, Urt. v. 10.3.2011, Rs. C-497/09, C-499/09, C-501/09 und C-502/09 (Partyservice), UR 2011, 272 (278).

1181 EuGH, Urt. v. 10.3.2011, Rs. C-497/09, C-499/09, C-501/09 und C-502/09 (Partyservice), UR 2011, 272 (279).

1182 EuGH, Urt. v. 10.3.2011, Rs. C-497/09, C-499/09, C-501/09 und C-502/09 (Partyservice), UR 2011, 272 (280).

1183 Wenn die Leistungen von Körperschaften erbracht werden, die ausschließlich und unmittelbar gemeinnützige, mildtätige oder kirchliche Zwecke verfolgen (§§ 51 bis 68 AO), dann fällt der ermäßigte Steuersatz an. Vgl. § 12 Abs. 2 Nr. 8a UStG. Nach der brasilianischen Verfassung ist dem Bund, den Ländern, dem Bundesbezirk und den Gemeinden verwehrt, Steuern auf das Vermögen, das Einkommen und den Umsatz der gemeinnützigen und mildtätigen Einrichtungen einzuführen. Vgl. Art. 150 VI „c" CF.

C.II.7.c) Verstoß gegen das Subsidiaritätsprinzip

C.II.7.c)aa) Zur Bedeutung des Subsidiaritätsprinzips für eine Besteuerung nach der Konsumleistungsfähigkeit

Das verfassungskräftige[1184] Subsidiaritätsprinzip besteht in keiner bloßen einschränkenden Regel staatlicher Kompetenzen[1185], sondern in einer ethischen Maxime[1186], die das Ziel hat, dem Einzelnen die realen und faktischen Bedingungen zwecks seiner physischen und geistigen Entfaltung zu sichern[1187]. Es ist keine bloße organisationstechnische Regel, die Effizienz und Akzeptanz erzielen soll[1188], sondern gleichzeitig Ausdruck eines staatlichen Handelsgebots[1189] – dementsprechend der Einzelne „aus eigener Initiative und mit eigenen Kräften nicht leisten kann"[1190] – und eines staatlichen Handelsverbots – dementsprechend der Bürger sich ohne Unterstützung Dritter nach dem Menschenbild des Grundgesetzes[1191], das „von einer freien selbstverantwortlichen und sozial zu achtenden Persönlichkeit ausgeht"[1192], entfalten kann. Der Subsidiaritätsgrundsatz findet sich in verschiedenen Vorschriften des deutschen Grundgesetzes und

---

1184 Vgl. J. Englisch, Wettbewerbsgleichheit, S. 596.

1185 O. Höffe betrachtet das Subsidiaritätsprinzip auch im Lichte der Sozialenzyklika Quadragesimo anno (1931). Ausgehend davon bestünde das Prinzip aus sieben Momenten. Einer von denen charakterisiert es als Kompetenzbegrenzungsregel. Siehe hierzu O. Höffe, Subsidiarität, S. 53ff. Vgl. auch in der Sozialenzyklika Quadragesimo anno insbesondere die folgende Passage: „...dennoch verbleibt unverändert jenes Prinzip der Sozialphilosophie: sowie es ungerecht ist, den Einzelnen wegzunehmen, was sie mit eigener Initiative und Kraft durchführen können, um es der Kollektivität beizumessen, ist es sowieso ungerecht, ein schlimmes Schaden und eine Störung der Sozialordnung, einer größeren und hoheitlicheren Gesellschaft zu übertragen, was kleinere und untergeordnete Gesellschaften erreichen könnten. Der Wesenszweck der Gesellschaft und ihres Handelns ist, ihren Mitgliedern beizustehen, sie nicht zu zerstören oder zu absorbieren". (freie Übersetzung durch den Verfasser). Vgl. unter http://www.vatican.va/holy_father/pius_xi/encyclicals/documents/hf_p-xi_enc_19310515_quadragesimo-anno_po.html. Abfrage am 02.06.2012. Vgl. auch H. Weber-Grellet, Steuern im modernen Verfassungsstaat, S. 30 FN 163.

1186 Vgl. J. Isensee, Subsidiaritätsprinzip, S. 339.

1187 Vgl. D. Birk, Leistungsfähigkeitsprinzip, S. 134; J. Isensee, Subsidiaritätsprinzip, S. 339.

1188 Vgl. J. Isensee, Subsidiaritätsprinzip, S. 339.

1189 Ähnlich W. Leisner, DÖV 1961, 641 (652), wonach die Berücksichtigung einer grundsätzlichen Subsidiarität „durch das hilfsweise Bereitstehen staatlichen Zwangs und staatlicher Hilfe" gesichert werde.

1190 Vgl. O. Höffe, Subsidiarität, S. 54.

1191 Vgl. H. Weber-Grellet, Steuern im modernen Verfassungsstaat, S. 23f. u. 42.

1192 Siehe W. Zeidler, StuW 1985, 1 (5).

der brasilianischen Verfassung in vielfältigen Ausprägungen, insbesondere in den Art. 1 bis 5, 6, 9, 12, 20 Abs. 1 und 24 GG[1193] und in den Art. 1 Abs. 4, 5 Abs. 18, 8 Abs. 1, 198 Abs. 3, 204 Abs. 1 und 2, 205, 216 § 1, 225, 227 § 1, 170 und 173 CF[1194].

Der Subsidiaritätscharakter prägt bereichsspezifisch das Sozialhilferecht, aber wirkt ebenfalls auf das Steuerrecht. Das sozialhilferechtliche Subsidiaritätsprinzip ist vornehmlich in § 2 Abs. 1 BSHG verankert, wonach Sozialhilfe nicht erhält, wer sich selber helfen kann, oder die erforderliche Hilfe von anderen erhält. Die Sozialhilfe soll nicht wie eine andauernde Lösung zur Befriedigung existenznotwendiger Bedarfe wirken, sondern den Hilfesuchenden befähigen, unabhängig von ihr zu leben[1195]. Zutreffend bemerkt *M. Lehner*, dass wenn der Steuergesetzgeber dieser sozialhilferechtlichen Zielsetzung nicht entgegenwirken möchte, dann sollte er im Lichte des Subsidiaritätsprinzips nicht nur die steuerliche Verschonung des für den Lebensbedarf existenznotwendigen Mindesteinkommens anstreben, sondern auch dem Bürger keinen Anreiz zur Auswahl des Sozialeinkommens statt des Erwerbseinkommens geben[1196]. Daraus ergibt sich, dass ein soziales Steuerrecht „dem erwerbstätigen Steuerpflichtigen mehr als das belassen muss, was dem Sozialhilfeempfänger gewährt wird“[1197]. Es bestehe ein funktionaler Ansatz, der zu einem erforderlichen Vergleich zwischen den sozialhilferechtlichen Leistungs- und den steuerlichen Verschonungstatbeständen führe[1198].

1193 O. Höffe erwähnt die klassischen Stufen der Subsidiarität: der Einzelmensch (Art. 1 ff. GG), die Familie (Art. 6 GG), private Vereine (Art. 9 GG), Länder und Bund (Art. 20 I und 79 III GG) und supranationale Institutionen (Art. 24 GG). Vgl. O. Höffe, Subsidiarität, S. 52.

1194 Das Subsidiaritätsprinzip findet keine klare Verankerung in der brasilianischen Verfassung. Es geht hier eher nur um die Erwähnung einiger seiner möglichen Erscheinungsformen. Das Prinzip kann, wie oben behauptet, vielfältige Verfassungsausprägungen haben, die von den Freiheitsgrundrechten ausgehen und sich bis zur unmittelbaren Mitwirkung der Familie und der Gesellschaft in unterschiedlichen Bereichen erstrecken. Abgesehen davon diszipliniert das Gesetz Nr. 9.882/1999 den “Einwand gegen die Missachtung von aus der Verfassung sich ergebenden Grundvorgaben“. Der Einwand unterliegt der in Art. 4 § 1 verkörperten Subsidiaritätsregel, wonach er nicht zugelassen wird, wenn es irgend andere wirksame Mittel zur Beseitigung des Verstoßes gibt. Vgl. hierzu L. G. Marinoni, in: I. W. Sarlet, L. G. Marinoni, D. Mitidiero, Direito Constitucional, S. 1128.

1195 § 1 Abs. 2 S. 2 BSHG.

1196 Vgl. M. Lehner, Einkommensteuerrecht, S. 4.

1197 So lautet die These der Arbeit M. Lehners. Siehe hierzu M. Lehner, Einkommensteuerrecht, S. 12.

1198 Vgl. M. Lehner, Einkommensteuerrecht, S. 13.

Nichtsdestotrotz finden sich im steuerrechtlichen und finanzwissenschaftlichen Schrifttum Gegenauffassungen. *P. Kirchhof* vertritt die Ansicht einer anpassungsfähigen Freistellung des existenznotwendigen Einkommens[1199], die die umsatzsteuerrechtliche Verteuerung des Warenkorbes oder entsprechende erhöhte *sozialstaatliche Leistungen* berücksichtigt [1200]. *C. Leipold* sieht eine zielgenaue Sicherung des Existenzminimums allein im Sozialrecht und im Einkommensteuerrecht[1201]. Für *R. Ismer, A. Kaul und W. Reiß* sind Sozialtransfers sowohl zielgerichteter als auch administrativ einfacher möglich im Rahmen der Verschonung des existenziellen und soziokulturellen Lebensbedarfs[1202]. Das *ZEW Mannheim* sieht die Einführung des umsatzsteuerlichen Normalsatzes für die Personenbeförderung im öffentlichen Nahverkehr als empfehlenswert vorausgesetzt, dass auch Transfers im Rahmen eines Gesamtpakets Kompensationen für die überproportionalen Belastungen ärmerer Haushalte bereithalten könnten[1203]. Die *Copenhagen Economics* hält die Einführung eines uniformen Mehrwertsteuersatzes im Zusammenhang mit der Gewährung eines pauschalen direkten Transfers für alle Haushalte zwecks Verringerung der Befolgungskosten und einer kosteneffizienteren Einkommensverteilung für empfehlenswert[1204].

Die oben erwähnten Lösungsansätze lassen sich *prinzipiell lediglich* aus wirtschafts- und haushaltspolitischen Gesichtspunkten rechtfertigen[1205], aber verstoßen gegen das verfassungskräftige Subsidiaritätsprinzip. Es wirkt grundlegend auf den gesetzgeberischen Spielraum insofern, als es dem Gesetzgeber nicht von vornherein freistellt, statt „einer steuerlichen Verschonung des Existenzminimums höhere Sozialleistungen zu gewähren, die eine Steuerbelastung des Existenzminimums finanziell kompensieren würden“[1206]. Das Menschenbild

---

1199 Zu den bereits erwähnten Ausgleichsmechanismen im Einkommensteuerrecht siehe unten unter C.II.7.c)cc)α.

1200 Vgl. P. Kirchhof, UR 2002, 541 (543).

1201 Vgl. C. Leipold, UR 2009, 584 (590).

1202 Siehe R. Ismer, A. Kaul, W. Reiß, UR 2010, 837 (849). Vgl. auch A. Kaul, UR 2011, 410 (414f.).

1203 Vgl. FiFo, Copenhagen Economics, ZEW, Steuervergünstigungen, Bd. 1, S. 15. Vgl. auch die allgemeine Schlussfolgerung der Studie auf der S. 45: „Generell gelten Steuersubventionen als problematisch bewertet, weil sie schlechter zu kontrollieren sind, wegen ihrer gesetzlichen Verankerung oftmals langlebiger sind als ausgabenseitige Transfers und zudem von einer Administration verwaltet werden, die zur Subventionssteuerung nicht ausgestattet und ausgebildet ist“.

1204 Vgl. Copenhagen Economics, Study on reduced VAT, S. 86.

1205 Zu den unzulänglichen finanzwissenschaftlichen präferierten Lösungsansätzen siehe unten unter C.II.7.c)cc.

1206 Vgl. J. Englisch, UR 2010, 400 (404f.); ders., UR 2011, 401 (405); L. Schemmel, Entlastung, S. 36. Hier gilt die Aussage: „Steuerverschonung geht vor Sozialleistung“. Vgl.

des Grundgesetzes, das „von einer freien selbstverantwortlichen und sozial zu achtenden Persönlichkeit ausgeht“, verbietet es, dass der Steuerstaat den Bürger zunächst zum Sozialfall macht, um dies danach anschließend sozialhilferechtlich zu kompensieren[1207]. Auch hier gilt der Grundgedanke der Subsidiarität, wonach Eigenversorgung Vorrang vor staatlicher Fürsorge hat[1208]. Die ständige Rechtsprechung des Bundesverfassungsgerichts liefert hierzu einen weiteren zusammenhängenden Anhaltspunkt: „Was der Staat dem Einzelnen voraussetzungslos aus allgemeinen Haushaltsmitteln zur Verfügung zu stellen hat, das darf er ihm nicht durch Besteuerung seines Einkommens entziehen“[1209]. Nach hier vertretener Auffassung gilt das grundlegend auch hinsichtlich des für private existenzsichernde Konsumzwecke verwendeten Einkommens[1210].

Dementsprechend lässt sich auch nicht im Lichte des verfassungskräftigen Subsidiaritätsgrundsatzes rechtfertigen, dass die Umsatzbesteuerung existenznotwendiger Aufwandspositionen hinnehmbar wäre, weil „das Existenzminimum in der Gesamtschau des Steuersystems ausreichend berücksichtigt würde“[1211]. Zwei Anmerkungen dazu sind darzustellen:

Ausgehend von der Gesamtschau des Steuersystems ist festzustellen, dass bei der Gewichtung der gesamten Belastungswirkungen auf den Einzelnen sämtliche auffallenden Fiskalzwecksteuern mit zu berücksichtigen sind. Das ist ebenfalls eine unausweichliche Folge des Gebots der Beachtung der Einheit der Steuerrechtsordnung und der Systemwiderspruchlosigkeit.

Aber wenn über eine zusammenhängende Auferlegung bzw. Mitgestaltung der Umsatzsteuer und der Einkommensteuer gesprochen wird, dann wird von einer „Einheit jeder Teilrechtsordnung“ ausgegangen, die auf einem diese Teilrechtsordnung umfassenden fundierenden Prinzip beruht[1212]. Das diese Teilrechtsordnung fundierende Prinzip ist nach hier vertretener Auffassung das steu-

---

hierzu J. Lang, Entwurf eines Steuergesetzbuchs, Rz. 551; H. Weber-Grellet, Steuern im modernen Verfassungsstaat, S. 177: „Infolgedessen müssen das eigene und familiäre Existenzminimum, aber auch die Aufwendungen zur Existenzvorsorge steuerfrei gestellt sein“.

1207 Siehe W. Zeidler, StuW 1985, 1 (5).

1208 BVerfGE 120, 125, 154. Siehe auch J. Isensee, in: DJT 1988, S. N42.

1209 Vgl. BVerfGE 120, 125, 154; 82, 60, 85 f., 94; 87, 153, 169 f.; 99, 246, 259; 107, 27, 48; 112, 268, 281.

1210 Hierzu gilt ebenfalls der von M. Lehner betrachtete funktionale Ansatz, der beim Vergleich der sozialhilferechtlichen Leistungs- mit den steuerlichen Verschonungstatbeständen beachtet werden muss. Aus den Leistungstatbeständen ergeben sich „die Mindestanforderungen an eine diesen Hilfen entsprechende steuerliche Verschonung“. Vgl. M. Lehner, Einkommensteuerrecht, S. 12f.

1211 So aber C. Leipold, UR 2009, 584 (591).

1212 Siehe K. Tipke, in: FS für K. Friauf, S. 742.

erliche Leistungsfähigkeitsprinzip, das in seiner sozialstaatlichen und freiheitsschonenden Dimension die umsatzsteuerliche Freistellung jener Aufwandspositionen gebietet, die zur Erfüllung der Mindestanforderungen an den grundlegenden Lebensbedürfnissen des Bürgers und den seiner unterhaltsberechtigten Familienangehörigen unbedingt erforderlich sind. Dabei darf nicht unberücksichtigt bleiben, dass eine erhebliche Anzahl von nichteinkommensteuerpflichtigen Geringverdienern bzw. Minijobbern erst bei der Einkommensverwendung für privaten Konsumzweck besteuert werden. Auf diese Personengruppe wirkt nur die Teilrechtsordnung der Konsumbesteuerung. Wenn es bei ihnen nur einen ersten und vielleicht einzigen (verbrauch)steuerlichen Zugriff gibt, dann gilt hierfür der oben erwähnte Hinweis des Bundesverfassungsgerichts: „was der Staat dem Einzelnen voraussetzungslos aus allgemeinen Haushaltsmitteln zur Verfügung zu stellen hat, das darf er ihm nicht durch Besteuerung seines Einkommens entziehen"[1213]. Also darf dies der Staat dem Einzelnen auch *nicht* durch Besteuerung seines *verwendeten* Einkommens entziehen. Denn die Steuerquelle ist das Einkommen; die Einkommensverwendung ist der bloße Anknüpfungsmoment[1214].

Die Eigenständigkeit einer widerspruchsfreien Teilrechtsordnung der Einkommensverwendungsbesteuerung wird nicht erreicht, wenn der Umsatzsteuergesetzgeber auf existenzsichernde Aufwandspositionen zugreift. Denn *zumindest* für diese Gruppe der nichteinkommensteuerpflichtigen Geringverdiener bzw. Minijobber, die erst und vielleicht nur bei der Einkommensverwendung für private Konsumzwecke besteuert werden, hat der Steuergesetzgeber nach einer gerechten, leistungsfähigkeitskonformen Verteilung dieser (Gesamt)Steuerlast zu suchen. Dies gilt insbesondere deshalb, weil der Geringverdiener keine (*partielle*)[1215] Kompensation im Einkommensteuerrecht bekommt[1216]. Was also von vornherein unmittelbar bei den Umsatzsteuertatbeständen gesetzestechnisch gestaltet werden kann, das soll dann bei ihnen durchgeführt werden[1217].

1213 Vgl. BVerfGE 120, 125, 154; 82, 60, 85 f., 94; 87, 153, 169 f.; 99, 246, 259; 107, 27, 48; 112, 268, 281.

1214 Vgl. K. Tipke, in: FS für K. Friauf, S. 751.

1215 Dazu siehe unten unter C.II.7.c)cc)α.

1216 Außerdem ist die Lage für die Geringverdiener in Brasilien noch schlimmer, denn sie haben keinen Anspruch auf ergänzende Sozialleistungen, die die Höhe des einkommensteuerfreien Existenzminimums erreichen könnte.

1217 Siehe J. Englisch, UR 2011, 401 (406); ders., UR 2010, 400 (404ff.).

C.II.7.c)bb) Ermäßigte Umsatzsteuersätze zwecks Verschonung des Existenzminimums?

Es ist zunächst zu betrachten, ob ein ermäßigter Umsatzsteuersatz den Anforderungen der Verschonung des Existenzminimums hinreichend Rechnung tragen könnte[1218].

Wie bereits an früherer Stelle dargestellt wurde, werden sowohl in Deutschland als auch in Brasilien lebensnotwendige bzw. unvermeidbare Güter und Leistungen immer noch umsatzsteuerlich (ermäßigt) besteuert[1219]. Zu nennen sind vor allem Grundnahrungsmittel. Es könnte im Prinzip die reine ökonomische Auffassung vertreten werden, wonach eine 7%ige Umsatzbesteuerung auf Nahrungsmittel[1220] keine bedeutende wirtschaftliche Wirkung auf einkommensteuerpflichtige Geringverdiener habe. Aus dieser Sicht wären Geringverdiener keine Bedürftigen mehr und dürften bei der Einkommensverwendung besteuert werden. Außerdem wirke der steuerliche Zugriff im Zeitpunkt der persönlichen

---

1218 Für eine Umsatzsteuerermäßigung nur für Lebensmittel vgl. A. Kaul, UR 2011, 410 (415); R. Ismer, A. Kaul, W. Reiß, UR 2010, 837 (842f. u. 849); R. Ismer, A. Kaul, W. Reiß, S. Rath, Umsatzbesteuerung, S. 251; für ein grundlegendes Überarbeiten des Katalogs in § 12 UStG sowie in der Anlage 2 zum UStG vgl. die Ergebnisse der Prüfung des Bundesrechnungshofs, Bericht über den ermäßigten Umsatzsteuersatz, S. 34ff.; zu den Wirkungen einer Abschaffung des ermäßigten Umsatzsteuersatzes siehe das Gutachten des Zentrums für Europäische Wirtschaftsforschung GmbH, Hrsg.: C. Böhringer, T. Büttner, M. Kraus, S. Boeters, Allokative und distributive Effekte einer Abschaffung des ermäßigten Umsatzsteuersatzes, Oktober 2004; zur Verringerung der Befolgungskosten aufgrund der Einführung eines uniformen Umsatzsteuersatzes in Schweden vgl. Compliance costs of value-added tax in Sweden, Report 2006: 3 B, Skatteverket, S. 63ff. u. 79; zur Bewertung der großen Subventionen in Deutschland generell als problematisch siehe das gemeinsame Studie des Zentrums für Europäische Wirtschaftsforschung Mannheim, der dänischen Beratungsfirma Copenhagen Economics und, als Federführer, des Finanzwissenschaftlichen Forschungsinstituts der Universität zu Köln, Evaluierung von Steuervergünstigungen, Bd. 1, 2009, S. 44ff.; zur Annahme, ein einziger Mehrwertsteuersatz rein wirtschaftlich betrachtet die beste Gestaltungsalternative darstelle, vgl. die Mitteilung der Kommission an den Rat und an das Europäische Parlament über vom Normalsatz abweichende Mehrwertsteuersätze, 2007, KOM (2007) 380 endgültig, S. 4; zur Annahme, ein einziger Mehrwertsteuersatz wirtschaftlich effizienter sei, aber es gebe gültige wirtschaftliche Argumente für eine Ermäßigung in bestimmten Wirtschaftsbranchen, vgl. Copenhagen Economics, Study on reduced VAT applied to goods and services in the Member States of the European Union - Final report, 2007, S. 4ff.

1219 Siehe dazu oben unter B.IV und C.II.7.a.

1220 Für eine Umsatzsteuerermäßigung nur für Lebensmittel vgl. A. Kaul, UR 2011, 410 (415); R. Ismer, A. Kaul, W. Reiß, UR 2010, 837 (842f. u. 849); R. Ismer, A. Kaul, W. Reiß, S. Rath, Umsatzbesteuerung, S. 251.

Entscheidung zur Einkommensverwendung eher freiheitsschonender als im Zeitpunkt des Einkommenserwerbs[1221]. Die Geringverdiener hätten noch Kompensationen im Einkommensteuerrecht durch den Grundfreibetrag[1222] und eventuell durch den Abzug von Sonderausgaben[1223] bzw. im Rahmen einer nachgewiesenen außergewöhnlichen Belastung[1224]. Bedürftige wiederum dürften in Konsumvorgängen ebenfalls besteuert werden, denn sie bekommen als Sozialleistungen die vorgesehenen Regelsätze, die auch die in die Verbraucherpreise eingegangene Umsatzsteuer umfassen[1225].

Danach besteht jedoch als erstes Problem, wie die Gruppe der Geringverdiener, die unter der Einkommensbesteuerungsuntergrenze liegen, umsatzsteuerlich zu behandeln ist. Obwohl sie beim Einkommenserwerb nicht besteuert werden, müssen sie die in die Verbraucherpreise eingegangene Umsatzsteuer bezahlen. Sie bekommen vom Staat keine Umsatzsteuererstattung. In Brasilien ist die Situation diesbezüglich viel schlimmer als in Deutschland, denn Geringverdiener bzw. Minijobber haben weder Anspruch auf finanzielle Sozialleistungen[1226] noch Anspruch auf die in den sozialhilferechtlichen Regelsätzen mit berücksichtigte Umsatzsteuer[1227]. Jedoch auch in Deutschland ist dies nicht hinnehmbar,

---

1221 Vgl. hierzu J. Englisch, Wettbewerbsgleichheit, S. 586. Oder wie bereits der ehemalige brasilianische Verfassungsrichter Moreira Alves (unzutreffend) ausgesprochen hat, dass der Verbraucher nicht verpflichtet sei, einen Stromlieferungsvertrag zu schließen, denn er dürfe und könne sich ohne weiteres der Beleuchtung mit Kerzen und Gaslampen im häuslichen Umfeld bedienen. Vgl. hierzu RE Nr. 89.876, Berichterstatter: Richter Moreira Alves, Plenum, DJU v. 10.10.1980.

1222 Vgl. § 32a Abs. I Nr. 1 EStG.

1223 Vgl. § 10 Abs. I EStG.

1224 Vgl. § 33 Abs. I u. § 33a EStG.

1225 Vgl. Zehn Jahre Existenzminimumbericht – eine Bilanz, S. 54f.; BVerfG, Beschl. v. 23.8.1999, 1 BvR 2164/98, NJW 1999, S. 3478. Das ist dennoch nicht die Realität in Brasilien, wo positive finanzielle Sozialleistungen noch nicht hinreichend umgesetzt worden sind. Der brasilianische arbeitslose Umsatzsteuerzahler kann das Arbeitslosengeld lediglich für maximal fünf Monaten erhalten (Art. 2 des Gesetzes Nr. 8.900/94). In der Regel wird das Arbeitslosengeld (die sogenannte Arbeitslosenversicherung) nach dem Durchschnitt des Gehalts der letzten drei Monaten berechnet. Das Gesetz Nr. 10.836/2004 hat das Programm Bolsa Família eingeführt, wonach Familien mit monatlichem pro köpfigem Einkommen von bis R$ 60,00 (sechzig reais) den monatlichen Regelsatz zwischen R$ 32,00 (zweiunddreißig reais) und R$ 306,00 (dreihundertundsechs reais) bekommen. Vgl. hierzu http://www.mds.gov.br/bolsafamilia. Abfrage am 03.05. 2012. Am 06.07.2013 gleichen 306,00 reais 105,52 Euro.

1226 Siehe hierzu oben unter B.I.

1227 Die Statistik der Bundesagentur für Arbeit in Deutschland hat für September 2005 festgestellt, dass mehr als 800.000 leistungsberechtigte Bedarfsgemeinschaften auch Einkommen aus einer Erwerbstätigkeit erzielten. Vgl. hierzu Hess. LT-Drs. 16/5531 v.

denn es würde nach der hier vertretenen Auffassung zu einem Verstoß gegen das Subsidiaritätsprinzip und gegen die Verschonung des Existenzminimums führen. Aus ökonomischer Sicht lässt sich ein solcher steuerlicher Zugriff auch nicht rechtfertigen. Denn für Angehörige dieser untersten Einkommensschicht macht der Gesamtbetrag des Umsatzsteueranteils[1228] in einem Jahr einen bedeutenden Unterschied[1229]. Darüber hinaus können sie die Kompensationen im Einkommensteuerrecht – nämlich durch den Grundfreibetrag, den Abzug von Sonderausgaben und die außergewöhnliche Belastung - nicht in Anspruch nehmen, denn sie liegen praktisch außerhalb des Einkommensteuerschuldverhältnisses.

Es kann aus rein finanzwissenschaftlicher Sicht plausible Gründe für die Aufrechterhaltung einer umsatzsteuerlich ermäßigten Besteuerung von Gütern und Leistungen geben, die den Sozialrechten bzw. den grundlegenden Lebensbedürfnissen des Arbeitnehmers und den seiner Familienangehörigen ohne großen Abgrenzungsschwierigkeiten zugeordnet werden können. Es geht hier allerdings nicht darum, ob und inwieweit aus der finanzwissenschaftlichen Perspektive heraus eine solche reduzierte Verbrauchsbesteuerung zugelassen würde. Denn die Besteuerung im deutschen und im brasilianischen Verfassungsstaat geht von der verfassungsrechtlichen Werteordnung[1230] aus, wird von Rechtsprinzipien vermittelt und durch Rechtsregeln umgesetzt und endet anlässlich der

6.7.2006 („Bei 844.000 oder 22 Prozent der Bedarfsgemeinschaften war Einkommen aus einer Erwerbstätigkeit auf die Grundsicherung anrechenbar. Da in einigen Bedarfsgemeinschaften zwei oder mehrere Hilfebedürftige Einkommen aus Erwerbstätigkeit erzielen, beläuft sich die Zahl der erwerbstätigen Personen in Bedarfsgemeinschaften auf insgesamt 906.000. Bezogen auf alle Arbeitslosengeld II-Bezieher ist das ein Anteil von 18 Prozent. Zum weitaus größten Teil wird das Einkommen in abhängiger Beschäftigung verdient. Im Durchschnitt erzielten Hilfebedürftige durch ihre Erwerbstätigkeit ein Bruttoeinkommen von 629 Euro, davon waren 327 Euro auf den Anspruch auf Grundsicherung anrechenbar. Von den Personen mit Einkommen aus Erwerbstätigkeit erzielten 51 Prozent ein Bruttoeinkommen unterhalb der Geringfügigkeitsgrenze von 400 Euro, 19 Prozent verdienten zwischen 400 Euro und 800 Euro und 30 Prozent mehr als 800 Euro“).

1228 Auch R. Ismer, A. Kaul, W. Reiß, S. Rath haben es im Wesentlichen bemerkt: „Beim ermäßigten Steuersatz verbleibt eine Restbelastung der Lebensmittel mit der Umsatzsteuer, wenn auch in verringertem Umfang“. Vgl. R. Ismer, A. Kaul, W. Reiß, S. Rath, Umsatzbesteuerung, S. 196. Nicht zu vernachlässigen ist, dass insbesondere in Brasilien Bedürftige und einkommensschwäche Familien einen größeren Anteil ihres Gesamteinkommens für den Erwerb von Lebensmitteln aufwenden. Vor allem bei diesen Gruppen ist der jährliche Umsatzsteueranteil im Verhältnis zum Gesamteinkommen relevant.

1229 Hier ist zu berücksichtigen, dass das Programm Bolsa Família in Brasilien Familien mit monatlichem pro köpfigem Einkommen von bis R$ 60,00 (sechzig reais = 20 Euro, Umrechnung am 06.07.2013) fördert.

1230 Zur Wertordnung in der Verfassung siehe im 1. Kapitel unter A und B.

gerichtlichen Normenkontrolle wieder in der Verfassung. Eine ermäßigte Besteuerung von Grundnahrungsmitteln beispielsweise verstößt nicht nur gegen das Grundrecht auf Gewährleistung eines menschenwürdigen Daseins[1231], sondern widerspricht auch dem Menschenbild des Grundgesetzes[1232], das in der freien Entfaltung der Persönlichkeit und in der wirtschaftlichen Selbstversorgung verankert ist. Wenn der Staat „reale Entfaltungsmöglichkeiten der einzelnen in und gegenüber der Gesellschaft“[1233] rechtlich sichern möchte, dann muss er erstmals den einzelnen die minimalen erwerbs- und existenzsichernden und soziokulturellen Bedingungen dafür gewährleisten. Wenn der Steuerstaat bereits beim *unfreiwilligen* Erwerb von Gütern und Leistungen zugreift, der keine Freiheitsausübung darstellt, dann *beschlagnahmt* der Steuerstaat einen Bestandteil der faktischen Bedingungen einer tatsächlich künftigen Freiheitsausübung[1234].

Es besteht zugleich ein Verstoß gegen das Gebot der Folgerichtigkeit[1235]. Nach den im ersten Kapitel gewonnenen Erkenntnissen setzt „folgerichtig zu verfahren“ voraus, einmal getroffene Wertungen *konsequent* anzuwenden, das heißt, alle ihre Einzelfolgerungen zu berücksichtigen, mit anderen Worten: die getroffenen Wertungen in allen ihren möglichen Entfaltungen „zu Ende zu denken“[1236]. Der deutsche und der brasilianische Verfassungsstaat, die vordergründlich an den Grundrechten ausgerichtet sind, sind im Kern auf die Verwirklichung und den Schutz der Würde des Menschen konzipiert. Sowohl die Grundrechte als auch die sie realisierenden Rechtsregeln sollen sich prinzipiell der Menschenwürde annähern. Abweichungen davon bedürfen eines sachlich hinreichend rechtfertigenden Grundes, der auf ein vorrangiges Gemeinwohlinteresse gestützt werden soll. Unbeschadet dessen gestalten der Steuer- und der Sozialgesetzgeber zumindest seit dem Inkrafttreten des deutschen Grundgesetzes und

---

1231 K. Tipke weist zutreffend darauf hin: „Die verfassungsrechtliche und steuerrechtliche Tabuisierung des Existenzminimums ist daher auch eine steuerstaatliche Klugheitsregel“. Vgl. K. Tipke, StRO, S. 421.

1232 Das Menschenbild des Grundgesetzes entspricht dem „selbstverantwortlich handelnden Mensch, nicht dem Mensch eines totalen Wohlfahrts- oder Versorgungsstaates“. Vgl. K. Tipke, StRO, S. 421. Es widerspricht diesem Menschenbild, wenn der Staat lebensnotwendige bzw. unvermeidbare Güter und Leistungen besteuert und danach den Bedürftigen und sogar den Geringverdienern in Deutschland den Steuerbetrag als Sozialhilfe zurückgewährt. So auch K. Tipke, StRO, S. 421; D. Birk, Leistungsfähigkeitsprinzip, S. 137.

1233 Vgl. E. W. Böckenförde, Freiheitssicherung, S. 265.

1234 Zu Recht hat D. Birk festgestellt: “Das Freiheitsbild des Grundgesetzes umfasst aber gerade auch die reale Basis, die faktischen Bedingungen einer Freiheitsausübung”. Siehe D. Birk, Leistungsfähigkeitsprinzip, S. 134.

1235 Siehe hierzu im 1. Kapitel unter B.I.

1236 Siehe hierzu im 1. Kapitel unter B.I.

der brasilianischen Verfassung von 1988 Rechtsregeln, die auf das Ziel der Verwirklichung des Grundrechts auf Gewährleistung eines menschenwürdigen Daseins ausgerichtet worden sind[1237].

Es gibt in diesem Zusammenhang eine vorrangige legitime Erwartung des Bürgers, der unter dem Schutz eines Staates lebt, der auf dem Schutz der Menschenwürde aufgebaut ist. Die (ermäßigte) Umsatzbesteuerung von schutzwürdigen primären Bedürfnissen des Bürgers in Brasilien und in Deutschland ist nicht eine bloße Frage, die die Höhe des steuerlichen Zugriffs betrifft und die anhand von wirtschaftlichen Indikatoren bzw. von Fachstudien zum steuerlichen „Impact" auf die Haushalte gewürdigt werden kann. Eine solche Besteuerung widerspricht der Gesamtkonzeption des Rechtssystems[1238], verwirrt den Bürger und schwächt seine legitimen Erwartungen auf den Schutz von grundrechtlichen und sozialstaatlichen Positionen innerhalb des Verfassungsstaates. Das Gebot der Folgerichtigkeit impliziert auch bei der gleichheitsmäßigen Umsetzung der gesetzgeberischen Entscheidung zur Festlegung der Umsatzsteuersätze die Würde des Menschen und das Sozialstaatsprinzip stets im Auge zu behalten[1239]. Schutzwürdige Güter und Leistungen, die unmittelbar der Verwirklichung von Sozialrechten bzw. von grundlegenden Lebensbedürfnissen des Arbeitnehmers und denen seiner Familie zugeordnet werden können, sind umsatzsteuerlich *folgerichtig* zu verschonen. So wird zum Teil im Umsatzsteuerrecht die freiheitsrechtliche und sozialstaatliche Dimension des Fundamentalprinzips einer Las-

---

1237 Es gibt zahlreiche Diskussionen z.B. um die Höhe der Regelsätze im Sozialhilferecht und um die Höhe des Grundfreibetrags im Steuerrecht. Sie bestehen in Fragen, die eher nach Maßgabe von wirtschaftlichen Indikatoren – wie Einkommens- und Verbrauchsstichprobe – zu beantworten sind. Wie viel Grundnahrungsmittel eine dreiköpfige Familie durchschnittlich im Monat konsumiert, ist nach statistischen, ort- und zeitbedingten Angaben zu betrachten. Vgl. hierzu z.B. Statistisches Bundesamt, Ergebnisse der Einkommens- und Verbrauchsstichprobe 2008, einsehbar unter https://www.destatis.de/DE/PresseService/Presse/Pressekonferenzen/2010/evs/pressebroschuere_evs.pdf?__blob=publicationFile. Abfrage am 06.08.2012.

1238 Sogar Ismer, Kaul, Reiß, Rath, die allein die Fortführung der Steuersatzermäßigung für Lebensmittel unter dem Aspekt der Verteilungsgerechtigkeit verteidigen, vertreten die Auffassung, wonach es bei der gesetzgeberischen Entscheidung zu den förderungswürdigen Gütern und Leistungen keine Wertungswidersprüche zu anderen Vorschriften, den Grundsätzen des Umsatzsteuerrechts und anderen Vorschriften der Gesamtrechtsordnung geben darf. Vgl. R. Ismer, A. Kaul, W. Reiß, S. Rath, Umsatzbesteuerung, S. 194. Zu einer Kritik zur Stellungnahme dieser Autoren siehe noch unten in den nächsten Punkten.

1239 Zu Recht stellt J. Englisch die erste Dimension des Folgerichtigkeitsgebots fest als „Garant gleichmäßiger Entfaltung sachgerechter Verteilungsmaßstäbe". Vgl. J. Englisch, in: FS für Joachim Lang, S. 213.

tenzuteilung entsprechend der individuellen Leistungsfähigkeit konsequent verwirklicht[1240].

Schließlich wird im deutschen Schrifttum über sogenannte *Mitnahmeeffekte* einer *Unter*besteuerung gesprochen, die auftreten, wenn Personen begünstigte Konsumgüter erwerben, obwohl sie nicht zu einer förderungswürdigen Zielgruppe gehören[1241]. Vertreten wird sogar die Ansicht, die umsatzsteuerliche Entlastung z. B. von Lebensmitteln sei nicht zwingend, denn jenseits der Aufwendungen für elementare Grundnahrungsmittel drohen Mitnahmeeffekte bei Lebensmitteln des gehobenen Bedarfs[1242]. Zu dieser Frage muss man zwei Szenarien unterscheiden:

Zum einen erwirbt der Vermögende Waren oder Dienstleistungen für seinen existentiellen Bedarf. Der Erwerb umsatzsteuerbegünstigter Grundnahrungsmittel vom Vermögender kann prinzipiell einen Verstoß gegen die vertikale Steuergerechtigkeit darstellen[1243]. Dennoch ist nach hier vertretener Auffassung der Verstoß gegen die vertikale Steuergerechtigkeit in diesem Fall hinzunehmen, denn in der Verhältnismäßigkeitsprüfung ist nicht dem Verbot einer eventuellen leistungsfähigkeitswidrigen Unterbesteuerung, sondern eher dem Schutz des Grundrechts eines (umsatzsteuerfreien) Existenzminimums der Vorrang zu gewähren[1244]. Diese *Mitnahmeeffekte* sind zwecks Gewährleistung des menschenwürdigen Daseins insbesondere von einer nicht unerheblichen Anzahl von

---

1240 Die gleichheitsrechtliche Folgerichtigkeit als Verfassungsgebot fordert die „prinzipielle und in diesem Sinne folgerichtig durchgehaltene Orientierung insbesondere des Gesetzgebers an bereichsspezifisch sachgerechten Zuteilungsmaßstäben bzw. Leitprinzipien". So J. Englisch, in: FS für Joachim Lang, S. 219f.

1241 Siehe hierzu R. Ismer, A. Kaul, W. Reiß, S. Rath, Umsatzbesteuerung, S. 143; J. Englisch, UR 2011, 401 (407).

1242 Vgl. J. Englisch, in: Tipke/Lang21, Steuerrecht, § 17 Rz. 274.

1243 Darüber hinaus wird auch vertreten, Mitnahmeeffekte treiben die fiskalischen Kosten der Begünstigung nach oben und erfordern in der Regel eine Erhöhung des Regelsatzes. Vgl. R. Ismer, A. Kaul, W. Reiß, S. Rath, Umsatzbesteuerung, S. 193. Es ist nochmals darauf hinzuweisen, dass Finanzbedarfsgesichtspunkte und Praktikabilitätserwägungen keine Verletzung des Existenzminimums rechtfertigen dürfen. Siehe hierzu K. Tipke, StRO, S. 1000. Der mit der Entlastung verbundene Steueraufkommensverzicht kann ebenfalls durch die hier vertretene progressive Konsumbesteuerung sogar im Bereich der Nahrungsmittel ausgeglichen werden.

1244 M. A. Greco stellt fest, eine besondere Steuerlast auf den Warenkorb festzulegen bedeute keine Gewährung einer Steuervergünstigung, sondern die verfassungsrechtlich gebotene Besteuerung nach dem inhärenten Wesentlichkeitsgrad. Vgl. M. A. Greco, RDDT 187, 146 (153). Zutreffend bemerkt der Autor, es gehe hier nicht um eine bloße Analyse im Bereich der Umsatzsteuerbegünstigungen, sondern eher um die Erfüllung einer Dimension der Menschenwürde als einer der Fundamente der Republik im Zusammenhang mit der Verwirklichung einer grundlegenden Lebensbedürfnisses.

nichteinkommensteuerpflichtigen Geringverdienern und Bedürftigen hinzunehmen.

Zum zweiten erwirbt der Vermögende Güter oder Dienstleistungen, die bei ihm nur zu einem kleinen Teil existenznotwendig sind, wie z. B. bei der Miete einer Luxuswohnung. Abgesehen von der – in diesem Fall ausgleichenden - progressiven Einkommensbesteuerung von Leistungsfähigeren, sind die Effekte dieser prinzipiellen leistungsfähigkeitswidrigen Unterbesteuerung durch eine progressive Umsatzbesteuerung abzumildern. Die Einführung der Progressivität bei der Umsatzbesteuerung stellt sich im Vergleich mit dem Vorschlag der Umsetzung eines einzigen Steuersatzes[1245] als verhältnismäßiger dar, da letzterer aus der Sicht der Beseitigung solcher Mitnahmeeffekte das einzige Ziel hat, Einkommensstarke nicht zu begünstigen. Die Einführung des (milderen) Einzelsatzes verstößt auf der vertikalen Ebene gegen den Grundsatz der Besteuerung nach der steuerlichen Konsumleistungsfähigkeit, gerade weil Ausdrücke erhöhter Konsumleistungsfähigkeit mit einem niedrigeren Steuersatz belastet werden. Nochmals könnte auf die Entscheidung des Supremo Tribunal Federal zurückgegriffen werden. Es hat im Fall der COSIP zutreffend festgestellt, der Gesetzgeber könne „ohne Verstoß gegen das Gleichheitsprinzip und unter Beachtung der wirtschaftlichen Leistungsfähigkeit der Endkonsumenten ein progressives Steuersatzsystem" einführen, und zwar nach Kategorien von Endkonsumenten und nach dem jeweiligen Verbrauch[1246]. Wie bereits oben dargelegt, können sogar Nahrungsmittel nach qualitätsbezogenen, preisbedingten Kategorien umsatzsteuerlich unterschiedlich besteuert werden[1247].

C.II.7.c)cc) Durchbrechung des Subsidiaritätsprinzips im Bereich finanzwissenschaftlicher präferierter Ausgleichsmechanismen

Die unzureichende Gestaltung des geltenden brasilianischen und deutschen Umsatzsteuerrechts am Maßstab der Leistungsfähigkeit, die von einigen Juristen sogar als unpraktikabel angesehen wird, wird nicht selten unter den Ökonomen nach Maßgabe von Güter- und Leistungskategorien dargestellt und bewertet. Zahlreiche wirtschaftliche und sogar interdisziplinäre Studien wurden in den letzten Jahren in Deutschland durchgeführt und haben konkrete Lösungsansätze

1245 Zur Einführung eines milderen Einzelsatzes in Verbindung mit der Abschaffung sämtlicher Umsatzsteuervergünstigungen, was vornehmlich in der Finanzwirtschaft empfohlen wird, siehe unten unter C.II.7.c)cc)α.

1246 Bemessungsgrundlage der COSIP war der monatliche Stromverbrauch innerhalb der jeweiligen Kategorien von Konsumenten (primär, häuslich, kaufmännisch, gewerblich oder öffentliche Hand). Vgl. RE Nr. 573.675, Berichterstatter: Richter Ricardo Lewandowski, Plenum, DJe v. 21.05.2009.

1247 Siehe oben unter C.II.6.

in die Diskussion eingebracht, insbesondere im Bereich direkter Subventionen für gezielte Interessengruppe und durch Kompensationen im Einkommensteuerrecht und im Sozialhilferecht[1248]. Angestrebt sind die Beseitigung oder zumindest eine erhebliche Verringerung von Abgrenzungsschwierigkeiten, Befolgungskosten, Mitnahmeeffekten und ungerechtfertigten, systemwidersprechenden Verbrauchsteuervergünstigungen[1249]. Unter zahlreichen Finanzwissenschaftlern wird versucht Verteilungsgerechtigkeitsgesichtspunkte und Anforderungen des Schutzes des menschlichen Mindestbedarfs *mit* Praktikabilitätserwägungen und wirtschaftlichen Postulaten der Effizienz der Besteuerung in Einklang zu bringen.

Der Vorschlag der Abschaffung sämtlicher oder zumindest des größten Teils der Umsatzsteuervergünstigungen und weitere Lösungsansätze werden gleich unten wesentlich im Lichte der in dieser Arbeit vorgelegten Thesen dargestellt und erörtert. Es ist zuletzt darauf hinzuweisen, dass es kein Gegenstand dieses Teils der Untersuchung ist festzustellen, inwieweit die darzustellenden Lösungsansätze sich nach den entsprechenden *finanzwissenschaftlichen* Grundsätzen rechtfertigen lassen. Es wird eher zu zeigen sein, dass die finanzwissenschaftlichen Lösungsansätze durch reguläre Besteuerung und entsprechende Kompensationen nicht nur das Subsidiaritätsprinzip, sondern auch die sozialstaatliche und freiheitsschonende Konsumleistungsfähigkeit und die Investitions- und Handlungsfreiheit durchbrechen und sich folglich anhand der hier vertretenen Thesen nicht ausreichend rechtfertigen lassen.

C.II.7.c)cc)α) Kompensationen im Einkommensteuerrecht

(i) Es wird in der Finanzwissenschaft nicht selten vorgeschlagen, sämtliche Umsatzsteuervergünstigungen abzuschaffen und einen einzigen (niedrigeren) Steuersatz einzuführen[1250]. Ziel der Maßnahme ist, Abgrenzungsschwierigkeiten im

---

1248 Vgl. zu einer Umsatzsteuerermäßigung nur für Lebensmittel A. Kaul, UR 2011, 410 (415); R. Ismer, A. Kaul, W. Reiß, UR 2010, 837 (842f. u. 849); R. Ismer, A. Kaul, W. Reiß, S. Rath, Umsatzbesteuerung; ZEW, Abschaffung; Compliance costs of VAT in Sweden; ZEW, CE, FiFo Köln, Steuervergünstigungen, Bd. 1; Mitteilung der Kommission, 2007, KOM (2007) 380; Copenhagen Economics, Study on reduced VAT; The Mirrlees Review, Dimensions of tax design u. Tax by design.

1249 Siehe dazu unten unter C.II.7.c)cc)α und C.II.7.c)cc)β.

1250 Vgl. ZEW, Abschaffung, S. 5 u. 9; Der Bundesrechnungshof empfiehlt, den Katalog der Begünstigungen in § 12 sowie in der Anlage 2 zum UStG grundlegend zu überarbeiten, vgl. Bundesrechnungshof, Bericht über den ermäßigten Umsatzsteuersatz, S. 35; Compliance costs of VAT in Sweden, S. 13 u. 79; ZEW, CE, FiFO Köln, Steuervergünstigungen, Bd. 2, S. 350; R. Ismer, A. Kaul, W. Reiß, S. Rath, Umsatzbesteuerung, S. 251 (Umsatzsteuerermäßigung nur für Lebensmittel); Copenhagen Economics, Study

Rahmen der Trennung begünstigter und nichtbegünstigter Gegenstände und Leistungen, Befolgungskosten und Mitnahmeeffekte zu beseitigen oder zumindest erheblich zu verringern. Laut wirtschaftlichen und statistischen Untersuchungen in den letzten Jahrzehnten halten viele Ökonomen es für sinnvoller, systemkohärenter und aufkommenseffizienter, *Verteilungsziele* durch Anpassungen bei der Einkommensteuer bzw. der Sozialhilfe zu erreichen[1251]. Dabei werden Kompensationsmaßnahme im Einkommensteuerrecht – nämlich durch die Erhöhung des Grundfreibetrags und des Kinderfreibetrags, die Erweiterung des Sonderausgabenabzugs und der Abzüge im Bereich der außergewöhnlichen Belastung – als wirtschaftlich zielgenauer und effizienterer angesehen, um zugleich den Anforderungen der Verteilungsgerechtigkeit Rechnung tragen zu können. Der Mehrwertsteuerrichtliniengeber hingegen könnte dann auf andere eher makroökomischen Ziele fokussieren, nämlich auf eine bessere Sicherung der Wettbewerbsneutralität im europäischen Binnenmarkt, die Bekämpfung von Mehrwertsteuermissbräuchen, die Verringerung der Schattenwirtschaft und die Förderung neuer Arbeitsplätze.

In Deutschland haben einige Autoren vertreten, der ermäßigte Umsatzsteuersatz sollte nur für Lebensmittel beibehalten werden[1252]. Es bestünden zurzeit keine hinreichenden Rechtfertigungsgründe zur Beibehaltung der anderen Ermäßigungen[1253]. Der Grund für die einzige Ausnahme im Bereich der Lebensmittel bestehe darin, dass ärmere Haushalte den größten Anteil ihrer Konsumausgaben für Lebensmittel aufwenden[1254]. Insofern könnte das Verteilungsargument gegenüber dem Effizienzargument sogar unter der Verhältnismäßigkeitsprüfung überwiegen[1255]. Obwohl die Umsatzsteuerermäßigungen sich für dieselben Autoren im Ergebnis als problematisch erwiesen haben und folglich abge-

---

on reduced VAT, S. 86; I. Crawford, M. Keen, S. Smith, in: The Mirrlees Review - Dimensions of tax design, S. 284, 285 u. 351; The Mirrlees Review - Tax by design, S. 476, 478 u. 484.

1251 Vgl. ZEW, Abschaffung, S. 6 u. 7; Bundesrechnungshof, Bericht über den ermäßigten Umsatzsteuersatz, S. 35; ZEW, CE, FiFO Köln, Steuervergünstigungen, Bd. 1, S. 71, Bd. 2, S. 340; R. Ismer, A. Kaul, W. Reiß, S. Rath, Umsatzbesteuerung, S. 251; Copenhagen Economics, Study on reduced VAT, S. 86; I. Crawford, M. Keen, S. Smith, in: The Mirrlees Review - Dimensions of tax design, S. 285; The Mirrlees Review - Tax by design, S. 476 u. 484.

1252 R. Ismer, A. Kaul, W. Reiß, S. Rath, Umsatzbesteuerung, S. 251 (Umsatzsteuerermäßigung nur für Lebensmittel).

1253 R. Ismer, A. Kaul, W. Reiß, S. Rath, Umsatzbesteuerung, S. 251 (Umsatzsteuerermäßigung nur für Lebensmittel).

1254 R. Ismer, A. Kaul, W. Reiß, UR 2010, 837 (842). Vgl. auch die Einkommens- und Verbrauchsstichprobe 2008, S. 23.

1255 ZEW, CE, FiFO Köln, Steuervergünstigungen, Bd. 2, S. 344.

schafft werden sollten, müssten sie zugestehen, dass nicht zu vernachlässigende Bedenken hinsichtlich der Luxuslebensmittel bestehen[1256]. Als Lösungsansatz wurde vorgeschlagen, nur solche Lebensmittel mit dem Regelsatz zu besteuern, die voraussichtlich sehr langfristig in der Gruppe der Luxuslebensmittel verbleiben[1257].

Andere Ökonomen, vornehmlich aus Großbritannien, sind der Auffassung, das Mehrwertsteuersystem - einschließlich des Lebensmittelbereichs - sei überhaupt kein geeignetes Instrument zur Erreichung von Verteilungsgerechtigkeit[1258]. Die Abgrenzungsschwierigkeiten insbesondere zwischen Restaurationsleistungen und der Lieferung von Lebensmitteln führe ungerechtfertigterweise zu Verwaltungsmehraufwand und Befolgungskosten[1259]. Darüber hinaus profitierten auch Leistungsfähigere von der Vergünstigung, was sich im Lichte des Entlastungszwecks ärmerer Haushalte nicht rechtfertigen ließe. Erhebliche Gesundheitsprobleme in den Vereinigten Staaten, wie das der Fettleibigkeit, haben nordamerikanische Ökonomen dazu gebracht, die Steuerbefreiung für Lebensmittel aufgrund der Erhöhung der Anzahl von Fettleibigen und der damit verbundenen öffentlichen Aufwendungen im Gesundheitsbereich wieder in Frage zu stellen[1260]. Im Ergebnis sind nicht wenige der Vertreter einer Einbeziehung sämtlicher Lebensmittel in die Umsatzsteuerpflicht für einen Ausgleich bei der Einkommensteuer bzw. Sozialtransfers für ärmere Haushalte. Dabei ist nicht außer Acht zu lassen, dass bereits dargestellte Studien vorschlagen, die Umsatzsteuermehreinnahmen aufgrund der Einbeziehung der Lebensmittel in die Umsatzsteuerpflicht würde nicht nur die Maßnahmen zwecks Kompensation der Einkommensschwachen finanzieren, sondern auch dem staatlichen Haushalt zusätzliches Steueraufkommen bereitstellen[1261]. Das Problem der Beseitigung von Abgrenzungsschwierigkeiten, Befolgungskosten und Mitnahmeeffekten würde von diesem eher wirtschaftlichen, rein effizienzbedingten Ansatz nicht gelöst, sondern nur auf andere Rechtsteilbereiche verlagert[1262]. Selbst wenn der ein-

1256 R. Ismer, A. Kaul, W. Reiß, UR 2010, 837 (844).

1257 R. Ismer, A. Kaul, W. Reiß, UR 2010, 837 (844).

1258 I. Crawford, M. Keen, S. Smith, in: The Mirrlees Review - Dimensions of tax design, S. 277, 285, 300; The Mirrlees Review - Tax by design, S. 472, 476, 484.

1259 Vgl. den Fall 3, in: Copenhagen Economics, Study on reduced VAT, S. 78: „A UK case – why heated ciabatta is food and not catering"; siehe auch EuGH, Rs. C-497/09, C-499/09, C-501/09 und C-502/09 ("Partyservice"), UR 2011, 272.

1260 Vgl. I. Crawford, M. Keen, S. Smith, in: The Mirrlees Review - Dimensions of tax design, S. 419f.

1261 Vgl. I. Crawford, M. Keen, S. Smith, in: The Mirrlees Review - Dimensions of tax design, S. 351.

1262 Siehe L. Schemmel, Entlastung, S. 57.

kommensteuerrechtliche Grundfreibetrag und Kinderfreibetrag aufgrund der Umsatzsteuermehrbelastung erhöht werden würden, bestünde noch die Streitfrage, *welche* Aufwandspositionen dem *Grunde* und der *Höhe* nach dem persönlichen und familiären Grundbedarf zuzurechnen wären und dementsprechend zu einer *sofortigen*[1263] gebotenen Erhöhung der Grundfreibeträge führen. Selbst wenn diese Anpassung grundsätzlich möglich wäre, könnte dies nur pauschal und typisierend stattfinden, das heißt, die neuen Grundfreibeträge würden notwendige zusammenhängende Anpassungen bei den Vorschriften zum Sonderausgabenabzug und zur außergewöhnlichen Belastung nicht beseitigen. Und hier würde die Streitfrage erneut auftauchen, *welche* Aufwandspositionen dem *Grunde* und der *Höhe* nach das zur Besteuerung *indisponible* Einkommen verkörpern und *welche* eine außergewöhnliche Belastung darstellen und folglich abzugsfähig sind. Diesbezüglich ist an der Auffassung des Bundesverfassungsgerichts festzuhalten, wonach der Steuergesetzgeber bei der Berücksichtigung leistungsfähigkeitsmindernder Aufwendungen keine *realitätsfremde* Grenze ziehen darf[1264]. Selbst wenn diese Streitfrage schon lange im einkommensteuerrechtlichen Schrifttum und in der Rechtsprechung erörtert wird, würde sie noch *stärker* bei jeder notwendigen Anpassung der Einkommensteuer auftauchen. Die Abgrenzungsschwierigkeiten und die Befolgungskosten würden im Ergebnis verstärkt und es würde unausweichlich zu einem Verwaltungsmehraufwand bei der Überprüfung der Einkommensteuererklärungen kommen[1265]. Zu Recht hat *L. Schemmel* festgestellt, erhebliche Schwierigkeiten seitens der Finanzverwaltung wären damit verbunden, „weil in der Praxis eine Reihe unterschiedlicher Fallgestaltungen auftreten würde“[1266].

Die vollständige Verlagerung der Verteilungsfrage auf den Bereich der Einkommensteuer würde noch ein nicht zu vernachlässigendes Liquiditätsproblem entstehen lassen. Sowohl in Deutschland als auch in Brasilien sind die vorgeschlagenen Anpassungen bei der Einkommensteuererklärung nur einmal im Jahr

1263 Vgl. K. Löhr, Optionsrecht, S. 281f.

1264 Vgl. BVerfGE 105, 73, 126f. Zu Unterhaltsaufwendungen siehe BVerfGE 66, 214, 223; 68, 143, 153; 82, 60, 88; 89, 346, 353.

1265 Siehe L. Schemmel, Entlastung, S. 57. Zu beachten ist, dass rund 3,6 Millionen Einsprüche in 2011 bei den Finanzämtern eingegangen sind. Außerdem gab es am 31. Dezember 2011 rund 3,6 Millionen unerledigte Einsprüche. Vgl. hierzu http://www.bundesfinanzministerium.de/Content/DE/Monatsberichte/2012/10/Inhalte/Kapitel-3-Analysen/3-4-einspruchsbearbeitung-in-finanzaemtern.html. Abgerufen am 15.11.2012. Der Bund der Steuerzahler schätzt, dass das Finanzamt mindestens in jedem fünften Steuerbescheid Fehler macht. Vgl. hierzu Stiftung Warentest, Finanztest 7/2004, einsehbar unter http://www.test.de/Einkommensteuerbescheid-Bescheid-wissen-1182479-2182479/. Abgerufen am 15.11.2012.

1266 Vgl. L. Schemmel, Entlastung, S. 57.

möglich. Eventuelle Kompensationen bzw. sogar eine Erstattung im Rahmen des Lohnsteuerabzugs stellen keine angemessene Lösung dar, da die Belastung und der Aufwand seitens des Arbeitgebers durch steuerliche Hilfsarbeiten bereits sehr hoch sind[1267]. Das heißt, die möglichen Einkommensteuerrückerstattungen – einschließlich die zu erstattende Umsatzsteuer, falls überhaupt möglich – würden die einkommensteuerpflichtigen Geringverdiener nur in einem bestimmten Moment des Jahres entlasten[1268]. Für sie würde noch weniger Einkommen für private investitionsbezogene Entscheidungen zur Verfügung bleiben[1269]. Und selbst wenn die jährlich im Rahmen der Einkommensteuerveranlagung zu erstattende Umsatzsteuer keine prinzipiell erhebliche Geldsumme verkörperte, würde dieser weitere Entzug wirtschaftlicher Investitions- bzw. Handlungsfreiheit zumindest psychologisch schwerlich akzeptabel sein[1270]. Wer bisher kaum verfügendes Einkommen für private Investitionsentscheidungen – auch für ein Mindestmaß an Freizeit – hatte, würde wahrscheinlich nicht nur kein Mindestmaß an Investitionsfreiheit mehr verfügen[1271], sondern müsste seitdem zur Finanzierung der staatlichen Ausgaben beitragen, obwohl überhaupt keine Entfaltung von Konsumleistungsfähigkeit vorliegt. Es besteht nach hier vertretener Auffassung ein deutlicher Verstoß gegen das Fundamentalprinzip der Besteuerung nach der steuerlichen Leistungsfähigkeit und gegen das verfassungskräftige Subsidiaritätsprinzip[1272].

(ii) Auch der Vorschlag, die Umsatzsteuermehrbelastung von Einkommensschwachen mittels einer angemessenen Anpassung an die privaten Abzüge und an die Feststellung des Grundfreibetrags und des Kinderfreibetrags bei der Ein-

---

1267 Vgl. L. Schemmel, Entlastung, S. 57.

1268 Vgl. W. Morton, National Tax Journal 1951, 160 (165).

1269 Vgl. R. Hickel, Wirtschaftsdienst 2010, 585 (587).

1270 Aus ähnlicher Sicht vgl. J. Lang, in: FS für Schaumburg, S. 61 („Der Bürger widersteht einer Steuer, wenn er in ihr nicht seine persönlichen Verhältnisse berücksichtigt findet").

1271 Vgl. R. Hickel, Wirtschaftsdienst 2010, 585 (587), wonach laut einer Studie von S. Bach (Deutsches Institut für Wirtschaftsforschung - DIW) die oberen 10% in der Einkommenshierarchie über die höchsten Sparquoten verfügen, während „die armen Einkommensgruppen kaum sparen bzw. Kredite aufnehmen müssen".

1272 Die Vorschläge der Ökonomen verkörpern nicht nur das Ziel der Beseitigung von Abgrenzungsschwierigkeiten, Befolgungskosten und Mitnahmeeffekten im Umsatzsteuerrecht, sondern auch die Erhöhung der Umsatzsteuereinnahmen. Dennoch wurde bereits an früherer Stelle dargelegt, dass Steuermehreinnahmen kein möglicher Rechtfertigungsgrund zur Durchbrechung des steuerlichen Leistungsfähigkeitsprinzips sind. Siehe dazu im 2. Kapitel unter D.I.1.

kommensteuer auszugleichen[1273], muss sorgfältig analysiert werden. Solange diese Kompensation lediglich durch eine Erhöhung dieser Freibeträge und eine Erweiterung der möglichen Abzugstatbestände durchgeführt wird, wird allein eine bloß *partielle* Entlastung erreicht[1274]. Denn in beiden der hier untersuchten Steuerrechtssystemen gilt bisher: die Einkommensteuer darf nicht auf einen bestimmten Betrag anfallen, der den Mindestbedarf für ein menschenwürdiges Dasein in der Gesellschaft widerspiegelt. Aus dem verfassungsrechtlich gewährleisteten Schutz der Familie wird ebenfalls ein Freibetrag abgeleitet, der das Existenzminimum von Kindern und Unterhaltsberechtigten realitätsgerecht verkörpern muss[1275]. Diese Freibeträge sind das Ergebnis einer Berechnung, die nach Maßgabe der Einkommens- und Verbrauchsstichproben die monatliche durchschnittliche Summe der Ausgaben vom Individuum und von einer Familie für unausweichliche Güter und Dienstleistungen realitätsgerecht widerspiegeln sollten[1276]. Bei der Summe dieser Ausgaben sind die entsprechenden Umsatzsteueranteile und eventuell die zusätzlichen Verbrauchsteueranteile mitberücksichtigt[1277]. Die Grundfreibeträge sind von der Einkommensteuer*bemessungsgrundlage* abzuziehen[1278]. Das gilt auch hinsichtlich des Abzugs von Werbungskosten, Sonderausgaben und außergewöhnlichen Belastungen[1279]. Im Endeffekt sind die Anteile der Umsatzsteuer und Verbrauchsteuern von der Einkommensteuer*bemessungsgrundlage*, aber nicht von der Einkommensteuer*schuld* abzugsfähig. Selbst im Fall des § 33 EStG ist der Teil der Aufwendungen, der die dem Steuerpflichtigen zumutbare Belastung übersteigt, vom *Gesamtbetrag der Einkünfte* abzuziehen. Die Vorschrift *sollte* der Sicherung des Existenzminimums in den Fällen dienen, „in denen das Existenzminimum höher liegt als beim Nor-

---

1273 Die Umsatzsteuermehrbelastung von Familien ist durch solche Anpassungen im Einkommensteuerrecht nach der Auffassung einer Kammer des Bundesverfassungsgerichts auszugleichen, siehe BVerfG v. 23.8.99, 1 BvR 2164/98, NJW 1999, S. 3478. Gleiches gilt nach der Meinung Paul Kirchhofs, in: Essener Gespräche, S. 133.

1274 Zutreffend J. Englisch, UR 2011, 401 (406). Der Umfang der Entlastung fälle bei Spitzenverdienern höher aus als bei Geringverdienern und dieser verstoße gegen die vertikale Steuergerechtigkeit. Vgl. auch ders., UR 2010, 400 (406).

1275 Vgl. BVerfGE 66, 214, 223; 68, 143, 153; 82, 60, 88; 89, 346, 353.

1276 Vgl. Statistisches Bundesamt, Ergebnisse der Einkommens- und Verbrauchsstichprobe 2008; siehe auch Statistisches Bundesamt, Einnahmen und Ausgaben privater Haushalte 2009.

1277 Vgl. Zehn Jahre Existenzminimumbericht, S. 54.

1278 Vgl. C. Lambrecht, in: P. Kirchhof, EStG 2011, § 32a Rn. 3.

1279 Vgl. H. J. von Beckerath, in: P. Kirchhof, EStG 2011, § 9 Rn. 1; P. Fischer, in: P. Kirchhof, EStG 2011, § 10 Rn. 1; R. Mellinghoff, in: P. Kirchhof, EStG 2011, § 33 Rn. 1.

malfall"[1280]. Die erzielte Entlastung wirkt dennoch nur partiell, verstößt gegen das Grundrecht auf ein (vollständig) steuerfreies Existenzminimum und bleibt dementsprechend verfassungswidrig. Es käme hier nur in Betracht, wenn der Umsatzsteuer- und Verbrauchsteueranteil von existenz- und erwerbssichernden[1281] Aufwendungen als *Vorsteuer* mit der Einkommensteuer*schuld* verrechnet werden könnte[1282]. Und im Fall eines positiven Saldos der Verrechnung sollte die übrig gebliebene *Vorsteuer* vergütet werden.

Aber selbst wenn dem Steuergesetzgeber ein solcher Reformvorschlag gelingen würde, würde die Umsatzsteuermehrbelastung immer noch bei den Einkommensschwächeren zu einem nicht unerheblichen Verlust von Investitionsund Handlungsfreiheit führen[1283] und einen Verstoß gegen das Subsidiaritätsprinzip mit sich bringen, wie oben dargelegt[1284]. Dieses Problem ist noch gravierender in Brasilien gegeben, wo die nichteinkommensteuerpflichtigen Geringverdiener bzw. sogenannten Mini-Jobber kein ergänzendes Arbeitslosengeld beziehen[1285]. Abgesehen davon darf nicht außer Acht gelassen werden, dass die vorgeschlagene Berücksichtigung jeder Umsatzsteuermehrbelastung mittels Erhöhung der Grundfreibeträge zum sofortigen gesetzlichen Anpassungsbedarf führen würde[1286] und insoweit „der unberechenbaren Alltagspolitik" übertragen würde[1287]. Darüber hinaus darf auch nicht vernachlässigt werden, dass eine erhöhte Streitanfälligkeit zwischen dem Fiskus und den Steuerpflichtigen anlässlich der Überprüfung der Einkommensteuererklärungen und anlässlich der mög-

---

1280 Vgl. R. Mellinghoff, in: P. Kirchhof, EStG 2011, § 33 Rn. 1.

1281 Vgl. J. Englisch, Wettbewerbsgleichheit, S. 592 FN 155. Seiner Meinung nach könnte eine Vorsteuervergütung hinsichtlich der Werbungskosten der Arbeitnehmer (Arbeitsmittel, Bildungsaufwendungen, Transportkosten, etc.) mit der Einkommensteuererklärung verknüpft werden. Dies würde keinen zusätzlichen Verwaltungsaufwand erzeugen. Der derzeitige Zustand sei allerdings durch europarechtliche Bestimmungen vorgezeichnet.

1282 Vgl. J. Englisch, UR 2010, 400 (406f.).

1283 Vgl. R. Hickel, Wirtschaftsdienst 2010, 585 (587).

1284 Siehe oben unter C.II.7.c)aa.

1285 Der Verlust an Kaufkraft ist noch größer und das Risiko ein Sozialfall zu werden noch höher. Solange das gesamte Sozialhilfesystem in Brasilien noch seine ersten Schritte macht, erhöht sich das Risiko bei den Geringverdienern – z. B. bei den Bauarbeitern – erfahrungsgemäß, in die Kriminalität abzurutschen.

1286 Vgl. K. Löhr, Optionsrecht, S. 281f.

1287 Vgl. R. Hickel, Wirtschaftsdienst 2010, 585 (589): „Nicht aus der sozialen Ausgleichsfunktion begründete Argumente, sondern die allgemeinen Haushaltszwänge machen diese zum Spielball politischen Opportunismus".

lichen daraus resultierenden Steuererstattungen unvermeidbar sein würde[1288]. Und diese – möglicherweise lange - Zeit zwischen der Abgabe der Einkommensteuererklärung und der Vorsteuervergütung kann für diejenigen, die ein geringes Eigeneinkommen beziehen, von erheblicher Bedeutung sein[1289].

(iii) Eine zusammenhängende Einkommens- und Umsatzbesteuerung aus der Sicht des Endverbrauchers soll nicht komplett außer Betracht bleiben. Es gibt einige Vorteile im Rahmen der Verteilungswirkungen, die aus einer gewissen einheitlichen Berücksichtigung beider Steuern gezogen werden könnten[1290].

Ausgangspunkt einer möglichen einheitlichen Betrachtung beider Steuern auf das (erzielte und verwendete) Einkommen bildet – nach hier vertretener Ansicht - die *eigenständige* sozialstaatliche und freiheitsschonende Dimension des Leistungsfähigkeitsgrundsatzes im Umsatzsteuerrecht. Daraus ergibt sich, dass die Konsumleistungsfähigkeit erst beginnen kann, wenn erwerbs- und existenz-

---

1288 Ähnlich L. Schemmel, Entlastung, S. 57: „Aber auch dann, wenn die Erstattung von der Verwaltung vorgenommen würde, wäre sie mit erheblichen Schwierigkeiten verbunden, weil in der Praxis eine Reihe unterschiedlicher Fallgestaltungen auftreten würden, die einer einheitlichen Erstattung im Wege stehen“.

1289 Diese Steuerpflichtigen würden von der Schnelligkeit erstens des Steuergesetzgebers und zweitens des Fiskus noch abhängiger werden. Es ist auch nicht auszuschließen, dass sowohl der brasilianische als auch der deutsche Steuergesetzgeber die jährliche Verrechnungsmöglichkeit zwischen der Einkommensteuerschuld und der bezahlten Umsatzsteuer beschränken würde, was das Liquiditätsproblem der Einkommensschwachen verschlimmern würde.

1290 Bei gemeinsamer Betrachtung der Umsatzsteuer und der Einkommensteuer sieht H. G. Ruppe es als erforderlich, beide Steuern bezüglich der Verteilungswirkung als Einheit zu betrachten: „die Umsatzsteuer lässt sich unter dem Aspekt einer leistungsfähigkeitsorientierten Besteuerung nur neben einer auf die individuellen Verhältnisse Bedacht nehmenden Einkommensteuer rechtfertigen“. Vgl. H. G. Ruppe, UStG-Kommentar, S. 18. Oder umgekehrt: „eine progressive Einkommensteuer lässt sich eher rechtfertigen, wenn daneben eine proportionale Belastung der Einkommensverwendung, die wirtschaftlich sogar regressiv wirkt, existiert“. W. Reiß bemerkt, dass Gesetzgeber, Rechtsprechung und Wissenschaft sich um eine Ausgestaltung der Umsatzsteuer bemühen müssen, die den Anforderungen der Allgemeinheit genüge und den Bezug auf die Leistungsfähigkeit des einzelnen berücksichtige. Vgl. W. Reiß, DStJG 13 (1990), S. 37. Darüber hinaus meint er, dass die Umsatzsteuer nur im Zusammenhang mit einer auf die individuelle Leistungsfähigkeit Rücksicht nehmende Einkommensteuer zu rechtfertigen sei. Vgl. W. Reiß, DStJG 13 (1990), S. 250. K. Löhr ist auch der Auffassung, dass für ein Steuersystem, worin Steuern auf die Einkommensverwendung und Steuern auf die Einkommenserzielung kombiniert werden, nichts anderes gelten kann als die Anwendbarkeit des Leistungsfähigkeitsprinzips auf die Einzelsteuern. Vgl. K. Löhr, Optionsrecht, S. 226.

sichernde Aufwendungen sichergestellt sind[1291]. Aufgrund des defizitären Schutzes des verfassungskräftigen Grundsatzes der Selektivität nach der Wesentlichkeit, der nach der Rechtsprechung des Supremo Tribunal Federal keine zwingende vollständige Entlastung (*Immunität*) bedeutet - selbst wenn das Gut bzw. die Leistung zu einem menschlichen Bedarf erforderlich ist[1292] - taucht hier das Fundamentalprinzip der steuerlichen Leistungsfähigkeit auf der technisch gestaltenden Ebene der Umsatzsteuer auf[1293] und gebietet, dass der *Umsatzsteuer*gesetzgeber ein Mindestmaß an maßstabsgerecht ausgewählten Aufwandspositionen vollständig entlastet, die zu einem menschenwürdigen Dasein unbedingt erforderlich sind[1294]. Nach den hier vorgelegten Thesen geht es um bestimmte Güter und Leistungen, die den Wesensgehalt jedes Sozialrechts bzw. jedes grundlegenden Lebensbedürfnisses des Arbeitnehmers und seiner Familienangehörigen sicherstellen[1295]. Pragmatischer Ausgangspunkt bildet hierzu der deutsche sozialhilferechtliche Waren- und Dienstleistungskorb[1296], der andere orts- und zeitbedingte, aus der gesellschaftlichen und wirtschaftlichen Entwicklung sich ergebende Aufwandspositionen nicht ausschließen kann. Diese *verfassungskräftige* Verschonung gebietet einerseits eine „echte", mit Vorsteuerabzugsrecht zusammenhängende Steuerbefreiung[1297] z. B. von *Grund*nahrungsmitteln und ermöglicht andererseits zugleich eine progressive, der Verwirklichung der vertikalen Steuergerechtigkeit dienende Umsatzbesteuerung weiterer Nahrungsmittel[1298].

Bei außergewöhnlichen, vom Regelfall abweichenden Konstellationen, wobei z.B. Sonderbedürfnisse, die von der gebotenen umsatzsteuerrechtlichen Entlastung erwerbs- und existenzsichernder Aufwendungen nicht abgeschirmt bzw. nicht hinreichend abgeschirmt werden, aufgrund persönlicher und familiärer Besonderheiten unfreiwillig auftreten können, ist auf Anpassungen bzw. Ausglei-

---

1291 Siehe oben unter C.I.2.

1292 Vgl. RE Nr. 429.306, Berichterstatter: Richter Joaquim Barbosa, Zweite Kammer, DJe v. 16.03.2011; Emb. Decl. Ag. Reg. AI Nr. 515.168, Berichterstatter: Richter Cezar Peluso, Erste Kammer, DJ v. 21.10.2005.

1293 „Insbesondere ist das Leistungsfähigkeitsprinzip zu berücksichtigen". Vgl. RE Nr. 429.306, Berichterstatter: Richter Joaquim Barbosa, Zweite Kammer, DJe v. 16.03.2011.

1294 Siehe dazu oben unter C.II.7.b.

1295 Siehe dazu oben unter C.II.7.b. u. B.III.1.

1296 Vgl. L. Schemmel, Entlastung, S. 55.

1297 So auch P. Kirchhof, Bundessteuergesetzbuch, § 111 Rn. 1.

1298 Insbesondere eine erhöhte Umsatzbesteuerung von Luxuslebensmitteln. Siehe dazu oben unter C.II.6. Vgl. auch R. Ismer, A. Kaul, W. Reiß, UR 2010, 837 (844); J. Due, National Tax Journal 1968, 266 (270): „A large portion of present day food consumption is of 'luxury' character".

che bei der Einkommensteuer zu rekurrieren. Dennoch ist in der Einkommensteuererklärung bei der Geltendmachung dieser Aufwandspositionen, die eine außergewöhnliche und im Prinzip unzumutbare Belastung darstellt, der Anteil der bezahlten Umsatzsteuer in voller Höhe mit der Einkommensteuerschuld zu verrechnen. Sie kann gegebenenfalls anschließend erstattet werden. Das würde bedeuten, dass die Einkommensteuer ihre ergänzende, ausgleichende Funktion zur Umsatzsteuer erst dort entfalten würde, wo eine nach den Besonderheiten des (außergewöhnlichen) Einzelfalls unzumutbare Belastung aufträte[1299]. Die Möglichkeit der erwähnten Verrechnung bzw. Erstattung der *Vorsteuer* könnte in solchen Konstellationen dem ersten Anschein nach als eine *Billigkeits*klausel für den ungerecht belasteten Verbraucher wirken. Dennoch ist diese Verrechnung und Erstattung eher als sachgerechter Mechanismus zur Beseitigung von *Ungleichheiten* anzusehen[1300].

Es ist zuletzt festzustellen, dass die Sicherung der widerspruchsfreien Einheit der Steuerrechtsordnung erst dort anfangen kann, wo die Eigenständigkeit jedes Steuer*teil*bereichs gewährleistet ist. Das heißt dass der Verbrauch- bzw. Umsatzsteuerbereich, als der Bereich der Steuern auf den Konsum *par excellence,* bestimmte Mindestregeln enthalten sollte, die unabhängig von der Existenz und haushaltsbezogenen Effizienz anderer Steuerarten – vornehmlich der Einkommensteuer – die menschenwürdige Existenz und die Erwerbstätigkeit des einzelnen schützen kann. Das lässt sich insbesondere bei einer nicht unerheblichen Anzahl von (nichteinkommensteuerpflichtigen) Geringverdienern bzw. Minijobbern hinreichend rechtfertigen, die erst und vielleicht nur bei der Einkommensverwendungsbesteuerung zur Finanzierung der staatlichen Ausgaben beitragen. Aus der Sicht der gesamten Belastungswirkungen auf sie gibt es nur eine *Einheit* der Steuerrechtsordnung: die der Verbrauchsteuerrechtsordnung. Diese *Einheit* soll soweit wie möglich eigenständig bleiben und nach der sozialstaatlichen und freiheitsschonenden Konsumleistungsfähigkeit *widerspruchsfrei* gestaltet werden. Und diese Widerspruchsfreiheit in der Verbrauchsteuerrechtsordnung kann nur dort anfangen, wo zumindest die zum menschlichen Bedarf *unbedingt erforderlichen* Güter und Leistungen nicht mehr besteuert werden.

1299 Zur Bedeutung des eigenständigen Gehalts der Zumutbarkeit als Rechtsanwendungsmaßstab vgl. im 1. Kapitel unter C.III.2.

1300 Vgl. R. Mellinghoff, in: P. Kirchhof, EStG 2011, § 33 Rn. 1. Allerdings ist er der Meinung, folgerichtig seien die außergewöhnlichen Belastungen vom Gesamtbetrag der Einkünfte abzuziehen.

C.II.7.c)cc)β) Kompensationen im Sozialhilferecht

(i) Die Einbeziehung sämtlicher steuerbegünstigten bzw. zumindest steuerermäßigten Aufwandspositionen in die Umsatzsteuerpflicht wird seit langer Zeit verbunden mit einer ausgleichenden Umsatzsteuer*vergütung* außerhalb des Einkommensteuerschuldverhältnisses vorgeschlagen[1301]. Es gab sogar schon mal einen Umsetzungsversuch im deutschen Umsatzsteuergesetz von 1919[1302]. *J. Lang* hat in seinem Entwurf eines Steuergesetzbuchs eine antragsbedingte „Steuervergütung zum Ausgleich der Umsatzsteuerbelastung des für die Führung eines menschenwürdigen Lebens notwendigen Bedarfs" empfohlen[1303]. Die Höhe der Steuervergütung sollte auf der Grundlage durchschnittlicher Lebenshaltungskosten festgesetzt werden[1304]. Außerdem wurde auch die Auszahlung der Umsatzsteuererstattung mit der Rente und durch umsatzsteuerpflichtige Arbeitgeber an ihre Arbeitnehmer als geeignetes und effizientes Instrument zur Lösung der umsatzsteuerlichen Verteilungsfrage angesehen[1305].

(ii) Die Abschaffung sämtlicher oder zumindest des größten Teils der Verbrauchsteuervergünstigungen würde auch hier die häufig in Frage gestellten Abgrenzungsschwierigkeiten schwerlich beseitigen. Dieser Lösungsansatz würde nur das Problem auf das Sozialhilferecht verlagern. Auch in diesem Bereich würden solche Streitfragen wieder auftauchen, *welche* Aufwandspositionen dem *Grunde* nach - und in welcher *Höhe* – vom sozialhilferechtlichen Mindestbedarf

1301 Vgl. J. Lang, Entwurf eines Steuergesetzbuchs, § 473; ders. In: M. Rose, Konsumorientierte Neuordnung, S. 324; J. Pahlke, FinArch 26 (1967), 215 (224f.); L. Schemmel, Entlastung, S. 55; W. Morton, National Tax Journal 1951, 160 (163ff.); A. Rozental, National Tax Journal 1956, 370 (376); J. Due, National Tax Journal 1968, 266 (270); A. Zurita Leão, Direito Constitucional Tributário, S. 91. Siehe auch das Gesetz Nr. 12.685 von 28. August 2007 vom Bundesland São Paulo – Förderungsprogramm zur fiskalischen Staatsbürgerschaft vom Bundesland São Paulo (Nota Fiscal Paulista). Es wird dem Endverbraucher 7,5% der in Rechnung gestellten ICMS erstattet. Der Betrag kann in sein Bankkonto eingezahlt bzw. mit der Kraftfahrzeugsteuer verrechnet werden.

1302 Vgl. § 14 UStG 1919 (Umsatzsteuervergütung für denjenigen, dessen jährliches Gesamteinkommen 5.000 Mark nicht überstieg, wenn er mehr als ein Kind unter 16 Jahren versorgte. Die Vergütung betrug zwischen 20 und 40 Mark).

1303 Vgl. J. Lang, Entwurf eines Steuergesetzbuchs, § 473.

1304 Vgl. J. Lang, Entwurf eines Steuergesetzbuchs, § 473 Abs. 2. T. Sampaio Ferraz Junior hat zutreffend darauf hingewiesen, der Begriff der Durchschnittsmenschen oder der Durchschnittsfamilie oder der durchschnittlichen Gesellschaftsgruppe stelle ein Abstraktum dar, das „zur Erfassung des Grades der Verwirklichung der Gerechtigkeit bezüglich der Bedürfnisse unzureichend ist". Vgl. T. Sampaio Ferraz Junior, FS für Karl Beusch, S. 228.

1305 Vgl. M. Horn, StuW 1970, 146 (162 – Verrechnung der ausgezahlten Rückvergütungen mit den monatlichen Mehrwertsteuervorauszahlungen).

umgefasst sein müssten. Was und in welcher Höhe genau soll beim notwendigen Lebensunterhalt und bei den Tatbeständen zu Sonderbedarf und Zusatzleistungen um der Gewährleistung des persönlichen und familiären Existenzminimums willen mit berücksichtigt werden? Selbst wenn der Sozialgesetzgeber in Deutschland die in die Verbraucherpreise eingegangene Umsatzsteuer im Arbeitslosengeld einkalkuliert, taucht wieder die Frage auf, *welche* Güter und Leistungen dem *Grunde* und der *Höhe* nach dem notwendigen Lebensunterhalt zuzuordnen sind[1306]. Früher (bei der Verbrauchsbesteuerung) oder später (bei den Sozialtransfers) wird gefragt werden, was und in welcher Höhe im Bereich von Ernährung, Kleidung, Körperpflege, Hausrat, Haushaltsenergie und persönlichen Bedürfnissen des täglichen Lebens *unbedingt erforderlich* ist[1307].

Im Wesentlichen gilt hierzu die oben entwickelte Kritik und die entsprechend dargelegten Argumente gegen die Annahme und Umsetzung der von zahlreichen Ökonomen vorgeschlagenen Ausgleiche im Bereich der Einkommensteuer. Selbst im Falle entsprechender Anpassungen bei den Sozialtransfers – sei es durch das Arbeitslosengeld bzw. die Rente, sei es durch Auszahlung vom Arbeitgeber an die Arbeitnehmer bzw. durch eine antragsbedingte Umsatzsteuervergütung -, verstößt die Abschaffung sämtlicher Umsatzsteuervergünstigungen bzw. die Einbeziehung lebensnotwendiger Aufwandspositionen - wie z. B. Grundnahrungsmittel, Gesundheitsleistungen und Wohnungskosten - in die Umsatzsteuerpflicht gegen die sozialstaatliche und freiheitsschonende Konsumleistungsfähigkeit und gegen das Subsidiaritätsprinzip[1308]. Darüber hinaus entleert das von den Finanzwissenschaftlern dargestellte Modell den Eigenständigkeitsgehalt des Umsatzsteuerrechts als überwiegend fiskalzweckorientierten Steuerrechtsteilbereich, der in gewisser Weise leistungsfähigkeitskonform gedacht und gestaltet werden kann und *soll*.

Geldtransfers - wie das Arbeitslosengeld und die direkten Subventionen - sollten lediglich insoweit gewährt werden, als der genaue, bereichsspezifische

1306 Die Kommission der Europäischen Gemeinschaft hat diese Schwierigkeit bemerkt und diesbezüglich vorgeschlagen, einen sehr niedrigen Satz (zwischen 0 und 5%) für Gegenstände und Dienstleistungen zur Deckung des Grundbedarfs, wie z. B. Nahrungsmittel, und einen zweiten Steuersatz (zwischen 10 und 12%) für andere Zwecke, die aus anderen Gründen eine Vorzugsbehandlung erfahren sollen, wie z. B. im Bereich Kultur und Bildung, zuzulassen. Die meisten Mitgliedstaaten wenden zurzeit zusätzlich zum Normalsatz zwei ermäßigte Steuersätze an. Vgl. Mitteilung der Kommission, 2007, KOM (2007) 380, S. 12f.

1307 Vgl. BVerfGE 125, 175, 223 („Hartz-IV"- Urteil).

1308 Auch Ökonomen könnten nicht auf einige Ausnahmen vom einheitlichen Mehrwertsteuersatz verzichten. Vgl. The Mirrlees Review – Tax by design, S. 478 (Table 20.1. „A good tax system" – a largely uniform VAT with a small number of targeted exceptions on economic efficiency grounds).

Bedarf noch vorhanden ist. Das Arbeitslosengeld sollte konzeptionell als Anreiz für den Empfänger gelten, damit er aus eigener Initiative und mit eigenen Kräften aus der Arbeitslosigkeit so bald wie möglich entkommen kann und nicht weiter vom (paternalistischen) Staat abhängig ist[1309]. Genauso sollten die direkten bereichsspezifischen Subventionen für die Unternehmer gelten[1310], damit sie so bald wie möglich aus eigener Initiative und mit eigenen Kräften im jeweiligen Markt wieder überleben können. Diese Beispiele verstärken die Ansicht, wonach der Lösungsansatz einer kontinuierlichen Gewährung von staatlichen Geldtransfers gegen das Subsidiaritätsprinzip verstoßen und folglich nur bei außergewöhnlichen, unzumutbaren bzw. sogar unbilligen Steuerbelastungen des Endkonsumenten *subsidiär* in Anspruch zu nehmen sind, um die notwendige Gleichheit wiederherstellen zu können. Dabei sind die vorgeschlagenen Umsatzsteuervergütungen im Rahmen des notwendigen Ausgleichs nicht auszuschließen, aber auf die Fälle zu begrenzen, die von den umsatzsteuerrechtlichen Verschonungstatbeständen nicht abgeschirmt bzw. nicht hinreichend abgeschirmt werden, wie bereits oben bei der Analyse bei der Einkommensteuer dargelegt wurde.

Bei bestimmten Umsatzsteuervergünstigungen, die sich im Lichte einer Umsatzbesteuerung nach der sozialstaatlichen und freiheitsschonenden Konsumleistungsfähigkeit schwerlich rechtfertigen lassen – wie im Fall der Steuerermäßigung für Beherbergungsleistungen[1311] - gelten direkte Subventionen als zielgenauer und effizienter. Sie dienen unter anderem einer punktuellen Beseitigung bestimmter Wettbewerbsverzerrungen bzw. der Förderung bestimmter Branchen im Interesse der *Unternehmer*. Sie sind besser zu kontrollieren als ungerechtfertigte langlebige (unternehmerische) Umsatzsteuervergünstigungen und vermeiden innere Widersprüche in der Umsatzsteuerrechtsordnung. Wie das Bundesverfassungsgericht zutreffend vertreten hat, seien die Vergünstigungen nur im Interesse der *Verbraucher*, nicht im Interesse einzelner Unternehmensgruppen systemgerecht[1312].

1309 Vgl. M. Lehner, Einkommensteuerrecht, S. 5.

1310 Vgl. P. Kirchhof, Bundessteuergesetzbuch, S. 818 Rn. 23 („Subventionen außerhalb des Steuerrechts zu regeln“).

1311 Vgl. Bundesrechnungshof, Bericht über den ermäßigten Umsatzsteuersatz, S. 32f.

1312 Siehe hierzu BVerfGE 101, 132, 141, in Anlehnung an die Begründung zum 2. Haushaltsstrukturgesetz, BTDrucks 9/842, S. 74; vgl. auch UR 2000, 72, 73.

C.II.8. Erwerbsaufwendungen und unternehmerische Investitionen

Wie bereits oben festgestellt worden ist, strahlt das Leistungsfähigkeitsprinzip in der Dimension seiner Unterprinzipien des subjektiven und objektiven Nettoprinzips seine Wirkungen auf das Umsatzsteuerrecht aus[1313]. Denn die Fähigkeit, zum allgemeinen staatlichen Finanzbedarf beizutragen, kann erst anfangen, wenn der Steuerzahler sowohl seine Existenz und die seiner unterhaltsberechtigten Familienangehörigen als auch seine Erwerbstätigkeit sichergestellt hat[1314]. Der Staat soll vorrangig seine Bürger fördern, sich selbstverantwortlich mit eigener Initiative und Kräften auch im Bereich der Erwerbstätigkeit zu entwickeln[1315]. Denn die dieser Förderung zugrundeliegenden freiheitsrechtlichen Positionen sollen ohne weiteres nicht nur bei der Einkommensteuer, sondern bei der Gesamtsteuerrechtsordnung gewährleistet werden[1316].

Nach dem bereits oben dargelegten umsatzsteuerrechtlichen Umfang des Konsumbegriffs als Leistungsfähigkeitsindikator ist festzuhalten, dass Aufwendungen zu erwerbswirtschaftlichen Zwecken – einschließlich unternehmerische Investitionen – keinen Indikator von Konsumleistungsfähigkeit widerspiegeln[1317]. Solche Aufwendungen dienen keiner endgültigen privaten Bedürfnisbefriedigung bzw. bringen dem Unternehmer keinen unmittelbaren Konsumvorteil. Sie bilden eher einen Produktionskostenfaktor, dienen dem Generieren von künftigen Umsätzen und der Aufrechterhaltung der Produktionsquelle und gelten folglich als erwerbsbezogene leistungsfähigkeitsmindernde Aufwandspositionen[1318]. Ausgehend von dieser Prämisse wird nach hier vertretener Ansicht im Bereich der Erwerbstätigkeit angenommen, dass die umsatzsteuerrechtliche Konsumleistungsfähigkeit erst bei solchen Einkommensverwendungen anfängt, die über die erwerbssichernden Aufwendungen hinausgehenden[1319].

Der Vorsteuerabzug im deutschen Umsatzsteuerrecht in Gestalt der EU-Vorgaben und der verfassungsrechtliche Grundsatz der Nichtkumulation im Rahmen der brasilianischen IPI und ICMS bei liefernden bzw. leistenden Unter-

---

1313 Siehe oben unter C.I.2.

1314 Siehe oben unter C.I.2.

1315 Zum Subsidiaritätsprinzip vgl. oben unter C.II.7.c.

1316 Vgl. K. Löhr, Optionsrecht, S. 262; ähnlich, aber hinsichtlich der Unantastbarkeit des Existenzminimums, siehe K. Tipke, in: FS für Karl Friauf, S. 755.

1317 Siehe oben unter C.I.2.

1318 Ähnlich J. Englisch, Wettbewerbsgleichheit, S. 591.

1319 Vgl. oben unter C.I.2. Zu den unausweichlichen erwerbssichernden Aufwendungen zählen beispielsweise Arbeitsmittel, Strom, Transportkosten und Bildungs- bzw. Fortbildungsaufwendungen.

nehmern tragen nicht nur zur grundsätzlichen Sicherstellung der Wettbewerbsneutralität bei, sondern verhindern „eine unkontrollierbare und unterschiedliche Mehrbelastung der nichtunternehmerischen Verbraucher“[1320]. Problematisch bleibt die Versagung des Vorsteuerabzugsrechts im Rahmen der umsatzsteuerbefreiten Umsätze und bei den nichtselbständigen Erwerbstätigen, wie unten zu zeigen sein wird.

C.III. Unzureichende leistungsfähigkeitsmäßige Gestaltung des geltenden Umsatzsteuerrechts

Im Rahmen der Gestaltung des geltenden deutschen und brasilianischen Umsatzsteuerrechts, im Hinblick auf die Belastungswirkungen auf den Endverbraucher und nach den oben gewonnenen Erkenntnissen sind folgende Schlussfolgerungen zu ziehen:

(i) Die deutsche Umsatzsteuer und die brasilianischen Steuern auf den Umsatz belasten ärmere Bevölkerungsschichten und kinderreiche Familien mehr als Einkommensstarke und kinderlose Familien bzw. Alleinstehende insoweit, als die ersten zwei Gruppen einen größeren Teil ihres Einkommens für unausweichliche persönliche und familiäre Aufwendungen ausgeben müssen[1321]. Diese Regressionswirkung kann nach dem hier vorgelegten Modell der Graduierung der Umsatzsteuersätze nach dem Grad der entsprechenden Unentbehrlichkeit zum menschlichen Konsum grundsätzlich beseitigt werden insofern, als die den grundlegenden Bedürfnissen des Arbeitnehmers und den seiner Unterhaltsberechtigten bzw. den Sozialrechten zuzurechnenden Mindestaufwandspositionen vollständig entlastet werden[1322]. Im Rahmen der Beseitigung dieser Regressionswirkung ist eine progressive Steuersatzgestaltung innerhalb bestimmter Güter- und Dienstleistungskategorien nach Möglichkeit nicht auszuschließen, wie es beispielsweise in den Fällen von Milch und Autos vorgeschlagen wurde[1323]. Durch eine solche Progression wird nicht nur der vertikalen Steuergerechtigkeit besser Rechnung getragen, sondern die Einkommensstarken werden theoretisch einen größeren Teil ihres Einkommens für den Luxuskonsum ausgeben müssen. Haushaltspolitisch betrachtet kann die Progression gegenüber der vollständigen Entlastung lebensnotwendiger Aufwandspositionen zumindest partiell aufkommensausgleichend wirken.

1320 Vgl. W. Reiß, DStJG 13 (1999), 3 (25).

1321 Zur Regressionswirkung der deutschen Umsatzsteuer siehe K. Tipke, StRO, S. 1005f.

1322 Vgl. oben unter C.II.7.b.

1323 Vgl. oben unter C.II.6.

(ii) Der Schutz des Existenzminimums im Binnensystem jeder der hier untersuchten Steuern auf den Umsatz ist unzureichend[1324]. Unvermeidbare Konsumaufwendungen wie z. B. Lebensmittel und Strom werden immer noch besteuert[1325]. Die bereits vorhandenen und die insbesondere von den Finanzwissenschaftlern plädierten Ausgleichsmechanismen bei der Einkommensteuer ermöglichen nur eine partielle Kompensation für die Einkommensteuerpflichtigen und beseitigen nicht das Problem bei den nichteinkommensteuerpflichtigen Geringverdienern[1326]. Zusätzliche bzw. erhöhte Sozialtransfers um dieses Ausgleichs willen verstoßen gegen das verfassungskräftige Subsidiaritätsprinzip[1327]. Darüber hinaus lässt sich die Beibehaltung zahlreicher Umsatzsteuerermäßigungen – wie z. B. für gartenbauliche Erzeugnisse, Kunstgegenstände und Sammlungsstücken - nicht rechtfertigen[1328].

(iii) Selbst in den Fällen der geltenden deutschen und brasilianischen Umsatzsteuerbefreiungen werden die Endabnehmer nicht vollständig entlastet. Die Versagung des Vorsteuerabzugsrechts für steuerfrei liefernde und leistende Unternehmer hinsichtlich der besteuerten Eingangsleistungen führt in der Regel dazu, dass der Unternehmer die Vorsteuer als Kostenbestandteil seines Produktes bzw. seiner Leistung einkalkuliert und sie auf den Endkonsumenten überwälzt[1329]. Die tatbestandliche Umsatzsteuerbefreiung wirkt im Endeffekt als eine bloße Ermäßigung[1330] und widerspricht insoweit der sozialstaatlich bzw. kulturell motivierten Zielsetzung der Entlastung. Zu nennen ist vor allem das Beispiel des Arztes, der umsatzbesteuerte medizinische Geräte erworben hat[1331]. Er wird unausweichlich die Umsatzsteuer als Kostenbestandteil seiner umsatzsteuerbefreiten ärztlichen Leistung auf die Patienten verdeckt abwälzen[1332]. Das geltende deutsche Optionsrecht nach § 9 Abs. I UStG gilt lediglich hinsichtlich steuerfreier Umsätze *an andere Unternehmer für deren Unternehmen*. Zu nennen ist auch das Beispiel von Büchern, Zeitungen, Zeitschriften und Druckpapieren, für die die brasilianische Verfassung *Steuerimmunität* vorsieht (Art. 150 VI „d“

1324 Vgl. oben unter B.IV u. B.VI.

1325 Vgl. oben unter B.IV.

1326 Siehe oben unter C.II.7.b u. oben unter C.II.7.c)cc)α.

1327 Vgl. oben unter C.II.7.c)aa. Siehe noch dazu oben unter C.II.7.c)cc)β.

1328 Vgl. zum deutschen Steuerrecht vor allem Bundesrechnungshof, Bericht über den ermäßigten Umsatzsteuersatz, S. 20 u. 24. Darüber hinaus sind Kunstgegenstände und Sammlungsstücken nach dem Gemeinschaftsrecht dem Regelsteuersatz zu unterliegen. Vgl. zum brasilianischen Steuerrecht oben unter B.IV.

1329 Vgl. H. Stadie, Umsatzsteuerrecht, S. 302 u. 532; W. Reiß, in: Tipke/Lang, Steuerrecht, § 14 Rz. 93 u. 170; K. Löhr, Optionsrecht, S. 281.

1330 Siehe dazu H. Stadie, Umsatzsteuerrecht, S. 302.

1331 Das ist das Beispiel von W. Reiß, in: Tipke/Lang, Steuerrecht, § 14 Rz. 93.

1332 Vgl. W. Reiß, in: Tipke/Lang, Steuerrecht, § 14 Rz. 93.

CF). Die Versagung des Vorsteuerabzugsrechts hinsichtlich der Eingangsleistungen, die in der Herstellung von Druckpapier benutzt werden, sei ein deutlicher Verstoß gegen die Garantie der *Steuerimmunität*, denn der Gegenstand werde vorbelastet, was die Verfassung eigentlich nicht zulässt[1333]. Das Vorsteuerabzugsverbot im Rahmen der Umsatzsteuerbefreiungen ist systemwidrig und inkonsequent[1334].

(iv) Die Besteuerung von erwerbssichernden Aufwendungen des Arbeitnehmers lässt sich auch nicht nach dem hier vorgelegten Konzept eines sozialstaatlichen und freiheitschonenden Leistungsfähigkeitsprinzips rechtfertigen. Die Leistungsfähigkeitsminderung durch die Versagung des Vorsteuerabzugsrechts für den Arbeitnehmer in Bezug auf beruflich veranlasste Aufwendungen - wie z. B. auf Arbeitsmittel (Werkzeuge, typische Berufskleidung, etc.) und

1333 Vgl. hierzu AC 2.559 – MC – REF, Berichterstatter: Richter Celso de Mello, Zweite Kammer, DJe v. 20.09.2011. Die brasilianische Verfassung sieht im Fall der ICMS vor, dass die Steuerbefreiung bzw. die Nichterhebung die Versagung des Vorsteuerabzugs der Eingangsleistungen impliziert, es sei denn, dass die Gesetzgebung das Vorsteuerabzugsrecht zulässt (Art. 155 § 2 II „b" CF). Wenn die Verfassung die Umsatzbesteuerung nicht verbietet, dann darf der Steuergesetzgeber die Versagung des Vorsteuerabzugsrechts der Eingangsleistungen hinsichtlich der nachfolgenden steuerbefreiten Transaktionen beseitigen. Dies muss durch „Abkommen" (Convênio) geregelt werden, wobei die Vertreter der Länder und des Bundesbezirks, unter Leitung von Vertretern der Bundesregierung, zur Frage des Vorsteuerabzugsrechts gemeinsam entscheiden. Siehe z. B. den Convênio ICMS Nr. 89/92, wodurch es den Ländern und dem Bundesbezirk gestattet wird, die Stornierung der Vorsteuer hinsichtlich der steuerbefreiten Ausgangsumsätze von Landwirtschaftserzeugnissen nicht zu verlangen. (Einsehbar unter http://www.fazenda.gov.br/confaz/Confaz/Convenios/icms/1992/CV 089_92.htm). Abfrage am 30.06.2012. Im Fall der IPI sieht die brasilianische Verfassung keine Einschränkung zum Vorsteuerabzugsrecht vor (Art. 153 § 3 II CF). Art. 11 des Gesetzes Nr. 9.779/99 sieht vor, dass die Vorsteuer der Eingangsleistungen – Rohstoff, intermediärer Produkt und Verpackungsmaterial -, die in der Herstellung steuerbefreiter bzw. nullbesteuerter Erzeugnisse verwendet werden, mit anderen Bundesabgaben verrechnet bzw. erstattet werden darf. Die Mehrheit des Plenums des Supremo Tribunal Federal hat diesbezüglich entschieden, dass es kein Vorsteuerabzugsrecht vor dem Inkrafttreten dieses Gesetzes gab. Entgegen der Meinung des Berichterstatters haben die meisten Richter vertreten, die Aufrechterhaltung des Vorsteuerabzugsrechts wirke wie eine rückwirkende Steuerbefreiung betreffend der besteuerten Eingangsleistungen, was in der Verfassung nicht vorgesehen sei. Vgl. hierzu das Sondervotum des Richters Marco Aurélio in der RE Nr. 562.980, Berichterstatter: Richter Ricardo Lewandowski, Plenum, DJe v. 04.09.2009.

1334 So W. Reiß, in: Tipke/Lang, Steuerrecht, § 14 Rz. 170. Vgl. hierzu zum brasilianischen Steuerrecht A. Jorge Costa, IPI, ICMS e ISS, S. 23ff.

Transportkosten - lässt sich nur *partiell* durch den einkommensteuerlichen Werbungskostenabzug kompensieren[1335].

(v) Die derzeitige Konfiguration sowohl der deutschen Umsatzsteuer als auch der brasilianischen Steuern auf den Umsatz ist eher auf die Sicherung der Wettbewerbsneutralität – vornehmlich durch den Mechanismus des Vorsteuerabzugs bzw. den verfassungsrechtlichen Grundsatz der Nichtkumulation - und auf die Befriedigung bereichsspezifischer Interessengruppen konzentriert, als auf eine (konsum)leistungsfähigkeitsmäßige Umsatzbesteuerung. Es wird immer noch vernachlässigt, die real existierenden Steuern auf den Umsatz an der sozialstaatlichen und freiheitsschonenden Dimension des Leistungsfähigkeitsprinzips zu messen[1336]. Um diesen Anforderungen der Konsumleistungsfähigkeit hinreichend Genüge zu tun, ist stets von dem deutschen sozialhilferechtlichen Mindestlebensbedarf und den brasilianischen verfassungsrechtlich verankerten Sozialrechten bzw. den grundlegenden Lebensbedürfnissen des Arbeitnehmers und den seiner Familienangehörigen und Unterhaltsberechtigten auszugehen[1337]. Zugleich sind zeit- und ortsmäßige Mindestaufwandspositionen festzulegen, die für jedes grundlegende (Sozial)Recht – wie z. B. Gesundheit, Nahrung, Wohnung und Bildung – den Wesensgehalt und folglich die entsprechende Mindestwirksamkeit sicherstellen können, ohne die das Recht nicht mehr existieren kann[1338]. Pragmatischer Ausgangspunkt ist der bereits in beiden Ländern vorhandene Waren- und Leistungskorb, der regelmäßig nach den entsprechenden zeit- und ortsbezogenen sozialen und wirtschaftlichen Besonderheiten zu überprüfen ist[1339]. Andererseits können, für Fälle der Befriedigung bereichsspezifischer Interessengruppen – wie z. B. im Fall der Gewährung der Umsatzsteuerermäßigung für Beherbergungsleistungen in Hotels, Gasthäusern und Pensionen[1340] -, direkte Subventionen zielgenauer wirken[1341]. Sie lassen sich haushalts-

---

1335 Mehr dazu siehe oben unter C.II.7.c)cc)α.

1336 Zutreffend hat K. Tipke darauf hingewiesen: „Die einfachen Steuergesetze sind am Leistungsfähigkeitsprinzip – als tertium comparationis des Gleichheitssatzes – zu messen, nicht umgekehrt". Vgl. K. Tipke, StRO, S. 485.

1337 Siehe dazu oben unter B.III.1.

1338 Siehe dazu oben unter C.II.7.b.

1339 Siehe dazu oben unter C.II.7.b.

1340 Sowie die kurzfristige Vermietung von Campingflächen. Vgl. § 12 Abs. 2 Nr. 11 UStG. Siehe auch Bundesrechnungshof, Bericht über den ermäßigten Umsatzsteuersatz, S. 32f.

1341 Insbesondere in diesem Fall können direkte Subventionen zielgenauer wirken. Ziel der Ermäßigung war, „die inländische Tourismusindustrie zu stärken und Standortnachteile im europäischen Wettbewerb auszugleichen", denn die meisten EU-Staaten haben den ermäßigten Steuersatz für diese Leistungen bereits eingeführt. Vgl. Bundesrechnungshof, Bericht über den ermäßigten Umsatzsteuersatz, S. 32f. Wie bereits oben insbesondere unter B.I. und B.III.1 festgestellt wurde, sind Befreiungen und Ermäßigungen im

politisch besser voraussehen und kontrollieren[1342] und widersprechen nicht der hier vertretenen verfassungsrechtlichen Zielsetzung der umsatzsteuerlichen Befreiungen und Ermäßigungen. Zuletzt ist nochmals hervorzuheben, dass Vergünstigungen nur im Interesse der Verbraucher, nicht aber im Interesse einzelner Unternehmensgruppen systemgerecht sind[1343].

(vi) Schließlich ist nach der oben dargestellten Ansicht des Bundesverfassungsgerichts[1344] und des Supremo Tribunal Federal[1345] *nicht* zu erwarten, dass der Verstoß gegen die (Konsum)Leistungsfähigkeit aufgrund der Besteuerung von erwerbs- und existenzsichernden Aufwendungen im System der Steuern auf den Umsatz in der Praxis der Verfassungsrechtsprechung die Verfassungswidrigkeitserklärung zur Folge haben kann. Zu erwarten ist, dass die hier entwickelte Begründung und die daraus sich ergebenden Lösungsansätze auf gesetzgeberischer Ebene herangezogen werden können.

Umsatzsteuerrecht nach Maßgabe des Unentbehrlichkeitsgrad der Güter und Leistungen für die Befriedigung des Lebensbedarfs des Endverbrauchers, nicht des Unternehmers bzw. der Wirtschaftsbranche zu gewähren. Darüber hinaus lässt sich die Ermäßigung für Beherbergungsleistungen in diesem Fall dem Sozialrecht auf Wohnung schwerlich zuordnen. Laut der Pressemitteilung Nr. 10/18 vom 30.03.2010 des Deutschen Hotels und Gaststättenverbandes (DEHOGA) haben „33,6 Prozent der befragten Unternehmer ihre Zimmerpreise um durchschnittlich 6,5 Prozent gesenkt". Die eingeführte Umsatzsteuerermäßigung dient eher der Finanzierung neuer Investitionen (Neuanschaffungen, Modernisierungen und Umbauten) und der Einstellung zusätzlicher Mitarbeiter und Auszubildender. Wie zu bemerken ist, ist eine Begünstigung des Endverbrauchers nicht gewährleistet und eigentlich auch nicht erzielt. Vgl. die erwähnte Pressemitteilung unter http://www.dehoga-bundesverband.de/fileadmin/Inhaltsbilder/Presse/Pressemitteilungen/2010/PM_10_18_Zwischenbilanz_zur_Mehrwertsteuersenkung_Hoteliers_investieren_in_Haeuser_und_Mitarbeiter.pdf. Abfrage am 15.06.2012.

1342 Zu direkten Subventionen statt Umsatzsteuervergünstigungen siehe oben unter C.II.7.c)cc)β.

1343 Vgl. BVerfGE 101, 132, 141, in Anlehnung an die Begründung zum 2. Haushaltsstrukturgesetz, BTDrucks 9/842, S. 74; vgl. auch UR 2000, 72 (73).

1344 Siehe oben unter C.II.3.a.

1345 Siehe oben unter C.II.3.b.

Zusammenfassung der wichtigsten Ergebnisse der Arbeit

I. Ergebnisse zum Kapitel 1

1. Jede Rechtsordnung orientiert sich an hochrangigen Werten, die dem Aufbau und der Aufrechterhaltung eines *Ideals* von Gesellschaft dienen. Es gibt eine objektive verfassungsrechtliche Werteordnung, die in den Grundrechten entfaltet wird. Diese Werteordnung hat als Schwerpunkte die Würde des Menschen, die freie Entfaltung der Persönlichkeit und die Gleichheit, die als verfassungsrechtliche Grundentscheidungen für das gesamte Recht gelten. Die sowohl im deutschen Grundgesetz als auch in der brasilianischen Verfassung verankerte Würde des Menschen gilt als oberster Wert und muss das ganze Wertesystem beherrschen.

2. Das Steuerrechtssystem ist auf verfassungsrechtlichen Werten aufgebaut. Die grundlegenden Pfeiler dieses Systems sind der Schutz des Existenzminimums – als Ableitung von der Garantie der Menschenwürde in Verbindung mit dem Sozialstaatsprinzip -, die Handlungsfreiheit, die Gleichheit – auf der vertikalen und horizontalen Ebene -, der Schutz der Ehe und der Familie, die freie Berufsausübung und die Eigentumsgewährleistung. Die herrschenden Prinzipien des Steuerrechts verkörpern diese Werte, aber sind kein Selbstzweck, sondern weisen den Weg zur Erreichung dieser Werte.

3. Im Steuerrechtssystem soll die Zuteilung von Vorteilen und Belastungen nach dem getroffenen Maßstab den Anforderungen des Gebots der Folgerichtigkeit genügen. Folgerichtig zu verfahren setzt voraus, die gesetzgeberische Wertung konsequent, gleichmäßig umzusetzen. Abweichungen davon bedürfen einer besonderen Rechtfertigung, z. B. durch überwiegende Gemeinwohlziele oder unausweichliche Praktikabilitätsbelange und unterliegen einer strengen Verhältnismäßigkeitskontrolle. Bei der folgerichtigen Umsetzung der Belastungsentscheidung sind die Merkmale der Einheit und der Ordnung des Rechtssystems zu berücksichtigen.

4. Die systematische Auslegung setzt die Existenz eines bestimmten Systems voraus, aufgrund dessen die Auslegung vorzunehmen ist. Die systematische Auslegung gewinnt ihre höchste Überzeugungskraft aus den aus dem inneren System stammenden Wertungen, die aus einem sinnhaften Zusammenhang zwischen den auszulegenden Bestandteilen der Rechtsordnung und ihrer Ganzheit verfassungs(zweck)mäßig aufgebaut wurden. Die systematische Auslegung ist zugleich *teleologisch* und *axiologisch*: *teleologisch*, denn sie forscht nach dem Zweck, nach dem Grundgedanken des Gesetzes, auch unter Beachtung des

zugrundeliegenden Verfassungszwecks; *axiologisch*, da sie an systemtragenden Prinzipien, die ihrerseits die Werte des Systems verkörpern, ausgerichtet ist. Die systematische Auslegung hat zuletzt die im Grundrechtsteil verankerten Prinzipien und Wertentscheidungen zu beachten und sie so optimal wie möglich zu konkretisieren.

5. Die Rechtsprinzipien entfalten eine axiologisch-teleologische Dimension. Sie verkörpern einen oder mehrere Werte, die den funktionellen Kern des Prinzips konstituieren und zugleich die *Schnittstelle* zwischen dem konkretisierungsbedürftigem *Wert* und der anzuwendenden *Regel* errichten. Die das innere System gestaltenden Wertungen bedürfen allgemeingültiger Maßstäbe, die aufgrund ihres normativen Charakters die vom Rechtsanwender getroffenen Wertungen legitimieren können. Die Rechtsprinzipien sind bereichsspezifisch nach den tatsächlichen Gegebenheiten und rechtlichen Möglichkeiten in einem möglichst hohen Maß zu verwirklichen.

6. Prinzipienkollisionen geschehen auf der *Gewichtsebene*. Instrument zur Auflösung von Prinzipienkollisionen ist die Verhältnismäßigkeitsprüfung. Es geht nicht um die Gültigkeit des einen oder des anderen Prinzips, sondern eher um die Ermittlung des *Gewichts* und folglich des notwendigen *Grades der Verwirklichung* jedes in ihnen verkörperten Wertes anhand des zugrundeliegenden Systems. Zugleich ist bei der damit verbundenen Abwägung zu erkennen, ob eines der in Konflikt stehenden Prinzipien nicht eine höherwertige Vorzugsnorm ist, die von der Verfassung bereits determiniert ist. Hierbei gilt die Menschenwürde als oberster Wert der gesamten grundrechtlichen Werteordnung. Der Wesensgehalt aller Grundrechte entfaltet eine gewisse Dimension der Menschenwürde, die gegen steuerrechtliche Einschränkungen immun ist.

7. Die *Verhältnismäßigkeit* und die *Zumutbarkeit* sind *Maßstäbe* der Rechtsanwendung, die die Normenanwendung strukturieren. Sie befinden sich über der Normenebene und können weder als gültig noch als ungültig erklärt werden sowie ebenso wenig abgewogen werden. Die Verhältnismäßigkeit besteht *nicht* im Gegenstand, sondern in der *Führungslinie* der Abwägung. Gesetzgeberische Zwecke und die damit verbundenen Rechtsprinzipien sind nicht mit der Verhältnismäßigkeit gegenüberzustellen, sondern anhand der Teilgebote der Geeignetheit, der Erforderlichkeit und der Verhältnismäßigkeit im engeren Sinne zusammenzuprüfen. Die Zumutbarkeitsprüfung hat als Gegenstand die Ermittlung des *Unerträglichkeitsgrads* der Normhärte anhand der persönlichen Verhältnisse, der Besonderheiten bzw. der Ausnahmeumstände des Betroffenen im konkreten Fall. Drittbezogene Interessen – das heißt, außerhalb der Privatsphäre des Betroffenen liegende Interessen – dürfen nicht mit einbezogen werden. Die der Verhältnismäßigkeitsprüfung inhärente *Zweck-Mittel-Beziehung* hat hier keinen Eingang. Die Zumutbarkeit hat ihre höchste Ausprägung im Billigkeitsgebot,

wobei die Beseitigung einer Überforderung, die aufgrund der Besonderheiten der Sphäre des Betroffenen im Zusammenhang mit der Normhärte entstanden ist, erzielt wird.

8. Rechtsnormen sind entweder Rechtsprinzipien oder Rechtsregeln, die der *Objekt*ebene der Rechtswissenschaft angehören. Beide sind durch die deontischen Grundausdrücke formulierbar und entfalten, was *gesollt* ist. Die Rechtsprinzipien verkörpern ein ideales Sollen, das Anspruch auf die Verwirklichung eines Verfassungswertes in möglichst hohem Maß hat. Der Realisierungsgrad der Rechtsprinzipien ist mit den tatsächlichen Umständen und mit den von den gegenläufigen Prinzipien gesetzten Einschränkungen eng verbunden. Der Grad der Einschränkung ist durch eine Abwägung anhand des Wichtigkeitsgrads und des Beeinträchtigungsniveaus des vom Staat tangierten Rechtsguts zu ermitteln. Die Rechtsregeln wiederum haben Anspruch auf definitive Gültigkeit und sind nicht Gegenstand von Abwägungen. Die Gültigkeit einer definitiven Anwendung von Regeln hängt von der Vereinbarkeit mit den im selben Anwendungsbereich anwendbaren Grundsätzen ab. Hinsichtlich der Gültigkeit aufgrund des Erfüllungsgrads des mit der Regel verbundenen Zwecks ist zu fordern, dass die Regel ein Mindestmaß an Zweckerfüllung erreicht. Der Grad der Zweckerfüllung wird dennoch nicht auf der Gültigkeitsebene, sondern eher auf der Wirksamkeitsebene ermittelt.

9. *Verfassungszwecke* sind objektive Ausprägungen der Staatsfürsorge für das Gemeinwohl. Sie finden ihre Gültigkeitsgrundlagen in der verfassungsrechtlichen Werteordnung, aber sind eine Stufe weiter konkretisiert als die Verfassungswerte. Die Verfassungszwecke sind bei der Geeignetheitsprüfung der Verhältnismäßigkeit von großer Bedeutung, wobei eine staatliche Maßnahme nur hinreichend gerechtfertigt und zulässig ist, wenn das eingesetzte Mittel mit einem bestimmten *Verfassungszweck* vereinbar ist. Die der Verhältnismäßigkeitsprüfung inhärente *Zweck*-Mittel-Beziehung ist im Wesentlichen als *Verfassungszweck*-Mittel-Beziehung nachzuvollziehen. *Politische Ziele* wiederum müssen nicht ausdrücklich in der Verfassung vorgesehen werden, aber ihr *rechtsethischer Gehalt* muss unmittelbar aus Verfassungswerten oder aus Verfassungsgrundsätzen ableitbar sein.

II. Ergebnisse zum Kapitel 2

10. Der Inhalt des Leistungsfähigkeitsprinzips findet keine ausdrückliche Verankerung im Grundgesetz. Der Inhalt des Leistungsfähigkeitsprinzips beschränkt sich nicht auf das in Art. 3 Abs. 1 GG verankerte Gebot materieller Sachgerechtigkeit. Er wird von weiteren verfassungsrechtlichen Grundlagen ausgeformt. Der brasilianische Verfassungsgeber wiederum hat *zum Teil* das *Wesen des*

Prinzips in Art. 145 § 1 schriftlich niedergelegt: „in allen Fällen, in denen dies möglich ist, werden die Steuern persönlichen Charakter haben und gemäß der wirtschaftlichen Leistungsfähigkeit des Steuerzahlers abgestuft".

11. Aus dem Inhaltskern des Leistungsfähigkeitsprinzips ergibt sich, dass bei gleicher Höhe von disponiblen Finanzmitteln die Steuern gleich zu erheben sind (Gerechtigkeit auf der horizontalen Ebene) und bei unterschiedlichen Höhen die Steuern unterschiedlich (proportional) aufzuerlegen sind (Gerechtigkeit auf der vertikalen Ebene).

12. Als typisch leistungsfähigkeitskonform bezeichnete Steuerarten gelten die Einkommen- und die Körperschaftsteuer, die einige gemeinsame Eigenschaften haben. Es geht um *direkte* Steuern, die *persönlichen* Charakter haben und mit *Fiskalzweck* eingeführt werden.

13. Eine Lenkungszwecknorm darf das Existenzminimum nicht antasten, selbst wenn einer Staatszielbestimmung ein förderungswürdiger Rang zukommt, der eine Abweichung vom Gleichheitssatz aufgrund seines Vorrangs rechtfertigt. Die Lenkungszwecknorm muss ein *Mindestmaß* an steuerlicher Leistungsfähigkeit des Konsumenten respektieren, um die Bestreitung seiner existenz- und erwerbssichernden Aufwendungen nicht zu gefährden. Den Lenkungszwecknormen setzen vornehmlich die Handlungsfreiheit, die Berufsfreiheit und die Eigentumsgarantie notwendige Grenzen. Aber selbst wenn dem Lenkungsziel ein höheres Gewicht in der Verhältnismäßigkeitsprüfung zugeordnet wird, das eine Durchbrechung des Gleichheitssatzes rechtfertigen kann, dürfen die betroffenen (Freiheits-)Grundrechte in ihrem Wesensgehalt nicht angetastet werden.

14. Die normative Einordnung der steuerlichen Leistungsfähigkeit ist keine bloße Floskel oder Redewendung. Der normative Begriff der steuerlichen Leistungsfähigkeit geht über den traditionellen Begriff eines *prima facie* Prinzips hinaus und erschöpft sich nicht in einem bloßen Verteilungsmaßstab. Sie ist das rechtsethisch hochrangige *Fundamentalprinzip* der Ausgestaltung des Gesamtsteuersystems. Als *systemtragendes Fundamentalprinzip* hat sie ein solches Gewicht, das bei der Abwägung mit widerstreitenden Prinzipien bzw. Gemeinwohlzielen *stets* zu respektieren ist. Diese dem Fundamentalprinzip innewohnende hochrangige rechtsethische Wertigkeit darf in der Verhältnismäßigkeitsprüfung nicht vollständig überlagert werden.

15. *Leistungsfähigkeitsprinzip* ist die Abkürzung des *Grundsatzes einer gleichmäßigen Besteuerung nach der individuellen steuerlichen Leistungsfähigkeit.* Die Konkretheit des Fundamentalprinzips der Steuerrechtsordnung hängt von den Wertentscheidungen des Verfassungsgebers ab, die in den Grundrechten ihre besondere Ausprägung finden. Seine verfassungsrechtlichen Grundlagen

sind im *Sozialstaatsprinzip*, im *Gleichheitssatz* und in den *Freiheitsgrundrechten* in Verbindung mit dem *Übermaßverbot* zu finden.

15.1. Das Sozialstaatsprinzip weist eine leistungsfähigkeitsbezogene Doppeldimension auf. Das Sozialstaatsprinzip besagt einerseits, dass alle Bürger zur Finanzierung der öffentlichen Aufwendungen nach Maßgabe ihrer individuellen wirtschaftlichen Leistungsfähigkeit *solidarisch* beitragen müssen. Eine konsequente Besteuerung muss eine sozialstaatliche Besteuerung sein, die den sozialen Ausgleich und die soziale Solidarität verwirklicht. Aus der sozialstaatlichen Dimension des Leistungsfähigkeitsprinzips in Verbindung mit der dem Prinzip innewohnenden Menschenwürdegarantie wird andererseits das Grundrecht auf Gewährleistung des Existenzminimums im Bereich des Steuerrechts abgeleitet. Daraus ergibt sich das grundlegende Gebot der Steuerfreiheit des menschenwürdigen Daseins, das dem Begriff der steuerrechtlichen Leistungsfähigkeit immanent ist.

15.2. Der Gleichheitssatz hat einen relativen Charakter und setzt aufgrund seiner bereichsspezifischen Konkretisierungsbedürftigkeit einen Vergleichsmaßstab voraus. Die Belastungsgleichheit im Rahmen der Steuerlastausteilung ist nach dem Vergleichsmaßstab der steuerlichen Leistungsfähigkeit zu erreichen. Die Gleichheit auf der horizontalen Ebene wird erreicht, wenn bei gleicher Höhe von disponiblen Finanzmitteln die Steuer gleich hoch auferlegt wird; die Gleichheit auf der vertikalen Ebene wird konkretisiert, wenn bei unterschiedlicher Höhe von disponiblen Finanzmitteln die Steuer unterschiedlich hoch erhoben wird. Das Leistungsfähigkeitsprinzip hat insoweit keine gleichheitsrechtliche Fundierung, sondern besteht im bereichsspezifischen Vergleichsmaßstab im Bereich der sozialstaatlich vorgegebenen vermögensbezogenen Lastentragungsfähigkeit.

15.3. Die Freiheitsgrundrechte sind einer der Pfeiler des Leistungsfähigkeitsprinzips. Es verkörpert eine Schutzdimension in Gestalt *qualitativer* Grenzen der übermäßigen Besteuerung. Die Besteuerung wirkt *qualitativ* übermäßig, wenn die Ausübung der Freiheitsgrundrechte verhindert oder stark erschwert wird. Es handelt sich um eine dem Leistungsfähigkeitsprinzip immanente freiheitsschonende Dimension, die insbesondere gegen übermäßige Eingriffe in die Handlungsfreiheit und in die Berufsfreiheit schützt. Unbeschadet dessen schützt der Leistungsfähigkeitsgrundsatz zugleich *quantitativ* gegen exzessive Eingriffe in vermögensrechtliche Positionen. Das Maß dieses Schutzes besteht darin, dass der Bestand des privaten wirtschaftlichen Erwerbens von der Besteuerung unantastbar und der größte Teil des Ertrags eines Wirtschaftsgutes zum privaten Nutzen bleiben muss. Die freiheitsschonende Dimension des Leistungsfähigkeitsprinzips tritt dementsprechend in Verbindung mit dem Übermaßverbot auf sowohl in quantitativer als auch in qualitativer Hinsicht.

16. Durchbrechungen bzw. Abweichungen vom Leitgrundsatz der Besteuerung stehen stets unter einer strengen Verhältnismäßigkeitsprüfung. Sie lassen sich nicht durch den Finanzbedarf des Staates oder sogar einen eventuellen Mehrbedarf rechtfertigen. Fiskalzwecknormen müssen stets am Maßstab der individuellen steuerlichen Leistungsfähigkeit ausgerichtet werden, um den Anforderungen an die Belastungsgleichheit entsprechen zu können. In die Verhältnismäßigkeitsprüfung findet der Finanzbedarf des Staates bzw. ein knapper Haushalt keinen Eingang und darf nicht einmal mit dem Leistungsfähigkeitsprinzip abgewogen werden.

17. Gestaltungsprinzipien verkörpern nicht die gleiche rechtsethische Wertigkeit wie das Leistungsfähigkeitsprinzip. Nicht jedes Gestaltungprinzip von geringerem rechtsethischem Inhalt kann das Fundamentalprinzip des Steuerrechtssystems durchbrechen. Vereinfachungsmaßnahmen – insbesondere durch Typisierung und Pauschalierung – müssen sorgfältig abgewogen werden. Allein Bestrebungen nach Klarheit, Einfachheit und Transparenz dürfen nicht Ausnahmen einer folgerichtigen Umsetzung der Belastungsentscheidung im Rahmen der Belastungsgleichheit nach dem Maßstab der steuerlichen Leistungsfähigkeit rechtfertigen. Ein *besonderer sachlicher Grund* für eine zulässige Abweichung von der Ausgestaltung der Steuern nach der individuellen steuerlichen Leistungsfähigkeit und folglich für eine zulässige Vernachlässigung persönlicher und familiärer Verhältnisse des Steuerpflichtigen soll begriffen werden entweder als *a)* eine wirkliche technische *Unmöglichkeit* dieser Ausgestaltung oder als *b)* ein nachgewiesener übermäßiger Mehraufwand im Rahmen der Finanzverwaltungskosten (Steuererhebungs- und steuerliche Nachprüfungskosten) oder letztlich als *c)* gewichtigere Gründe des Gemeinwohls. Im Rahmen der Praktikabilität und der Finanzverwaltungsökonomie finden sich die Schranken der Typisierung und der Pauschalierung *a)* im Ausmaß der Gruppe der Benachteiligten und *b)* in der Intensität des Eingriffs in die betroffene freiheitsrechtliche Position. Zum einen darf die Benachteiligung nicht eine große Anzahl von Personen betreffen. Zum zweiten steht die Intensität des Eingriffs immer unter einem strengen Verhältnismäßigkeitsvorbehalt.

18. Missbrauchsbekämpfungsnormen dürfen nicht bei jedem missbrauchsverdächtigen Fall eine Durchbrechung des Leistungsfähigkeitsprinzips rechtfertigen. Eventuelle Abweichungen vom Leistungsfähigkeitsprinzip aufgrund erforderlicher Missbrauchsbekämpfungsnormen dürfen nur Ausnahmefälle bilden, die nur eine kleine Anzahl von Fällen betreffen.

19. Die Zulässigkeit einer Durchbrechung des Leistungsfähigkeitsgrundsatzes aufgrund von Gemeinwohlzwecken hängt von drei Voraussetzungen ab: *a)* der Unausweichlichkeit eines Verstoßes gegen das Leistungsfähigkeitsprinzip aufgrund der Wichtigkeit oder sogar der Dringlichkeit des zu erreichenden

Zwecks wirtschaftlicher, gesellschafts-, umwelt- bzw. gesundheitspolitischer Lenkung (*Erforderlichkeit*); *b)* einer ausreichenden Rechtfertigung der Abweichung durch verfassungsrechtlich *verankerte* bzw. *ableitbare* Gemeinwohlziele (*Legitimität*); *c)* der Intensität der Durchbrechung des Leistungsfähigkeitsprinzips (*angemessener Ausgleich*).

III. Ergebnisse zum Kapitel 3

20. Die deutsche Umsatzsteuer in Gestalt der Allphasen-Nettoumsatzsteuer (Mehrwertsteuer) ist eine indirekte allgemeine Verbrauchsteuer. Die Steuer auf industrialisierte Produkte (IPI), die Steuer auf Warenlieferung, Beförderungs- und Kommunikationsdienstleistungen (ICMS), die Steuer auf Dienstleistungen (ISS) und die Steuer auf Einfuhr (II) entsprechen *im Allgemeinen* der deutschen Umsatzsteuer. Diese vier brasilianischen Steuern auf den Umsatz zusammen betrachtet fallen auf *Lieferungen* von Gegenständen (Produkten und Waren) und auf *sonstige Leistungen* an. Trotzdem gibt die bloße Anknüpfung an einem formalen Akt eines Rechtsverkehrs keinen sachgerechten Lastenausteilungsmaßstab vor. Diese Steuern sind im Endeffekt Steuern auf den Konsum von Gütern und Dienstleistungen. Sie sind mit der Einkommens- bzw. Vermögensverwendung verknüpft.

21. Der *Grundsatz der Selektivität entsprechend der Wesentlichkeit* dient als eine *Besteuerungstechnik*, wonach die Bemessungsgrundlage bzw. die Steuersätze der Verbrauchsteuern das Merkmal der Selektivität entfalten sollen. Der Maßstab der Differenzierung und Abstufung der Steuersätze ergibt sich aus der *Wichtigkeit* bzw. *Unerlässlichkeit* des Rechtsgutes für den Endverbraucher. Die Verbrauchsteuersätze sollen dem *Wesentlichkeits*grad des Gegenstandes bzw. der Leistung *umgekehrt verhältnismäßig* entsprechen. Dieser Grundsatz setzt *keine progressiven* Steuersätze voraus, er schließt jedoch nicht die Möglichkeit aus, ein und dasselbe (intermediäre) Produkt nach seiner Anwendbarkeit unterschiedlich zu versteuern. Die unterschiedliche Abstufung der Steuersätze desselben Produkts nach unterschiedlichen anwendungsbezogenen Kategorien lässt sich verfassungsrechtlich hinreichend rechtfertigen, wenn sich der Abstufungsmaßstab aus der Wesentlichkeit des Gegenstandes zum menschlichen Bedarf ergibt.

21.1. Die *Wesentlichkeit* ist ein sachbezogener, aber kein personenbezogener Maßstab. Die *steuerliche Leistungsfähigkeit* ist eher ein personenbezogener Maßstab. Der Grundsatz der Selektivität nimmt bloße *verallgemeinernde* menschliche Bedürfnisse in Betracht und vernachlässigt die persönlichen Verhältnisse des Endkonsumenten.

21.2. Es ist bisher weder dem brasilianischen noch dem deutschen Steuergesetzgeber gelungen, dem Schutz des umsatzsteuerrechtlichen Existenzminimums hinreichend Rechnung zu tragen. Ein vollständiger Schutz des Existenzminimums im Bereich der Steuern auf den Umsatz kann *nicht lediglich* mittels der Abstufung der Steuersätze bzw. der Bemessungsgrundlage erreicht werden, selbst wenn der Grundsatz der Selektivität verfassungsrechtlich verankert ist. Der Grundsatz der Selektivität führt nicht unbedingt zur vollständigen Entlastung des Existenzminimums im Bereich der Steuern auf den Umsatz, selbst wenn bestimmte Güter und Leistungen für den Menschen wesentlich sind. Er entfaltet darüber hinaus einen defizitären Charakter hinsichtlich des Schutzes der Erwerbstätigkeit, als er gegen eine Besteuerung erwerbssichernder Güter und Leistungen nicht hinreichend schützt.

21.3. Der Grundsatz der Selektivität hat weder den Status eines Gerechtigkeitsgrundsatzes, noch den eines systemtragenden Prinzips. Er besteht in einer bloßen bereichsspezifischen *Besteuerungstechnik*. Er ist kein *Ersatzgrundsatz* für das Leistungsfähigkeitsprinzip bei den indirekten Steuern auf den Umsatz. *Wesentlichkeit* und *steuerliche Leistungsfähigkeit* sind unterschiedliche bereichsspezifische Maßstäbe zum Vergleich unterschiedlicher Gegenstände und Leistungen.

22. Im deutschen Steuerrecht findet sich kein Pendant zum Grundsatz der Selektivität nach der Wesentlichkeit. Den umsatzsteuerrechtlich befreiten und ermäßigt besteuerten Gütern und Leistungen ist keine klare Logik zu entnehmen, die in der Praxis als Ausdruck des Grundsatzes der Selektivität nach der Wesentlichkeit angesehen werden könnte.

23. IPI, ICMS und ISS sind in der Verfassung gemeinsam und systematisch zu betrachten. Sie integrieren die Einheit einer Steuer*teil*rechtsordnung, die auf drei verschiedenen *Einkleidungen* als die zum Endverbraucher überwälzbare Steuerlast auf Lieferungen von Gegenständen und sonstige Leistungen auftritt. Soweit die aus diesen drei Arten indirekter Steuern auf den Verbrauch sich ergebenden Belastungs- und Gestaltungswirkungen vom Endkonsumenten hingenommen werden, sind diese Steuern gleichheits- und freiheitsrechtlich aus der Sicht des Endkonsumenten gemeinsam zu verstehen. Sowohl der Tatbestand als auch der Entstehungszeitpunkt des Steueranspruchs sind bloße technische Anknüpfungsmomente an einen bestimmten Akt eines Rechtsverkehrs, die keinen sachgerechten Steuerlastverteilungsmaßstab widerspiegeln.

24. Der Ausgangspunkt zur Bestimmung des begrifflichen Umfangs der *Wesentlichkeit* zum menschlichen Bedarf ist soweit wie möglich in den verfassungsrechtlichen Vorgaben zu finden.

24.1. Die Vorgaben des Art. 7 IV der brasilianischen Verfassung gelten als *explizite Grundlagen* zur Definition der Wesentlichkeit zum menschlichen Bedarf. Die vorgesehenen grundlegenden Lebensbedürfnisse des Arbeitnehmers und die seiner Familie – *Unterkunft, Nahrung, Bildung, Gesundheit, Freizeit, Bekleidung, Hygiene, Beförderung* und *Sozialversicherung* – sind verfassungsrechtlich vorgegebene relevante soziale Umstände, die als Ausgangs- und Anhaltspunkt für die Gestaltung des unentbehrlichen Minimums gelten. *Bildung, Gesundheit, Nahrung, Unterkunft, Freizeit* und *Sozialversicherung* sind im Art. 6 der brasilianischen Verfassung als grundlegende Sozialrechte eingeordnet.

24.2. Im deutschen Verfassungsrecht wird der für die Gewährleistung des Existenzminimums notwendige Lebensunterhalt *nicht explizit* vorgegeben. Unbeschadet dessen sind die *Maßstäbe* für die Gestaltung des Existenzminimums im Sozialrecht den Art. 1 Abs. 1 GG und Art. 20 Abs. 1 GG zu entnehmen. In einfachen Gesetzen wird der notwendige Lebensunterhalt bezeichnet. Er umfasst *insbesondere Ernährung, Kleidung, Körperpflege, Hausrat, Haushaltsenergie, persönliche Bedürfnisse des täglichen Lebens, Unterkunft, Heizung* und auch eine vertretbare Teilhabe am sozialen und kulturellen Leben in der Gemeinschaft. Versicherungsbeiträge für die Kranken- und Pflegeversorgung sind ebenfalls dem zu verschonenden Existenzminimum zuzuordnen.

24.3. All diese relevanten sozialrechtlichen Umstände bestehen in den *expliziten Grundlagen* zur *sozialgerechtigkeitskonformen* Auswahl der *Mindest*aufwandspositionen. Dabei hat der Umsatzsteuergesetzgeber einen weiten Gestaltungsspielraum, darf aber den Wesensgehalt dieser grundlegenden *Sozialrechte* nicht antasten. Es gibt *Mindest*aufwandspositionen, die den Wesensgehalt jedes Sozialrechts bzw. jedes grundlegenden Lebensbedürfnisses des Arbeitnehmers und seiner Familienangehörigen verkörpern und folglich auch nicht von der Besteuerungsgewalt angetastet werden dürfen. Beispielsweise sind die Grundnahrungsmittel des Warenkorbs und ein monatlicher Mindestverbrauch von Strom, Gas und Wasser von den Verbrauchsteuern zu befreien. Der Wesensgehalt jedes Sozialrechts besteht aus denjenigen Mitteln, die für das menschliche Existenzminimum unbedingt erforderlich sind.

25. Die *expliziten Grundlagen* zur Definition der Wesentlichkeit schließen weitere Grundlagen nicht aus, die den von der brasilianischen Verfassung aufgenommenen Grundsätzen und dem anpassungsbedürftigen Begriff des notwendigen Lebensunterhalts zu entnehmen sind. Die „*grundlegenden Bedürfnisse des Arbeitnehmers und die seiner Familie*" (Art. 7 IV CF) und der „*notwendige Lebensunterhalt*" (§ 27a Abs. 1 S. 1 SGB XII) benötigen eine ständige Anpassung an die wirtschaftliche und gesellschaftliche Entwicklung. Der Umsatzsteuergesetzgeber wiederum hat diese Entwicklung beim Überarbeiten des Katalogs befreiter und ermäßigter Gegenstände und Leistungen zu beachten.

26. Als Leistungsfähigkeitsindikator im umsatzsteuerrechtlichen Sinne gelten nur Einkommensverwendungen zu *Konsumzwecken* im *privaten* Bereich.

Ausgeschlossen sind unternehmerische Investitionen bzw. Erwerbe, die als Kostenfaktor auf den Endverbraucher verdeckt überwälzt werden. Ein *Einkommensverwender* soll dementsprechend lediglich der private Endkonsument sein. Er entfaltet steuerliche *Konsum*leistungsfähigkeit nur insoweit, als er Güter und Leistungen erwirbt, die über die existenz- und erwerbssichernden Bedürfnisse hinausgehen.

26.1. Im Umsatzsteuerrecht ist zwischen *wirtschaftlicher* und *steuerlicher* Leistungsfähigkeit zu unterscheiden. Die Bereitschaft, Geld auszugeben, sogar für private Konsumzwecke, indiziert *wirtschaftliche* Leistungsfähigkeit, aber signalisiert nicht unbedingt die Fähigkeit, Steuern zu leisten. Der zur Sicherung der Erwerbstätigkeit und des menschlichen Existenzminimums verwendete Einkommensteil entfaltet keine *steuerliche* Leistungsfähigkeit. Die Bestreitung der Aufwendungen zum Erwerb von Gütern und Leistungen des grundlegenden Lebensbedarfs indiziert unabhängig von der Finanzierungsquelle *wirtschaftliche* Leistungsfähigkeit, aber keine *steuerliche* Leistungsfähigkeit. Andererseits besteht der Konsum von Gütern und Dienstleistungen des *gehobenen Bedarfs* in einem *sicheren* Leistungsfähigkeitsindikator.

26.2. Es widerspricht der Einheit der Steuerrechtsordnung, wenn zwei oder mehrere Fiskalzwecksteuern nicht aufeinander abgestimmt sind. Die Abstimmung der Indikatoren *Einkommenserwerb* und *Einkommensverwendung* lässt sich dennoch verfassungsrechtlich nur insoweit rechtfertigen, als dem Leistungsfähigkeitsprinzip bereichsspezifisch hinreichend Rechnung getragen wird. Das systemtragende Leistungsfähigkeitsprinzip verkörpert aufgrund seines grundlegenden rechtsethischen Charakters eine bestimmte Dimension von Gewicht, die auch im Umsatzsteuerrecht aufrechtzuerhalten ist.

27. Fiskalzwecksteuern sind am Leistungsfähigkeitsprinzip, Lenkungszwecksteuern vor allem am Verhältnismäßigkeitsmaßstab zu orientieren. Soweit die Umsatzsteuer der Finanzierung der staatlichen Aufwendungen bzw. Aufgaben dient, muss der (partielle) Entzug der bürgerlichen Freiheit durch die Teilhabe des Staates am privaten wirtschaftlichen Erfolg einem rechtsethischen Fundamentalgrundsatz unterliegen. Die Aufteilung der umsatzsteuerlichen Last ist nach der *individuellen* steuerlichen Leistungsfähigkeit jedes Bürgers vorzunehmen. Die Handhabung der Umsatzsteuer mit Lenkungszwecken bildet einen Fremdkörper im Steuersystem, der einer besonderen Rechtfertigung bedarf.

28. Der *Grundsatz der Wettbewerbsneutralität* ist kein umsatzsteuerrechtlicher Lastenausteilungsmaßstab. Der Endverbraucher, der keinen Anspruch auf das Vorsteuerabzugsrecht und die Steuerüberwälzung hat, wird ohne Rücksicht auf seine steuerliche Leistungsfähigkeit belastet, obwohl er im Einkommensverwendungsvorgang zur Erreichung eines fiskalischen Zweckes beiträgt. Selbst wenn die Sicherstellung der Wettbewerbsneutralität zwischen liefernden und

leistenden Unternehmen eine *vermutete* Preissenkung zugunsten der Endverbraucher veranlassen kann, wird sogar der ärmste Verbraucher vom steuerlichen Zugriff in sein Existenzminimum nicht verschont, wenn er z.B. umsatzsteuerlich belastete Grundnahrungsmittel erwirbt.

29. Das Bundesverfassungsgericht lehnt die Anwendbarkeit des Leistungsfähigkeitsprinzips im Bereich der indirekten Steuern auf den Verbrauch *nicht* ab. Nach ständiger Rechtsprechung findet das Leistungsfähigkeitsprinzip *zumindest* oder *insbesondere* im Einkommensteuerrecht Anwendung. In der Entscheidung zur Verfassungsmäßigkeit der *Ökosteuern* hat das Bundesverfassungsgericht festgestellt, dass bei indirekten Steuern nicht nur die gleichmäßige Belastung des Steuerschuldners, sondern auch der Endverbraucher – als Steuerlastträger – in den Blick zu nehmen ist. Einige Richter des Bundesverfassungsgerichts sind zudem der Auffassung, dass sich die Frage der Steuerfreiheit des Existenzminimums im Bereich der indirekten Steuern beim *Endverbraucher* stellt, da er materiell mit der Umsatzsteuer belastet wird. Zuletzt sind Umsatzsteuervergünstigungen nach der Ansicht des Bundesverfassungsgerichts „nur im Interesse der Verbraucher, nicht im Interesse einzelner Unternehmensgruppen systemgerecht".

30. Das Supremo Tribunal Federal hat den Endverbraucher als Steuerträger der ICMS anerkannt und seine steuerliche Leistungsfähigkeit in den Vordergrund der Gesetzesgestaltung gestellt. Die präzise Erkennung des Steuerschuldners und des Zeitpunkts für die Entrichtung der Steuer spielt bei der Umsatzbesteuerung aus der Sicht der Belastungskonzeption keine entscheidende Rolle; vielmehr ist der Endverbraucher als Steuerträger und seine steuerliche Leistungsfähigkeit zu berücksichtigen. Nach der Ansicht der Richter der Zweiten Kammer des Supremo Tribunal Federal bedeutet das Prinzip der Selektivität nicht unbedingt, dass es *Steuerimmunität* gibt. Vielmehr sind die Grundsätze der steuerlichen Leistungsfähigkeit, des Wettbewerbs und der freien Initiative unter Beachtung des Postulats der Solidarität bei der Finanzierung der staatlichen Aufgaben zu berücksichtigen. Zuletzt hat die Zweite Kammer festgelegt, dass sämtliche Abgaben dem Leistungsfähigkeitsprinzip unterliegen, zumindest bezüglich eines seiner drei Aspekte (objektiv, subjektiv und proportional), unabhängig von einer Einordnung, die rein wirtschaftlichen Maßstäben entnommen wird.

31. Bei der Ausformung der indirekten Steuern auf den Verbrauch darf der Gesetzgeber den Endverbraucher – in seinen persönlichen Verhältnissen – nicht außer Acht lassen. Der Grundsatz der Selektivität wiederum führt nicht unbedingt zur vollständigen Entlastung des Existenzminimums im Bereich der Steuern auf den Umsatz, selbst wenn bestimmte Güter und Leistungen für den Menschen wesentlich sind. Die Auswahl von wirtschaftlichen Maßstäben, die der

Einordnung des Gegenstandes bzw. der Leistung in bestimmte Kategorien und folglich unter einen bestimmten Steuersatz dient, ist am Leistungsfähigkeitsgrundsatz in der hier vertretenen Dimension auszurichten, nicht umgekehrt.

32. Auf der Grundlage des Neutralitätsprinzips werden Unternehmer entlastet. Die damit verknüpfende *Besteuerungstechnik* setzt voraus, dass die Unternehmer die Vorsteuer abziehen und sie an den Endverbraucher überwälzen dürfen. Gesetzlich betrachtet werden Lieferungen und sonstige Leistungen der Unternehmer besteuert. Die Belastungswirkungen treten jedoch bei den Endverbrauchern ein, weil diese nicht vorsteuerabzugsberechtigt sind. Für die Frage der Umsatzsteuergerechtigkeit sind *unabhängig von der Besteuerungstechnik* die Belastungswirkungen auf den Endverbraucher in den Blick zu nehmen.

33. Die Besteuerung nach der Konsumleistungsfähigkeit wirkt freiheitsschonend insoweit, als der Staat dem Bürger die Entscheidung überlässt, *wann* und *in welchem Umfang* er sich einer auf die Einkommensverwendung fallenden Besteuerung unterwirft. Freiheitsrechtliche Positionen des Bürgers werden nur eingeschränkt, wenn er sich für Konsumaufwendungen *freiwillig* entscheidet. Die freiheitsschonende Dimension des Leistungsfähigkeitsprinzips ist nicht nur einschlägig, wenn sie den Steuerpflichtigen gegen übermäßige steuerliche Eingriffe in die Berufs- und Eigentumsfreiheit schützt, sondern auch soweit sie die freiwillige Entscheidung seitens des Bürgers zum Beitrag zur Finanzierung der staatlichen Aufwendungen gestattet.

34. Der Ausdruck des Gerechtigkeitsgehalts in der Umsatzbesteuerung ist nicht im *Äquivalenz* - bzw. *Nutzenprinzip* zu finden. Nach dem *Nutzenprinzip* müssten Einkommensschwache mehr Umsatzsteuer bezahlen als Einkommensstarke, denn die ersten nehmen in der Regel mehr staatliche Leistungen in Anspruch. Dies würde zu einem deutlichen Verstoß gegen das Sozialstaatsprinzip und die Menschenwürde führen. Lenkungszwecksteuern wiederum, wie die Mineralölsteuer, die Tabaksteuer und die Alkoholsteuern lassen sich theoretisch einfacher nach dem *Nutzenprinzip* rechtfertigen. Angesichts des in § 3 I AO und in Art. 16 CTN enthaltenen grundsätzlichen Verbots der Inanspruchnahme der Steuern als Gegenleistung einer determinierten staatlichen Leistung tauchen die zweck- und gruppenbezogenen *Sonderabgaben* auf, deren Gerechtigkeitsgehalt im *Äquivalenzprinzip* ihren Ausdruck findet.

35. Die *Steuerprogression* lässt sich sozialstaatlich und anhand von Umverteilungsgesichtspunkten hinreichend rechtfertigen. Die Progressivität besteht in einer geeigneten Gestaltungstechnik zur Zweckerreichung der vertikalen Steuergerechtigkeit. Der Verbrauch ist ein sicherer Leistungsfähigkeitsindikator und steht einer progressiven Besteuerung nicht entgegen. Die Einführung progressiver Steuersätze nach möglichen verschiedenen *qualitätsbezogenen* Kategorien sogar desselben Produkts ist verfassungsrechtlich zulässig und geboten. Dies

kann allein der Grundsatz der Selektivität nicht rechtfertigen. Eine *preisbedingte* progressive Besteuerung innerhalb desselben Produkts lässt sich aufgrund unterschiedlicher Niveaus von im Konsum manifestierter Leistungsfähigkeit verfassungsrechtlich hinreichend rechtfertigen.

35.1. Betreffend Güter des gehobenen Bedarfs ist das Beispiel des progressiven steuerlichen Zugriffs auf Personenkraftwagen je nach der Motorleistung bzw. dem Modell zu nennen.

35.2. Betreffend Güter des lebensnotwendigen Bedarfs ist das Beispiel der progressiven Umsatzbesteuerung von Milch zu erwähnen. Erhöhte Steuersätze je nach möglichen qualitäts- bzw. leistungsbezogenen Kategorien und den jeweiligen erhöhten Preisen entsprechen den Zielen der vertikalen Steuergerechtigkeit, die in diesem Fall durch eine gleichmäßige Besteuerung nach einer erhöhten ausgedrückten Konsumleistungsfähigkeit erreicht wird.

35.3. Ein progressiver Tarif auf Strom je nach der Kategorie von Konsumenten und dem jeweiligen Konsum lässt sich ebenfalls unter Konsumleistungsfähigkeitsgesichtspunkten hinreichend rechtfertigen.

36. Der Grundsatz der Selektivität führt nicht unbedingt zur vollständigen Entlastung des Existenzminimums im Bereich der Steuern auf den Umsatz, selbst wenn bestimmte Güter und Leistungen für den Menschen wesentlich sind. Sowohl in Brasilien als auch in Deutschland, wo es keinen entsprechenden bereichsspezifischen Grundsatz gibt, wird auf das Prinzip der steuerlichen Leistungsfähigkeit in seiner sozialstaatlichen und freiheitsschonenden Dimension *vorrangig* zurückzugreifen. Im Bereich des Schutzes des umsatzsteuerrechtlichen Existenzminimums ist der sozialhilferechtliche Waren- und Dienstleistungskorb ein sicherer und praktischer Ausgangspunkt zur Bearbeitung des Katalogs der Umsatzsteuerbefreiungen.

36.1. Insoweit als unionsrechtlich zulässig wäre eine Einteilung der Güter und Leistungen in mehr als zwei Kategorien in Deutschland umsetzbar. Diese Einteilung würde den Schutz des umsatzsteuerlichen Existenzminimums ersichtlicher machen. Der Kategorie des *unentbehrlichen* Konsums gehören die unvermeidbaren, dem physischen Existenzminimum zuzurechnenden Erwerbe an (Umsatzsteuerbefreiung mit Vorsteuerabzugsrecht hinsichtlich der besteuerten Eingangsleistungen). Der Kategorie des *überflüssigen* Konsums gehören Güter und Leistungen des gehobenen Bedarfs an (Normalsteuersatz). Der Kategorie des *nützlichen* Konsums gehören die dazwischenliegenden Aufwandspositionen an, die weder einen grundlegenden Lebensbedarf noch einen Luxuskonsum entfalten (Ermäßigter Steuersatz). Entscheidend für die Einteilung ist der jeweilige Grad von Herstellung der Wirksamkeit jedes Sozialrechts bzw. jedes der grundlegenden Lebensbedürfnisse des Bürgers. Der ermäßigte Umsatzsteuersatz für die Kategorie des *nützlichen* Konsums entspricht zum Teil dem Ideal der verhältnismäßigen Gerechtigkeit.

36.2. Ein Mindestmaß an Verwirklichung der Sozialrechte und der grundlegenden Lebensbedürfnisse des Bürgers muss bei der Konsumbesteuerung stets gesichert werden. In den Sozialrechten sind bereichsspezifische Teilkonkretisierungen der Menschenwürde zu finden. Die unentbehrlichen Aufwandspositionen sind diejenigen, ohne die eine Mindestwirksamkeit der Sozialrechte bzw. der grundlegenden Lebensbedürfnisse des Menschen nicht sichergestellt werden kann. Die umsatzsteuerliche Besteuerung von Aufwandspositionen, die den Wesensgehalt der Sozialrechte bzw. der grundlegenden Lebensbedürfnisse des Bürgers konstituieren, führt zum Systemwiderspruch und verstößt gegen die Garantie der Unantastbarkeit des Wesensgehalts der Grundrechte. Von der Umsatzsteuer und den Verbrauchsteuern zu befreien sind z. B. die Aufwandspositionen des Waren- und Leistungskorbs. Im häuslichen Umfeld ist z. B. ein Mindestkonsum von Strom, Gas und Wasser zu nennen. Über dieses Mindestmaß hinaus kann der Verbrauch progressiv besteuert werden.

36.3. Im Bereich der Praktikabilität der Konsumbesteuerung haben bloße Abgrenzungs- bzw. Vollzugs*schwierigkeiten* keinen Vorrang vor der Gewährleistung eines steuerfreien Existenzminimums und der Aufrechterhaltung der vertikalen Steuergerechtigkeit.

37. Das verfassungskräftige *Subsidiaritätsprinzip* besteht in einer ethischen Maxime, die als Ziel hat, dem Einzelnen die tatsächlichen Bedingungen sicherzustellen, sich nach dem Menschenbild des Grundgesetzes selbstverantwortlich und mit eigenen Kräften physisch und geistig entfalten zu können. Es besteht ein deutlicher Verstoß gegen das Subsidiaritätsprinzip, wenn der Steuerstaat den Bürger zunächst zum Sozialfall macht, um ihn danach anschließend sozialhilferechtlich zu kompensieren. Was der Staat dem Einzelnen als finanzielle Sozialhilfe zu gewähren hat, das darf er ihm nicht durch die Besteuerung seines zum Zwecke des privaten existenzsichernden Konsums verwendeten Einkommens entziehen.

37.1. Selbst im Rahmen einer möglichen zusammenhängenden Auferlegung bzw. Mitgestaltung der Umsatzsteuer und der Einkommensteuer ist von der Einheit und Eigenständigkeit jeder Teilrechtsordnung auszugehen. Jede Teilrechtsordnung beruht auf einem Fundamentalprinzip, das sie umfassend fundiert. Das Leistungsfähigkeitsprinzip in seiner sozialstaatlichen und freiheitschonenden Dimension ist das die Teilrechtsordnung der Umsatzbesteuerung fundierende Prinzip. Eine minimale Eigenständigkeit einer widerspruchsfreien Teilrechtsordnung der Konsumbesteuerung wird nicht erreicht, wenn der Umsatzsteuergesetzgeber auf existenzsichernde Aufwandspositionen zugreift. Eine erhebliche Anzahl von nichteinkommensteuerpflichtigen Geringverdienern bzw. Minijobbern wird erst bei der Einkommensverwendung für privaten Konsumzweck besteuert. Auf diese Personengruppe wirkt nur die Teilrechtsordnung der Konsumbesteuerung, die leistungsfähigkeitsorientiert gestaltet werden soll.

37.2. Der *ermäßigte* Umsatzsteuersatz zwecks Verschonung des Existenzminimums bringt zahlreiche Probleme mit sich. Das erste taucht bei der Gruppe der Geringverdiener auf. Obwohl sie beim Einkommenserwerb nicht besteuert werden, müssen sie die in die Verbraucherpreise eingegangene Umsatzsteuer bezahlen, bekommen aber vom Staat keine Umsatzsteuererstattung. Der ermäßigte Umsatzsteuersatz verstößt gegen das Subsidiaritätsprinzip und das Grundrecht auf Gewährleistung eines menschenwürdigen Existenzminimums. Kompensationen im Einkommensteuerrecht sind bei dieser Gruppe nicht möglich, da sie praktisch außerhalb des Einkommensteuerschuldverhältnisses liegen.

37.3. Die Besteuerung im deutschen und im brasilianischen Verfassungsstaat geht von der verfassungsrechtlichen Werteordnung aus. Die ermäßigte Besteuerung unvermeidbarer lebensnotwendiger Güter und Leistungen verstößt nicht nur gegen das Grundrecht auf Gewährleistung eines menschenwürdigen Daseins, sondern widerspricht auch dem Menschenbild des Grundgesetzes. Der Staat muss erstmals dem Einzelnen die *minimalen* erwerbs- und existenzsichernden und soziokulturellen Bedingungen gewährleisten, wenn der Staat dem Einzelnen reale Entfaltungsmöglichkeiten rechtlich sichern möchte. Der steuerliche Zugriff bereits beim *unfreiwilligen* Erwerb von Gütern und Leistungen, der keine Freiheitsausübung darstellt, bedeutet die *Beschlagnahme* eines Bestandteils der faktischen Bedingungen einer tatsächlich künftigen Freiheitsausübung.

37.4. Die *ermäßigte* Umsatzbesteuerung von schutzwürdigen primären Bedürfnissen des Bürgers verstößt gegen das Gebot der *Folgerichtigkeit*. Es geht nicht um eine bloße Frage der Höhe des steuerlichen Zugriffs. Eine solche Besteuerung widerspricht eher der gesamten Konzeption des Rechtssystems, führt beim Bürger zur Verwirrung und schwächt seine legitime Erwartung auf den Schutz von grundrechtlichen und sozialstaatlichen Positionen innerhalb des Verfassungsstaates. Aus dem Gebot der Folgerichtigkeit ergibt sich, dass bei der gleichheitsmäßigen Umsetzung der gesetzgeberischen Entscheidung zur Festlegung der Umsatzsteuersätze das bereichsspezifische Leitprinzip der steuerlichen Leistungsfähigkeit im Auge zu behalten ist.

37.5. Die sogenannten *Mitnahmeeffekte* einer *Unter*besteuerung - die auftreten, wenn Personen begünstigte Konsumgüter erwerben, obwohl sie nicht zur förderungswürdigen Zielgruppe gehören - sind zwecks Gewährleistung des Existenzminimums *insbesondere* von einer nicht unerheblichen Anzahl von nichteinkommensteuerpflichtigen Geringverdienern und Bedürftigen hinzunehmen. Die Effekte einer leistungsfähigkeitswidrigen *Unter*besteuerung, die bei Vermögenden auftreten - wenn sie Güter oder Dienstleistungen erwerben, die bei ihnen nur zu einem kleinen Teil existenznotwendig sind - sind durch eine progressive Umsatzbesteuerung abzumildern.

38. Der finanzwissenschaftliche Lösungsansatz, sämtliche Umsatzsteuervergünstigungen abzuschaffen und einen einzigen (niedrigeren) Steuersatz einzuführen zwecks Beseitigung oder zumindest Verringerung von Abgrenzungsschwierigkeiten, Befolgungskosten und Mitnahmeeffekten, durchbricht nicht nur das Subsidiaritätsprinzip, sondern auch die sozialstaatliche und freiheitsschonende Konsumleistungsfähigkeit und die wirtschaftliche Handlungsfreiheit.

38.1. Dieser Lösungsansatz würde die Problematik der Abgrenzungsschwierigkeiten, Befolgungskosten und Mitnahmeeffekten nur auf andere Rechtsteilbereiche verlagern. Selbst wenn der einkommensteuerrechtliche Grundfreibetrag und Kinderfreibetrag aufgrund der Umsatzsteuermehrbelastung erhöht würden, bestünde noch die Streitfrage, *welche* Aufwandspositionen dem *Grunde* und der *Höhe* nach dem persönlichen und familiären Grundbedarf zuzurechnen wären und dementsprechend zu einer *sofortigen* gebotenen Erhöhung der Grundfreibeträge führten. Ein Verwaltungsmehraufwand bei der Überprüfung der Einkommensteuererklärungen und erhebliche Schwierigkeiten aufgrund unterschiedlicher Fallgestaltungen würden unausweichlich auftreten.

38.2. Solange diese Kompensation im Einkommensteuerrecht lediglich durch eine Erhöhung der Grundfreibeträge und eine Erweiterung der möglichen Abzugstatbestände durchgeführt wird, wird nur eine bloße *partielle* Entlastung erreicht. Nach diesem Kompensationsmodell sind die Anteile der Umsatzsteuer und Verbrauchsteuern von der Einkommensteuer*bemessungsgrundlage*, aber nicht von der Einkommensteuer*schuld* abzugsfähig. Die erzielte Entlastung verstößt gegen das Grundrecht auf ein (vollständig) steuerfreies Existenzminimum und bleibt dementsprechend verfassungswidrig. Anzunehmen wäre also die Möglichkeit einer Verrechnung zwischen dem Umsatzsteuer- und Verbrauchssteueranteil von existenz- und erwerbssichernden Aufwendungen als *Vorsteuer* und der Einkommensteuer*schuld*. Im Fall eines positiven Saldos der Verrechnung sollte die übrig gebliebene *Vorsteuer* vergütet werden.

38.3. Aus der Sicht der Belastungswirkungen auf den Endverbraucher sollte eine zusammenhängende Einkommens- und Umsatzbesteuerung nicht komplett außer Betracht bleiben. Vorrangig gebietet das Fundamentalprinzip der steuerlichen Leistungsfähigkeit im Umsatzsteuerrecht, dass der *Umsatzsteuer*gesetzgeber ein Mindestmaß an maßstabsgerecht ausgewählten Aufwandspositionen vollständig entlastet, die zu einem menschenwürdigen Dasein unbedingt erforderlich sind. Es ist *nur* bei außergewöhnlichen Konstellationen auf Ausgleiche bei der Einkommensteuer zu rekurrieren, wobei Sonderbedarf unfreiwillig dann entsteht, wenn er von der gebotenen umsatzsteuerrechtlichen Entlastung erwerbs- und existenzsichernder Aufwendungen nicht gedeckt bzw. nicht hinreichend gedeckt wird.

39. Der finanzwissenschaftliche Lösungsansatz würde zudem das Problem auf das *Sozialhilferecht* verlagern. Früher (bei der Verbrauchsbesteuerung) oder später (bei den Sozialtransfers) wird gefragt werden, *was* und *in welcher Höhe* im Bereich von Ernährung, Kleidung, Körperpflege, Hausrat, Haushaltsenergie und persönlichen Bedürfnissen des täglichen Lebens *unbedingt erforderlich* ist. Selbst mit entsprechenden Anpassungen bei den Sozialtransfers verstößt die Abschaffung sämtlicher Umsatzsteuervergünstigungen bzw. die Einbeziehung lebensnotwendiger Aufwandspositionen in die Umsatzsteuerpflicht gegen die sozialstaatliche und freiheitsschonende Konsumleistungsfähigkeit und gegen das Subsidiaritätsprinzip. Umsatzsteuervergütungen sind für die Fälle, die von den umsatzsteuerrechtlichen Verschonungstatbeständen nicht gedeckt bzw. nicht hinreichend gedeckt sind, nicht auszuschließen. Für bestimmte Umsatzsteuervergünstigungen, die sich im Lichte einer Umsatzbesteuerung nach der sozialstaatlichen und freiheitsschonenden Konsumleistungsfähigkeit schwerlich rechtfertigen lassen, gelten direkte Subventionen als zielgenauer und effizienter. Vergünstigungen im Interesse einzelner Unternehmensgruppen stehen nicht in Einklang mit der gebotenen sozialstaatlichen und freiheitsschonenden leistungsfähigkeitsmäßigen Gestaltung der Konsumbesteuerung.

40. Unternehmerische Investitionen und Aufwendungen, die der Sicherung der Erwerbstätigkeit dienen, spiegeln keinen Indikator von Konsumleistungsfähigkeit wider. Die umsatzsteuerrechtliche Konsumleistungsfähigkeit fängt erst bei solchen Einkommensverwendungen an, die über die erwerbssichernden Aufwendungen hinausgehen.

41. Die derzeitige Gestaltung des deutschen und brasilianischen Umsatzsteuerrechts im Lichte der steuerlichen Konsumleistungsfähigkeit in der hier dargestellten Dimension ist *defizitär.* Als Gründe dafür gelten die Regressionswirkung der Steuern auf den Umsatz, der unzureichende Schutz des Existenzminimums, die Versagung des Vorsteuerabzugsrechts bei den Umsatzsteuerbefreiungen – die als bloße Ermäßigungen bei den Endabnehmern wirken -, die Versagung des Vorsteuerabzugsrechts für den Arbeitnehmer in Bezug auf beruflich veranlasste Aufwendungen und die Zentrierung der Konfiguration auf die Sicherung der Wettbewerbsneutralität und auf die Befriedigung bereichsspezifischer Interessengruppen.

Literaturverzeichnis

Albrecht, Rüdiger Konradin, Zumutbarkeit als Verfassungsmaßstab – Der eigenständige Gehalt des Zumutbarkeitsgedankens in Abgrenzung zum Grundsatz der Verhältnismäßigkeit, Berlin, 1995 (zit.: „Zumutbarkeit als Verfassungsmaßstab").

Alexy, Robert, Zur Struktur der Rechtsprinzipien, in: Schilcher, Bernd / Koller, Peter / Funk, Bernd-Christian (Hrsg.), Regeln, Prinzipien und Elemente im System des Rechts, Wien, 2000, S. 31 (zit.: „B. Schilcher/P. Koller/B. C. Funk").

-, Theorie der Grundrechte, Frankfurt a. M., 1985.

Aristoteles, Nikomachische Ethik, Köln, 2009.

Ataliba, Geraldo, Hipótese de Incidência Tributária, 6. Aufl., São Paulo, 2003.

Ávila, Humberto, Argumentação Jurídica e a Imunidade do Livro Eletrônico, in: Revista Diálogo Jurídico, Bd. I, Nr. 5, Salvador, 2001, Online im Internet: URL: http://www.direitopublico.com.br (Stand: August 2001, Abfrage am: 10.11.11).

-, Materiell verfassungsrechtliche Beschränkungen der Besteuerungsgewalt in der brasilianischen Verfassung und im deutschen Grundgesetz, Baden-Baden, 2002 (zit.: „Beschränkungen").

-, Teoria da Igualdade Tributária, São Paulo, 2008 (zit.: „Igualdade").

-, Theorie der Rechtsprinzipien, Berlin, 2006.

-, ICMS como Imposto sobre o Consumo – Inocorrência de Prestação Onerosa de Serviço de Comunicação no Caso de Inadimplemento do Consumidor, RDDT 186, S. 114.

-, Sistema Constitucional Tributário, São Paulo, 2004 (zit.: „Sistema").

-, Conceito de Renda e Compensação de Prejuízos Fiscais, São Paulo, 2011 (zit.: „Conceito de Renda").

Baleeiro, Aliomar, Limitações Constitucionais ao Poder de Tributar, 8. Aufl., Rio de Janeiro, 2010 (zit.: „Limitações").

Balke, Michael, Symposium zu Ehren von Klaus Tipke aus Anlass seines 70. Geburtstages, StuW 1996, 192.

Barreto, Aires F., ISS na Constituição e na Lei, 2. Aufl., São Paulo, 2005 (zit.: „ISS").

Barth, Rainer, Richterliche Rechtsfortbildung im Steuerrecht, Berlin, 1996 (zit.: „Rechtsfortbildung").

von Beckerath, Hans-Jochem, in: Kirchhof, Paul (Hrsg.), Einkommensteuergesetz Kommentar, 10. Aufl., Köln, 2011, § 9 (zit.: „EStG").

Betti, Emilio, Die Hermeneutik als allgemeine Methodik der Geisteswissenschaften, 2. Aufl., Tübingen, 1972 (zit.: „Hermeneutik").

-, Allgemeine Auslegungslehre als Methodik der Geisteswissenschaften, Tübingen, 1967 (zit.: „Auslegungslehre").

Birk, Dieter, Steuerrecht, 11. Aufl., Heidelberg, 2008.

-, Das Leistungsfähigkeitsprinzip als Maßstab der Steuernormen – Ein Beitrag zu den Grundfragen des Verhältnisses Steuerrecht und Verfassungsrecht, Köln, 1983 (zit.: „Leistungsfähigkeitsprinzip").

-, Verfassungsrechtliche Grenzen der Konsumbesteuerung, in: Rose, Manfred (Hrsg.), Konsumorientierte Neuordnung des Steuersystems, Heidelberg, 1991, S. 351 (zit.: „Konsumorientierte Neuordnung").

Böckenförde, Ernst-Wolfgang, Freiheitssicherung gegenüber gesellschaftlicher Macht, in: Böckenförde, Ernst-Wolfgang (Hrsg.), Staat, Verfassung, Demokratie – Studien zur Verfassungstheorie und zum Verfassungsrecht, Frankfurt am Main, 1991, S. 264 (zit.:"Freiheitssicherung").

Boeters, Stefan/Böhringer, Christoph/Büttner, Thiess/Kraus, Margit (Hrsg.), Allokative und distributive Effekte einer Abschaffung des ermäßigten Umsatzsteuersatzes, Mannheim, 2004, Online im Internet: URL: http://ftp.zew.de/pub/zew-docs/gutachten/Umsatzsteuerkurzfassung.pdf (Stand: Oktober 2004, Abfrage am: 18.12.2012).

Böhringer, Christoph/Boeters, Stefan/Büttner, Thiess/Kraus, Margit (Hrsg.), Allokative und distributive Effekte einer Abschaffung des ermäßigten Umsatzsteuersatzes, Mannheim, 2004, Online im Internet: URL: http://ftp.zew.de/pub/zew-docs/gutachten/Umsatzsteuerkurzfassung.pdf (Stand: Oktober 2004, Abfrage am: 18.12.2012).

Borges, José Souto Maior, Teoria Geral da Isenção Tributária, 3. Aufl., São Paulo, 2007 (zit.: "Isenção Tributária").

Borowski, Martin, Grundrechte als Prinzipien – Die Unterscheidung von prima facie-Position und definitiver Position als fundamentaler Konstruktionsgrundsatz der Grundrechte, Baden-Baden, 1998 (zit.: "Grundrechte als Prinzipien").

Breinersdorfer, Stefan, Abzugsverbote und objektives Nettoprinzip – Neue Tendenzen in der verfassungsgerichtlichen Kontrolle des Gesetzgebers, DStR 2010, S. 2494.

Buchwald, Delf, Konflikte zwischen Prinzipien, Regeln, und Elementen im Rechtssystem, in: Schilcher, Bernd / Koller, Peter / Funk, Bernd-Christian (Hrsg.), Regeln, Prinzipien und Elemente des Rechts, Wien, 2000, S. 96 (zit.: „Schilcher/Koller/Funk").

Bundesministerium der Finanzen (Hrsg.), Der wissenschaftliche Beirat beim Bundesministerium der Finanzen – Entschließungen, Stellungnahmen und Gutachten – 1949-1973, Tübingen, 1974.

Bundesministerium der Finanzen (Hrsg.), Zehn Jahre Existenzminimumbericht – eine Bilanz, Berlin, 2005, Online im Internet: URL: http://www.bundesfinanzministerium.de/Content/DE/Monatsberichte/Publikationen_Migration/2005/10/051019agmb003.pdf?__blob=publicationFile&v=3(Stand: Oktober 2005, Abfrage am: 18.12.2012).

Bundesrechnungshof, Bericht nach § 99 BHO über den ermäßigten Umsatzsteuersatz – Vorschläge für eine künftige Ausgestaltung der Steuerermäßigung. Online im Internet: URL: http://bundesrechnungshof.de/veroeffentlichungen/sonderberichte/erm-umsatzsteuer.pdf (Stand: 28.6.2010, Abfrage am: 9.12.2011).

Büttner, Thiess/Boeters, Stefan/Böhringer, Christoph/ Kraus, Margit (Hrsg.), Allokative und distributive Effekte einer Abschaffung des ermäßigten Umsatzsteuersatzes, Mannheim, 2004, Online im Internet: URL: http://ftp.zew.de/pub/zew-docs/gutachten/Umsatzsteuerkurzfassung.pdf (Stand: Oktober 2004, Abfrage am: 18.12.2012).

Bydlinski, Franz, Fundamentale Rechtsgrundsätze – Zur rechtsethischen Verfassung der Sozietät, Wien, 1988 (zit.: „Rechtsgrundsätze").

Caliendo, Paulo, Direito Tributário e Análise Econômica do Direito, Rio de Janeiro, 2009 (zit.: "Direito Tributário").

Canaris, Claus-Wilhelm, Systemdenken und Systembegriff in der Jurisprudenz, 2. Aufl., Berlin, 1983 (zit.: "Systemdenken").

Carrazza, Roque Antônio, Curso de Direito Constitucional Tributário, 20. Aufl., São Paulo, 2004 (zit.: "Direito Constitucional Tributário").

-, ICMS, 14. Aufl., São Paulo, 2009.

Carvalho, Paulo de Barros, Direito Tributário – Fundamentos Jurídicos da Incidência, 4. Aufl., São Paulo, 2006 (zit.: "Fundamentos").

Coelho, Inocêncio Mártires, in: Mendes, Gilmar Ferreira / Coelho, Inocêncio Mártires / Branco, Paulo Gustavo Gonet, Curso de Direito Constitucional, São Paulo, 2007, S. 138 (zit.: "G. Ferreira Mendes/I. Mártires Coelho/P. G. Gonet Branco, Direito Constitucional").

Continentino, Marcelo Casseb, A Seletividade do ICMS Incidente sobre Energia Elétrica e a Constitucionalidade da Graduação de Alíquotas segundo o Princípio da Capacidade Contributiva, RDDT 141, S. 109.

Copenhagen Economics ApS / FiFo Köln / ZEW Mannheim, Evaluierung von Steuervergünstigungen Bd. I, Online im Internet: URL: http://www.fifo-koeln.org/pdf/P174_BAND-I_FinalVersion.pdf (Stand: Herbst 2009, Abfrage am: 9.12.2011).

Copenhagen Economics, Study on reduced VAT applied to goods and services in the Member States of the European Union - Final report, Copenhagen, 2007, Online im Internet: URL: http://ec.europa.eu/taxation_customs/resources/documents/taxation/vat/how_vat_works/rates/study_reduced_vat.pdf (Stand: Juni 2007, Abfrage am: 22.12.2012).

Costa, Alcides Jorge, Estudos sobre IPI, ICMS e ISS, São Paulo, 2009 (zit.: "IPI, ICMS e ISS").

Costa, Regina Helena, Princípio da Capacidade Contributiva, 3. Aufl., São Paulo, 2003 (zit.: "Capacidade Contributiva").

-, Praticabilidade e Justiça Tributária – Exequibilidade de Lei Tributária e Direitos do Contribuinte, São Paulo, 2007 (zit.: "Praticabilidade").

Crawford, Ian / Keen, Michael / Smith, Stephen, in: The Mirrlees Review - Dimensions of tax design, New York, 2010, S. 275.

Derzi, Misabel Abreu Machado, Notas, in: Baleeiro, Aliomar, Limitações Constitucionais ao Poder de Tributar, 8. Aufl., Rio de Janeiro, 2010 (zit.: "Limitações").

Due, John F., The new state sales Taxes 1962-68, National Tax Journal 1968, S. 266.

Dworkin, Ronald, Bürgerrechte ernstgenommen (übersetzt von Ursula Wolf), Frankfurt a. M., 1984.

Enderlein, Wolfgang, Abwägung in Recht und Moral, Freiburg, 1992 (zit.: „Abwägung").

Engisch, Karl, Auf der Suche nach der Gerechtigkeit - Hauptthemen der Rechtsphilosophie, München, 1971 (zit.: „Gerechtigkeit").

-, Einführung in das juristische Denken, 11. Aufl., Stuttgart, 2010 (zit.: „Einführung").

Englisch, Joachim, Dividendenbesteuerung – Europa- und verfassungsrechtliche Vorgaben im Vergleich der Körperschaftsteuersysteme Deutschlands und Spaniens, Köln, 2005 (zit.: „Dividendenbesteuerung").

-, Eigentumsschonende Ertragsbesteuerung, StuW 2003, S. 237.

-, Folgerichtiges Steuerrecht als Verfassungsgebot, in: Tipke, Klaus / Seer, Roman / Hey, Johanna / Englisch, Joachim (Hrsg.), Festschrift für Joachim Lang zum 70. Geburtstag – Gestaltung der Steuerrechtsordnung, Köln, 2010, S. 179 (zit.: „FS für Joachim Lang").

-, in: Tipke, Klaus / Lang, Joachim (Hrsg.), Steuerrecht, 19. Aufl., Köln, 2008, § 16 (zit.: „Tipke/Lang[19], Steuerrecht").

-, in: Tipke, Klaus / Lang, Joachim (Hrsg.), Steuerrecht, 21. Aufl., Köln, 2013, § 17 (zit.: „Tipke/Lang[21], Steuerrecht").

-, Wettbewerbsgleichheit im grenzüberschreitenden Handel – mit Schlussfolgerungen für indirekte Steuern, Tübingen, 2008 (zit.: „Wettbewerbsgleichheit").

-, Ermäßigte Steuersätze zwecks Verschonung des existenziellen Bedarfs, UR 2010, S. 400.

-, Ausnahmen und Ermäßigungen bei der Umsatzsteuer – Reformbedarf und Reformvorschläge, UR 2011, S. 401.

Esturilio, Regiane Binhara, A Seletividade no IPI e no ICMS, São Paulo, 2008 (zit.: "Seletividade").

Europäische Kommission, Mitteilung vom 5. Juli 2007 an den Rat und an das Europäische Parlament über vom Normalsatz abweichende Mehrwertsteuersätze, SEC (2007), 910, KOM (2007) 380 endgültig, Online im Internet: URL: http://ec.europa.eu/taxation_customs/resources/ documents/taxation/vat/how_vat_works/rates/com(2007)380_de.pdf (Stand: Juli 2007, Abfrage am: 8.12.2011).

Falsitta, Gaspare, Corso Istituzionale di Diritto Tributario, 3. Aufl., Verona, 2009 (zit.: "Diritto Tributario").

Ferraz Júnior, Tercio Sampaio, Leistungsfähigkeitsprinzip und Gerechtigkeitsidee unter besonderer Berücksichtigung der brasilianischen Verfassung von 1988, in: Beisse, Heinrich / Lutter, Marcus / Närger, Heribald (Hrsg.), Festschrift für Karl Beusch zum 68. Geburtstag am 31. Oktober 1993, Berlin, 1993, S. 225 (zit.: „FS für Karl Beusch").

FiFo Köln / Copenhagen Economics ApS / ZEW Mannheim, Evaluierung von Steuervergünstigungen Bd. I, Online im Internet: URL: http://www.fifo-koeln.org/pdf/P174_BAND-I_FinalVersion.pdf (Stand: Herbst 2009, Abfrage am: 9.12.2011).

Fischer, Clemens, Die Rechtfertigung einer Umsatzbesteuerung und ihre Vereinbarkeit mit den Grundrechten, Frankfurt a. M., 2007 (zit.: „Rechtfertigung einer Umsatzbesteuerung").

Fischer, Peter, in: Kirchhof, Paul (Hrsg.), Einkommensteuergesetz Kommentar, 10. Aufl., Köln, 2011, § 10 (zit.: „EStG").

Fossati, Gustavo, Planejamento Tributário e Interpretação Econômica, Porto Alegre, 2006 (zit.: "Planejamento Tributário").

-, O Conflito entre o ISS, o ICMS e o IPI - o Caso da Encomenda de Móveis em Mármore ou Granito, RDDT 187, S. 82.

-, Da Tributação Beneficiada das Sociedades de Profissionais pelo ISS à Luz dos Fundamentos da Responsabilidade Pessoal e da Possibilidade de Distribuição de Lucros, RT 909, S. 247.

-, A Contribuição ao INCRA nas Perspectivas da Referibilidade e da Solidariedade, Revista Jurídica Tributária 7, S. 95.

-, Razoabilidade no Direito Tributário: o Conteúdo Autônomo do Critério como Limite Imanente à Intervenção Estatal nos Direitos Fundamentais do Contribuinte, Porto Alegre, 2008, Dissertação (Mestrado em Direito), Faculdade de Direito, PUC/RS.

Gadamer, Hans-Georg, Wahrheit und Methode, 3. Aufl., Tübingen, 1972.

Gassner, Wolfgang / Lang, Michael, Das Leistungsfähigkeitsprinzip im Einkommen- und Körperschaftsteuerrecht, in: 14. Österreichischer Juristentag (ÖJT), Wien, 2000, S. 121.

Greco, Marco Aurélio, ICMS sobre Produtos da Cesta Básica: Fixação de Alíquota Interna mediante Redução de Base de Cálculo - Hipótese do Artigo 155, parágrafo 2º, VI, da CF/88 e Não de Isenção Parcial - Descabido o Estorno Proporcional de Créditos, RDDT 187, S. 146.

Grube, Christian, in: *Grube, Christian / Wahrendorf, Volker* (Hrsg.), Sozialgesetzbuch XII – Kommentar, 3. Aufl., München, 2010, § 27 (zit.: „SGB XII").

Günther, Klaus, Der Sinn für Angemessenheit – Anwendungsdiskurse in Moral und Recht, Frankfurt a. M., 1988 (zit.: „Der Sinn für Angemessenheit").

Habermas, Jürgen, Die Einbeziehung des Anderen, Frankfurt a. M., 1996 (zit.: „Einbeziehung").

Haig, Robert Murray, The Concept of Income – Economic and Legal Aspects, in: Haig, Robert Murray / Adams, Thomas / Powell, Thomas Reed et al. (Hrsg.), The Federal Income Tax, New York, 1921, S. 7 (zit.: „The Concept of Income").

Hahn, Hartmut, Der Einfluss des Thomas von Aquin auf die Besteuerung nach der wirtschaftlichen Leistungsfähigkeit, StuW 2004, S. 167.

Hart, Herbert L. A., Der Begriff des Rechts, Frankfurt a. M., 1973.

Hauck, Karl / Noftz, Wolfgang, Sozialgesetzbuch – Kommentar - SGB XII (Sozialhilfe), Berlin, 2011 (Stand: August 2011), K § 27 (zit.: „SGB XII").

Hensel, Albert, Verfassungsrechtliche Bindung des Steuergesetzgebers - Besteuerung nach der Leistungsfähigkeit – Gleichheit vor dem Gesetz, in: Vierteljahresschrift für Steuer- und Finanzrecht, Berlin, 1930, S. 443.

-, Steuerrecht, 3. Aufl., Berlin, 1933.

Herzog, Roman, Ziele, Vorbehalte und Grenzen der Staatstätigkeit, in: Isensee, Josef / Kirchhof, Paul (Hrsg.), Handbuch des Staatsrechts Bd. III, Heidelberg, 1988, § 58 (zit.: „HStR III").

Hickel, Rudolf, Reformbedarf Mehrwertsteuer: Soziale Gestaltung und Bekämpfung von Steuerbetrug, Wirtschaftsdienst 2010, S. 585.

Hobbes, Thomas, Leviathan, London, 1887.

Höffe, Otfried, Subsidiarität als staatsphilosophisches Prinzip, in: Wolfgang Nörr, Knut / Oppermann, Thomas, Subsidiarität: Idee und Wirklichkeit:

zur Reichweite eines Prinzips in Deutschland und Europa, Tübingen, 1997, S. 53 (zit.: „Subsidiarität").

Horn, Max, Mehrwertsteuer – die tragende Steuer eines künftigen Steuersystems?, StuW 1970, S. 146.

Isensee, Josef, Subsidiaritätsprinzip und Verfassungsrecht – Eine Studie über das Regulativ des Verhältnisses von Staat und Gesellschaft, 2. Aufl., Berlin, 2001 (zit.: „Subsidiaritätsprinzip").

-, Referat, in: Verhandlungen des 57. Deutschen Juristentages, München, 1988, S. N42.

Ismer, Roland / Kaul, Ashok / Reiß, Wolfram, Ermäßigter Umsatzsteuersatz als rechtspolitische Gestaltungaufgabe – Entwicklung und Anwendung eines interdisziplinären Prüfungsschemas, UR 2010, S. 837.

- */ Kaul, Ashok / Reiß, Wolfram / Rath, Silke*, Analyse und Bewertung der Strukturen von Regel- und ermäßigten Sätzen bei der Umsatzbesteuerung unter sozial-, wirtschafts-, steuer- und haushaltspolitischen Gesichtspunkten, Saarbrücken, 2010, Online im Internet: URL:http://www.bundesfinanzministerium.de/nn_54192/DE/Presse/Pressemitteilungen/Finanzpolitik/2010/09/20100923-PM33-Gutachten,templateId=raw,property=publicationFile.pdf. (Stand: September 2010, Abfrage am: 18.11.2011.

Jachmann, Monika, Verfassungsrechtliche Grenzen der Besteuerung – Sozialstaatliche Steuergesetzgebung im Spannungsverhältnis zwischen Gleichheit und Freiheit, Aachen, 1996 (zit.: „Grenzen der Besteuerung").

Jahn, Kurt, Sozialgesetzbuch für die Praxis - SGB XII, Freiburg, 2003, § 27 (zit.: „SGB XII").

Kaldor, Nicholas, An Expenditure Tax, London, 1955.

Kaul, Ashok / Ismer, Roland / Reiß, Wolfram, Ermäßigter Umsatzsteuersatz als rechtspolitische Gestaltungaufgabe – Entwicklung und Anwendung eines interdisziplinären Prüfungsschemas, UR 2010, S. 837.

- */ Ismer, Roland / Reiß, Wolfram / Rath, Silke*, Analyse und Bewertung der Strukturen von Regel- und ermäßigten Sätzen bei der Umsatzbesteuerung unter sozial-, wirtschafts-, steuer- und haushaltspolitischen Gesichtspunkten, Saarbrücken, 2010, Online im Internet: URL:http://www.bundesfinanzministerim.de/nn_54192/DE/Presse/Pressemitteilungen/Finanzpolitik/2010/09/20100923-PM33-Gutachten,templateId=raw,property=publicationFile.pdf. (Stand: September 2010, Abfrage am: 18.11.2011.

Keen, Michael / Crawford, Ian / Smith, Stephen, in: The Mirrlees Review - Dimensions of tax design, New York, 2010, S. 275.

Kirchhof, Ferdinand, Der Weg zur verfassungsgerechten Besteuerung – Bestand, Fortschritt, Zukunft, StuW 2002, S. 185.

-, Die steuerliche Doppelbelastung der Zigaretten – Ein Beitrag zur Kumulation und Kaskadenwirkung der Umsatz- und der Verbrauchsteuer, Berlin, 1990 (zit.: „Doppelbelastung der Zigaretten").

Kirchhof, Paul, Entwicklungsmöglichkeiten der Umsatzsteuer im Rahmen von Verfassungs- und Europarecht, UR 2002, S. 541.

-, Staatliche Einnahmen, in: *Isensee, Josef / Kirchhof, Paul* (Hrsg.), Handbuch des Staatsrechts der Bundesrepublik Deutschland Bd. IV, Heidelberg, 1990, § 88 (zit.: „HStR IV").

-, Die Steuern, in: *Isensee, Josef / Kirchhof, Paul* (Hrsg.), Handbuch des Staatsrechts Bd. V, 3. Aufl., Heidelberg, 2007, § 118 (zit.: „HStR V").

-, Ehe und Familie im staatlichen und kirchlichen Steuerrecht, in: Marré, Heiner / Stüting, Johannes (Hrsg.), Essener Gespräche zum Thema Staat und Kirche Bd. 21, Münster, 1986, S. 122 (zit.: „Essener Gespräche").

-, Das Gesetz der Hydra – Gebt den Bürgern ihren Staat zurück, München, 2008 (zit.: „Das Gesetz der Hydra").

-, Der verfassungsrechtliche Auftrag zur Besteuerung nach der finanziellen Leistungsfähigkeit, StuW 1985, S. 319.

-, Besteuerung im Verfassungsstaat, Tübingen, 2000.

-, Steuergleichheit durch Steuervereinfachung, DStJG 1998, S. 9.

-, Die Widerspruchsfreiheit im Steuerecht als Verfassungspflicht, StuW 2000, S. 316.

-, Die freiheitsrechtliche Struktur der Steuerrechtsordnung – Ein Verfassungstest für Steuerreformen, StuW 2006, S. 3.

-, Umsatzsteuer Gesetzbuch - Ein Vorschlag zur Reform der Umsatzsteuer und der Verkehrssteuern, Heidelberg, 2008 (zit.: „Umsatzsteuer Gesetzbuch").

-, Bundessteuergesetzbuch - Ein Reformentwurf zur Erneuerung des Steuerrechts, Heidelberg, 2011 (zit.: „Bundessteuergesetzbuch").

Kmieciak, Peter, Wertstrukturen und Wertwandel in der Bundesrepublik Deutschland, Göttingen, 1976.

Kraus, Margit / Boeters, Stefan / Böhringer, Christoph / Büttner, Thiess (Hrsg.), Allokative und distributive Effekte einer Abschaffung des ermäßigten Umsatzsteuersatzes, Mannheim, 2004, Online im Internet: URL: http://ftp.zew.de/pub/zew-docs/gutachten/Umsatzsteuerkurzfassung.pdf (Stand: Oktober 2004, Abfrage am: 18.12.2012).

Kruse, Heinrich Wilhelm, Steuerspezifische Gründe und Grenzen der Gesetzesbindung, in: *Tipke, Klaus* (Hrsg.), Grenzen der Rechtsfortbildung durch Rechtsprechung und Verwaltungsvorschriften im Steuerrecht, DStJG 1982, S. 77.

-, Lehrbuch des Steuerrechts - Allgemeiner Teil Bd. I, München, 1991 (zit.: „Steuerrecht").

- / *Tipke, Klaus*, Abgabenordnung und Finanzgerichtsordnung – Kommentar, Köln, Stand: November/2010, § 42.

Lambrecht, Claus, in: Kirchhof, Paul (Hrsg.), Einkommensteuergesetz Kommentar, 10. Aufl., Köln, 2011, § 32a (zit.: „EStG").

Lang, Joachim, in: Tipke, Klaus / Lang, Joachim, Steuerrecht, 19. Aufl., Köln, 2008, § 4 (zit.: „Tipke/Lang[19], Steuerrecht").

-, in: Tipke, Klaus / Lang, Joachim, Steuerrecht, 20. Aufl., Köln, 2010, § 4 (zit.: „Tipke/Lang[20], Steuerrecht").

-, in: Rose, Manfred (Hrsg.), Konsumorientierte Neuordnung des Steuersystems, Heidelberg, 1991, S. 291 (zit.: „Konsumorientierte Neuordnung").

-, Entwurf eines Steuergesetzbuchs, Bonn, 1993.

-, Die Bemessungsgrundlage der Einkommensteuer – Rechtssystematische Grundlagen steuerlicher Leistungsfähigkeit im deutschen Einkommensteuerrecht, Köln, 1988 (zit.: „Bemessungsgrundlage der Einkommensteuer").

-, Steuergerechtigkeit und Globalisierung, in: Spindler, Wolfgang / Tipke, Klaus / Rödder, Thomas, Festschrift für Harald Schaumburg – Steuerzentrierte Rechtsberatung, S. 45 (zit.: „FS für Schaumburg").

Lang, Michael / Gassner, Wolfgang, Das Leistungsfähigkeitsprinzip im Einkommen- und Körperschaftsteuerrecht, in: 14. Österreichischer Juristentag (ÖJT), Wien, 2000, S. 121.

Larenz, Karl, Methodenlehre der Rechtswissenschaft, 6. Aufl., Berlin, 1991 (zit.: „Methodenlehre").

Leão, Armando Zurita, Direito Constitucional Tributário – O Princípio da Capacidade Contributiva, São Paulo, 1999 (zit.: "Capacidade Contributiva").

Lehner, Moris, Einkommensteuerrecht und Sozialhilferecht – Bausteine zu einem Verfassungsrecht des sozialen Steuerstaates, Tübingen, 1993 (zit.: „Einkommensteuerrecht und Sozialhilferecht").

Leipold, Carsten, Ermäßigter Steuersatz für Nahrungsmittel zum Schutz des Existenzminimums durch die Umsatzsteuer?, UR 2009, S. 584.

Leisner, Walter, Betrachtungen zur Verfassungsauslegung, DÖV 1961, S. 641.

Lerche, Peter, Grundrechtsschranken, in: Isensee, Josef / Kirchhof, Paul (Hrsg.), Handbuch des Staatsrechts Bd. V, Heidelberg, 1992, § 122 (zit.: „HStR V").

Liesenfeld, Andrea, Das steuerfreie Existenzminimum und der progressive Tarif als Bausteine eines freiheitrechtlichen Verständnisses des Leistungsfähigkeitsprinzips, Berlin, 2005 (zit.: „Das steuerfreie Existenzminimum").

Lobo Torres, Ricardo, Tratado de Direito Constitucional Financeiro e Tributário – Valores e Princípios Constitucionais Tributários Bd. II, Rio de Janeiro, 2005 (zit.: "Direito Constitucional Tributário").

-, Normas de Interpretação e Integração do Direito Tributário, 4. Aufl., Rio de Janeiro, 2006 (zit.: "Normas de Interpretação").

-, O Direito ao Mínimo Existencial, Rio de Janeiro, 2009 (zit.: "Mínimo Existencial").

-, O IPI e o Princípio da Seletividade, RDDT 18, S. 94.

Löhr, Kerstin, Das umsatzsteuerrechtliche Optionsrecht für Vermietungsumsätze – Zugleich eine Untersuchung zur Bedeutung des steuerlichen Leistungsfähigkeitsprinzips im Umsatzsteuerrecht, Berlin, 2003 (zit.: „Optionsrecht").

Luhmann, Niklas, Ökologische Kommunikation – Kann die moderne Gesellschaft sich auf ökologische Gefährdungen einstellen? , 3. Aufl., Opladen, 1990 (zit: „Ökologische Kommunikation").

MacCormick, Neil, Legal Reasoning and Legal Theory, Oxford, 1978 (zit.: "Legal Reasoning").

Machado, Hugo de Brito, Os Princípios Jurídicos da Tributação na Constituição de 1988, 5. Aufl., São Paulo, 2004 (zit.: "Princípios").

-, Direitos Fundamentais do Contribuinte e a Efetividade da Jurisdição, São Paulo, 2009 (zit.: "Direitos Fundamentais").

Machado Segundo, Hugo de Brito, A Tributação da Energia Elétrica e a Seletividade do ICMS, RDDT 62, S. 70.

Martins, Ives Gandra da Silva, Sistema Tributário na Constituição de 1988, São Paulo, 1989 (zit.: "Sistema Tributário").

Mellinghoff, Rudolf, in: Kirchhof, Paul (Hrsg.), Einkommensteuergesetz Kommentar, 10. Aufl., Köln, 2011, § 33 (zit.: „EStG").

Menke, Cassiano, A Proibição aos Efeitos de Confisco no Direito Tributário, São Paulo, 2008 (zit.: "Efeitos de Confisco").

Mirrlees, James et al., The Mirrlees Review - Tax by design, New York, 2010.

Morton, Walter A., A Progressive Consumption Tax, National Tax Journal 1951, S. 160.

Mota Filho, Humberto Eustáquio César, Introdução ao Princípio da Capacidade Contributiva, Rio de Janeiro, 2006 (zit: "Capacidade Contributiva").

Müller, Friedrich, Juristische Methodik, 4. Aufl., Berlin, 1990.

Neumark, Fritz, Grundsätze gerechter und ökonomisch rationaler Steuerpolitik, Tübingen, 1970 (zit.: „Grundsätze").

Neuner, Jörg, Die Rechtsfindung contra legem, 2. Aufl., München, 2005 (zit.: „Rechtsfindung").

Nobre Júnior, Edilson Pereira, Princípio Constitucional da Capacidade Contributiva, Porto Alegre, 2001 (zit.: "Capacidade Contributiva").

Noftz, Wolfgang / Hauck, Karl, Sozialgesetzbuch – Kommentar - SGB XII (Sozialhilfe), Berlin, Stand: August 2011, K § 27 (zit.: „SGB XII").

Ossenbühl, Fritz, Zumutbarkeit als Verfassungsmaßstab, in: Rüthers, Bernd / Stern, Klaus (Hrsg.), Freiheit und Verantwortung im Verfassungsstaat - Festgabe zum 10jährigen Jubiläum der Gesellschaft für Rechtspolitik, München, 1984, S. 327 (zit.: „Zumutbarkeit").

Ossenbühl, Klaus Hermann, Die gerechte Steuerlast – Prinzipien der Steuerverteilung unter staatsphilosophischem Aspekt, Heidelberg, 1972 (zit.: „Die gerechte Steuerlast").

Pahlke, Jürgen, Die Nettoumsatzsteuer als Zentralsteuer, FinArch 26 (1967), S. 215.

Peczenik, Aleksander, Grundlagen der juristischen Argumentation, Wien, 1983.

Radbruch, Gustav, Rechtsphilosophie II, in: Kaufmann, Arthur (Hrsg.), Gustav Radbruch – Gesamtausgabe Bd. 2, Heidelberg, 1993 (zit.: „Rechtsphilosophie II").

Rath, Silke / Ismer, Roland / Kaul, Ashok / Reiß, Wolfram, Analyse und Bewertung der Strukturen von Regel- und ermäßigten Sätzen bei der Umsatzbesteuerung unter sozial-, wirtschafts-, steuer- und haushaltspolitischen Gesichtspunkten, Saarbrücken, 2010, Online im Internet: URL:http://www.bundesfinanzministerium.de/nn_54192/DE/ Presse/Pressemit-teilungen/Finanzpolitik/2010/09/20100923-PM33-Gut- achten, templateId=raw,property=publicationFile.pdf. (Stand: September 2010, Abfrage am: 18.11.2011.

Reiß, Wolfram, Der Belastungsgrund der Umsatzsteuer und seine Bedeutung für die Auslegung des Umsatzsteuergesetzes, DStJG 13 (1990), S. 3.

-, Umsatzsteuer, in: Tipke, Klaus / Lang, Joachim, Steuerrecht, 20. Aufl., § 14 (zit.: „Tipke/Lang[20], Steuerrecht").

-, */ Ismer, Roland / Kaul, Ashok,* Ermäßigter Umsatzsteuersatz als rechtspolitische Gestaltungaufgabe – Entwicklung und Anwendung eines interdisziplinären Prüfungsschemas, UR 2010, S. 837.

-, Steuergerechtigkeit und Umsatzbesteuerung im Europäischen Binnenmarkt, in: Tipke, Klaus / Seer, Roman / Hey, Johanna / Englisch, Joachim (Hrsg.), Festschrift für Joachim Lang zum 70. Geburtstag – Gestaltung der Steuerrechtsordnung, Köln, 2010, S. 861 (zit.: „FS für Joachim Lang").

- */ Rath, Silke / Ismer, Roland / Kaul, Ashok*, Analyse und Bewertung der Strukturen von Regel- und ermäßigten Sätzen bei der Umsatzbesteuerung unter sozial-, wirtschafts-, steuer- und haushaltspolitischen Gesichtspunkten, Saarbrücken, 2010, Online im Internet: URL: http://

www.bundesfinanzministerium.de/nn_54192/DE/Presse/Pressemitteilungen/Finanzpolitik/2010/09/20100923-PM33-Gutachten,templateId=raw, property=publicationFile.pdf. (Stand: September 2010, Abfrage am: 18.11.2011.

Rose, Manfred, in: *Rose, Manfred* (Hrsg.), Konsumorientierte Neuordnung des Steuersystems, Heidelberg, 1991, S. V (zit.: „Konsumorientierte Neuordnung").

-, Argumente zu einer "konsumorientierten Neuordnung des Steuersystems", StuW 1989, S. 191.

Rozental, Alex A., Integration of Sales and Income Taxes at the State Level, National Tax Journal 1956, S. 370.

Ruppe, Hans Georg, Steuergleichheit als Grenze der Steuervereinfachung, DStJG 21 (1998), S. 29.

-, Umsatzsteuergesetz Kommentar, 3. Aufl., Wien, 2005, Einf. (zit.: „UStG Kommentar").

Sachs, Michael, in: Sachs, Michael (Hrsg.), Grundgesetz Kommentar, 5. Aufl., München, 2009, Art. 20 (zit.: „M. Sachs, Grundgesetz").

Santin, Janaína Rigo, O Princípio da Capacidade Contributiva e o Mínimo Isento, JSTF LEX 347, S. 19.

Sarlet, Ingo Wolfgang, A Eficácia dos Direitos Fundamentais, Porto Alegre, 2005 (zit.: "Eficácia").

-, Dignidade da Pessoa Humana e Direitos Fundamentais na Constituição Federal de 1988, 9. Aufl., Porto Alegre, 2011 (zit.: "Dignidade").

-, Os Direitos Sociais como Direitos Fundamentais: seu Conteúdo, Eficácia e Efetividade no Atual Marco Jurídico-Constitucional Brasileiro, in: Leite, George Salomão / Sarlet, Ingo Wolfgang (Hrsg.), Direitos Fundamentais e Estado Constitucional – Estudos em Homenagem a J. J. Gomes Canotilho, São Paulo, 2009, S. 213 (zit.: "Direitos Sociais").

- in: Sarlet, Ingo Wolfgang / *Marinoni, Luiz Guilherme / Mitidiero, Daniel*, Curso de Direito Constitucional, São Paulo, 2012, S. 572 (zit.: "Direito Constitucional").

Schanz, Georg, Der Einkommensbegriff und die Einkommensteuergesetze, FinArch. 1896, Bd. 1, S. 1.

-, Der privatwirtschaftliche Einkommensbegriff, FinArch. 1922, Bd. 2, S. 505.

Scheider, Peter, in: *Schellhorn, Walter / Hohm, Karl-Heinz* (Hrsg.), SGB XII – Sozialhilfe – Ein Kommentar für Ausbildung, Praxis und Wissenschaft, 18. Aufl., Köln, 2010, § 27 (zit.: „SGB XII").

Schemmel, Lothar, Entlastung lebensnotwendiger Ausgaben von der Mehrwertsteuer, Berlin, 2009 (zit.: „Entlastung").

Scheuner, Ulrich, Staatszielbestimmungen, in: Schnur, Roman (Hrsg.), Festschrift für Ernst Forsthoff zum 70. Geburtstag, München, 1972, S. 340.

Schlink, Bernhard, Abwägung im Verfassungsrecht, Berlin, 1976 (zit.: „Abwägung").

Schmoller, Gustav, Die Lehre vom Einkommen in ihrem Zusammenhang mit den Grundprinzipien der Steuerlehre, Zeitschrift für die gesamte Staatswissenschaft 1863, S. 1.

Schneider, Harald, Die Güterabwägung des Bundesverfassungsgerichts bei Grundrechtskonflikten – Empirische Studie zu Methode und Kritik eines Konfliktlösungsmodelles, Baden-Baden, 1979 (zit.: „Güterabwägung").

Schoueri, Luís Eduardo, Direito Tributário, São Paulo, 2011.

Sieckmann, Jan-Reinard, Regelmodelle und Prinzipienmodelle des Rechtssystems, Baden-Baden, 1990 (zit.: „Regelmodelle").

-, Begriff und Struktur von Regeln, Prinzipien und Elementen im Recht, in: Schilcher, Bernd / Koller, Peter / Funk, Bernd-Christian (Hrsg.), Regeln, Prinzipien und Elemente des Rechts, Wien, 2000, S. 69 (zit.: „Schilcher/Koller/Funk").

Simons, Henry Calvert, Personal income taxation, Chicago, 1950.

Skatteverket, Compliance costs of value-added tax in Sweden, Report 2006: 3B, Online im Internet: URL: http://www.skatteverket.se/download/18.906b37c10bd295ff4880002550/rapport200603B.pdf (Stand: Februar 2006, Abfrage am: 8.12.2011).

Smith, Adam, An Inquiry into the Nature and Causes of the Wealth of Nations, Chicago, 1976 (zit.: "Wealth of Nations").

Smith, Stephen / Keen, Michael / Crawford, Ian, in: The Mirrlees Review - Dimensions of tax design, New York, 2010, S. 275.

Soares de Melo, José Eduardo, IPI – Teoria e Prática, São Paulo, 2009 (zit.: "IPI").

-, ICMS – Teoria e Prática, 11. Aufl., São Paulo, 2009 (zit.: "ICMS").

Stadie, Holger, Umsatzsteuergesetz Kommentar, Köln, 2009, Vorbem. (zit.: „UStG-Kommentar").

-, Umsatzsteuerrecht, Köln, 2005.

Statistisches Bundesamt, Ergebnisse der Einkommens- und Verbrauchsstichprobe 2008, Online im Internet: URL: https://www.destatis.de/DE/PresseService/Presse/Pressekonferenzen/2010/evs/pressebroschuere_evs.pdf?__blob=publicationFile. (Stand: Dezember 2010, Abfrage am 06.08.2012.

Tipke, Klaus, Rechtfertigung des Themas, in: Klaus Tipke (Hrsg.), Grenzen der Rechtsfortbildung durch Rechtsprechung und Verwaltungsvorschriften im Steuerrecht, DStJG, Köln, 1982, S. 5 (zit.: „DStJG 1982").

-, Steuergerechtigkeit in Theorie und Praxis, Köln, 1981 (zit.: „Steuergerechtigkeit“).

-, Steuerliche Betriebsprüfung im Rechtsstaat, München, 1968.

-, Die Steuerrechtsordnung, 2. Aufl., Köln, 2000, Bd. I (zit.: „StRO I“).

-, Die Steuerrechtsordnung, 2. Aufl., Köln, 2000, Bd. II (zit.: „StRO II“).

-, Die Steuerrechtsordnung, Köln, 1993, Bd. III (zit.: „StRO III“).

-, Über die Einheit der Steuerrechtsordnung, in: Wendt, Rudolf (Hrsg.), Festschrift für Karl Heinrich Friauf zum 65. Geburtstag, Heidelberg, 1996, S. 755 (zit.: „FS für Karl Friauf“).

-, Über Umsatzsteuer-Gerechtigkeit, StuW 1992, S. 103.

-, Über „richtiges Steuerrecht“, StuW 1988, S. 262.

-, Die Umsatzsteuer im Steuersystem, UStR 1972, S. 2.

-, Das Folgerichtigkeitsgebot im Verbrauch- und Verkehrsteuerrecht, in: Kirchhof, Paul / Nieskens, Hans, Festschrift für Wolfram Reiss zum 65. Geburtstag, Köln, 2008, S. 9 (zit.: „FS für Wolfram Reiss“).

- / *Kruse, Heinrich Wilhelm*, Abgabenordnung und Finanzgerichtsordnung – Kommentar, Köln, § 42 (Stand: November/2010).

Torres, Heleno Taveira, Direito Constitucional Tributário e Segurança Jurídica – Metódica da Segurança Jurídica do Sistema Constitucional Tributário, São Paulo, 2011 (zit.: “Segurança Jurídica”).

Trzaskalik, Christoph, Inwieweit ist die Verfolgung ökonomischer, ökologischer und anderer öffentlicher Zwecke durch Instrumente des Abgabenrechts zu empfehlen?, in: 63. DJT, München, 2000, S. 45.

Velloso, Andrei Pitten, O Princípio da Isonomia Tributária – Da Teoria da Igualdade ao Controle das Desigualdades Impositivas, Porto Alegre, 2010 (zit.: “Isonomia”).

Vogel, Klaus, Grundzüge des Finanzrechts des Grundgesetzes, in: Isensee, Josef / Kirchhof, Paul (Hrsg.), Handbuch des Staatsrechts der Bundesrepublik Deutschland Bd. IV, Heidelberg, 1990, § 87 (zit.: „HStR IV“).

Waldhoff, Christian, Grundzüge des Finanzrechts des Grundgesetzes, in: Isensee, Josef / Kirchhof, Paul (Hrsg.), Handbuch des Staatsrechts der Bundesrepublik Deutschland Bd. V, 3. Aufl., Heidelberg, 2007, § 116 (zit.: „HStR V“).

-, Verfassungsrechtliche Vorgaben für die Steuergesetzgebung im Vergleich Deutschland – Schweiz, München, 1997 (zit.: „Verfassungsrechtliche Vorgaben“).

Weber-Grellet, Heinrich, Steuern im modernen Verfassungsstaat – Funktionen, Prinzipien und Strukturen des Steuerstaats und des Steuerrechts, Köln, 2001.

Weinberger, Ota, Rechtslogik, 2. Aufl., Berlin, 1989.

Wenzel, Gerd, in: *Fichtner, Otto / Wenzel, Gerd*, Kommentar zum SGB XII – Sozialhilfe, München, 2009, § 27 (zit.: „SGB XII“).

Wernsmann, Rainer, Verhaltenslenkung in einem rationalen Steuersystem, Tübingen, 2005 (zit.: „Verhaltenslenkung“).

Wilburg, Walter, Entwicklung eines beweglichen Systems im bürgerlichen Recht, Graz, 1950.

-, Zusammenspiel der Kräfte im Aufbau des Schuldrechts, AcP 163, S. 347.

Windscheid, Bernhard, Lehrbuch des Pandektenrechts, 4. Aufl., Düsseldorf, 1875, Bd. I.

von Wright, Georg Henrik, The Logic of Preference, Edinburgh, 1971.

Zeidler, Wolfgang, Verfassungsrechtliche Fragen zur Besteuerung von Familien- und Alterseinkommen, StuW 1985, S. 1.

ZEW Mannheim / FiFo Köln / Copenhagen Economics ApS, Evaluierung von Steuervergünstigungen Bd. I, Online im Internet: URL: http://www.fifo-koeln.org/pdf/P174_BAND-I_FinalVersion.pdf (Stand: Herbst 2009, Abfrage am: 9.12.2011).

Zippelius, Reinhold, Juristische Methodenlehre, 10. Aufl., München, 2006.

-, Das Wesen des Rechts – Eine Einführung in die Rechtsphilosophie, 2. Aufl., München, 1969.

www.ingramcontent.com/pod-product-compliance
Ingram Content Group UK Ltd.
Pitfield, Milton Keynes, MK11 3LW, UK
UKHW021915290926
8980IPUK00015B/1281

9 783631 650516